고려중기
정치사의
재조명

채웅석 지음

고려중기
정치사의
재조명

채웅석 지음

일조각

"큰 도道가 행해지면 천하는 공公이 된다. 어진 이를 뽑고 능력 있는 이에게 직책을 주며, 신의를 가르쳐서 화목하게 한다. 그럼으로써 사람들은 자기 부모와 자식만을 알지 않고 남의 부모와 자식도 똑같이 생각하게 된다. 노인은 편안하게 여생을 마치고, 젊은이는 적성과 역량에 따라 일거리를 가지며, 어린이는 길러 주는 이가 있고, 의지할 곳 없는 사회적 약자들도 모두 부양·보호받게 한다."(『예기禮記』예운禮運편)

위 구절은 대동大同 사회, 곧 유교 이념이 지향하는 이상적인 정치가 이루어진 모습을 설명하고 있다. 그처럼 공정하고 평등하며 평화로운 사회를 꿈꾸며 공공성 구현에 정치의 목표를 두어야 한다는 견해는 요즈음에 보아도 의미가 새롭다.

현재 우리 사회는 다방면으로 큰 어려움을 겪고 있다. 넓게는 신자유주의 체제의 모순, 좁게는 집값 폭등이나 좁은 취업문 등으로 고통을 겪으면서 보수·진보의 대립, 세대 갈등 등이 심해졌다. 더구나 코로나바이러스 감염

5

중(COVID-19)의 팬데믹 사태까지 겹쳐서 어려움이 더욱 가중되었다. 대외적으로는 남북한의 대립이 여전한 가운데 우경화된 일본과의 마찰이 고조되고 미·중 간 갈등의 파도가 거세다.

그런 가운데 정치가 국민에게 희망을 주지 못한다는 말을 부쩍 많이 듣는다. 나라 안팎의 사정이 그처럼 녹록지 않은데도 불구하고, 정치권에서 서로 이해득실을 계산하고 진영 논리에 사로잡혀 대응하느라고 국민의 기대에 부응하고 희망을 주는 정치를 하지 못하기 때문에 나오는 말일 터이다. 한편으로는 국민의 요구를 정치에 잘 반영하면 기득권을 누려온 쪽은 손해를 보기 쉬워서 의도적으로 정치 불신의 담론을 조장하여 논점을 흐리고 관심을 돌리는 탓도 없지 않다. 정치의 공공성에 대한 인식과 실천이 매우 아쉽다.

12세기의 고려도 올바른 정치적 실천이 절실하였다. 농장과 고리대의 발달, 수취체제상의 모순 등으로 사회 갈등이 커졌을 뿐만 아니라, 기후가 한랭해지고 자연재해까지 빈발하였다. 국제적으로는 여진이 흥기하여 금을 세우고 동아시아 국제정세를 뒤흔들었다. 그런 변화를 겪으면서 왕조를 부흥하기 위해서는 천도가 필요하다거나 습속과 제도가 낡아서 새롭게 할 필요가 있다는 주장들이 제기되어 논의되었다. 국운이 쇠퇴한다는 위기의식이 고조된 가운데 정치권에서도 개혁을 시도하였다. 그렇지만 별 효과를 거두지 못한 채 이자겸의 난, 묘청파의 서경 반란 등 모반 사건들이 연이어 일어났다.

마침내 1170년 무신정변이 일어나고 뒤이어 약 1세기 동안 무신들이 집권하여 정치가 크게 변하였다. 정변을 통하여 집권자들이 빈번하게 교체되는 상황에서 성공적인 개혁을 기대하기는 요원하였다. 민의 항쟁이 전국적으로 거세게 일어났으며, 지배층의 이해관계를 조정하여 단합시키기도 어려웠다. 더구나 몽골군이 침략하여 강화도로 천도한 가운데 장기간 전란의 고통에 시달렸다.

필자가 당시의 정치사에 관심을 가진 계기는 석사학위 논문 주제로 본관제를 연구하면서 그 변화의 배경으로서 사회 변화와 민의 대응을 주목한 것이었다. 그러면서 정치사 연구의 신분·계층론적 분석방식, 즉 출신 기반에 따라 이해를 달리한 정치세력 간의 갈등으로 정치사를 파악하는 선행 연구 방식으로는 사회 변화와 정치의 상관관계를 충분하게 알기 어렵다고 느꼈다. 특히 무신정변의 주된 원인을 문신과 무신 사이의 갈등·대립으로 파악하는 관점에서는 정중부와 이의민 등 무신정변을 일으킨 주역들이, 의종이 총애한 무신임에도 불구하고, 정변을 일으켜 의종을 축출한 이유를 잘 설명할 수 없었다. 그리고 정변 이후 무신들이 문·무의 대립을 정치적으로 이용하고 사회이동이 상대적으로 활발해진 것은 사실이지만, 왕조의 지배체제와 정치이념 등이 유지되었음에도 불구하고 무신정변 이전과 이후의 역사상이 지나치게 단절적으로 제시되는 것도 문제였다.

이 책에서는 12세기 초부터 시작하여 무신집권기를 포함한 13세기 중반까지를 고려중기로 구분하고, 그 시기의 역동적인 사회 변화에 대응한 정치 양상에 주목하였다. 전기 지배체제가 안고 있던 모순의 발현, 다양한 개혁안의 모색과 시행, 정치 변란의 연속과 고조된 민의 항쟁 등을 고려하면 12세기 초~13세기 중반이 전후 시기와 구별된다고 보았다. 또한 고려 사회·문화의 특징인 다원성과 역동성을 고려하여 정치를 사회·경제·사상 등의 변화와 유기적으로 연계하여 고찰함으로써, 신분·계층론에 따른 연구의 한계에서 벗어나고자 하였다. 그에 따라 시기별로 각 정파의 형성 양태를 다각도로 살피는 한편, 내외 정세의 변화에 대응한 개혁 구상과 실천 방식에 초점을 맞추어 고찰하였다. 정치사의 재조명이라는 제목을 붙인 까닭도 그런 생각을 고려한 것이다.

책의 집필과 출간 과정에서 많은 분께 도움을 받았다. 한국역사연구회에서 1980년대 말부터 11세기 정치사 연구반, 12세기 사회변화 연구반, 무인집권기 연구반, 고려후기 인물사 연구반 등에 참여하여 연구 역량을 키웠다. 연구반원들과 사료를 같이 읽고 토론하면서 연구 시각과 방법론을 벼릴 수 있었다. 필자의 정치사 연구는 그 연구반 활동이 없었다면 매우 어려웠을 것이다. 2014년부터는 3년간 한국연구재단의 도움을 받아 '고려시대 역사·문화의 다원성과 통합성'을 주제로 공동연구를 하면서 보다 거시적이고 총체적인 시야에서 정치사를 바라보는 안목을 길렀다. 박종기, 신안식, 이승민, 최봉준, 한준수, 한혜선, 홍영의 선생님과 강재구, 김연민, 김창회 군 등과 함께 서로 부족한 부분을 채우면서 연구 수준을 높일 수 있었다.

늘 편하게 연구할 수 있는 여건을 만들어 도와주고 격려해 주신 가톨릭대학교 국사학과 정연태, 허태구, 기경량 선생님과 지금은 퇴직하신 유승원, 안병욱, 이순근, 박광용 선생님의 은덕도 컸다. 그리고 출판을 흔쾌히 맡아 도움을 주신 일조각 김시연 사장님과 편집부의 여러분께 깊은 감사를 드린다.

2021년 11월
채웅석

고려중기 정치사를
어떻게 볼 것인가

고려 역사에서 12세기 초~13세기 중반은 격동의 시기였다. 정계에서조차 국운이 쇠퇴한다고 여길 만큼 사회 모순이 드러나고 국제 정세가 변화하였다. 그에 대응하여 국가가 정책을 다각도로 모색하는 가운데 정치 변란과 민의 항쟁 등이 이어졌다. 따라서 이때는 고려시대의 다원성과 역동성을 상대적으로 잘 살펴볼 수 있는 시기이기도 하다.

그동안 학계에서는 11세기 후반에 절정에 달한 문벌귀족정치가 무신정변으로 인하여 큰 변화를 겪었다고 보며, 정치세력을 출신 배경에 따라 구분하거나 보수파와 개혁파 등으로 나누어 이분법적으로 파악하는 방식이 일반적이었다. 그러한 방식은 역사에 대한 사회구조적 이해도를 높이고, 한국사의 흐름을 지배세력의 변화를 기준으로 체계화하는 데에 유용하였다. 그 결과 역사를 객관적·발전적으로 인식하는 데 기여하였지만, 한편으로 일종의 구조결정론적 한계와 이분법적 파악의 한계 등을 드러내기도 하였다. 따라서 이와 같은 선행 연구의 공과에 대한 점검을 바탕으로 연구 방향을 새롭게 모색할 필요가 있다.

이 같은 문제의식하에 이 책에서는 '고려중기론'을 바탕으로 당시의 정치사를 재조명한다.

먼저 서론에서는 선행 연구에서 고려시대의 역사를 시기 구분한 방식들을 정리하여 각각의 방식이 사회 변화를 어떻게 파악하였는지를 점검해 본다. 다음으로 이 책에서 12세기 초~13세기 중반을 '중기'로 설정한 이유와 그에 따른 문제들을 고찰함으로써 그 유용성과 한계를 드러내려고 한다. 그동안 전기·중기·후기 등의 용어를 쓰면서도 어떤 관점에서 썼는지를 의식하지 않고 편의적으로 시기를 나눈 경우가 많았다. 하지만 시기 구분은 주제의식, 나아가 역사의 변화를 파악하는 시각과 무관할 수가 없다. 이에 '고려중기론'의 시각에서 재조명하는 정치사 연구의 문제의식 및 대상과 논점들을 상술함으로써 이 책에 대한 길잡이를 제시하고자 한다.

1. 고려사회의 변화와 고려중기

(1) 고려시대사의 시기 구분

역사학에서 시간은 사회가 변화하는 속도에 대한 인식과 함께 기억과 망각이 작용하는 장場이다. 사회는 끊임없이 변화하지만, 사람들은 어떤 때는 변화가 급격하게 진행되고 어떤 때는 오랫동안 안정이 유지된다고 느낀다. 그리고 먼 옛날과 최근에 일어난 일들에 대한 기억이 양적으로 차이가 날 수밖에 없다. 또 어떤 기억은 상대적으로 강렬하게 남기도 한다. 역사학에서는 그런 점들을 고려하여 역사의 흐름을 몇 개 단락으로 나누어 특징을 파악하고 그 단락들을 연결하여 전체를 이해하는 방식이 유용하다. "역사를 인식하는 것은 시대 구분을 하는 것이다"(B. Croce)라는 말이 있듯이, 역사의 흐름과 변화에 대한 파악은 시대〔시기〕 구분으로 귀결된다.[1]

한 왕조를 전기와 후기의 두 시기로 구분할 때, 대체적으로 전기는 지배체제가 성립되어 발전하는 시기로, 후기는 사회 모순이 심화되어 지배체제가 해체되는 시기로 묘사된다. 세 시기로 구분할 경우 초기는 지배체제·지배세력의 성립과 강화, 중기는 안정 또는 변화·정비, 말기는 쇠퇴 내지 새로운 왕조로의 전환 과정으로 그려진다. 네 시기로 구분할 때에는 기승전결의 논리에 따라 초기의 성립, 중기의 발전, 후기의 변화, 말기의 쇠퇴 과정으로 그리며, 다섯 시기 구분에서는 네 시기에 더하여 다음 왕조로의 이행 단

---

1 이 글에서는 용어상의 혼란을 피하기 위하여 고려라는 한 왕조 내에서 소시기로 나누어 변화 과정을 추적하는 작업을 시기 구분이라고 표현함으로써 왕조를 초월하여 통사적으로 변화를 살펴서 단계별 시대성을 밝히는 시대 구분과 구별하기로 한다.

계를 독립시켜 설명하는 경향이 있다.

고려사회의 변화에 대한 연구도 이와 같은 경향에서 예외가 아니었다. 현재까지 시기를 구분하는 기준과 단계가 매우 다양하게 제시되었는데, 사회변화를 어떻게 파악하는지에 따라 구분 방식이 달랐다.

한 사회를 이끌어 가는 동력이나 제도가 크게 변화하는 시기도 모두 일치하는 것은 아니다. 예를 들어 농업생산력의 경우 연작법과 휴한법이 공존하는 가운데 산전 중심으로 개간이 진행되다가 12세기 무렵부터 저습지·해택지를 개간하는 양상이 나타났으며, 14세기에는 수전과 한전에서 모두 연작법이 일반화되고 목화 재배 등이 시작되면서 또 한 차례 발전의 전기가 마련되었다. 그에 비하여 토지분급제도의 경우 10세기 후반에 전시과제도가 제정되었고, 12세기에 제도가 이완되어 수조권의 집적·집중 현상이 나타났으며, 13세기 후반에 녹과전제 시행과 사급전 확대, 14세기 말에 전제개혁과 과전법 제정이 이루어졌다. 중앙정치제도의 경우에는 10세기 후반에 당·송의 제도를 모범으로 삼은 형태로 정비되었다가, 12세기 후반 무신정권이 성립되면서 권력구조가 달라졌고, 13세기 후반에는 도당都堂 중심 체제로 바뀌었다. 지방제도도 중앙정치제도와 비슷한 시기에 정비되었다가, 11세기 초에 주현−속현체제가 자리 잡았으며, 12세기부터 속현에 감무監務를 파견하고 5도道를 중간행정기구로 운영하는 등 크게 변화하였다. 신분·계층질서는 무신정변을 계기로 변화하였으며, 유통경제 부문에서는 12세기 초부터 소所제도가 해체되는 조짐이 나타나고 부세대납제가 실시되었다.

그렇기 때문에 각 부문에서 변화 발전상을 면밀하게 연구하고 시기 구분의 기준을 다양하게 제시하는 것은 바람직한 연구 방향이다. 더 나아가 다양한 변화들의 추세를 유기적·총체적으로 파악한다면 역사의 흐름을 더욱잘 이해할 수 있을 것이다.

두 시기 구분

고려사회의 변화를 파악하기 위해 시기 구분을 할 때 가장 일반적으로 채택되는 방식은 전기와 후기, 두 시기로 구분하는 것이다. 그리고 그 분기점을 대개 12세기의 어느 시점으로 설정한다.

일제강점기에 민족주의사학의 관점에서는 1135년에 일어난 묘청의 반란에 주목하였다. 그 반란의 실패를 계기로 진취적인 낭가郎家사상이 보수적이고 사대적인 유가儒家사상에 압도당하였고,[2] 그로 말미암아 우리 역사가 자주성을 잃어 끝내 일제 식민지로 전락하게 되는 결과를 초래하였다고 파악하였다. 문헌고증사학에서는 12세기 초 예종대까지는 융성기였지만 그 뒤로는 내부 갈등과 외환이 거듭된 동란의 시기였다고 파악하였는데, 견해는 지배체제의 안정과 사회통합을 중시하였다.[3] 사적 유물론을 수용한 연구자는 또 다른 관점에서 12세기의 변화에 주목하였다. 그는 고려의 봉건적 토지국유제가 그 자체의 자기분할과 조세＝지대라는 본원적인 사회적 모순과의 교착交錯으로 인하여 자기모순을 지녔는데, 그 모순이 12세기에 토지국유제와 토지 영유 사이의 모순, 문·무 관료 사이에 토지 영유를 둘러싼 대립 항쟁, 농민의 계급투쟁 등으로 나타났다고 파악하였다.[4]

1960년대부터는 역사 해석에서 신분·계층론적 파악을 중시하여 1170년의 무신정변을 전·후기의 분수령으로 삼는 견해가 우세해졌다. 그에 따라 학계에서는 고려가 귀족왕조로서 가문·문벌을 중시하여 각기 속한 신분에

---

2 申采浩, 1929,「朝鮮歷史上 一千年來 第一大事件」,『朝鮮史研究草』.
3 金庠基, 1961,「高麗時代의 槪說」,『高麗時代史』, 東國文化社.
　　李丙燾는 중앙집권을 이룬 과도기(국초~경종), 국가의 체제를 갖춘 재편성기(성종~
　　靖宗), 문물 발전의 전성기(문종~예종), 정변과 민란이 겹친 상극기(인종~강종), 몽고
　　가 침략하여 자주성을 잃은 變態期(고종~충정왕), 붕괴기(공민왕 이후)의 6시기로 구분
　　하였는데, 크게 본다면 예종 말 인종 초를 계선으로 두 시기로 나누는 견해와 다르지 않다
　　(1961,「總說」,『韓國史－中世篇』, 乙酉文化社).
4 白南雲, 1937,『朝鮮封建社會經濟史 上』, 改造社.

따라 모든 지위가 결정된 사회였다고 보았다. 최고 신분인 귀족이 정권을 장악하고 사회경제적 특권을 소유하였으며, 그 귀족은 문·무 양반으로 구성된 것이 아니라 문반만으로 형성되었다고 하였다. 그처럼 문반 중심으로 운영되던 문벌귀족사회는 무신정변으로 타격을 받고, 후기에는 가문이나 문·무반의 구별이 아니라 능력을 중시하고 천인 출신의 고관까지 나오면서 신분에 대한 사회 관념이 달라졌다고 파악하였다. 귀족의 후신인 권문세족이 출현하였지만, 무반·통역관 등 여러 요소가 포함되어 이전의 문벌귀족과는 같을 수가 없었다고 이해하였다.[5]

사회경제사 연구에서도 12세기의 변화에 주목하였다. 토지제도상으로 전기에는 전시과제도가 성립·정비되었지만, 후기에 사유지와 수조지의 겸병이 확대되어 전시과제도의 마비를 초래하고 농장이 발달하였다. 그리고 전기에는 관영수공업과 소所제도를 통하여 국가가 사회적 분업과 유통을 주도하였지만, 후기에는 특수행정구역이 소멸되어 가고 민간수공업이 발달하였다. 특히 전기에 사적 토지 소유가 미숙하고 백정농민은 미분화 상태의 자가경영농민이었다고 본 견해에서는, 무신집권기부터 병작반수竝作半收의 농장이 확대되고 국가의 수취도 인신적 지배로부터 토지 기준 방식으로 바뀌었다고 파악하여, 고대에서 중세로의 변화라는 시대구분상의 의미까지 부여하였다.[6]

그런데 무신정변을 변화의 계기로 삼아서 전·후 두 시기로 구분하는 방식은 특정 시점·사건을 부각하는 바람에 무신집권기와 그 앞의 12세기 전반기를 동태적·계기적으로 연결하여 인식하는 데 한계를 보인다. 지배세

---

5 邊太燮, 1962, 「武臣亂에 依한 身分制度의 變質」, 『史學研究』 13; 李基白, 1971, 「高麗時代 身分의 世襲과 變動」, 『民族과 歷史』, 一潮閣.
6 姜晋哲, 1980, 『高麗土地制度史研究』, 고려대학교출판부; 1989, 『韓國中世土地所有研究』, 一潮閣.

력과 정치제도 부문에 초점을 맞추어 사회 성격과 그 변화를 파악하다 보니 '밑으로부터의 변화'를 잘 반영하지 못한다는 한계도 있었다.[7] 또한 후기를 지배체제의 동요·해체 과정이 진행된 시기로 보기 쉬워서 그 시기의 고유한 지배체제·사회구조를 밝히는 데에 소홀하였다. 관료적 성향의 강화와 신흥사대부의 등장, 농장 확대와 생산력 변화 등에 주목하였더라도, 어디까지나 고려후기를 조선왕조로 넘어가는 매우 장기간에 걸친 과도기로 보는 것이다.

세 시기 구분

전·후 두 시기로 구분하면서도, 전기 말 또는 후기 초에 해당하는 12~13세기의 역사상에 주목하여 이 시기를 사회의 동요기 또는 귀족사회의 분열과 상극기로 설정한 방식도 있었다.[8] 그 방식을 발전시키면 세 시기로 구분할 수 있다. 풍수도참설의 변화를 살피면서 문종에서 원종 때까지의 중기에 연기延基·순주巡住 중심의 도참이 성행하였다고 파악하고 그 배경에 상극과 동란이 연속된 사회상이 있었다고 파악한 것과 같은 맥락이다.[9]

문벌귀족사회론을 따른 선행 정치사 연구를 비판하면서, 12세기에 접어든 숙종대부터 원간섭기가 시작된 원종 11년(1170)까지를 중기로 파악하는 견해가 제시되었다. 그 연구에 따르면, 출신기반이나 통혼관계 등을 기준

---

7 박종기는, '지배세력론'이 국가와 지배세력을 기본적 대립관계로 설정하고 재지세력이 점차 중앙에 진출하여 정치 참여층이 확대되어 가는 것을 역사 발전의 요체로 이해하였으나 이 경우 민의 존재가 재지세력에 포함되는 부차적 존재로 파악될 수밖에 없는 한계가 있다고 지적하였다(1994, 「고려사회의 역사적 성격」, 『한국사』 5, 한길사, 79쪽).
8 韓㳓劤, 1971, 『韓國通史』, 乙酉文化社; 한영우, 1997, 『다시 찾는 우리역사』, 경세원.
　閔賢九도 삼국부흥운동의 의미를 살피면서 인종대부터 무신집권기까지를 중기로 구분하고 갈등, 동요, 변혁을 경험한 시기였다고 파악하였다(1989, 「고려중기 삼국부흥운동의 역사적 의미」, 『한국사시민강좌』 5, 일조각).
9 李丙燾, 1980, 『高麗時代의 硏究(改訂版)』, 亞細亞文化社. 그는 중기와 비교하여 전기에 건국 및 통일 중심의 도참이, 후기에 移御와 遷都 중심의 도참이 성행하였다고 파악하였다.

으로 정치세력을 살펴볼 때, 전기에는 관료적 성격이 뚜렷하였으며, 숙종대 이후에야 관료의 귀족화가 이루어졌다고 하였다. 그리고 원간섭기부터는 신분상의 하자에도 불구하고 원과의 관계 속에서 정치권력을 행사하는 집단이 출현하였다고 파악하였다.[10]

사회경제사 연구에서도 12, 13세기를 묶어서 시기를 구분하는 견해가 제시되었다. 군현제도의 성립과 변화 과정을 검토한 연구에 따르면, 초기에 성립한 대읍大邑 중심의 군현제도가 11세기 말~13세기 말의 중기에는 더이상 사회 발전에 적합하지 못하게 되었으며, 그에 대응하여 감무제를 시행함으로써 향리층의 재량권이 축소되고 주읍의 속읍 수탈이 어느 정도 배제되면서 속읍이 성장하였다고 파악하였다. 그리고 후기는 부곡제가 해체·성장한 시기라고 특징지었다.[11] 그 밖에 농업기술의 발달과 그에 대응한 권농정책 추진 방향의 변화에 주목한 연구와, 정치사를 소재로 하여 아래로부터의 변동에 따른 지배세력의 대응과 그로 인한 정치세력의 편성, 정치운영론 등을 추적한 일련의 연구 등을 통해서도 인접 시기와 다른 12~13세기의 특징들이 확인되었다.[12]

한편 사상사 연구에서는 예종~인종대의 변화에 주목하였다. 전기의 한당유학적 성격에서 후기 성리학으로 전환한 계기성을 이해하려면 중기 사상사에 대한 연구가 필요하였다. 그 결과 예종~인종대에 북송 도학道學과

---

10 남인국, 1999, 『고려중기 정치세력 연구』, 신서원.
11 金潤坤, 1995, 「韓國中世史에서의 時期區分과 각 時期의 特徵」, 『韓國史의 時代區分에 대한 研究』, 한국정신문화연구원.
　　김호동은 중기 군현제의 변화 문제를 농민항쟁과 관련하여 다루었다(1995, 「군현제의 시각에서 바라본 12·13세기 농민항쟁의 역사적 배경」, 『역사연구』 4, 역사학연구소).
12 『역사와 현실』 9(1993)의 공동연구 「12세기 전반기 정치세력과 정치운영」과 『역사와 현실』 17(1995)의 공동연구 「고려 무인집권기의 정치구조」에 수록된 논문들; 채웅석, 1994, 「고려중기의 사회변화와 정치동향」, 『한국사』 5, 한길사; 이정호, 2009, 「고려시대의 권농정책」, 『고려시대의 농업생산과 권농정책』, 景仁文化社 등 참고.

왕안석王安石의 신학新學이 수용되고 고려초기의 유학을 심성 차원에서 극복하면서 독자 영역을 확보해 나가는 신유학운동이 전개되었으며, 이는 북송대 신유학의 추세와 직접 교류하면서 발전하였던 국제주의적 운동이었다고 파악할 수 있게 되었다.[13] 역사의식을 연구하여 문종~의종대를 중기로 설정한 견해도 있다. 이에 따르면 그 시기에 국제화·합리성·보편성을 강조하고 전통적 문화의식이 약화되었는데, 그것은 불교와 유교, 전통사상이 융화 발전한 전기나, 유교사관이 후퇴하고 설화 중심의 역사학이 다시 대두하며 민족의식이 고조된 후기와 구별되는 특징이었다.[14]

그런데 고문古文의식의 성장과 전개 양상에 주목한 연구에서는 고문의식의 성장과 전개기로서 임춘林椿, 이규보李奎報 등이 활동한 무신집권기를 고려중기로 설정하였다. 중기와 비교하여 앞 시기에는 변려문騈儷文과 고문이 대립하는 가운데 김황원金黃元·김부식金富軾 등이 고문가로서 활동하였고, 후기에는 성리학이 전래되는 가운데 이제현李齊賢이 고문을 창도하였고 이색李穡 등이 활동하였다고 파악하였다.[15]

이렇듯 여러 부문에서 각각의 기준으로 중기를 설정하여 역사·문화의 전개 과정을 파악한 것을 볼 수 있다. 그렇게 하면 두 시기로 구분하는 것보다 변화의 내적·외적 동인과 양상을 상대적으로 풍부하게 고찰할 수 있다는 장점이 있다. 그렇지만 부문마다 중기의 상한과 하한이 달랐으며, 중기의 사회경제적 변화와 정치적·사상적 변화 등에 대한 유기적 파악도 아직 미흡하였다.

13 劉明鍾, 1985, 「高麗 儒學研究의 序說」, 『石堂論叢』 10; 文喆永, 1992, 「高麗中期 사상계의 동향과 新儒學」, 『國史館論叢』 37.
14 鄭求福, 1991, 「高麗時代의 歷史意識」, 『韓國思想史大系』 3, 한국정신문화연구원.
15 金乾坤, 2003, 「高麗時代의 古文 意識」, 『漢文學研究』 17.

네 시기, 다섯 시기 구분

전기와 후기로 구분하더라도, 각 지배체제가 전형을 보이는 시기와 함께 그 체제가 형성, 변화되는 과정을 따로 구분하여 보완하는 시기 구분 방식이 있다. 앞에서 살핀 것처럼 지배세력의 변화를 기준 삼아 두 시기로 구분하되, 다시 전기를 귀족사회의 성립기와 발전기, 후기를 무신집권기와 그 이후로 나누어 네 시기로 구분하는 방식이다. 지배세력이 호족-문벌귀족-무신-권문세족과 신흥사대부로 변화하였다고 이해하고, 각 세력의 성격을 밝혀서 지배체제론으로 발전시켜 시기를 구분하였다.[16] 그리고 그중에서 전기의 전형을 보이는 두 번째 시기가 고려사회의 전체 성격을 규정한다고 보았다.

그처럼 네 시기로 구분하더라도 호족의 시기와 문벌귀족의 시기를 가르는 분기를 언제로 볼 것인가, 또는 인종대 이자겸李資謙의 난과 묘청妙淸의 난에 어떤 의미를 부여할 것인가 등의 문제에서는 의견이 갈렸다. 즉 귀족사회가 확립된 시기가 성종대부터인지 현종대부터인지, 이자겸의 난과 묘청의 난 등을 귀족사회의 극성 현상으로서 설명할지 아니면 귀족사회의 모순이 누적되어 무신정변이 발생하는 배경으로서 설명할지 등의 차이가 있다.

정치를 주도한 지배층을 중심으로 파악하면서도 귀족사회론을 비판하고 다섯 시기로 구분하는 견해도 있다. 여기에서는 고려를 조선과 마찬가지로 양반사회라고 이해하고 왕·문신·무신이 정치 주도권 장악을 두고 벌인 갈등에 주목하였다. 그 결과 왕조의 성립과 호족, 국왕과 문신의 갈등, 무신정권, 친원세력의 득세, 공민왕대 이후 문신과 무신의 갈등으로 이어지는 다섯 단계로 시기를 구분하였다.[17]

---

16 李基白, 1967,『韓國史新論』, 一潮閣; 邊太燮, 1986,『韓國史通論』, 三英社; 박용운, 2008, 『고려시대사 (수정·증보판)』, 일지사.
17 김당택, 2002,『우리 한국사』, 푸른역사.

문화론의 관점에서는 고려를 다섯 시기로 세분하여 파악하였다. 먼저 성종대까지 초기에 불교의 교·선 대립을 해결하고 유교 정치이념을 확립하여 고대적 유제의 극복이 가능하였고, 그 뒤 의종대까지 중기에는 귀족 간의 파벌성 조장, 귀족세력과 기층사회의 괴리성 증대, 전통문화와 유교 정치이념의 충돌 등이 일어났다. 그리고 이후 문신 귀족에 반발한 무신집권기, 고려의 문화체계가 붕괴된 원간섭기, 공민왕대 이후 반원정책에도 불구하고 부흥에 실패한 시기가 이어졌다고 보았다.[18]

토지제도·토지지배관계의 추이를 기준으로 삼은 연구에서는 역분전제도의 실시 시기를 초기, 전시과제도의 성립·정비 시기를 전기, 전시과제도의 이완과 녹과전제도 시행 시기를 중·후기, 그리고 과전법 성립 시기를 말기로 구분하였다.[19] 중·후기에 토지 탈점이 만연하고 사전의 조업전화와 전객농민의 조업노비화가 진행되었으며, 그런 변화에 대응하여 국가는 수조권분급제를 정비하는 한편 감무제도를 시행하여 외방 수조지를 감독하고 견제하고자 했다고 파악하였다. 중기와 후기의 분기는 명시하지 않았지만 12세기부터 녹과전제도를 시행하기 이전의 13세기 중반까지가 중기에 해당할 것이다.

이처럼 시기를 세분하여 파악하면 그만큼 변화의 추이를 면밀하게 살필 수 있다는 장점이 있다. 반면에 여러 부문의 변화를 연계하여 설명하는 데까지는 이르지 못한다. 또한 한국사를 통사적으로 파악하려고 할 때 상대적으로 고려시대가 지나치게 세분된다는 단점이 있다.

---

18 金哲埈, 1974, 「高麗時代 文化의 變遷」, 『文學과 知性』 5-2; 1973, 「高麗中期 文化意識와 史學의 性格」, 『韓國史研究』 9.
19 李仁在, 1996, 「高麗 中後期 農場의 田民確保와 經營」, 『國史館論叢』 71; 1996, 「高麗 中後期 收租地奪占의 類型과 性格」, 『東方學志』 93; 1990, 「고려 중후기 지방제 개혁과 감무」, 『外大史學』 3.

(2) 중기中期의 설정

고려중기 설정의 필요성

앞에서 살핀 것처럼 시기 구분법마다 장점과 단점들을 갖고 있다. 두 시기나 네 시기로 구분한 방식은 대체로 문신 중심의 문벌귀족정치가 무신정변으로 인하여 큰 변화를 겪은 것에 큰 의미를 부여하였다. 무신정변으로 야기된 정치제도·권력구조의 변화 및 신분제의 동요가 역사적으로 중요한 의미를 지닌다는 것은 분명하다. 하지만 그런 방식은 사회경제적 변화와 사상계의 동향, 향촌지배체제의 동요와 민중항쟁 등을 포괄하고 국제적 요인까지 고려하여 사회 변화를 총체적으로 파악하는 데에 한계가 있다. 특히 고려사회가 강한 역동성을 지녔다는 점을 고려할 때, 왕조 중반에 내·외적 환경 변화에 따라 지배층과 민의 역동적 대응이 부각된 점에 주목할 필요가 있다.

앞에서 살핀 것처럼 12, 13세기를 묶어 중기로 파악하는 방식이 이미 여러 부문별 연구에서 시도되었다.[20] 나아가 그 시기의 사회경제적 변화와 지배체제의 동요 및 민과 지배층·국가의 대응 양태 등을 종합적으로 고려하여 독자적인 시대격을 부여해서 중기로 구분하는 연구가 제시되었다.[21] 최근에도 12세기 전반기부터 전기의 지배체제가 동요·변화하는 현상에 주목하는 연구들이 계속 보완되고 있다.

정치사 연구에서는 문벌귀족사회론의 신분·계층론적 방식이 지닌 한계를 인식하고 새로운 연구방식을 모색하면서 그런 경향이 강해졌다. 또한 12세기 전반기의 정치와 무신정변·무신정권을 계기적으로 이해하고 원간섭

---

20 네 시기 구분법에서 문벌귀족사회 발전기를 중기라고 부르기도 하는데, 그것과는 구별된다.

21 채웅석, 1990, 「12, 13세기 향촌사회의 변동과 '민'의 대응」, 『역사와 현실』 3; 1999, 앞의 논문; 박종기, 2020, 『새로 쓴 오백년 고려사 (전면개정판)』, 휴머니스트.

기의 고유한 역사성을 부각하기 위해서도 12, 13세기를 별도의 단계, 즉 중기로 설정하여 파악하는 방식에 주목하였다.

그런 방식을 활용하면 정치사에서 이자겸의 난, 묘청의 난, 무신정변 등에 대하여 각각의 차이를 과도하게 부각하지 않고 연속적·계기적으로 이해할 수 있다. 선행 연구에서는 이 정치 변란들을 왕·문벌귀족·신진관료 사이에서 벌어진 권력 갈등으로 파악하고, 무신정변과 그 뒤의 정변들은 문신과 무신 간의 갈등, 무신 상호 간의 갈등이라고 유형적으로 구분하였다. 그런 방식은 무신정변 전·후를 과도하게 의식하고 또 각 정변들의 성격을 단순화해서 유형을 나누어 그에 맞추어 설명한다는 문제점이 있다.

고려중기에 들어서서 재해가 연속하여 발생하고 사회 모순이 확대되는 한편, 중앙지배층이 분열·대립하는 가운데 정치가 왕과 측근세력 및 외척·무신 집권자 등과 그들의 족당族黨세력 중심으로 경색되어, 개혁이 성과를 거두지 못하면서 정변 가능성이 상존하였다. 다시 말하여 12세기 초부터 현저해진 사회 변화가 정치에 영향을 주고 무신집권기까지 이어졌다. 그렇게 보면 무신정변과 그 뒤에 빈발한 무신들 간의 권력 투쟁도 그전의 이자겸의 난이나 묘청세력의 서경 반란 등과 같은 역사적 맥락에서 파악할 수 있다.

지배층의 분열·대립을 야기한 중요한 요인으로서 문벌 강화를 들 수 있지만, 그에 못지않게 사회 모순과 그로 인한 농민항쟁의 발생에 주목하여 볼 필요가 있다. 비록 농민이 정치세력화하지는 못하였더라도 유망과 봉기 등으로 저항하면 지배층은 지배질서의 유지·강화를 위하여 정책적 대응을 하지 않을 수 없었다. 부국강병을 목표로 한 변법적變法的 개혁이든지, 교화와 민생 안정을 중시하는 개혁이든지, 아니면 수구적 태도를 취하든지 간에 정치적 견해나 입장에 따라 정책적 대응의 내용이 달라지고, 그것은 정치 갈등으로 번졌다.

국제정세의 변화도 국내 정치에 큰 영향을 끼쳤다. 과거 고려에 신속하던 여진이 12세기 무렵 강성해져서 거란과 북송을 멸망시키고 고려에 칭신사대稱臣事大할 것을 요구하였다. 그에 대하여 형세상으로 금에 사대하여 평화를 유지하자는 주장이 있는가 하면, 그 상황을 국치國恥라고 여겨서 부국강병책 내지 대외경략책을 주장하는 세력도 있었다. 권력에서 소외되자 외세와 결탁하여 국면 전환을 노리는 경우도 나타났다. 무신집권기에는 이른바 '거란유종契丹遺種'과 몽골이 침략한 사건이 장기간 다른 정치적 이슈들을 삼키는 블랙홀이 되었다. 1270년 무신정권이 종식된 것도 왕과 강화파 관료들이 몽골의 후원을 받아 가능하였다.

이처럼 고려중기에 연이은 지배층의 분열과 대립은 출신기반의 차이에 따른 권력 투쟁으로만 이해할 수 있는 것이 아니었다. 사회 변화에 따라 위기의식이 커지는 가운데 대응책이나 정치 운영 방식을 둘러싸고도 정파가 갈라져서 갈등이 벌어졌다.

고려후기도 전기 지배체제가 변화하면서 조선 건국으로 이어지는 장기간의 과도기로서가 아니라, 몽골의 제국 질서에 조응하여 특징적인 정치구조가 만들어지고 지배세력이 재편되는 등 독자적 의미를 갖는 시기로서 인식할 필요가 있다. 최근에 12세기 이래의 내부적 모순에 몽골 세계제국 질서로의 편입이라는 외부적 요인이 작용하면서 형성된 독특한 역사성을 밝히려는 연구들이 시도되고 있다.[22] 이 연구들은 그 시기에 더욱 심화된 기존 모순에다가 새로이 부가된 몽골과의 관계에 적응하는 양상으로 사회 전반에 걸쳐 질서와 구조가 재편되었다고 이해한다. 이 점을 감안하면, 무신집권 이후 고려말기까지를 한 시기로 파악하는 관점은 오히려 원간섭기의 역사를

---

22 한국역사연구회 14세기고려사회성격연구반, 1994, 『14세기 고려의 정치와 사회』, 민음사; 李益柱, 1996, 『高麗·元關係의 構造와 高麗後期 政治體制』, 서울대 박사학위논문; 이강한, 2010, 「'친원'과 '반원'을 넘어서―13~14세기사에 대한 새로운 이해」, 『역사와 현실』 78; 이명미, 2016, 『13~14세기 고려·몽골 관계 연구』, 혜안.

명확하게 이해하는 데에도 장애가 될 수 있다는 지적에 동의할 수 있다.

중기의 시점과 종점

전기는 고려의 지배 질서와 구조가 성립하고 발전한 시기였다. 국초에 호부층豪富層이 주도하는 자율적 향촌질서를 인정하는 한편 중앙집권국가의 기능을 강화하는 노력을 기울였다. 10세기 후반에는 당·송의 제도를 수용하여 정치제도를 구축하고, 토지소유권에 바탕을 두고 수조권을 행사하는 농민 지배체제를 갖추었다. 그리고 과거제도를 시행하여 문·무반을 구분하고 농·공·상 등의 사회분업론적 편성을 법제화하였다. 이어 11세기 초 거란의 침입을 물리친 뒤에 내외의 정세가 안정된 가운데 사회가 발전하여, 11세기 중반에 전성기를 맞았다.[23]

그렇지만 12세기 무렵에는 여진이 동아시아의 강자로 부상하여 고려가 중심이 된 이른바 해동천하海東天下 질서를 흔들었다. 이어 13세기 전반에도 동아시아의 국제정세가 크게 변하여 고려는 '거란유종'·몽골의 침략을 맞아 오랫동안 전란에 휩싸였다.

그 시기에 내부적으로도 왕조의 운명을 연기하기 위한 특별 조치가 필요하다는 주장이 조정에서 받아들여질 만큼 사회 변화가 감지되었다. 중앙에 진출한 지배층 사이에 이전부터 진행되어 오던 문벌화가 심화되는 한편 정치적 갈등과 변란이 계속 일어났다. 향촌사회에서도 향리들이 권세가와 결탁하여 수탈하고, 향리들의 자치를 전제로 하던 지방 지배가 동요하였다. 자연재해가 연속되는 가운데 농업생산력을 증대하려는 노력도 있었지만, 한편으로는 호협豪俠·문객門客의 결합과 농장 경영 등에 바탕을 둔 사적 지배방식이 팽창하였다. 정치 부문에서는 왕의 측근세력 및 외척·무신 집권

---

23 변태섭, 1978, 「高麗 貴族社會의 歷史性」, 『韓國史의 省察』, 三英社, 146쪽; 박용운, 앞의 책, 74~77쪽.

자 등이 대두하여 관료제와 토지분급제 등 공적 지배방식과 마찰을 빚었다. 최씨집권기에는 집권자의 사적 지배가 공식화되고 그의 정치적 위상이 관료제를 초월하는 권위까지 갖기에 이르렀다. 그런 가운데 이미 12세기 초부터 지배체제의 모순과 수탈에 대항해 민들이 저항하기 시작하여 무신집권기에 폭발적으로 봉기하였다. 이에 정치권에서는 공적 부문의 회복을 위한 개혁을 모색하여 금속화폐 유통정책, 관 주도의 향촌통제책, 예제禮制 정비 등을 시도하였다.

원간섭기에는 외세에 의존하고 부분적 개량을 시도하여 지배체제의 쇠퇴를 억제하였다. 또 획기적으로 대외적 개방성이 확대된 반면, 몽골의 제국질서가 내면화되었다. 무신정권이 종식되고 왕권이 회복되었지만 몽골의 지원에 기대어 이루어짐에 따라, 이후 관료제가 정상적으로 운영되지 못하고 부원세력이 부상하였다. 왕이 몽골과의 관계를 풀어 나가면서 정치를 이끌기 위하여 시종신료와 폐행들을 중심으로 측근세력을 육성하자, 초수超授·허통許通 등에 따른 관직체계의 문란이 초래되고 사급전賜給田 제도와 권력을 이용한 토지 겸병의 폐해가 심화되었다. 이러한 상황에서는 원의 간섭과 측근정치가 청산되어야 개혁이 가능해지고 사회가 새로운 단계로 진전할 수 있었다. 따라서 시대적 과제 및 정치적 화두가 무신집권기와는 분명히 구분된다.

이상과 같은 이해를 토대로 고려사회의 변화를 세 시기로 구분해 본다면, 중앙집권적 지배체제를 구축하여 발전한 전기(10~11세기), 사회 모순이 드러나고 국제정세가 변화하는 가운데 정치운영론상의 갈등과 정치 변란 및 민의 항쟁 등이 벌어진 역동적 변화의 중기(12세기 초~13세기 중반), 원간섭기에 지배층과 지배구조가 재편된 가운데 자주성 유지와 개혁이 정치적 과제였던 후기(13세기 말~14세기)로 나눌 수 있다.

좀 더 세분이 필요하다면, 초기의 지배구조 성립 과정(10세기)과 말기의 새로운 지배체제로의 이행 과정(14세기 후반)을 추가할 수 있다. 중기의 경우에도 문벌의 전성과 정치운영론의 대립·갈등이 특징인 12세기 전반기와 무신의 집권 및 신분·계층 이동이 활발해진 무신집권기를 구분하여 보아도 좋을 것이다.

2. 정치사 연구의 방향과 논점

문제의식

앞에서 설명한 대로 선행 연구들은 11세기 말부터 무신정변이 일어난 1170년까지의 정치사에 대하여 대개 문벌귀족사회론을 바탕으로 그 특징을 고찰하였다. 출신 신분·계층이나 가문을 살펴서 정치세력의 성격을 파악하는 방식을 중심으로 삼고, 정치 운영상에 나타난 귀족제적 면모를 강조하였다. 그 결과, 당시의 정치를 귀족정치라고 규정하고 문벌귀족들이 왕권을 제약하고 특권을 공동으로 보장하였다고 보았다. 이자의李資義의 난, 이자겸의 난, 묘청의 난 등이 이어진 것은 곧 귀족사회 내부에서 모순이 축적되어 간 과정으로서, 정치권력과 경제적 특권의 확대를 둘러싸고 지배층 내부에서 분열이 생겼다고 파악하였다. 그리고 그 분열의 양상을, 왕과 문벌귀족 간의 대립, 문벌귀족 상호 간의 대립, 문벌귀족과 신진관료 간의 대립 등의 유형으로 나누어 이해하였다.[24]

---

24 고려중기의 정치를 왕과 문벌귀족, 문벌귀족과 신진관료 간의 대립구조로 파악한 선행 연구에 대해서는 朴宗基, 1992, 「12세기 高麗 政治史 硏究論」, 『擇窩許善道先生停年紀念 韓國史學論叢』에서 상세하게 검토하였다. 그리고 김인호, 2007, 「고려시대 정치사의 시각과 방법론 연구」, 『역사와 현실』 66은 권력구조, 정치세력, 정치 운영과 정책론을 중심으로 고려시대 정치사에 대한 연구 현황을 검토하여 참고가 된다.
　한편 학계에서는 정치세력을 지역성에 주목하여 구분하기도 하였다. 즉 이자겸 등 인주 이씨 출신들을 중심으로 한 남경세력, 묘청파의 서경세력 및 그와 대립한 김부식 등의 개경세력 등으로 나누었다. 그렇지만 동일 정치세력으로 결집한 계기에 대하여 출신 지

그런 귀족사회의 동요가 1170년 무신정변이 발생하는 조건이 되었으며, 정변의 결과로 커다란 정치적·사회적 변화가 초래되었다고 파악하였다. 문벌을 존중하는 문신들이 지배하던 때와 달리 실력 유무가 정권 장악 여부를 결정하게 되어 무신 사이에서 정권이 빈번하게 교체되곤 하였다는 것이다. 그리고 그 정권 교체를 출신기반에 따라 이해를 달리한 정치세력 간의 대립, 즉 좋은 가문 출신과 미천한 신분 출신 또는 고위 무신과 하급 무신 간의 차이에 따른 대립의 결과로 파악하기도 하였다.[25]

그러한 연구 성과에 힘입어, 출신 신분·계층을 기준 삼아 정치세력을 구분하고 거기에 맞추어 정치 과정을 이해할 수 있었다. 그런 신분·계층론적 분석 방식은 역사현상을 고찰할 때 개인보다 신분·계층·계급 등 사회구조적 요소가 핵심적이라고 보는 연구방법론에 바탕을 둔 것이다. 즉 개인보다 집단에 초점을 맞추어 역사를 인식하고, 사회를 움직이는 체계와 규칙에 주목하였다. 그 방법론을 적용하여 연구한 결과 역사에 대한 구조적·객관적 파악의 수준을 높일 수 있었다. 그리고 지배층의 사회적 기반이 확대되어 온 것을 확인함으로써 한국사를 발전론적으로 이해하는 데에 크게 기여하였다.

그렇지만 그런 방식은 몇 가지 한계를 안고 있었다. 첫째, 인간의 활동을 출신 신분·계층에 따라 고정적으로 파악하다 보니, 개인적 의지와 행위의 능동성은 물론 다양한 요인들의 상호작용에 의한 가변성에 대한 고려가 미흡하였다.[26] 구조결정론은 그런 한계 때문에 문화사나 미시사적으로 연구

역을 따지는 수준 이상으로 충분하게 설명하지는 못하였다.

25 金塘澤, 1987, 『高麗武人政權硏究』, 새문社.

26 김정권은 계층론적 연구방식으로는 시대 변화의 동인을 역동적으로 설명하기 어렵기 때문에 '정치세대'와 같은 새로운 개념의 도입이 필요하다고 보았다(2006, 「고려중기 정치사 연구의 새로운 모색―소위 계층론적 방법론을 가로질러서」, 『한국중세연구』 21, 42~43쪽; 57~70쪽).

하는 데에는 적용하기 곤란하다는 점이 지적되고 있다. 신분·계층은 고정화되거나 장기지속적 경향이 있는 것임에도 불구하고 그것을 역사 진행의 주된 동인動因으로 파악한 결과, 상대적으로 단기적인 정국 변화에 대하여 다양한 변수를 고려하면서 동태적으로 이해하기가 어려웠다.

또한 문벌귀족이나 신진관료 등의 구별이 연구자에 따라 또는 연구 대상 국면에 따라 차이가 나기도 하였다. 이를테면 묘청세력에 속한 인물들을 신진관료, 그 반대편의 김부식 등을 문벌귀족으로 간주하고 서경 반란을 신진관료세력과 문벌귀족 간의 대립 투쟁으로 보는 시각이 일반적이지만, 그와 달리 김부식을 서경 반란을 진압한 뒤에 급성장한 신흥관료라고 보면서 이자겸의 난이 전체 신흥세력에 의해 진압된 뒤 연기延基사상에 입각한 서경천도론자들과 유교적 합리관에 입각한 세력 사이에 분열이 일어난 것으로 보는 견해가 있다.[27] 이 견해는 김부식의 출신기반을 문벌귀족이 아니라 신진관료로 달리 파악하였으며, 김부식이 묘청파와 마찬가지로 신진관료라고 하더라도 정치이념이나 지향에 따라서 서로 상반된 정치세력에 속하였다는 것을 보여 준다.

문벌 출신 관료인지 신진관료인지, 문신인지 무신인지 등으로 갈라 고찰하는 이분법적 파악 방식은 정치현상이나 정치세력을 간략하고 강렬하게 설명하는 데는 효과적일 수 있지만 단순화·도식화의 위험성도 있다. 관료들 간의 이분법적 대립을 강조하다 보면 공통점과 상호 영향 등을 간과할 가능성도 있다. 왕권과 신권의 대립관계로 파악하는 시각도 있는데, 왕과 신료 사이에 권력의 배분과 운영방식 등을 둘러싸고 갈등의 소지가 있다는 점은 인정하더라도 신료들 사이의 정파적 분화라는 변수를 아울러 고려하면서 따져 보아야 한다.

---

27 金潤坤, 1973, 「高麗 貴族社會의 諸矛盾」, 『한국사』 7, 국사편찬위원회; 朴性鳳, 1986, 「高麗 仁宗期의 兩亂과 貴族社會의 推移」, 『高麗史의 諸問題』, 三英社, 171쪽.

둘째, 12세기 전반기 정치 발전의 한 측면으로서 구귀족군과 대비되는 새로운 정치세력이 형성되고 있었다는 점이 지나치게 부각되었다. 즉 보수와 진보의 이분법적 대립관계로 정치 과정을 파악하는 방식의 한계이다. 신진 관료세력으로서 윤관尹瓘세력, 한안인韓安仁세력, 묘청세력 등을 부각한 연구들에서 그런 점을 볼 수 있다. 최근에 사상사 연구가 보완되기는 하였지만 신진세력이라고 해서 정치 지향을 당연히 진보적인 것으로 간주하려는 경우가 없지 않았다. 무신집권기의 정치사 연구에서도 그와 유사하게, 예컨대 미천한 신분 출신의 무신들이 주도하던 이의민李義旼정권 아래에서 기존 법제와 다른 여러 변혁이 일어났다고 과도하게 평가하기도 하였다.[28] 그러나 문벌 출신이라고 해서 모두 보수적이라고 보기 어렵고 신진이거나 미천한 신분 출신이라고 해서 반드시 신법개혁을 지지한 것은 아니었다.

보수와 진보(개혁)는 역사를 해석하는 기준으로서 의미가 있다. 그렇지만 보수파 아니면 개혁파라는 이분법만으로는 정치사를 제대로 설명하기가 어렵다. 사회 모순을 완화하고 국가의 공적 관리력을 높이는 방향으로 정책을 구상한 인물을 개혁론자라고 구분하는 것에는 이의가 없다. 그렇지만 선행 연구에서 보수파로 구분한 인물들 가운데에서 제도 개혁보다 민생 안정과 도덕적 지도력 확보를 중시하는 개혁방식을 택하려고 하였던 부류를 따로 구별할 필요가 있다. 그들은 공리주의적功利主義的 신법개혁론자들과 대립하는 과정에서 보수성이 부각되기는 하였지만, 반개혁적이거나 현실안주적인 부류와는 구별된다. 그리고 신법개혁론자로 분류된 인물들도 다 같은 것은 아니라서, 그 가운데에서 지나친 부국강병책으로 민에게 부담을 더하는 방식과 거리를 두고 보다 유연한 개혁방식을 구상한 부류를 구분해 볼 수 있다.

---

28 金塘澤, 1987, 앞의 책, 49~50쪽.

셋째, 12~13세기에 사회 변화가 현저하였음에도 불구하고 선행 연구에서는 정치사를 사회·경제·사상 등의 변화와 유기적으로 연계하여 고찰하는 데에 한계가 있었다. 당시 사회 변화가 현저하여 기존의 제도로는 감당하기 어려운 모습들이 나타났다. 사적私的 부문, 이를테면 가家·족族 질서의 중시와 문벌화, 족당세력 또는 호협豪俠 논리에 바탕을 둔 세력화, 농장 확대나 억매매抑賣買·고리대 등을 통한 사리 추구 등의 현상이 팽배하면서 관료제와 예제禮制, 토지분급제 등 공적公的 질서와 대립하는 경향이 심화되고, 그에 따라 국가·지배층·민 사이에 갈등이 고조되었다.

정치가 권력을 수단으로 상대방을 통제하고 질서를 유지·강화하는 작용이라면, 위와 같은 사회경제적 변화와 연계하여 정치적 권력관계나 가치 배분을 둘러싼 정책 등을 살필 수 있어야 할 것이다. 다시 말하여, 정치세력을 파악할 때 그 결집의 계기를 가문이나 통혼관계 등 구성원의 출신기반에서만 찾는 방식은 한계가 있다. 사상·이념적 지향과 현실 문제에 대한 인식, 정치적 이해관계와 개혁 방안, 지배층 사이의 갈등·대립이 심화되면서 나타난 왕의 측근세력이나 특별한 지위·권력을 인정받은 신료의 존재 등을 고려하여 검토할 필요가 있다.

넷째, 출신기반에 주목하여 12세기 전반기의 정치사를 파악한 결과가 무신정변에 대한 설명, 곧 문·무반 차별을 정변의 원인으로 파악하는 설명과도 잘 이어지지 않았다. 즉 무신정변을 야기한 문·무반의 차별이 문신 중심으로 운영된 문벌귀족사회의 모순이라고 설명하지만, 무신도 소위 양반 귀족의 일원이었을 뿐 아니라 12세기에 접어들 무렵부터 변란이 자주 일어나는 가운데 무신의 힘이 성장해 왔다는 연구 결과와 잘 맞지 않는다. 또한 문·무반의 차별이 당시에만 고유하게 나타났던 것은 아니고, 왕과 문신들의 무능과 실정失政을 탓하는 것도 역사 해석을 개인적이고 도덕적인 차원으로 좁히는 것이다. 따라서 의종대의 정치 과정, 나아가서 12세기 전반기의 정치 과정을 사회 변화기의 다양한 변수를 고려하여 보다 정밀하게 재조명하여 무신정변으로 이어지는 과정을 밝힐 필요가 있다.

무신집권기의 정치 과정에 대해서도 무신들 간에 무신정변에 참여한 정도나 가문 배경의 차이에 따른 권력 쟁탈에 초점을 맞추어 파악하는 것이 대체적인 경향이었다. 그렇게 되면 그 시기 정치의 파행적이고 부정적인 면만 크게 부각되고, 구조결정론적 한계 때문에 정치사 이해의 폭이 좁아지며, 왕권 강화와 문신의 권력 회복이 바람직한 발전 방향인 것처럼 인식될 수 있다.

다섯째, 당시의 국제관계에 대하여 선행 연구에서는 주로 국민국가의 시각에서 자주와 사대, 명분과 실리외교라는 분석틀을 갖고 접근하여 선진문물 수입과 교역, 북진정책, 대몽항쟁 등에 초점을 맞추어 연구하였다. 그러다가 최근에는 고려·거란·송·서하·여진·몽골 등이 다원적으로 엮인 동아시아 국제질서의 내용과 추이를 고찰하고,[29] 외교 형식이나 사신 영접 의례, 북방민족이 지향한 제국·세계질서 등을 통하여 외교관계의 실제적 내용을 살피며,[30] 천하관天下觀과 그에 따른 대외인식의 차이를 밝히는 등 다양하고 확대된 시각으로 연구가 이루어지고 있다.[31] 그리고 국제정세의 변화에 대

---

29 윤영인, 2005, 「몽골 이전 동아시아의 다원적 국제관계」, 『만주연구』 3; 金成奎, 2010, 「3개의 트라이앵글—북송시대 동아시아 국제관계의 大勢와 그 특징에 관한 試論」, 『歷史學報』 205; 채웅석, 2017, 「고려전기의 다원적 국제관계와 문화의식」, 『한국중세사연구』 50 등 참고.

30 김호동, 2007, 『몽골제국과 고려』, 서울대학교출판부; 이익주, 2010, 「세계질서와 고려~몽골관계」, 『동아시아 국제질서 속의 한·중관계사』, 동북아역사재단; 金成奎, 2009, 「10~12세기 동아시아의 국제환경」, 『中國學報』 59; 김성규, 2014, 「고려 외교에서 의례(儀禮)와 국왕의 자세」, 『역사와 현실』 94; 박윤미, 2015, 「고려전기 외교 의례에서 국왕 '서면'의 의미」, 『역사와 현실』 98; 이바른, 2015, 「거란의 고려사신의례(高麗使臣儀禮)」, 『역사와 현실』 98; 정동훈. 2015, 「고려시대 사신 영접 의례의 변동과 국가 위상」, 『『역사와 현실』 98; 이승민, 2018, 「고려시대 國喪儀禮와 弔問使行 연구」 가톨릭대 박사학위논문; 정동훈, 2018, 「고려-거란·금 관계에서 '朝貢'의 의미」, 『震檀學報』 131 등 참고.

31 盧明鎬, 1999, 「高麗時代의 多元的 天下觀과 海東天子」, 『韓國史研究』 105; 秋明燁,

응한 대책을 둘러싸고 정파가 분화되는 등 국제관계가 국내 정치와 연관된 측면에 주목하는 시각도 부각되었다.[32]

대외관계 연구에서 민족사의 자주성·진취성 확인이라는 관점은 필요하지만, 과잉되면 당시의 국제정세를 객관적으로 파악하는 데 장애가 되는 것은 물론이고 외교정책을 둘러싼 정치세력의 분기와 그에 대한 평가에 편향이 생길 수 있다. 민족주의사학의 시각에서 신채호申采浩가 칭제건원과 금국 정벌을 주장한 묘청파와 사대외교를 주장한 김부식파의 대립에서 김부식파가 승리한 결과 한국사가 결정적으로 후퇴하게 되었다고 파악한 것이 대표적 예이다. 이제 그런 관점에서 벗어나 국가 간의 외교와 충돌 그리고 대외정책들이 어떤 배경과 과정을 거쳐 이루어졌는지를 보다 객관적으로 고찰해 볼 필요가 있다.

요컨대 국내 정치에서 문벌귀족과 신진관료, 진보파와 보수파, 문신과 무신, 국제관계에서 자주와 사대, 명분과 실리외교 등으로 대비하여 파악하는 방식이 그동안 기여한 점을 인정하더라도, 그 한계를 인식하고 보완할 수 있어야 한다. 그러기 위해서는 정치사를 연구할 때 사회·경제·사상·문화 등 제반 요인들을 다양하게 고려하는 시각이 중요하며, 문벌의 강화와 왕의 리더십, 국내·외 상황 변화에 대한 대응과 그로 인한 정파나 정치운영론의 분화 등을 새롭게 탐구할 필요가 있다. 고려중기론에 바탕을 둔 정치사 연구는 바로 그런 문제의식에 주목한다.

연구 대상과 과제

이 책은 위에서 제시한 문제의식에 따라 고려중기의 정치사를 사회 변화

2005, 「高麗時期의 海東 인식과 海東天子」, 『韓國史硏究』 129.

32 朴宗基, 1993, 「高麗中期 對外政策의 變化에 대하여—宣宗代를 중심으로」, 『韓國學論叢』 16; 이정신, 2004, 『고려시대의 정치변동과 대외정책』, 景仁文化社.

와 정치의 상관관계, 특히 지배층의 현실인식과 내용, 정파 결집과 정치 운영의 방식 등에 주목하여 연구하고자 한다. 관련 연구 대상과 과제는 다음과 같이 설정하였다.

첫째, 왕의 역할과 리더십을 정치의 중요 변수로 고려한다. 왕은 왕실과 나라를 대표하는 권위를 지니고 공적 영역을 관장하는 국정의 최고 책임자로서, 정책들이 왕명으로 실현되었다. 따라서 왕의 리더십 유형과 수준에 따라 정치 목표의 제시와 달성, 정치세력 구성 등이 크게 달라졌다. 고려중기처럼 사회가 변화하는 시기에는 특히 갈등 조정과 소통의 리더십, 위기관리자로서의 리더십 등이 중요하였다. 또한 왕은 문벌이나 권세가들 사이에서 자신의 위상에 걸맞은 국정 장악력을 확보·강화하려고도 하였다. 관료들의 경우에도 정치적 영향력을 갖는 데에 왕과의 친밀도가 크게 작용하였다. 이처럼 왕의 역할과 리더십에 따라 정치양상이 많이 달랐다는 점을 고려하여 각 왕대별로 정치 현안, 정치 운영과 개혁 방식, 정치세력의 분화 등의 지표에 맞추어 정치사를 분석한다. 그렇게 하면 왕대별 비교도 가능해져서 고려중기의 장기적인 정치현상 변화를 살필 수 있을 것이다.

둘째, 정책 결정이나 정치 과정이 주로 어떤 정치기구를 통하여 이루어졌는지를 유의하여 살핀다. 관료제하에서 권력은 정치기구와 관직을 통해서 구현되었다. 선행 연구에서 이미 재추宰樞, 정조政曹와 대간臺諫, 승선承宣·내시內侍와 같은 근시近侍직 그리고 무신집권기의 중방과 교정도감 등의 위상과 역할에 주목하였으며, 그 점은 고려중기의 정치구조를 이해하는 데에도 필수적이다.

셋째, 정치 과정에서 신료들 가운데 핵심 역할을 담당한 인물들이 누구였으며, 그들을 정치세력으로 분류할 수 있는지, 세력 결집의 계기와 양대는 어떠하였는지를 살핀다. 이와 관련하여 부계 가문 분석을 통한 연구의 한계, 즉 각 가문을 특정 정치세력으로 간주하는 방식의 문제점을 비판하고 정치세력들이 족당族黨·당여黨與 형태로 결집되는 면모를 보인다는 점을 밝힌 연구 성과에 유의할 필요가 있다.[33] 또한 당시 관료들 사이의 인간관계망이 친속관계뿐만 아니라 좌주-문생, 학문·문예적 성향, 세계관이나 종교 신앙 등에 따라서 다양하였고, 그 관계망의 결속이 강고하거나 배타적이라기보다는 취약성을 갖는 연성적軟性的 네트워크로 존재하였다는 점을 고려해야 한다.[34]

넷째, 당시 정치사에서 보정輔政이 여러 번 논의되고 시행된 까닭이 무엇인지, 외척 이자겸과 최씨집권자들의 비상한 권력 행사가 어떻게 가능하였는지, 특히 최씨정권의 장기간 권력 세습이 어떤 명분과 논리로 정당화되었는지 등에 주목한다. 왕정과 관료제가 유지되는 가운데 특정 관료가 왕을 대신할 정도로 비상한 권력을 행사할 수 있었던 배경은, 강력하게 구축된 사적 세력기반만으로는 설명하기 어려우므로 그것이 가능하도록 용인한 사상적·제도적 근거를 확인할 필요가 있다.

다섯째, 정치의 현안이 무엇이었는가와 관련하여 권력 배분 문제와 함께 사회경제적 현안에 대한 정책 수립과 정치 운영 양상에 주목한다. 당시 자연재해가 빈발하고 사회 모순이 확대되는 가운데 공적·사적 지배방식이 공존·대립하면서 정치권에 위기의식을 불러일으킴에 따라, 종교나 풍수도참설에 근거하여 왕조의 연기延基와 양재초복禳災招福을 위한 행사와 천도나 이궁離宮 건설 등의 비상한 조치가 필요하다는 주장이 조정에서 논의되었다.[35] 또한 국가의 공공성 강화나 지배질서 확립을 위한 개혁의 필요성을 인

---

33 盧明鎬, 1987, 「李資謙一派와 韓安仁一派의 族黨勢力─高麗中期 親屬들의 政治勢力化 樣態」, 『韓國史論』 17; 1991, 「高麗後期의 族黨勢力」, 『李載龒博士還曆紀念韓國史學論叢』.

34 채웅석, 2006, 「목은시고牧隱詩藁를 통해서 본 이색의 인간관계망─우왕 3년(1377)~우왕 9년(1383)을 중심으로」, 『역사와 현실』 62; 2009, 「고려시대 과거(科擧)를 통한 인간관계망 형성과 확장」, 『이태진교수정년기념논총 1─사회적 네트워크와 공간』, 태학사.

35 풍수도참설의 전개에 대해서는 李丙燾, 1980, 앞의 책과 장지연, 2015, 『고려·조선 국도

정하여 유교 정치이념에 입각한 여러 가지 개혁방안들이 제기되어 논의되었다. 이 책에서는 그 논의가 정치 갈등과 연계된 점에 주목하고, 각 개혁방안의 사상·이념적 기반을 검토한다. 외교와 전쟁, 대외교역과 문화교류 사안도 주요 정치 이슈였다. 국가 이익과 안보를 위하여 공격적인 팽창 정책을 쓸 것인지, 세력균형 정책을 쓸 것인지, 강대국에 외교적으로 굽히는 방식으로라도 평화를 유지할 것인지, 또는 외교와 경제·문화적 교류를 결합할 것인지, 분리하여 이원적으로 대할 것인지 등을 놓고 의견이 갈라졌다. 그리고 그 분화는 국내 정치 사안과도 연계되어 진행되었다.

여섯째, 문벌의 강화와 문벌 사이의 네트워크가 정치에 어떻게 영향을 미쳤는지에 유의한다. 강력한 문벌이라 하더라도 왕권을 일방적으로 제약한 것은 아니었다. 국가·왕실에 대한 훈공의 결과로 문벌을 이룰 수 있었고 그 훈공에 대한 은사 차원에서 문벌 출신을 우대하는 것이라고 여겼다. 다시 말해 문벌을 왕조 보위세력으로 인식하였다는 점을 고려할 필요가 있다. 물론 권력을 가진 문벌이 관료 임용과 인사에 영향력을 행사하여 사회 통합을 저해함에 따라 아래로부터 그 제약을 넘으려는 노력도 벌어졌다. 그런 양면성을 고려하여 문신 중심의 문벌귀족정치라는 관점에서 중시해 온 왕 대 문벌귀족, 문벌귀족 대 신진관료, 문신 대 무신이라는 대결 구도를 설정하는 것이 적합한지를 검증해야 한다.

일곱째, 고려중기론의 시각에서 무신정변의 성격을 파악한다. 이 책의 구상은 무신정변에 대한 재해석으로부터 시작되었다고 하여도 과언이 아니다. 이 문제는 다음과 같은 논점들로써 풀어 볼 수 있을 것이다. 12세기 전반기의 정치 과정이 무신정변과 어떻게 연결되었는가? 의종대의 정치가 어떠하였기에 무신정변의 직접적 원인을 제공하였는가? 12세기 전반기에 일

『풍수론과 정치이념』, 신구문화사 참고.

어난 정변들과 무신집권기의 정변들을 같은 맥락에서 이해할 수 있는가?

이상과 같은 연구 시각과 논점들을 갖고 연구하더라도, 고려중기의 정치사를 새롭게 조명한다는 목표를 달성하는 데에는 충분하지 못하리라고 여겨진다. 그 점을 고려하여 결론부에서는 이 책의 성과를 정리해 보고, 이어서 좀 더 시야를 확대하여 사학사의 맥락에서 고려 정치사 연구의 궤적을 짚어 보면서 앞으로 중기에 대한 연구에서 보완해야 할 점들을 살펴보기로 한다.

제1부

11세기 후반
사회 변화의 감지와
정치 동향

고려는 11세기 초부터 국내외의 정세가 안정되고 사회가 발전하여 문종대(1046~1083)에 전성기의 번영을 누렸다. 한편 12세기에 본격화된 변화의 조짐도 보이기 시작하였다. 그에 따라 각종 제도의 정비에 힘쓰는 한편, 정계에서 지배층의 폐쇄성과 개방성을 둘러싼 논의가 많이 이루어지고, '왕업의 부흥[興王]'과 연기延基의 필요성이 제기되었다. 이 시기의 제도 정비를 중앙집권화가 완성된 결과물로 보기도 하지만, 근본적으로는 제도·질서의 정비와 개정이 필요할 만큼 사회가 발전·변화하였기 때문이다.

제1부에서는 다음과 같은 점들을 중심으로 고찰한다.

첫째, 전성기 지배층의 존재양태를 문벌의 강화와 사士·서庶의 구분이라는 측면에서 살펴서 그 지위와 특전을 어떻게 구분하고 우대하였는지를 알아본다.

둘째, 중앙정계에서 사회 변화를 감지하고 어떻게 정치적으로 대응하였는지를 살핀다. 선행 연구들은 대체로 문종대를 귀족사회라고 과도하게 평가하여, 문벌귀족체제가 강화되자 문종이 그에 대항하여 왕권 강화에 노력하였다고 보았다. 하지만 이른바 왕권 강화도 사회 변화에 대한 대응이라는 관점에서 재조명할 수 있다.

셋째, 지배층 사이에서 문벌을 존중하는 입장과 군신관계를 강조하는 입장이 달랐을 뿐만 아니라 사회 변화에 대응한 정책을 놓고도 의견이 갈려서 정치 갈등이 생겼다. 문종대에 그런 입장과 의견의 차이가 어떻게 조절되었는지를 살핀다.

넷째, 문종은 지배체제의 정비를 도모하는 한편 거란에 대한 사대외교에 치중하였던 국제관계를 다변화하기 위하여 적극적으로 나섰다. 반대론에도 불구하고 왕이 리더십을 발휘하면서 국정 주도력을 높이고 다양한 지역들과 교류하여 문화를 발전시킨 점에 주목한다.

전성기의 정치:
문벌의 강화와 문종의 리더십

1. 문벌의 강화와 사士·서庶의 구분

고려사회의 전성全盛과 문벌의 강화

11세기에 접어들 무렵에 고려는 정치적 불안을 극복하고 집권체제를 정비·강화하였으며, 거란의 침략을 막아낸 뒤로는 국제정세도 비교적 평화를 유지하였다. 그처럼 국내외의 정세가 안정된 가운데 발전한 결과, 문종대 (1046~1083)에 고려 왕조의 전성기를 구가하였다.

후대의 관료들이 문종대의 정치에 대하여 평가한 것을 보면, 갈등·대립이 심화되었던 자기 시대와 비교하여 매우 긍정적으로 보았다. 예컨대 인종 12년(1134) 왕이 재변災變에 대응하여 구언求言하자 임완林完이 상소하여 서경 반란을 일으켰던 묘청파를 비판하면서, 폐해를 바로잡는 방법은 태조의 유훈을 좇으며 문종이 남긴 제도를 거행하는 것뿐이라고 하였다.[1] 문종 때

---

[1] 『고려사』 권98, 林完; 『고려사절요』 권10, 인종 12년 5월.

는 관제를 개혁하여 필요 없는 관리〔冗官〕들을 감축하고, 능력과 덕성을 갖춘 인물을 등용하고 상벌을 엄정하게 내렸으며, 내시內侍를 축소하는 등 측근세력을 육성하지 않아 태평한 시대를 열었다고 평가하였다. 이러한 평가는 이후의 역사가들에 의해 그대로 이어졌다. 이제현이 문종에 대한 사찬史贊에서 정치를 잘하여 국가 재정이 튼튼하고 민들이 풍족하여 당시에 '태평'을 일컬었다고 칭송하였으며,[2] 고려말기의 유학자들도 그렇게 인식하였다.[3]

앞서 11세기 이래 정계에서는 성종(981~997) 때 대두한 관인층이 중심이 되어 유교 정치이념을 적극적으로 구현하고, 현종(1009~1031) 추대, 김훈金訓·최질崔質의 난 진압, 대거란전 수행 등에서 공로를 세우면서 이후 중앙지배세력의 주축을 형성하였다. 그들은 유학에 바탕을 둔 지식층이면서도 전통사상을 중시하는 부류와 유교이념에 보다 충실하려는 부류로 나뉘었지만 정치 운영 면에서 심하게 대립·갈등하지는 않았다. 관료체제가 비교적 안정적으로 운영되는 가운데 관료들이 정치를 주도하였다.[4]

고려후기에 이제현은 덕종(1031~1034) 때의 정치에 대하여 "덕종은 현종이 하던 일을 고치지 않았으며 원로인 서눌徐訥·왕가도王可道·최충崔冲·황주량黃周亮 등을 신임하여 조정에서는 서로 기만하는 일이 없었고 백성은 편안한 생활을 누렸다."라고 평가하였다. 그리고 정종(1034~1046)에 대해서는 거란과 화친을 유지한 것을 특기하고 선대의 유업을 잘 계승 발전시켜서 나라를 보전하였다고 평가하였다.[5] 그렇게 발전하여 문종대에 번영이 정점에 이르렀던 것이다.

그런데 그처럼 번영을 구가한 이면에서 사회 모순으로 커질 수 있는 요소

---

2 『益齋亂稿』 권9下, 史贊 文王.
3 『고려사』 권118, 趙浚; 같은 책 권120, 吳思忠.
4 오영선, 1997, 「현종대 정치과정과 11세기 정치사에서의 위치」, 『11세기 권력구조와 정치운영』, 한국역사연구회 제51회 연구발표회 발표문.
5 『益齋亂稿』 권9下, 史贊 德王; 靖王.

들이 자라고 있었다. 우선 사회가 안정적으로 발전하면서 중앙지배층이 기득권을 지키고 문벌화하는 경향이 두드러졌다. 현종 10년(1019)에 사심관을 뽑는 원칙을 세우면서 기인백성들의 거망擧望에 따르되 비록 거망이 적다고 하더라도 여러 대에 걸쳐 조정에서 현달한 문벌 출신이라면 뽑을 수 있도록 하였다.[6] 또한 정종靖宗 7년(1041)에는 7품 이상 관료의 자제들은 여러 대에 걸친 훈구의 자손이기 때문에 군대에 편입시키지 말도록 하였는데, 그 조치는 현종 때부터 이미 시행되던 법령을 재확인한 것이었다.[7] 그런 일들은 중앙집권력이 강화되고 중앙지배층이 벌열화되어 가는 상황을 반영한 것이다.

여전히 신진관료들이 등장하여 문벌로까지 성장할 수 있었지만, 한편으로 문벌화가 심화되면서 계층 이동이 상대적으로 어려워졌다. 능력 본위의 관직 임용과 승진 원칙을 중시하면서도 음서와 교육제도를 문벌에 유리하게 운영하였다. 주지하다시피 음서제도를 성종 때부터 시행하였다. 그에 따라 왕실의 후예와 공신의 후손, 5품 이상 관료의 자손들을 우대하여 이들에게 관리가 될 수 있는 자격을 부여하고 소정의 절차를 거쳐 음직을 제수하였다. 양측적 친속관계에 따라 음蔭을 받을 수 있었고 관행적으로 계급내혼階級內婚이 이루어졌기 때문에, 문벌이 음서 기회를 집중적으로 누릴 수 있었다.[8] 그런 상황에서 문종대에 이후 12세기 전반기에 명문으로 대접받는 가문들이 등장하였다.

문벌로 자리 잡으려면 관료로서의 지위를 대를 이어 연속적으로 유지해야 하였다. 당시 중앙지배층은 과거 급제를 선호하면서도 음서제도를 널리

---

6 『고려사』 권75, 선거3 사심관 현종 10년 判.
7 『고려사』 권6, 靖宗 7년 9월 丁未.
8 盧明鎬, 1983, 「高麗時의 承蔭血族과 貴族層의 蔭敍機會」, 『金哲埈博士華甲紀念史學論叢』.

이용하고, "문벌로서 대대로 경사를 누린다〔積閥襲慶〕"거나 "여러 대에 걸친 훈구의 자손〔累世勳舊子孫〕" 등 문벌을 선망하는 표현을 하였다.[9] 그처럼 족 망族望을 숭상한 풍조에 대하여『송사宋史』고려전과『선화봉사고려도경宣 和奉使高麗圖經』 등에는 '고려의 사인士人들이 족망으로써 서로 겨루는데, 유柳·최崔·김金·이李의 네 성씨가 귀종貴宗이다.'라거나 '재상에 훈척을 많 이 임명한다.'라고 기록되었다.[10]

사士·서庶의 구분

고려는 골품제라는 폐쇄적 귀족제도를 극복하면서 성립하였다. 그렇기 때문에 문벌이 강화되더라도 소수의 가문이 관직을 독점하거나 가문들을 계서화하여 관직 위계와 연결할 수 있는 시대가 아니었다.

당시 지배층은 특정 가문의 독점적 지위를 보장하는 방식을 택하지 않고 사·서의 구분을 제도화하였다. 사·서 구분은 천인을 애초부터 고려대상에 서 배제하고 양인 내부에서 계층을 구분하는 것이다.[11] 사와 서인은 관직 유 무를 기준으로 구분되었다. 사의 기본 계층은 과거 급제와 음서 등을 통하 여 입사入仕한 유품관流品官들이었다.[12] 진사進士와 유음자손有蔭子孫 등도

---

9 『고려사』권6, 靖宗 6년 3월 壬午; 7년 9월 丁未.
10 『宋史』권487, 외국3 고려;『宣和奉使高麗圖經』권8, 人物.
11 洪承基는 士庶制란 관리가 될 수 있는 사족을 판별하는 데 기준을 둔 제도였기 때문에 사 족이 아닌 다른 신분층이 모두 서인이거나 아니거나는 중요하지 않았다고 이해하였다 (1994,「高麗時代의 良人-士庶制·良賤制의 시행과 관련하여」,『제2회 학술연구논문 집』, 養英會, 442쪽).
  한편 劉承源은 서구의 신분제가 상류층의 배타적 특권을 보장하는 데 주력하였다면, 중국과 한국의 경우는 지배층이 하층 특히 노비를 속박하고 차별하는 데 주력하면서 그 들에 대한 지배를 통하여 평민 이하층에 대한 자신들의 상대적인 사회적 우위를 확보하 고 유지하였다는 견해를 제시하였다 (1997,「고려사회를 귀족사회로 보아야 할 것인가?」, 『역사비평』 36, 217쪽).
12 『고려사』권75, 선거3 한직 문종 27년 정월.

사계층으로 대우하였다.[13] 향리와 서리의 상층도 입사직으로 대우받고 품관으로 나아갈 수 있었는데, 특히 상급서리의 동정직은 음서로 입사하면 주는 초직으로 이용되었다.[14]

군역 부담, 관료 선발과 승진, 형률 적용 등에서 사계층을 우대하는 제도들이 마련되었다. 먼저 군역 부담의 측면에서 살펴보면, 정종 7년(1041) 선군별감이 문·무반 7품 이상 관원의 자제들에 대하여 과거 응시자를 제외하고 군대에 충원하려고 하자, 병부가 반대하였다. 반대 이유는 그들이 여러 대에 걸친 훈구의 자손이기 때문에 그동안 역에 징발하지 않았고 현종 15년(1024)과 정종 2년(1036)에 이 점이 법령으로 이미 확인된 바 있다는 것이었다.[15] 7품 이상 관원의 자제들은 군대에 들어가더라도 유음기광군有蔭奇光軍 같은 특수한 부대에 소속되었다.[16]

관료 선발에서도 사계층을 우대하였다. 문종 2년(1048) 과거 응시자격을 논의하면서 제술업과 명경업 응시대상을 상급향리의 자제 이상으로 제한하고 의업 응시는 서인에게도 허용하되 악공·잡류와 관계되지 않아야 가능하도록 규정하였다.[17] 서인은 입사가 금지되지는 않았지만 과거에서 의업과 같은 잡업에만 응시할 수 있었다.

과거제도와 밀접한 관련이 있는 학교제도에서도 입학 자격에 차등이 있

---

13 許興植, 1981, 『高麗科擧制度史研究』, 一潮閣, 144~145쪽.
14 金光洙, 1975, 「中間階層」, 『한국사』, 5, 국사편찬위원회.
　　李樹健은 후삼국시대 지배세력인 지방호족의 군현토성화, 향리화 내지 향리 자제의 중앙관인화 과정과 관련하여 고려시대 군현 吏族의 3大 出仕路인 文·武·吏가 모두 士의 의미를 지닌다고 보았다(1995, 「高麗·朝鮮時代 支配勢力 변천의 諸時期」, 『韓國史時代區分論』, 소화, 181~182쪽).
15 註 7과 같음.
16 『고려사』 권81, 병1 병제 문종 5년.
17 『고려사』 권73, 선거1 과목 문종 2년 10월.
　　부호정 이상의 자제에게 兩大業의 응시를 허용하고 그들을 서인과 구별한 것은 고위 향리직에 同正職이 설치된 것과 관련이 있을 것이다.

었다. 인종대에 상정한 학식을 보면 국자학, 태학, 사문학 등 관학의 입학 자격을 관료의 품계 음蔭에 따라 등급화하였다. 그에 따라 국자학생國子學生의 자격을 문·무관 3품 이상의 아들과 손자 및 훈관勳官 2품으로 현공縣公 이상을 지닌 자의 아들, 경관京官 4품으로 3품 이상의 훈봉勳封을 지닌 자의 아들로 제한하고, 잡로雜路 및 공장·상인·악공 등 천한 일에 관계하는 자나 천인과 향·부곡인 등의 자손 및 사죄私罪를 저지른 자에게는 입학을 불허하였다. 8품 이하의 아들과 서인의 경우에는 율·서·산학에 입학할 수 있게 하였다.[18] 그 조치는 이때 처음 만들어졌다기보다 이전에도 존재해 오던 것을 관학 강화 정책과 관련하여 제도적으로 재정비한 것이라고 판단된다.

형률의 운영에서도 사계층을 배려하였다. 문종 20년(1066) "관인으로 귀향형歸鄕刑을 당한 자를 충상호充常戶하는 것은 의義에 어긋나니 그렇게 하지 말라."라고 조치하였다.[19] 귀향형은 중간계층 이상의 특정 범죄에 대한 부가형으로서 서인으로 폐하여 본관에 편호하는 것이며, 충상호형은 그보다 한 단계 더 중형으로서 사면의 가능성마저 영구히 박탈하여 본래의 신분·자격을 회복할 기회를 박탈하는 형벌이었는데,[20] 이때 와서 관인에게 충상호형을 적용하는 것을 금지한 것이다. 즉 사와 서인 사이의 계층적 차이를 이전보다 더 강하게 의식하고 그 구분을 의라고 인정하여 내린 조치였다. 그리고 숙종 10년(1105)의 기록에 따르면, 진사進士는 비록 음蔭이 없더라도 가벼운 죄에 대해서는 동銅으로 대속代贖하게 한다고 하였다.[21] 진사와 유음자손有蔭子孫이 죄를 지었을 경우 그에 대한 처벌에서 특혜를 주었던 것이다.

---

18 『고려사』 권74, 선거2 학교 仁宗朝式目都監詳定學式.

19 『고려사절요』 권5, 문종 20년 7월.

20 蔡雄錫, 1983, 「高麗時代의 歸鄕刑과 充常戶刑」, 『韓國史論』 9.

21 『고려사』 권85, 형법2 금령 숙종 10년.

그 밖에도 사·서 사이의 귀천, 존비를 가리기 위하여 여러 가지 차별을 두었다. 이를테면 서인들이 비단옷을 입거나 도성 안에서 말을 타는 것을 금지하는 등 생활 면에서 제한을 두었다.[22]

그런데 사·서 구분은 유품관 여부라는 정치적 기준뿐만 아니라 사회적 계층관계에 기초를 두고 운영되었다는 사실을 간과할 수 없다. 위에서 살핀 문종 2년(1048)의 과거 응시 규정에 따르면 상급향리 이상의 자식만 양대업에 응시할 수 있고 서인은 제한하였는데, 향리의 직역은 연립 계승되었기 때문에 그 계층적 지위는 귀속적이라고 할 수 있을 정도였다. 그리고 향리층 내부에서도 '가풍家風의 차이'라고 표현된 가격家格의 서열화가 이루어져 있었다. 문종 5년(1051)에 규정된 향리의 승급 규정에 따르면 여러 대에 걸쳐 가풍이 있는 가문의 출신은 9단계로 된 향리 직제 가운데 두 번째인 병(창)사에서부터 출발하여 최고위인 호장까지 오를 수 있었으며, 가풍이 그보다 못한 계층 출신은 맨 아래 후단사에서 출발하였고, 가풍이 그에도 미치지 못하는 자는 승진 상한이 정해져서 호정·부병(창)정이 되지 못하였다.[23] 향촌사회에서 계층을 출신 혈통에 따라 호족豪族과 잡족雜族으로 구별하거나 토성土姓·차리성次吏姓 등의 구분이 있었던 것은 그러한 현실의 반영이다.

'가풍'은 나말여초 사회 변화기의 사회환경에서 출현한 위계질서의 기준이었다. 당시 지방지배층이 자기 가문의 지배적 위상을 드러낼 때 지역사회에서 덕德·현賢과 같은 덕목을 구비 실천하는 것으로 수식하고 그것을 가풍으로 내세웠다. 고려초기에 역분전이나 시정전시과를 분급할 때 위계의 기준으로 삼았던 성품과 행동[性行]의 선악이니 인품人品이니 하는 것도 그

---

22 『고려사』 권93, 崔承老; 같은 책 권85, 형법2 금령 인종 9년 5월.
23 『고려사』 권75, 선거3 향직 문종 5년 10월 判.

런 상황을 반영한 것으로 이해된다.[24]

이상에서 살핀 것처럼, 현실사회에서 형성된 계층 구분이 과거 응시상의 불평등으로 이어지고 사·서라는 정치·사회적 위계질서로 이어졌다. 이렇게 역사적 맥락에서 보면 사·서의 구분은 향촌사회와 가家·족族의 질서를 관官과 국가의 질서로 확장하는 방향에서 이루어졌다고 볼 수 있다. 그리고 11세기 이후에는 이미 중앙집권화가 이루어져서 지배층이 향촌사회의 공동체 관계를 정치적 기반으로 삼는 일을 보기 어렵게 되었다. 중앙에서 관직을 계속 유지하는 가문 즉 세족世族이 문음과 족망族望을 바탕으로 하여 문벌로 자리 잡는 것이 현실이었다. 그런 가운데 사·서의 구분과 가·족의 질서, 문벌적 요소와의 관련성이 상대적으로 두드러져 보였다.

당시 지배층은 신분·계층 법령을 운영하는 것과 관련하여 "집안을 다스린 뒤에 나라를 다스린다."라는 언술을 제시하였다.[25] 폭넓게 보면 문종대에 대대적으로 보완·확대한 급가給暇제도에서도 혈연을 바탕으로 한 인간관계를 중시한 점이 드러난다. 그러한 가운데 문벌의 가·족 질서를 위해서는 국가의 공적公的 질서라도 경우에 따라서 양보해야 한다는 논리가 나올 수 있었다. 문종 14년(1060) 문벌 출신의 최유부崔有孚가 기제·시향·성묘례를 거르지 않도록 그를 외관에 보임하지 말자고 내사문하성이 건의하였던 것도 그런 견지에서 이해할 수 있다.[26]

---

24 盧明鎬, 1992, 「羅末麗初 豪族勢力의 경제기반과 田柴科體制의 성립」, 『震檀學報』 74, 24~43쪽; 蔡雄錫, 2000, 『高麗時代의 國家와 地方社會』, 서울대학교출판부, 144~151쪽.
25 『고려사절요』 권5, 문종 35년 6월.
26 『고려사절요』 권5, 문종 14년 3월.
　　최유부는 경주 최씨로 崔彦撝의 증손이며 崔沆의 아들이다.

2. 인사 문제를 둘러싼 신분·계층 관련 논의

문종대에 사·서 구분은 문벌사회의 신분·계층 법제로서 인사 문제에서 어느 정도의 수준으로 기능하였을까?

통상 고도로 강성한 문벌사회라면 사회적·혈통적 요인에 의하여 사계층이 결정되고 거기에 관직이 따르는 것이지 관직 보유 여부에 의하여 사계층이 결정되지는 않는다는 주장이 먹힐 것이다. 그리고 사계층 내부에서도 문벌 출신인가 한미한 가문 출신인가 등을 기준으로 위계가 구분될 것이다.

그런데 골품제를 극복하면서 성립한 고려사회에서는 문벌화가 진행되면서도 문벌의 특권과 영속성을 제도적으로 보장하지 않았다. 귀족제적 요소가 강한 것으로 평가되는 음서제도를 보더라도, 5품 이상의 관료가 되어야 자손이 음서를 이용할 수 있는 자격을 주어 성취적으로 승진하는 관품을 기준으로 삼았다.

그리고 지배층 사이에서도 관료를 뽑거나 승진시킬 때 또는 청요직에 임명할 때 세계世系를 기준으로 하자는 주장과 그것을 부정하는 입장이 병존하였다. 문종 때 지배층에서 인사 문제를 둘러싸고 벌인 논의를 보면, 사계층으로 진입을 허용해 줄 것인가를 세계에 기준을 두어 결정해야 한다는 주장에 못지않게 개인의 노력과 능력으로써 세계상의 한계를 극복할 수 있다는 반론이 왕은 물론 고위관료들 사이에서도 강력하게 제기되었다. 당시 관료인사 문제를 매개로 하여 중앙 정계에서 진행된 신분·계층 관련 논의들을 정리하면 〈표 1-1〉과 같다.

상식적으로 예상하기에는, 인사 문제에서 귀천貴賤의 구분을 중시하여 세계를 살피고 한품제·한직제를 엄격하게 적용하자는 주장은 문벌 출신들이 제기하고, 세계에 구애되지 말고 개인적 능력을 중시하자는 주장은 비문벌 출신이나 신진관료들이 제기하였을 것같이 보인다. 그러나 〈표 1-1〉에

〈표 1-1〉 문종대 관료인사를 둘러싸고 이루어진 신분·계층 관련 논의

번호	일시	논의 참가자	논의 내용
1	5년 (1051)	崔冲(식목도감사) 王寵之(내사시랑)	及第 李申錫이 氏族을 등록하지 않았기 때문에 등용할 수 없다.
		金元冲(문하시랑) 金廷俊(관어사대사)	씨족을 등록하지 않은 것은 본인의 죄가 아니라 祖父의 죄이고, 글공부에 많이 노력하여 복시에 급제하였으며, 신분에도 흠이 없으니 관직을 주는 것이 마땅하다.
		문종	최충 등의 의견은 常典이지만, 현명한 사람을 등용할 때는 상례에 매이지 않는 법이니〔立賢無方〕김원충 등의 의견에 따른다.
		9년(1055) 10월에 內史門下에서 아뢰어 氏族不付者는 과거에 응시하지 못하게 하자고 하였다.	
2	11년 (1057) 1월	중서성	高維를 右拾遺에 임명하였으나, 그는 탐라 출신이기 때문에 諫省에 맞지 않다. 재주가 아까우면 다른 관직에 임명해야 한다.
		문종	논박에 따름.
3	11년 (1057) 8월	중서성	慶鼎相을 權知直翰林院에 임명하였으나, 그는 鐵匠의 후예이니 청요직에 임명하지 말아야 한다.
		문종	'才識이 채용할 만하면 어찌 世系를 논하겠는가?'라고 하면서 논박에 따르지 않음.
4	12년 (1058) 5월	李子淵 (식목도감사) 등	제술업에 응시한 康師厚가 열 번 응시하여 실패하였기 때문에 문종 8년의 赦詔에 의하면 脫麻하는 것이 당연하다. 그렇지만 그는 儒林郞 堂引 上貴의 증손으로서 당인은 驅史官이다. 또 문종 2년(1048)의 制에 電吏·所由·注膳·幕士·驅史·門僕 등의 자손 중 과거에 급제하거나 무공을 세운 자만이 관료가 되는 것을 허용한다고 하였으며, 문종 10년(1056)의 制에는 위 항목의 자손으로 은혜를 입어 입사하는 자에게는 祖父의 仕路에 따라 재량하여 벼슬을 준다고 하였다. 이에 비추어 보면 강사후를 탈마시키는 것이 마땅하지 않다.
		金顯(참지정사) 등 5인	상귀는 당인이었지만 유림랑을 겸하였고, 부친 序는 열 번 과거에 응시하여 탈마 입사하였다. 강사후가 10년 동안 공부한 공을 생각하여 탈마시켜 주도록 하자.
		문종	이자연 등의 의견에 따름.

5	12년 (1058) 5월	李子淵(문하시중) 등 11인	庾仲卿의 모친은 평장사 李頎이 형의 딸을 간음하여 출생하였기 때문에 유중경에게 벼슬을 주어서는 안 된다.
		金元鼎(평장사) 등 4인	그것은 이공의 죄이지 중경 父子의 죄가 아니다. 또 그는 공신 庾黔弼의 후예이기 때문에 입사를 막는 것은 마땅치 않으니 蔭職을 주자.
		문종	김원정 등의 의견에 따름.
		그달의 判文으로 대공친과 결혼하여 낳은 자식에게는 벼슬을 주지 말도록 함.	
6	12년 (1058) 6월	중서문하성	太史監候 李神貺은 世系를 알지 못하며 벼슬길에 처음 들어섰을 때 두 번 論奏를 당하였고, 천문 기상을 관측하는 일〔候察〕이 직책이니 8품으로 승진시키지 말라.
		문종	이신축만큼 그 기술이 정밀한 사람이 없으니 승진시켜라.
7	27년 (1073) 1월	有司	법전을 상고하니, 工匠과 商人家는 기술을 가지고 임금을 섬겨 직업에 전념하고 士와 같이 入仕할 수 없다. 군기주부 崔忠幸과 양온령동정 梁惲은 工人의 외손이고 별장 羅禮와 대정 禮順도 工人의 적손인데, 스스로 九流를 사모하여 業을 버리고 이미 朝行에 올랐으니 공장에 충당할 수는 없다. 현재의 관직에 한정하고 遷除를 허용하지 말자.
		制	문종 25년(1071)에 낭장 忠孟을 대장군에 한정한 예에 따라 임용하도록 허용한다.
		중서성	최충행 등은 공로와 재능이 없으면서 世系를 숨겨 流品에 들어갔으니, 충맹이 무공을 세운 예로 논할 수 없다.
		制	淸要理民職을 제외하고는 전에 내린 制와 같이 하라.
8	35년 (1081) 6월	崔奭(이부상서) 등	진사 魯準은 부친이 대공친과 결혼하여 출생하였으니 종신토록 금고하자.
		문종	選擧 任用 시에는 상례에 매이지 않는 법이니, 다른 진사들과 마찬가지로 등용하라.
		文正(재상) 등	집안을 다스린 후에 나라를 다스리는 법인데, 노준의 부친은 正婚하지 않고 인륜을 어겼다. 그러나 지금은 儒雅를 숭상하고 士를 쓰는 것이 시급하니, 등급을 내려 벼슬을 주자.
		문종	그에 따름.
		앞의 자료(5) 문종 12년 5월조의 판문 참고	

제시된 논의들을 살펴보면, 전자는 당시 고위관료들 가운데 최충, 왕총지, 이자연, 최석 등이 제기하였으며,[27] 후자는 김원충, 김정준, 김원정, 김현, 문정 등이 제기하였다.[28] 그들의 출신기반을 따져보면 입장 차이가 문벌 출신 여부와 그다지 관련되지 않음을 알 수 있으며, 정치세력의 분열로 이어진 흔적도 보이지 않는다. 이런 점을 보면 문벌을 중시한 것은 분명한 사실이지만, 당시 사회를 과연 체제화된 문벌귀족사회로까지 볼 수 있을지 의문이 든다.

문종은 왕으로서 관리를 임용할 때 세계보다 능력을 강조하는 경향을 보였다. 사·서의 구분에 얽매이지 않고 재주와 식견을 갖춘 인재를 중시하였다. "관리를 뽑고 임용하는 데는 상례에 매이지 않는 법"이라거나, 재주와 식견이 채용할 만한 인물이면 세계를 따질 필요가 없다고 여겼다. 사의 계층적 위상과 문벌의 존재를 인정하지 않은 것은 아니지만, 문종은 관료제도의 관리자로서 혈통을 강조하는 폐쇄적 경향을 넘어서서 능력주의를 내세웠다. 사회적 계층보다 정치적 계층이 우선이라고 강조하는 경향이 있었다.

사실 혈통에 기초한 신분질서를 중시하는 논리와 능력 있는 인재를 존중하는 논리 가운데 어느 쪽을 더 중시할 것인지는 전근대사회에서 오랫동안 논쟁하여 온 주제였다. 그렇기 때문에 새삼스러운 논의는 아니었지만, 문종 때는 지배층이 문벌화하고 사·서 구분이 강화되면서 확실히 다른 시기보다 관료인사 문제를 둘러싸고 신분·계층 관련 논의가 많이 이루어졌다.[29] 그런

---

27 최충은 해주 최씨로서 부친이 향리였으며, 과거에 급제하고 고위관직에 올랐다. 최석은 동주 최씨로서 부친이 관료였지만 아직 문벌을 이루지는 못하였던 듯하며, 과거에 급제하였다.

28 김원충은 경주 김씨이며 정종과 문종의 양대에 걸쳐 왕비를 배출한 외척가문 출신이었다. 김정준은 광양 김씨이며 이자연과 사논관계였다.

29 朱雄英은 과거를 통한 한직규정 극복 사례가 거의 문종대에 집중된 점에 주목하고, 문종대에 집중된 한직규정 극복 사례는 문종대에만 적용된 일시적이며 특별한 조처의 결과로 나타난 현상으로도 생각해 볼 수 있다고 하였다(1994,「高麗朝의 限職體系와 社會構造」,

데 〈표 1-1〉을 통해서 알 수 있듯이 세계를 따지면서도 문벌가문 출신인지 한미한 가문 출신[寒士]인지는 문제 삼지 않았던 점이 주목된다.

기본적으로 과거의 제술·명경 양대업에는 상층 향리의 자제 이상으로 응시자격을 제한하면서도 일반 평민농민이 다른 경로로 관료가 되었을 때 관로를 제한하지 않았다. 하물며 같은 사계층 내부에서 특별한 하자가 없는 한 관로에 차별을 둘 수 없었다. 〈표 1-1〉을 통해서 볼 때, 차별 대상은 공장·상인·잡류 등의 계층, 본관제의 계서적 지배구조 아래에서 차대를 받는 섬이나 부곡제 지역 출신, 유교의 예적 질서를 위배한 자와 그 자손, 그리고 씨족을 등록하지 않은 것[氏族不錄]과 같이 임용요건에 하자가 있는 경우 등이었다.[30]

공장·상인·잡류를 배제하는 논리적 기반은 사민분업론四民分業論이었다.[31] 다시 말하면 사·서의 구분은 육체적·생산적 활동에 종사하는 서인층 내에서 농업을 중시하는 사회적 분업론을 전제로 하였다. "공장과 상인의 집안은 기술을 가지고 임금을 섬겨 그 직업에 전념하고 입사하여 사와 같이 할 수 없다."라고 인식하였다.[32] 그런 맥락에서 정종靖宗 11년(1045)에는 악공樂工과 잡류의 자손이 과거에 응시하는 것을 금지하였으며,[33] 문종 7년

『國史館論叢』, 55, 17쪽).

30 朱雄英은 고려 한직제의 규정요소가 직역적 측면(잡류), 지역적 측면(부곡제), 후천적 행위에 의한 결격사유였음을 밝혔다(위의 논문, 14~20쪽).

31 채웅석, 1994, 「고려시대 향촌지배질서와 신분제」, 『한국사』 6, 한길사, 90~96쪽; 2016, 「고려전기 사회적 분업 편성의 다원성과 신분·계층질서」, 『한국중세사연구』 45, 48~54쪽.
    부곡제 지역민에 대한 계서적 지배도 그 기능상으로 볼 때 국가 차원에서 조직된 사회적 분업의 일환으로 이해할 수 있다. 당시 생산력과 유통경제의 조건상 雜尺役을 지역적 편호제로 부과하는 것이 효과적이었으며, 또 생산물의 상당 부분이 부세수취체제를 통해서 관부·중앙에 집중된 뒤에 상품으로 기능하였다(1994, 같은 논문, 85~89쪽; 2016 같은 논문, 54~60쪽).

32 『고려사』 권75, 선거3 한직 문종 27년 정월.

33 『고려사』 권73, 선거1 과목1 정종 11년 4월.

(1053)에는 악공에게 서너 명의 자식이 있으면 한 사람은 반드시 업을 계승하도록 강제하고 나머지 자식들은 잡로를 허용하되 한품제를 적용하는 규정을 만들었다. 인종 18년(1140)에는 공장·상인·악공의 자식에게는 비록 공을 세우더라도 벼슬을 주지 말도록 하는 법령을 시행하였다.[34]

왕은 위와 같은 사회적 분업론 편성을 지식과 교양을 갖춘 노심자勞心者인 사계층의 보좌를 받아 관리하였다. 같은 품관이라고 하더라도 기술직·잡색雜色 출신들에게는 한품·한직제를 적용하고, 그들을 최고 의사결정기구에서 배제하였다. 또한 사라고 하더라도 기본 소양으로 요구되는 유교의 예적 질서를 위배한 경우에는 역시 관직 임용과 승진에 불이익을 주었다.

관료 임용에 관한 논의에서 문벌 여부를 문제 삼지 않고 공장·상인·부곡제 지역 출신 등에 대한 배제 문제가 주된 쟁점이었다는 점은 청요직淸要職에[35] 누구를 임명할 것인지를 논의할 때도 마찬가지였다. 〈표 1-1〉의 3번 사례에서 철장鐵匠의 후예는 청요직에 임명할 수 없다고 중서성이 논박한 데 대하여, 문종은 재주와 식견이 채용할 만하면 세계를 따질 필요가 없다고 고집하였다. 그리고 7번 사례에서는 공장의 자손은 청요직만이 아니라 이민직理民職에 취임하는 데에도 장애가 있었음을 보여 준다. 그러한 관직들은 사의 기본 덕목인 '덕德', '청신淸愼'의 실천이 특히 강조되는 관직이었다. 문벌들은 스스로의 위상을 세력勢力보다 문장과 덕행〔文行〕 그리고 그에 따른 망望에서 찾았다.[36] 문한관은 과거 출신자들이 차지하는 관직이었으며, 문벌 여부가 청요직 임명의 기준이 되지는 않았다. 출신 가계가 한미

---

34 『고려사』 권75, 선거3 한직 문종 7년 10월; 인종 18년 6월.
35 고려시대 청요직은 政曹·翰林院·寶文閣·國子監 등에 속한 관직과 臺諫·知制誥·承宣 등이었다(박용운, 1997, 「고려시대의 淸要職에 대한 고찰」, 『高麗時代 官階·官職硏究』, 고려대학교출판부).
36 『補閑集』 권上, "崔文憲公沖 有二子 常戒之曰 士以勢力進 鮮克有終 以文行進 乃爾有慶 吾幸以文行顯哲 以淸愼終于世".

하더라도 급제자로서 문장과 덕행이 뛰어나면 청요직에 나아가는 데 지장이 없었고,[37] 이런 경우는 유학 지식, 소양이라는 재능이 우선하였으므로 문벌주의와는 거리가 멀다. 그렇지만 가계에 흠이 있는〔世累〕 인물이 청요직 대상자로 거론될 때에는 논란이 되었으며, 이는 사계층의 혈통적 순수성을 강조하는 경향과 관련이 있다.

〈표 1-1〉의 2번 사례에서 고유高維가 탐라 출신이라고 하여 논박을 받고 청요직인 우습유에 임명되지 못한 것은 섬 주민에 대한 차별에 기인한 것이었다.[38] 섬 주민은 부곡제 지역민과 같이 신분적으로 양인에 속하면서도 본관제의 계서적 지배구조 아래에서 차별대우를 받았다. 그들에 대한 차별은, 섬이나 부곡제 지역의 주민이 왕조 질서에 불복종하여 형벌을 받은 자이거나 그의 후손이라는 이유로 합리화되었다. 향·부곡민은 과거 응시를 금지당했으며, 관료로 진출하더라도 한품제가 적용되고 청요직인 대간이 될 수 없었다.[39] 외조의 세계가 처인부곡 출신이었던 정문鄭文은 문종대 과거에 급제하여 벼슬길에 올랐지만 그 뒤의 관력에서 가계상의 흠이 문제가 되어 간관이 되지 못하였다.[40]

이상에서 살펴본 것처럼 문종대에 지배층이 문벌화하고 사·서의 구분이 강화되는 가운데 관료인사에서 세계와 능력 중 어느 쪽을 강조할 것인가를 놓고 중앙 정계에서 다른 시기보다 상대적으로 많은 논의가 벌어졌다. 그렇지만 관료들 사이에서 그 문제에 관한 입장 차이와 문벌 출신 여부는 무관하였으며, 세계를 문제 삼더라도 문벌 여부가 아니라 악공·잡류와 같은 피

---

37 『고려사』 권97, 崔弘嗣.
38 고유의 아들인 高兆基는 인종대에 시어사를 비롯하여 대간을 역임하는 데 아무런 장애를 받지 않았다. 고조기가 대간에 임명될 수 있었던 것은 그사이 숙종 10년 탐라가 군으로 승격되었기 때문에 가능하였을 것이라는 추정은 타당성이 있다(朱雄英, 앞의 논문, 18쪽).
39 朴宗基, 1986, 「高麗의 部曲史」, 『高麗史의 諸問題』, 三英社.
40 『고려사』 권95, 鄭文.

차별계층에 관계되었는지가 논쟁의 초점이었다. 이런 점은 당시 사회가 성취적 요소를 강하게 지닌 문벌사회였음을 보여 주는 증거 가운데 하나라고 볼 수 있다.[41]

3. 사회 변화에 대응한 관료제도 정비와 왕의 위상 강화

관료제도의 정비·강화와 공직기강 확립 강조

정치권에서 신분·계층과 관련한 논의가 다른 어느 시기보다 많이 이루어진 것과 함께 문종대 정치사에서 또 다른 특징이 발견된다. 그것은 각종 제도의 정비에 힘써서 관료제도, 토지분급제와 녹봉제, 형률과 형정, 전품제와 양전보수법量田步數法, 재면법災免法과 자모정식법子母停息法 등 광범한 분야에서 제도 정비가 이루어졌다는 점이다. 군반씨족軍班氏族의 장적도 오래되어 군액軍額이 명확하지 않자 다시 고쳐 작성하였다. 그리고 그렇게 제도를 정비하면서 특히 왕과 신하 사이의 분分을 강화하려고 하는 움직임이 나타났다. 그 움직임에 대하여 선행 연구에서는 문벌귀족제가 강화된 데에 대응하여 왕실의 입장에서 권력을 강화하려 한 것이라고 해석하였다. 그렇지만 앞 절에서 살펴본 것처럼 문벌귀족 지배체제가 강고하게 구축되었다고 보기 힘들기 때문에 왕과 문벌귀족 사이의 권력 갈등이라는 관점에서만 설명할 수는 없으며, 다른 요인들을 더 고려해야 한다.

문종은 즉위하자마자 중앙과 지방의 각 관청에서 관원을 한 명씩 감축시켰다.[42] 문종 2년(1048)에는 계절에 따라 낮 시간이 다른 것을 감안하여 관리들의 출근 시간을 조정하였다.[43] 5년(1051)에는 여러 관청의 판사判事들

---

41 '문벌사회'의 개념에 대해서는 유승원, 앞의 논문, 211~218쪽 참고.
42 『고려사』 권7, 문종 원년 11월 丙申.
43 『고려사』 권4, 문종 2년 4월.

이 녹관祿官으로 운영되는 것을 고쳐서 원래대로 권대權帶하도록 하였다.[44] 그리고 30년(1076)에 문산계 및 각 관부의 관리 구성과 품계 등 관제를 정비·보완하였으며, 녹봉과 전시과제도를 새롭게 정비하였다. 이런 일련의 조치들은 사회 변화에 대응하여 관료제도의 면모를 일신하고 운영의 효율성을 높이려는 노력의 일환이었다.

관료제를 강화하기 위한 노력은 유학 교육과 과거제도의 정비 강화로도 나타났다. 당시 사학이 발전하면서 침체되고 있던 관학을 강화하려고 하였는데, 그것은 유학 교육에 대한 국가의 역할을 강조하는 의미가 있었다.[45] 문종 15년(1061)에 왕이 봉은사에 행차하였다가 국자감에 들러 '공자는 왕들의 스승이니 공경하지 않을 수 없다.'고 하면서 재배再拜하였다.[46] 17년(1063)에는 국자감의 교육이 부실해진 것은 학관學官들의 책임이라고 지적하면서 학생들의 재학 연한을 정해 놓고 독려하도록 지시하였다.[47]

등과전 제도를 정비하는 한편, 수십 년 동안 과거 합격자를 내지 못한 지방에서 급제자가 나오면 그에게 특별히 토지와 노비를 지급하여 장려하였

---

44 『고려사』 권76, 백관1 典校寺.
45 이중효, 2002, 「高麗 文宗代 私學의 설립과 國子監 운영」, 『全南史學』 19.
    당시 사학에는 개경 관인 자제들이 주로 입학하였고 徒를 옮기는 것을 배반 행위라 하여 금지하였다. 인종 11년 판문을 보면, 徒를 옮긴 유생들은 東堂監試에 응시하지 못하도록 하였다(『고려사』 권75, 선거2 사학 인종 11년 6월). 그리고 사학에서는 선배 문관들이 찾아와 학생들과 卽興詩賦會를 열고 연회를 열었으며, 공부할 때 進退하는 의례와 長幼의 순서가 뚜렷하였다. 이러한 점들은 사학에서 사제 간, 학우 간의 결속이 강하였음을 보여 준다. 그와 함께 좌주-문생관계나 천거제도의 활용 양상을 고려해 보면, 사학 출신들 사이에 유대의식을 가진 관료군을 형성하고 문벌 중심적 면모를 띠게 되었을 것으로 짐작할 수 있다.
46 『고려사』 권8, 문종 15년 6월 癸丑.
    문종은 과거에 친림하여 직접 「仲尼爲百王師」라는 賦題를 출제하기도 하였다(金龍善 편, 2012, 『高麗墓誌銘集成 (제5판)』, 鄭穆墓誌銘, 한림대학교출판부).
47 『고려사절요』 권5, 문종 17년 8월.

다.[48] 그리고 봉미법封彌法을 확대 시행하고[49] 동지공거同知貢擧 제도를 시행하여[50] 과거제도를 정비·강화하였다. 봉미법은 답안지에 인적 사항을 기록한 부분을 풀로 붙여 봉하는 제도로서, 과거제도의 객관성과 공정성을 높이고 응시자의 신분이나 사회적 지위가 합격 여부에 영향을 미칠 여지를 줄이는 효과가 있었다. 특히 다른 어느 시기보다도 왕이 몸소 시험하는 복시覆試를 자주 시행하였는데, 문종 22년(1068)부터 32년(1078) 사이에 실시된 과거에서는 매번 복시를 치렀다. 복시는 과거제도에서 왕의 역할을 강조하고 과거제도와 급제자들에게 권위를 부여하는 효과가 있었다. 또한 문생이 좌주를 은문恩門이라고 부르는 관계를 의식하여 왕과 급제자 사이의 관계를 긴밀하게 유지하고자 하는 의도가 있었던 것으로 해석할 수 있다.

정치적으로 그 무렵부터 내시內侍의 존재가 드러나기 시작하였다. 내시는 12세기 정치사에서 왕의 측근세력을 구성한 중요 직임이었다. 문종대에 내시성內侍省이라는 기구가 사료상에 처음 나타나며,[51] 문종 20년(1066)에는 운흥창 화재를 계기로 근시近侍들을 경성의 좌·우창과 용문·운흥창의 별감으로 삼아 관리하게 하였다. 이는 국가 재정의 중추부를 담당한 주요 창倉의 운영을 왕이 장악하려는 의도였다.[52]

---

48 『고려사』 권74, 선거2 崇奬之典 문종 30년 12월.
49 『고려사』 권73, 선거1 과목1 문종 16년 3월.
　　박용운은 東堂試에서 糊名法이 실시된 시기가 현종 2년부터였기 때문에 문종 16년에는 호명법이 考藝試 등에까지 확대된 것이라고 이해하였다(1990, 『高麗時代 蔭敍制와 科擧制硏究』, 一志社, 259~260쪽).
50 『고려사절요』 권5, 문종 37년 3월.
51 『고려사』 권96, 崔思諏 "文宗朝登第 王以思諏名家子 博學多聞 召入內侍省 與語對稱旨 王悅".
　　김재명은 문종이 국정을 효율적으로 장악하기 위하여 재능자 위주로 내시를 발탁하였고, 그 경향은 예종 때까지 이어졌다고 파악하였다(2008, 「고려시대 내시의 정치적 성격―문종~인종 연간을 중심으로」, 『전북사학』 33).
52 『고려사』 권8, 문종 20년 2월 辛亥; 壬寅.
　　朴鍾進, 1990, 「高麗前期 中央官廳의 財政構造와 그 運營」, 『韓國史論』 23, 185~186쪽.

관리들의 기강을 세우기 위한 노력도 기울였다. 관리들이 사적 이익 추구에 나서는 점을 비판하고 인사고과를 강화하였다. 관리들의 근무 성적을 평가하는 상서고공尚書考功은 그동안 서리들의 고과만 다루어 왔으나 문종 원년(1047)에 그 기관이 현직 관리 전체의 고과를 담당하라고 지시하였다.[53] 10년(1056)에는 지방에 관리를 파견하여 각급 외관과 장리長吏들의 근무 태도와 뇌물 수수 행위를 조사하게 하였다. 역역驛의 업무를 담당하는 관리와 민들이 접대하느라고 괴로워한다는 이유를 들어 반대론도 제기되었지만, 왕은 관리들이 공사公事에 태만하고 사적 이익만을 도모하여 소민들이 고생하는데도 불구하고 이를 바로잡고자 하면 권력자와 결탁하여 방해하기 때문에 실효를 거두지 못하였다고 하면서 반대를 일축하고 즉시 봉명 사신을 파견하였다.[54] 왕이 운흥창 화재 사건을 계기로 하여 주요 창의 별감에 근시를 임명한 조치는 재정 장악 의도뿐만 아니라 관리들의 이완된 기강을 바로잡기 위한 충격 조치로서의 의미도 있었다. 실제로 문종 때 내시 임개林槩가 대창을 관리하면서 고위관료들과 연결된 자가 창고의 곡식을 도둑질한 것을 적발한 사례가 있다.[55]

그 무렵 외관과 향리들이 권세가와 결탁하여 사적 이익을 도모하는 등 물의를 빚고, 향촌사회에서 민이 대거 유망하는 현상이 나타났다. 문종 원년에 이미 진주 지역에서 외관이 유망민 1만 3천여 호를 불러 안착시킨 사례가 보고될 정도로 민들이 동요하고 있었다. 그런 상황에서 문종 10년에 각지에 무문사撫問使를 파견하여 외관들의 근무 상태와 민들의 빈부고락貧富苦樂을 조사하게 하면서, 왕은 '근래 기강이 해이해지고 또 징계나 개혁이 없으므로 외관들이 부지런히 근무하지 않고 사적 이익만을 꾀하며, 권농에

53 『고려사절요』 권4, 문종 원년 8월.
54 『고려사』 권7, 문종 10년 9월 甲申.
55 『고려사』 권97, 林槩.

힘쓰지 않고 권세가와 결탁하여 수탈한다. 특산품이 생산되는 지역이나 재산이 있는 집들이 모두 수탈당하더라도 민들이 호소할 길이 없으니 어떻게 살아가겠는가?'라고 개탄하였다.[56]

사심관을 통한 중앙과 향촌사회의 연결관계라는 측면에서 본다면, 이미 현종대에 문벌화를 반영하여 조정에서 현달한 문벌이면 기인백성들의 거망이 적더라도 사심관으로 뽑을 수 있도록 허용하였다.[57] 그렇게 되자 중앙 문벌과 향촌사회가 연결되어 있다고 하더라도, 문벌화한 관료에게 향촌 지역사회의 리더로서 이전과 같은 위상을 유지하기를 기대하기가 어려워졌다. 종래 중앙에 대하여 지역사회의 향론鄕論을 대변하고 또 중앙의 입장에서 향론에 간여하는 역할을 수행하던 사심관이 이제는 경제적 수탈자로서 두드러져 보이게 된 것도 그런 변화와 맥락을 같이하는 것이었다. 이에 문종 11년(1057)에 사심관이 귀향하여 폐해를 입히면 안렴사나 감창사가 사심관을 서울로 압송하여 처벌하고, 사심주장사事審主掌使로 하여금 연유를 보고하고 사심관을 교체하도록 조치하였다.[58]

왕의 위상 강화

문종은 관료제도를 정비·강화하고 관리들의 기강 확립을 강조하면서도 한편으로는 그들의 허물에 대하여 관용적 태도를 보였다. 그런 모습은 왕이 그들의 능력을 인정하였기 때문이거나 신하와 백성들에게 사면권을 행사하는 왕의 위상을 강조하는 정치 행위와 관계된다.

문종 원년(1047), 어사대는 태사승 유득소柳得韶 등이 일식을 제대로 살피지 못하였으므로 이들을 파직하라고 건의하였으나, 문종은 관전寬典(恩赦)

---

56 『고려사』 권7, 문종 원년 10월 庚申; 10년 9월 甲申.
57 『고려사』 권75, 선거3 사심관 현종 10년.
58 『고려사』 권75, 선거3 사심관 문종 11년.

을 따르라고 하며 허락하지 않다가 다시 건의를 받고 나서야 파직을 허락하였다. 그렇지만 유득소는 오래 지나지 않아 복직되었던 듯하며, 문종 29년(1075) 공부상서 판사천태사국사判司天太史局事에 임명되었다.[59] 같은 해에 이희로李希老와 홍덕위洪德威를 감찰어사로 임명하였을 때, 어사대에서 이희로는 성격이 조급하고 벼슬살이에서 별 성적을 거두지 못하였으며 홍덕위는 정종의 상례가 끝나기 전에 음주하고 노래를 즐기는 등 신하의 예를 지키지 못한 자이니 대간 직에 적당하지 않다고 논박하였는데, 문종은 이때도 들어 주지 않다가 다시 논박을 받은 뒤에야 어사대의 건의를 수용하였다. 그렇지만 홍덕위는 뒤에 예부시랑 좌간의대부로서 다시 대간 직임을 맡았다.[60] 문종 5년(1051)에는 황보연皇甫延을 응양군대장군 겸 섭대부경으로, 진언秦彦을 좌우위대장군으로, 노능훈盧能訓을 신호위대장군으로 임명하려 하자 내사문하에서 아뢰어 그 세 사람이 과거에 죄에 연좌되어 관직을 삭탈당한 적이 있고 또 공을 세운 것도 없다 하며 임명을 취소할 것을 요청하였으나, 왕은 황보연을 그대로 임명하였고 몇 년 뒤에 공부상서로 승진시키기까지 하였다.[61] 문종 9년(1055)에 동지東池에 행차하였을 때 검교위위소경 최성절崔成節이 무단히 어소에 들어와 왕을 놀라게 하였기 때문에 율에 따라 참형에 처해야 한다는 의견이 있었으나, 문종은 그렇게 하면 가혹한 정치가 되고 또 최성절은 문필이 쓸 만하기 때문에 사면해 주라고 하였다. 문하성에서 다시 논박하였으나 끝내 들어 주지 않았다.[62]

문종은 왕의 위상을 강화하겠다는 의지를 강하게 드러냈다. 문종 21년(1067)에 자신의 원찰로 장대하게 완공한 홍왕사興王寺의 명칭에서 보듯이

---

59 『고려사』 권7, 문종 원년 3월 乙亥; 같은 책 권9, 문종 29년 12월 丁未.
60 『고려사』 권7, 문종 원년 8월 戊申; 같은 책 권8, 문종 16년 6월 乙巳.
61 『고려사』 권7, 문종 5년 4월 丁未; 9년 7월 癸亥.
62 『고려사』 권7, 문종 9년 11월 乙丑.

'왕업 부흥'의 필요성을 의식하고 있었다. 또 아들 숙종의 왕자 시절에 그를 사랑하면서 "뒷날 왕업을 부흥할 사람은 바로 너로구나."라고 말하였다고 한다.[63]

문종 6년(1052)에 사직단社稷壇을 신축한 것은 국가와 왕실의 위상을 새롭게 하려는 뜻이었다.[64] 성종 10년(991)에 처음 만들어진 사직이 거란과의 전쟁 와중에 허물어진 듯, 현종 5년(1014)에 중추사 강감찬이 사직단을 수리하고 의주儀注를 정하자고 건의하였다.[65] 그 뒤 관련 기록이 없다가 문종 대에 와서 신축하였는데, 공사감독관이 외척 이자연이었다는 사실이 흥미롭다. 흔히 외척은 문벌의 대표주자로서 왕과 대립적 위치에 있었다고 해석해 왔다. 그러나 이자연 가문은 왕실을 보위하는 위상에 있었다.

문종은 왕실에 대한 봉작제도를 정착시키고 제왕부諸王府를 설치하였으며 종실의 녹봉제도를 정비하였다. 태자첨사부의 직제도 두 차례에 걸쳐 확충하였다. 그와 같은 일련의 제도 정비는 왕실과 태자의 위상을 강화하기 위한 조치였다.[66]

한편 기복적 종교행위를 이용하여 국가와 왕실의 안녕을 빌고 행위 주재자·후원자로서 왕의 위상을 높이려고 하였다. 이것은 변동기의 사회상황을 의식한 대응방식의 하나이지만, 이제까지 살펴본 유학의 논리에 입각한 정치 운영과 다른 방식이며, 그것을 추진하는 과정에서 유학을 중시하는 관료들과 마찰을 빚기도 하였다.

문종이 흥왕사를 건축하려 하자 여러 관료들은 급하지 않은 일에 백성들을 부려서 수고롭게 하면 원성이 일어나며, 산천의 기운과 맥을 훼손하면

63 『고려사』 권11, 숙종 즉위년.
64 『고려사』 권7, 문종 6년 2월 辛巳; 金龍善 편, 앞의 책, 李子淵墓誌銘.
65 『고려사』 권59, 예1 사직 성종 10년 윤2월; 현종 5년 7월.
66 金基德, 1999, 『高麗時代 封爵制 研究』, 청년사, 56~57쪽; 김지선, 2014, 「고려 문종의 즉위와 동궁관 확충」, 『한국중세사연구』 40, 182~198쪽.

반드시 재해가 생긴다는 논리로 건축을 반대하였다. 그렇지만 문종은 태조 이래의 전례에 따라 절을 짓고 부처의 힘을 빌려서 재해와 변괴가 자주 일어나는 것을 막고 나라를 번영으로 이끌겠다고 하면서 건축을 강행하였다.[67] 12년 만에 2,800간 규모로 일차 완공을 보았는데, 왕은 대단히 과시적인 건축물을 조성하고 행사를 벌여 태평성대임을 보이고자 하였다. 문종 21년(1067) 홍왕사를 낙성한 후 5일 동안 밤낮으로 개설한 특설 연등회에서는 안서도호부와 개성부·광주·수주水州·양주·동주·수주樹州 등 5주와 강화·장단현 등에 명령하여 대궐에서부터 사찰에 이르는 연도에 채붕綵棚을 설치하고 등불로 숲을 이루어 낮처럼 환하게 밝혔으며, 왕과 신하들이 재물을 보시하여 유례가 없을 정도로 불사佛事가 풍성하였다고 한다. 왕은 곧이어 낙성을 기념하는 대사大赦를 시행하였다.[68] 문종 32년(1078)에는 은 427근, 금 144근이나 들여 홍왕사에 금탑을 조성하였다.[69] 이런 일들은 왕실 부흥을 기원하는 한편 종교행사를 성대하게 거행하여 지배력을 과시하고 민심을 통합할 목적으로 시행한 것이다.

당시 재이가 연속하자 왕은 유학의 천명론天命論, 천인합일론天人合一論에 따라 자신을 반성하고 구언求言하며 민의 사역을 중지하고 형벌을 사면·감형하는 등의 대응책을 마련하였다.[70] 한편으로는 다양한 불교 도량과 반승飯僧, 그리고 초제醮祭 같은 기복적 종교행사를 자주 거행하여 신·불神佛에 의지하여 재앙을 물리치고 복을 빌며 왕조의 발전을 기원하였다. 왕이 종교행사를 적극적으로 주재하고 후원하는 것은 왕의 권위를 높이는 효과도 있었다.[71] 불교를 크게 후원한 문종은 구세보살救世菩薩이나 금륜왕金輪

---

67 『고려사』 권7, 문종 9년 10월 丙申;『고려사절요』 권4, 문종 10년 2월.
68 『고려사』 권8, 문종 21년 정월 戊辰; 2월 己酉.
69 『고려사』 권9, 문종 32년 7월.
70 『고려사』 권7, 문종 10년 9월; 같은 책 권9, 문종 37년 4월.
71 『고려사』 기록에 따르면 帝釋道場이 문종 14년 정월에 처음 개설되었다. 안지원은 제석

王, 즉 전륜성왕으로 비유되기도 하였다.[72]

풍수도참설을 이용하여 국가의 기업을 연장하는 조치를 강구하기도 하였다. 번영의 이면에서 사회 변화에 따라 국운이 쇠퇴한다는 위기의식이 나타나고, 위기를 극복하여 왕조를 중흥하려면 풍수도참설에 따라 비상한 조치가 필요하다는 주장이 제기되었던 것이다. 문종 10년(1056)에 서강西江 병악餅嶽의 남쪽에 장원정長源亭을 지은 후 이곳에 여러 차례 순행하여 머물렀다. 도선의 『송악명당기』에 후삼국을 통일한 후 120년 되는 해에 그곳에 건물을 지으면 국가의 기업이 연장된다는 말이 적혀 있는 데 근거한 행위였다.[73] 문종 21년(1067)에 양주楊州를 남경南京유수관으로 고치고 근방 지역민들을 사민하였으며, 이듬해에는 남경에 새 궁궐을 창건하였다. 이것 또한 목멱에 도읍을 정하면 사방에서 조공을 바치고 태평성대를 이룰 것이라는 도선의 비기秘記 등의 기록에 따른 것이었다.[74] 문종 35년(1081)에는 기왕의 서경 궁궐이 낡았다는 구실로 서경의 동·서에 좌·우 궁궐을 지어 순어하는 장소로 삼았는데, 이 역시 풍수도참설에 따라 응험을 바란 조치였다.[75]

그런 비보사업에 대하여 유교이념에 충실한 관료들이 문제를 제기하였지만[76] 문종은 그대로 시행하였다. 국가기업을 연장하기 위하여 풍수도참설

도량을 왕이 하늘로부터 神力을 보증받았음을 강조하고 왕권을 신성화하는 의례 형태라고 해석하였다(1997, 「고려시대 帝釋信仰의 양상과 그 변화」, 『國史館論叢』 78, 246∼250쪽).

72 李智冠, 1995, 『校勘譯註 歷代高僧碑文(高麗篇2)』 浮石寺圓融國師碑文, 伽山佛教文化研究院, "今上分身珂齒 嗣位璧庭 千萬壽年 協繡龜之算 泰平天下 應文石之祥 運洽熙寧 懇崇衆妙 何況救世菩薩當來解脫相遇之秋"; 1996, 『校勘譯註 歷代高僧碑文(高麗篇3)』 金山寺慧德王師眞應塔碑文, 伽山佛教文化研究院, "文宗 金輪啓統 玉戾凝休 廣斯文而旣致化成 向彼佛而兼修喜捨".

73 『고려사절요』 권4, 문종 10년 12월.

74 『고려사』 권8, 문종 22년 12월; 같은 책 권122, 方技 金謂磾.

75 『고려사』 권9, 문종 35년 8월 辛酉; 같은 책 권96, 吳延寵.

76 『補閑集』 권上, 慶源李氏自國初世爲大官 … "初(李)顗在諫垣時 陰陽者流各執圖讖 互言神補 上問之 顗對曰 陰陽本乎大易 易不言地理神補 後世詭誕者曲論之 以至成文字惑衆人 況

을 이용해야 한다는 주장이 반대론에도 불구하고 관철될 수 있었던 까닭은 고려초기부터 풍수도참설을 신용하였기 때문이기도 하지만, 이전과는 다른 사회 변화가 일어나고 있는 현실에 위기를 느낀 나머지 그런 비상한 대응방식이 공감을 얻었기 때문이었다.[77]

상서祥瑞 출현과 같은 상징을 동원하여 태평성대임을 선전하고 왕의 위상을 높이려고 시도하기도 하였다. 문종 16년(1062) 세상에 성인聖人의 덕이 있으면 나타난다는 주초朱草가 중광전 뜰에 무리 지어 나자, 문한관들에게 부시賦詩를 지어 올리도록 명령하였다.[78] 23년(1069)에는 장원정에 행차하였을 때 정자 아래의 못 가운데에서 태평천하를 상징한다는 상서로운 문양이 있는 돌을 얻고서, 문신들에게 명하여 가시歌詩를 지어 올리도록 하였다.[79]

이상에서 문종대 관료제의 정비와 관료 기강 확립의 강조 및 왕의 위상 강화와 관련된 여러 사실들을 살폈다. 그런 사실들은 지배층이 문벌화하고 사·서의 구분이 강화된 것에 대응하여 나타난 것이라고만 볼 수 없다. 공적인 것보다 사적인 부분이 확대되고 재이가 연속하는 등 이전과는 다른 사회 변화가 일어나고 있는 것에 대응하여, 왕의 리더십을 강화하고 관료제를 정비함으로써 변화에 따른 문제점들을 극복하려는 방안과 관련하여 나타난 것이기도 하였다. 요컨대 왕을 중심으로 하여 공적 관리 역량을 정비하고 강화하려고 하였던 것이다.

圖讖荒虛怪妄一無可取 上心然之".

李顥는 문종 35년 12월에 左散騎常侍라는 諫官에 임명되었다.

77 채웅석, 1994, 「고려중기 사회변화와 정치동향」, 『한국사』, 5, 한길사, 184~191쪽.

78 『고려사절요』 권5, 문종 16년 5월.

　　『唐開元占經』 권112, 竹木草藥占 草木休徵 朱草 "孫氏瑞應圖曰 朱草者 草之精也 聖人之德 無所不至則生"; 『宋書』 권29, 符瑞志 下 "朱草 草之精也 世有聖人之德則生".

79 『고려사』 권8, 문종 23년 5월 庚辰; 앞의 浮石寺圓融國師碑 인용문.

4. 훈공勳功과 은사恩賜, 그리고 목친睦親의 논리

훈공勳功과 은사恩賜

사·서의 구분을 강조하고 문벌을 존중하려는 입장과 왕의 위상을 강화하고 군신관계를 강조하려는 입장, 유교 정치이념에 충실하려는 입장과 기복적 종교행위도 이용하려는 입장 사이에는 정치 과정에서 갈등이 생길 가능성이 있었으며, 만약 그 대립이 조정되지 않는다면 정치적 분쟁이 일어날 소지가 있었다. 그렇지만 문종대에 대립이 분쟁으로까지 번지지는 않았는데, 갈등을 어떻게 무마하고 조정하였을까?

당시 국정 운영체계를 살펴보면, 관료들이 문제를 논의한 후 왕이 최종 결정을 내리거나 논박을 일정하게 수용하면서 왕의 의사를 관철하였다. 왕의 권력 행사가 앞 시기보다 강화되었지만 특정 세력이 정책 결정 과정을 독점하지 않고 관료제의 정상적인 논의 과정을 거쳤기 때문에 심각한 정치적 갈등으로 번지지 않았다.[80] 왕이 리더십을 갖추고 관료제가 정상적으로 운영되면서 정국의 안정을 확보하였다고 볼 수 있다.

정치 운영 면에서는 훈공과 왕의 은사를 강조하여, 사·서 구분을 강조하는 입장과 군신관계를 강조하는 입장 사이에 정치적 분쟁이 일어날 소지를 줄였다. 수시로 태조공신, 현종추대공신, 대거란전쟁공신 등 전대의 공신들과 역대 고위관료들에 대한 포상을 추가하고 그 자손들에게 은사를 내렸다. 특히 문종 8년(1054)에는 대대적으로 태조공신 3,200명에게 관직을 추증하는 조치를 내렸다.[81] 37년(1083)에는 삼한공신의 음을 계승한 자는 비록 공신직첩을 잃어버렸어도 공신 자손임이 확실하면 초입사初入仕를 시켜 주도

80　朴宰佑, 1997, 「高麗前期의 國政運營體系와 宰樞」, 『歷史學報』 154, 102~103쪽.
81　『고려사』 권7, 문종 8년 12월 庚寅.

록 조치하였다.[82] 훈공자의 자손은 관직 임용 시 우대될 뿐만 아니라 은퇴할 때도 70세에 치사致仕해야 하는 규정을 굽혀 연장하여 근무할 수 있었으며, 공장처럼 신분에 하자가 있는 경우라도 그 역을 면제받고 입사가 허용되었다.[83] 이렇게 은사를 실시하여 훈공자를 대우하고 왕조의 보위세력으로 삼았으며, 한편으로 왕은 은사의 시행자로서 그 위상을 과시하였다.

훈공자 범주에는 특별한 공로를 세운 인물뿐만 아니라 앞선 여러 왕대에 걸쳐 관직에 복무한 인물들도 포함하였다. 문벌의 위상을 훈공과 연결하여 생각한 것이다. 정종靖宗 7년(1041) 문·무반 7품 이상의 자제들을 군대에 보내지 말라는 조치를 내릴 때의 명분은, 그들이 여러 대에 걸친 훈구자손이니 선조의 공로를 잊지 말자는 것이었다.[84] 고위관료의 자제를 대상으로 한 음서도 그와 비슷한 의미로 인식하였다.[85] 이러한 조치들은 원리적으로 보면 공公보다 사私에 가깝지만 훈공과 은사에서 명분을 찾았다.[86] 또한 관직이 높은 자는 사리를 알기 때문에 불법적으로 행동함이 적다고 여겼다.[87] 문종은 문벌의 자손을 박학다문博學多聞하다고 하여 특별히 내시로 발탁한 바 있는데,[88] 이것은 그도 문벌주의를 벗어나지는 않았음을 보여 주기도 하지만, 인사권을 쥔 왕의 위상이 은사를 통하여 부각됨을 보여 준다.

문종 3년(1049)에는 양반의 공음전시법을 정하였다. 5등급으로 나누어

---

82 『고려사』 권75, 선거3 凡敍功臣子孫 문종 37년 윤6월.

83 『고려사』 권8, 문종 11년 12월 辛亥; 25년 6월 庚申.

84 『고려사』 권6, 정종 7년 9월 丁未.

85 『朝鮮經國典』上, 入官 "謂將相大臣 皆有功德於民 而其子孫又承家庭之訓 知禮義之方 而 皆可以從政 置門蔭".
　劉承源은 음서가 귀족제적 요소만이 아니라 능력 있고 충성을 바칠 수 있는 중앙관료집 단을 육성하려는 국왕 측의 필요성 때문에 시행되었다고 보았다(앞의 논문, 186~187쪽).

86 앞 절에서 문종은 관리들의 전최를 강조하면서도 허물 때문에 탄핵 받은 관리에게 관용 적 태도를 보였고, 그것은 사면 곧 은사를 시행하는 왕의 위상을 강조하는 것과 관련 있다 고 해석한 점을 상기할 필요가 있다.

87 『고려사』 권93, 崔承老.

88 『고려사』 권96, 崔思諏.

공음전시를 지급하고 세습을 허용하였다. 선행 연구에서 공음전시법의 의미를 둘러싸고 고려사회의 성격 이해와 관련하여 여러 가지 다양한 견해들이 제시되었지만, 그 제도는 전체 관료들 중 특별한 훈공이 있는 자에게 또는 특별한 국가적 경사를 맞았을 때 은사로 관료들에게 토지를 지급한 것이라고 이해할 수 있다. 다만 그 경우에도 악공樂工·천구賤口로서 방량된 관리들에게는 공음전시를 지급하지 않았다.

목친睦親(親親)의 논리

문종대에 정착된 종실에 대한 봉작제도나 외척과 중혼重婚한 사실도 은사의 한 형태로 이해할 수 있다. 그런 조치들은 관료제를 강조하는 것과 어긋나 보일 수 있지만, 유학의 목친 논리로 합리화될 수 있었다. 또한 사·서 구분이 가家·족族 또는 향당鄕黨의 논리를 국가의 질서로 확장하는 방향을 취하였던 것처럼 그 조치들도 가·족의 논리를 국가 차원으로 확장한 것이다.

종실에게 작위를 주는 것은 사적 혈연을 배려하면서 공적 차원을 유지하는 방식이었다. 종실을 봉작하는 이유로서, 사직의 안녕을 도모하려면 왕가의 친척을 봉작하여 번병藩屛으로 삼아야 한다고 하였다.[89] 좀 더 자세하게는 "사랑을 행하는 것은 친족으로부터 시작하고 나라를 다스리는 것은 집안을 다스리는 것을 먼저 한다. 때문에 『상서尙書』 요전堯典의 첫머리에 친족과 화목하는 것을 말하였고 『시경』의 대아大雅편에서는 유성維城(왕족을 封建하여 번병으로 삼아 보위하게 함)을 아름답게 여겼다."라고 내세웠다.[90]

---

89 정종 초 王基를 守太保로 책봉하는 글이나, 문종 34년 王璲를 扶餘侯로 책봉하는 글(『고려사』 권90, 종실1) 등 참고.
90 『동문선』 권28, 册王弟偕爲大寧侯文 (崔惟淸).
　　睦親이 百世의 良法이고, 왕실을 책봉하는 것은 周의 봉건제를 본받은 것이며 왕이 시행하는 恩賜의 한 형태라는 논리는 이미 성종 9년 기록에도 보인다(『고려사』 권3, 성종 9년 12월 戊申).

문종은 왕실 관련 행사에 큰 관심을 보였다. 문종 10년(1056)에 왕자 왕증 王蒸을 국원후로 책봉할 때 왕이 비공식적으로 가서 의식을 구경하였으며, 마친 뒤에 시중 이자연과 참지정사 김원정, 상서좌복야 지맹 등을 불러 새 벽까지 술을 마셨다. 이듬해 3월에는 거란에서 사신을 보내와 왕태자를 책 봉하였는데, 그 행사에 왕이 몰래 가서 구경하였다. 27년(1073)에 평양후 왕 수王琇를 책봉할 때도 의식을 화려하게 준비하고 왕이 궁빈宮嬪·태자·제왕 諸王들을 거느리고 몰래 행차하여 구경하였다.

외척과의 중혼, 즉 현종이 김은부 가문과 중혼한 데에 이어 그와 인척관 계에 있던 이자연 가문과 문종이 거듭 혼인한 것도 왕의 입장에서는 외척을 고정하고 대우하여 왕실에 대한 외호外護를 굳게 하려는 의도였다고 해석 된다. 외척 우대는 목친 논리로 합리화되었으며,[91] 물론 외척의 입장에서는 일족의 번영을 도모하고 족망族望을 높일 수 있었다.

은사나 목친의 논리는 사은私恩을 중시하는 논리라고 할 수 있다. 부모와 지식, 스승과 제자의 관계를 강조하며, 나아가 왕과 신하 간의 관계를 강조 하게 된다. 그런데 군신 간의 관계란 공의公義로 관념되는 것이기 때문에[92] 결국 혈통성 강조와 군신관계 강조라는 대립관계는 서로 통하고 상황에 따 라 출입이 있을 수밖에 없었다.[93]

---

91 채웅석, 2014, 「고려중기 외척의 위상과 정치적 역할」, 『한국중세사연구』 38, 346~349쪽.
92 『고려사』 권90, 종실1 扶餘公 燧 "恩雖立愛 義亦在公"; 帶方公 俌 "恩莫深於骨肉 義莫重 於君臣".
93 인종 초에 외척 이자겸의 대우를 둘러싸고 公義와 私恩 문제가 논란이 되었다(『고려사』 권98, 金富軾).
　　한편 馬宗樂은 고려중기 정치운영론에서 공의·사은의 대비에 주목하면서 "(당시) 유 학의 경세적 면모와 기능은 뚜렷한 것이었으나 귀족제적 정치 운영에서는 사은이 또한 중시되고 있었던바 공의나 사은을 절충하여 公論에 합당한 정치제도와 운영을 도모하는 것이 사상적 과제로 되고 있었다. 그러나 특권적 귀족체제로 인하여 보편적 규범을 세우 기도 어려웠거니와 정치규범에 대한 사상적 합의도 불안정한 상태에 있었다."라고 파악 하였다(1997, 「高麗中期 政治權力과 儒學思想」, 『釜山史學』 32, 45쪽).

요컨대 문종대에는 왕이 국정 운영의 리더십을 발휘하고 관료제를 정상적으로 운영하여 정치적 갈등이 심하게 벌어지지는 않았다. 관료의 임용·승진에서 출신 가계를 따지는 문제, 흥왕사 창건이나 풍수도참설에 따른 비보 문제 등을 비롯하여, 다음 장에서 살펴보겠지만 외교 다변화 정책에 따른 송과의 국교 재개 등을 둘러싸고 갈등이 있었으나 심한 정쟁으로 발전하지는 않았다.

그렇지만 그 무렵부터 내시의 존재가 드러나기 시작하는 등 문종이 측근 세력을 키우려 한 혐의가 있고, 이자연 가문이 왕을 외호하는 외척으로 부상하였다. 또 문종은 장기간 재위하면서 '왕업의 부흥'을 강하게 의식하고, 유교·불교·풍수도참설 등 다원적인 종교·사상을 이용하여 대응하였다. 그런 과정에서 12세기 정치사의 특징들이 배태되었다.

다원적 국제정세와
외교 다변화 모색

1. 다원적 국제정세와 거란에 대한 사대외교

11세기 동아시아 정세의 안정과 국제관계

10세기에 중국에서 오대십국五代十國이 분열·할거하고, 그동안 당이 중심이었던 국제질서가 변화하였다. 북방에서는 거란족이 흥기하여 916년에 요遼를 건국하였다. 거란은 유목사회인 초원지대와 농경지대인 요녕평원·연운16주를 차지하여, 초원의 유목국가, 남방의 농경국가라는 그때까지의 구분을 적용하기가 어렵게 되었다. 거란은 정복국가로서 유목·농경세계의 통합을 지향하고 그에 걸맞은 세계관·군주관 등을 보여 주면서 국제관계에 영향력을 크게 미쳤다.[1]

960년 송이 건국하여 979년에 중원을 통일하였다. 송과 거란은 연운16주를 둘러싸고 충돌하다가 거란이 성종 때 송을 대대적으로 공격하여 1004

---

1 金浩東, 1987, 「北아시아의 歷史像 구성을 위한 試論」, 『아시아문화』 3.

년에 화북 일부와 막대한 양의 세폐를 받는 내용으로 송과 전연澶淵의 맹盟을 체결하였다. 이후 11세기 중엽 서하와 송 사이에 긴장이 조성된 때를 틈타서 거란이 송을 위협하여 세폐를 증액하는 등 기복이 있기도 하였지만, 대체로 송과 거란의 관계는 평화적이었다.

거란은 송과 대립하고 여진을 공략하면서 배후의 고려를 견제할 필요가 있었기 때문에 993년부터 고려를 공격하였다. 고려는 거란과 수차례 전쟁 끝에 1019년(현종 10)에 화의를 맺고, 조공·책봉관계를 받아들였다.

이후 고려는 거란과 비교적 평화관계를 유지하는 가운데 여진 사회를 여전히 통제하였다. 물론 거란과의 관계가 늘 평화롭지만은 않았다. 1029년 거란에서 대연림大延琳이 반란을 일으켜 흥요국興遼國을 세웠을 때 고려는 길이 막혔다는 이유를 들어 거란과 관계를 일시적으로 단절하고 곽원郭元이 주동하여 압록강 동쪽에 있던 거란의 군사시설을 탈취하고자 공격하였다. 그렇지만 흥요국의 거듭된 원조 요청에는 응하지 않았다.[2] 1031년 거란 성종이 죽고 필제匹梯가 동경東京에서 반란을 일으키자 고려는 그 틈을 이용하여 거란에 압록강에 설치한 성곽과 다리를 제거해 달라고 요구하였다. 요구가 거부당하자 유소柳韶·왕가도王可道 등이 그 성을 공격하여 파괴하자고 주장하였으나, 조정에서 논의한 끝에 출병하지 않고 단교하는 데 그쳤다.[3] 이후 1033년 고려가 북방에 천리장성을 축조하자 이에 대응하여 거란이 정주靜州를 공격해 오고 다시 고려가 송과 외교 접촉을 시도하는 등 사태가 악화되었지만,[4] 얼마 지나지 않아 1037년(靖宗 3)에 종전처럼 평화적인 외교관계가 재개되었다.[5]

---

2 『고려사절요』 권3, 현종 20년 9월; 11월; 12월; 21년 정월; 7월; 9월.
3 『고려사절요』 권3, 덕종 즉위년 10월; 11월, 『고려사』 권94, 王可道.
4 『고려사절요』 권4, 덕종 2년 8월; 10월; 靖宗 2년 7월.
5 『고려사절요』 권4, 靖宗 3년 9월; 12월.
　　이상의 양국 관계의 추이에 대해서는 朴宗基, 1993, 「高麗中期 對外政策의 變化에 대

고려는 성종~현종대에 거란과 대결하는 동안 그때까지 통교하던 송에 지원을 몇 차례 요청하였으나, 송은 평화관계를 유지하는 것이 최선이라며 거절하였다.[6] 그처럼 거란을 견제해 달라는 요청이 거절당하자 고려와 송의 관계는 소원해지고 단절되었다. 그렇지만 민간 차원의 교역은 그 후에도 활발하게 이루어졌다.

송과의 관계와 달리 고려는 거란과 사대외교를 하면서도 공식적인 조공·사행무역만 인정하고 국경에 각장榷場이나 매매원賣買院 등을 설치하려는 거란의 시도에 대하여 극력 반대하였다. 이런 관계는 고려와 송 간에 외교가 단절되었음에도 불구하고 민간교역이 활발하게 이루어졌던 것과는 대조적이다.

당시 거란은 형세적으로 가장 강국이었으며, 내륙 루트를 통한 동서 간 국제교역을 장악하였다. 거란은 송과 국경교역을 하는 한편, 세폐로 받은 은·비단 등을 위구르 상인들의 손을 통하여 국제교역에 투입하였다. 거란이 고려를 공격한 것도 고려와 송, 여진이 협력하여 자기를 위협할 가능성을 차단하려는 목적[7] 외에, 자기를 무도한 나라로 간주하여 적대시해 온 고려를 자기 영향권에 편입시켜서 안정적인 교역조건을 확보하겠다는 목적도 있었다고 여겨진다. 거란은 고려와 통교한 뒤 책봉사冊封使·재조보유사

하여—宣宗代를 중심으로」, 『韓國學論叢』 16 참고.

6 『고려사』 권3, 성종 13년 6월; 목종 2년 10월; 같은 책 권4, 현종 6년 11월 甲戌; 7년 정월 壬申.

7 『고려사』 권8, 문종 12년 8월 乙巳 "…昔庚戌之歲(1010, 현종 1) 契丹問罪書云 東結構於 女眞 西往來於宋國 是欲何謀…".

　당시 여진은 고려를 통하여 송과 교류하고 있었다(李燾, 『資治通鑑長編』 권83, 大中祥 符 7년 12월 丁卯; 같은 책 권86 大中祥符 8년 11월 癸酉; 같은 책 권90, 天禧 원년 11월 癸亥; 같은 책 권94, 天禧 3년 11월 己卯; 張東翼, 2000, 『宋代麗史資料集錄』, 서울대학교 출판부, 142~144쪽).

　그리고 현종 원년 고려의 공격을 받은 여진이 거란에 호소하였을 때 거란은 고려를 견제하고 동여진에 대한 영향력을 키우려고 하였다(『고려사』 권4, 현종 원년 5월 甲申).

賚詔報諭使 외에도, 고려와 중국왕조의 관계에서는 보이지 않던 고려왕생일사高麗王生日使·횡선사橫宣使 등과 함께 동경유수東京留守가 보내는 지례사持禮使 등의 사신을 빈번하게 파견하였고, 이에 대응하여 고려도 사신을 빈번히 보내면서 양국 간의 사행무역이 활발하게 이루어졌다.

또한 거란은 고려의 반대에도 불구하고 각장무역을 끈질기게 요구하였다. 그렇지만 고려는 국경교역 과정에서 북방 지역에 거란의 영향력이 강화될 수 있는 가능성을 경계하였고, 고려의 영향력 아래 있던 여진에 대하여 거란의 지배력이 강화되는 것을 바라지 않았다. 그래서 현종 17년(1026) 동북여진으로 갈 수 있도록 길을 빌려 달라는 거란의 요구를 거부하였고,[8] 정종 3년(1037)에는 서북로 병마사가 거란과 통하는 동여진 사람 55명을 체포하여 개경으로 압송하였다.[9] 또한 기왕에 내부內附하였던 여진이 거란에 투화投化하면 붙잡아다가 심문하고 고려의 법률에 따라 처벌하였다.[10]

이렇게 11세기 초 이후 각국 사이에 부분적으로 긴장과 충돌이 있었지만, 약 1세기 뒤에 여진족이 흥기하여 국제정세가 변화하기 전까지 대체적으로 평화를 유지하였다. 그런 관계가 유지된 데에는 국제 역학관계상 고려와 서하가 중요한 역할을 하였다. 고려·송·거란·서하 등은 분쟁이 벌어지면 상대국의 배후에 있는 나라와 손잡고자 하여 각국 사이의 관계가 연동되었다.[11] 즉 거란이 군사적 우위에 있고 송이 경제적·문화적으로 우위인 가운데 고려와 서하가 균형추 역할을 담당하였다.[12]

---

8 『고려사』 권5, 현종 17년 윤5월 甲子.
9 『고려사』 권6, 정종 3년 2월 己未.
10 『고려사』 권7, 문종 원년 2월 丁卯.
11 10세기 후반~12세기 초에 동아시아에서 송-거란-고려, 송·거란·서하, 송-서하-토번 등 국가 간에 삼각관계가 형성되어 서로 연동되었다(金成奎, 2010, 「3개의 트라이앵글－北宋時代 동아시아 국제관계의 大勢와 그 특징에 관한 試論」, 『歷史學報』 205).
12 김한규, 1999, 『한중관계사』 Ⅰ, 아르케, 386쪽.

다원적 국제정세와 해동천하海東天下

앞에서 살펴본 것처럼, 동아시아 각국이 서로 견제하면서 세력 균형을 이룬 가운데 특정 국가가 강력한 패권을 행사하지 못하고 힘의 중심이 분산되었다. 송과 거란은 물론 고려와 서하, 일본·베트남 등은 천하질서를 상대화하여 인식하였다. 각국은 자기 군주에게 천자(황제)의 권위를 부여하고 세력권을 형성하여 각기 천하의 중심이라고 의식하였다.[13]

고려는 거란에 사대관계를 유지하면서도 스스로 또 하나의 천하질서의 중심이라고 의식하였다. 즉 고려는 스스로 중국과 구별되는 역사·문화공동체로서 해동海東(三韓)을 내세웠다. 고려의 왕은 천명을 받아 삼한을 일통한 해동천자海東天子로서, 여진과 같은 북방종족들과 탐라국·우산국 등을 번蕃으로 삼아 통제하고 교화하는 주체라고 인식하였다.[14] 그에 따라 그 지역의 군장들이 고려에 내조하여 방물을 진헌하고, 고려는 그들에게 향직鄕職이나 무산계武散階를 사여하여 해동천하의 질서에 포섭하였다.

그런 질서는 정종 즉위년(1034) 이후 정례화된 소위 "팔관회적 질서"에 반영되었다.[15] 팔관회에는 송 상인과 동·서번, 탐라의 사절들이 조하朝賀하고 공물을 진헌하는 절차가 마련되었는데, 이때 고려는 그들로부터 사헌私獻·조공朝貢 형식으로 방물을 받고 고려의 상품과 중계무역품을 사여하였다. 이를 통하여 대외교역 방식이 팔관회적 질서로서 의례화되었다고 이해할 수 있다. 즉 고려는 송의 경제력이 중심이 된 동아시아 교역망에 포섭되었으면서도 그 외곽에서 또 다른 교역망의 중심을 구성하였다. 그리고 조

---

13 채웅석, 2017, 「고려전기의 다원적 국제관계와 문화의식」, 『한국중세사연구』, 50, 15~20쪽.
14 고려의 일통의식과 해동천하·해동천자에 대해서는 盧明鎬, 1999, 「高麗時代의 多元的 天下觀과 海東天子」, 『韓國史硏究』 105; 추명엽, 2002, 「고려전기 '번(蕃)'인식과 '동·서번'의 형성」, 『역사와 현실』 43; 秋明燁, 2005, 「高麗時期 海東 인식과 海東天下」, 『韓國史硏究』 129; 박종기, 2013, 「고려 다원사회의 형성과 기원」, 『한국중세사연구』 36 등 참고.
15 奧村周司, 1979, 「高麗における八關會の秩序と國際環境」, 『朝鮮史硏究會論文集』 16.

공·책봉관계가 국가 간 교역의 의미와 정치적으로는 현 집권층에 대한 국제적 인정과 안정을 의미하며, 한편으로는 책봉 등에 따른 의례를 과시하여 대내적 권위를 획득할 수 있는 장치로 기능하듯이, 팔관회적 질서도 동일한 효과가 있었다. 팔관회에 번에서 온 사절들이 고려왕에게 조공하는 절차를 마련한 것은 당시 고려의 자존의식과 주변 이민족·국가들에 대한 영향력이 제도화된 것이며, 이런 팔관회적 질서가 대외관계에서 사대외교와 공존하였다.

당시 각국이 독자적 천하의 중심이라고 주장하더라도 외교상으로는 계서적 관계를 맺을 수 있었다. 힘의 차이에 따라 외교에서 숙질·형제관계 등으로 차등을 인정하거나, 책봉을 받아 종주국의 천하질서에 편입되기도 하였다.[16] 다원적 국제정세에 대응하여 각국 간의 외교 형식이 다양하게 나타났던 것이다.

국가·지역 간에 연결 채널도 다양하였다. 상인·승려·유교지식인·의사·기술자 등이 공적·사적으로 교류하였다. 특히 외교와 무관하게 민간 차원에서 교역·교류하기도 하여, 고려는 송·일본 등과 외교관계가 없는 상태에서도 활발하게 교역하였다. 그리고 상인들이 공식적인 외교사행과는 별도로 국제관계에서 정부 간의 연락 역할을 맡기도 하였다. 이처럼 국제관계가 다중심적·다원적 특징을 보이는 가운데, 고려는 해동천하의 중심으로 존재하는 한편 거란의 책봉을 받아 그 천하질서에도 속하였던 것이다.

---

16 고려·서하·베트남 등 각국은 황제국 체제를 유지하면서 국내 정치와 주변 지역 통제를 하는 한편 강대국과의 외교관계에서 조공·책봉을 인정하여 충돌을 피하였다.

2. 왕이 주도한 외교 다변화 정책

외교 다변화 정책 추진의 배경

거란에 대한 사대가 중심이었던 고려의 외교는 11세기 중반부터 변화하는 모습이 나타났다. 문종을 중심으로 지배체제를 정비하는 한편, 거란과의 사대관계에 치중하였던 외교에 변화를 모색하였다. 거란과 조공·책봉외교를 유지하면서도, 그간 단절되었던 송과의 외교를 재개하고 일본과도 외교관계를 맺으려고 하였으며 여진의 귀부를 적극적으로 받아들이는 등, 적극적·능동적으로 외교관계의 다변화를 꾀하였다. 이제현李齊賢은 문종 사찬史贊에서 당시의 국제관계에 대하여 송은 포상襃賞하는 명을 주고 거란은 해마다 왕의 생일을 축하하는〔慶壽〕예를 닦았으며 동쪽의 왜가 보배를 바쳤고 북쪽의 맥貊은 살 터전을 얻어 백성이 되었다고 설명하였다.[17]

그런 변화를 가져온 배경을 살펴보자. 첫째, 문종대에는 송으로부터 선진문물을 수용하려는 욕구가 강하였다.[18] 고려전기는 동아시아 역사상 중국왕조의 전통적인 종주권이 약화되고 그 주변 지역에서 국가의식·민족체의식이 고양된 시기였다.[19] 한편으로는 국제적으로 선진·보편문화를 추구하는 문화적 외향성이 강하였다. 고려도 예외는 아니었다. 고려전기 대외관계

---

17 『益齋亂稿』 권9下, 史贊 文王.

18 朴龍雲은 여·송관계사를 ① 제1기: 962년(광종 13)~994년(성종 13) ② 제2기: 1071년(문종 25)~1126년(인종 4) ③ 제3기: 1127년(인종 5)~1173년(명종 3)으로 나누어 살피고, 제2기에는 고려가 거란과 평화관계를 유지하면서 송의 선진문물을 받아들이는 데 주력한 데 비하여, 송은 고려를 이용하여 거란을 견제하기 위한 정치적·군사적 목적에서 고려와 접촉하였다고 파악하였다(1995·1996,「高麗·宋 交聘의 목적과 使節에 대한 考察」,『韓國學報』81·82).

19 10~11세기 이후 각 지역에서 他者意識이 첨예화되어 중국 본토에서는 화이사상이 대두하였고 중국 밖의 각지에서는 고유문화에 자신감을 갖고 對抗中華나 小中華意識이라고 불리는 움직임이 생겨서, 독자적 외교력과 군사력을 배경으로 중국 본토와 대등한 국제관계를 형성하게 되었다(妹尾達彦, 1999,「中華の分裂と再生」,『岩波講座 世界歷史』9, 岩波書店, 59쪽).

의 틀이 짜이던 10세기 말에 화풍華風 추구 세력과 토풍土風 추구 세력이 갈등을 겪은[20] 이후 고려는 어느 한쪽이 일방적으로 주도하지 못하여 균형 있는 문화의식을 갖추게 되었다. 그런 가운데 문종은 문화적 강국인 송과 국가 차원의 교류가 두절된 것에 불만을 품었다. 문종이 중화中華를 사모하는 꿈을 꾸고 지었다는 시가 송에 알려지기도 하였으며, 거란에 가 있던 고려인과 송 사신이 접촉하여 문종이 중국을 흠모하고 있다는 뜻이 송에 전해지기도 하였다.[21]

문종 35년(1081)의 기록에 따르면 흑수·여진인의 경우와 달리 재예才藝를 가진 송인에 대한 내투來投 허용이 구제舊制로 제정되어 있었다.[22] 문종 때부터 예종 때까지 문화적 능력이 뛰어난 외국인을 적극적으로 초치하였으며, 그 결과 귀화인이 그 기간에 특히 많았다. 송에서 귀화한 사람들 중에는 진사進士와 문예文藝를 지닌 자가 제일 많았고 그 밖에 점술인·의원醫員·악인樂人 등이 있었다.[23] 여·송 관계에 대한 거란의 견제라는 부담만 덜 수 있다면 상인이나 귀화인을 통하지 않고 정부가 주체가 되어 직접 문물을 수

---

20 구산우, 2015, 「고려시기 제도와 정책의 수용과 배제-成宗代 華風과 土風의 공존과 갈등을 중심으로」, 『한국중세사연구』 42.

21 『蘇軾文集』 권72, 呂公弼招致高麗 "元祐 二年 二月 十七日 見王伯虎炳之言 昔爲樞密院禮房檢詳文字 見高麗公案 始因張誠一使契丹 於虜帳中見高麗人 私語本國主向慕中國之意 歸而奏之 先帝始有招來之意 樞密使呂公弼 因而迎合 親書箚子 乞招致 遂命發運使崔拯遣商人招之 天下知罪拯 而不知罪公弼 如誠一蓋不足道也".

葉夢得, 『石林詩話』(張東翼, 앞의 책, 481~483쪽), "高麗 自太宗後 久不入貢 至元豐初 始遣使來朝 神宗 以張誠一館件 令問其復朝之意 云其國與契丹爲隣 每因契丹誅求 藉不能堪 國主王徽 常誦華嚴經 祈生中國 一夕忽夢至京師 備見城邑宮闕之盛 覺而慕之 乃爲詩以記日 惡業因緣近契丹 一年朝貢幾多般 移身忽到中華裏 可惜中宵漏滴殘 余大觀間 館件高麗人 常見誠一語錄 備載此事".

『宋史』 권487, 外國3 高麗 熙寧 2년 "徽又自言 嘗夢至中華 作詩紀其事".

22 『고려사』 권9, 문종 35년 8월 己未.

23 漢人들의 귀화 사례는 朴玉杰, 1996, 『高麗時代의 歸化人硏究』, 國學資料院, 34~35쪽의 표에 정리되어 있다.

용하는 것이 보다 바람직하였다.[24] 그뿐만 아니라 조공무역을 통하여 많은 경제적 이익을 얻음으로써 재정적 기여를 기대할 수 있었다.[25]

둘째, 국제관계의 역동성을 들 수 있다. 그간의 국제적 평화관계에도 불구하고 앞에서 본 것처럼 화해 일변도는 아니었고, 각국의 내부 사정도 대외적 평화주의자들만이 득세한 것도 아니었다. 고려의 외교정책은 결과적으로 평화주의의 틀을 벗어나지 않았지만, 내부적으로는 거란에 대한 문제를 둘러싸고 강경론과 온건론 사이에 갈등이 있었다.[26]

강경론자들은 송과 제휴하여 거란을 견제하고, 거란이 점거한 압록강 동쪽 지역을 기회가 되면 무력을 동원해서라도 바로 수복해야 한다고 주장하였다. 여진에 대해서는 기미주羈縻州를 설치하여 귀부歸附를 적극적으로 수용하는 한편, 침범해 오면 군사적 정벌까지 불사하자고 건의하였다. 그들은 위력으로 상대국을 억제하는 방식을 주장하였으며 국가에 위협이 되는 거

---

24 고려가 송과 국교를 재개하면서 의약을 구하거나 의원 파견을 요청하였던 것이 특징적이다. 金悌가 귀국할 때 고려의 요청에 따라 송에서 醫官 王愉·徐先 등을 파견하였으며, 문종 27년에는 사신 金良鑑 편에 의약과 畫塑工으로 본국인을 교육할 수 있는 사람을 보내 달라고 요청하여 이듬해 송이 醫員助教 馬世安 등 8명을 보냈고, 33년에도 翰林醫官 邢慥 등을 파견하였다. 이런 일들은 문종의 신병 치료와 의학기술 전수를 위하여 고려가 요청하여 이루어진 것이지만, 여·송 통교에 대한 거란의 의심을 덜려는 목적도 있었다고 추측된다(Oongseok Chai, 2017, Interstate Relations in East Asia and Medical Exchanges in the Late Eleventh Century and Early Twelfth Century, *Korean Studies Vol. 41*, The Center for Korean Studies at the University of Hawaii).
　　예종대의 다음 기록에서는 당시 고려의 의사 파견 요청에 정치적 목적이 있었다는 사실을 송에서도 알고 있었음을 보여 준다. "初高麗來求醫 上遣二醫往 是秋還 以其事及語錄奏聞 然後知實非求醫 乃彼知中國將與女眞圖契丹 因是勸止中國 謂苟存契丹 猶可爲國家捍邊 女眞虎狼 不可交也 宜早爲之備 上聞之不樂 後三年 遣使往聘 欲促其共舉 高麗雖恭順 終不得其要領而歸"(陳均, 『皇朝編年綱目備要』 3-28, 宣和 원년 정월; 張端義, 『貴耳集』 下; 張東翼, 앞의 책, 176~177쪽, 180~181쪽). 그 내용은 『宋史』 권487, 外國3 高麗 宣和 4년條에도 실려 있다.

25 李鎭漢, 2008, 「高麗 文宗代 對宋通交와 貿易」, 『歷史學報』 200, 260~266쪽.

26 박종기, 1998, 「11세기 고려의 대외관계와 정국운영론의 추이」, 『역사와 현실』 30, 155~167쪽.

란이나 여진에 대하여 기회가 되면 군사행동을 불사하는 것을 의義라고 여겼다.[27]

이에 비하여 온건론을 지지하는 사람들은 상대국과 우호관계를 유지하면서 덕德으로 포섭하는 방식을 주장하였으며, 군사행동을 벌여 정벌하는 것은 의義를 잃는 것이라고 여겼다. 또 상대국의 재앙을 기뻐하는 것은 인仁이 아니고 그와 친선관계를 갖는 것이 의義라고 인식하였다.[28] 그들은 거란에 사대하고 송과는 비공식적 접촉을 유지하며 여진에 대해서는 일정한 거리를 두고 평화관계를 유지하자고 주장하였다.

11세기 후반 송과 고려에서 현실화된 대외경략책을 살펴보면, 주변의 여러 나라를 동시적으로 겨냥하지 않았다. 송은 신법新法 추진론자들이 중심이 되어 서하를 우선 경략하되 거란이 의심을 품지 않도록 하는 방향으로 대외경략을 추진하였다. 거란과는 비교적 화의관계를 유지하였지만, 서하와는 화·전이 교차하여 군사적 긴장 상태가 계속되었다. 고려는 거란에 사대하여 평화를 유지하면서 여진에 대한 경략을 추진하였다. 거란과의 관계는 비교적 안정적이었으나, 고려는 여진을 번藩으로 취급하는 가운데 그들이 수시로 일으키는 변경 문제와 동해안 지역에서의 해적 행위 때문에 고통받고 있었다.

이처럼 송과 고려는 각각 서하와 여진을 경략 대상으로 삼으면서 거란에 대해서는 평화관계를 유지하려 하였는데, 그것은 방편이었고 궁극적으로는 거란도 경략의 목표로 삼았다고 여겨진다.[29] 뒤에서 상론하겠지만, 고려와 거란이 평화적인 관계를 유지하는 가운데에도 보주保州(抱州) 문제를 둘

---

27 『고려사』 권94, 郭元; 王可道; 같은 책 권96, 尹瓘.
28 『고려사절요』 권3, 현종 20년 5월; 『고려사』 권97, 金黃元; 『補閑集』 권上, 睿宗乾統七年丁亥欲伐東藩….
29 송, 요, 서하 사이의 관계에 대해서는 李範鶴, 1985, 「王安石(1021~1086)의 對外經略策과 新法」, 『高柄翊先生華甲紀念論叢: 歷史와 人間의 對應』, 한울, 712~715쪽 참고.

러싸고 분쟁이 지속되었다. 문종 때에 거란이 국경에 시설을 설치하여 고려를 자극하자, 왕은 적극적으로 항의하려고 하였다. 그런 점들을 고려하면, 당시 송과 통교를 추진한 배경에는 문화적 목적 외에 송과 연결하여 거란을 견제하려는 의도도 깔려 있었다고 생각된다.

동여진에 대해서는 화·전 양면책을 구사하였다. 문종은 여진의 귀부를 적극적으로 수용하였는데, 이전처럼 개별적으로 귀부하여 편호되는 사례뿐만 아니라 촌락이 통째로 편입되기를 원하는 사례가 많아진 것이 그 시기의 두드러진 특징이었다. 문종 27년(1073) 동북 국경에 인접한 여진들이 귀부하여 군현을 설치해 달라고 계속 요청하자 특별히 종묘사직에 친행하여 고하고 사례하였다. 귀부 추세는 서북면에서도 마찬가지였다.[30] 귀부한 여진 촌락에는 주기朱記를 내려 주고 기미주로 편제하였다.[31] 비록 이전에 거란으로부터 관작을 받은 여진인도 귀부를 허용하고 고려의 관작을 대신 내주었으며, 그들이 요와 교통하는 것을 금지하였다.[32]

이렇게 여진 지역에 기미주를 본격적으로 설치하면서 영토 확장(拓地)에 대한 의지가 높아졌을 것이라고 추측해 볼 수 있다. 즉 귀부를 수용하는 것은 물론이고 여진이 변경을 약탈하면 방어를 위주로 하던 자세에서 벗어나 그들의 지역에 진공하여 평정하고, 나아가 아예 축성築城과 사민徙民을 시행하여 국토로 편입하는 방식을 택할 여지가 높아졌다는 것이다. 문종 10

---

30 『고려사』 권9, 문종 27년 4월 丙子; 5월 丁未.
31 『고려사』 권9, 문종 27년 9월 甲辰.
  羈縻州에 대해서는 金九鎭, 1976, 「公嶮鎭과 先春嶺碑」, 『白山學報』 21, 65∼67쪽과 盧啓鉉, 1993, 『高麗領土史』, 甲寅出版社, 135∼139쪽 참고. 그리고 문종 때의 기미주 확대에 대해서는 김순자, 2012, 「고려중기 국제질서의 변화와 고려-여진전쟁」, 『한국중세사연구』 32; 宋容德, 2012, 「고려의 一字名 羈縻州 편제와 尹瓘 축성」, 『한국중세사연구』 32 참고.
32 『고려사』 권6, 靖宗 2년 4월 乙丑; 3년 2월 己未; 같은 책 권7, 문종 원년 2월 丁卯; 8년 10월 乙未; 같은 책 권9 문종 27년 5월 丁未.

년(1056)과 34년(1080)에 각각 김단金旦과 문정文正 등을 시켜 변경을 침범하고 반기를 든 동번東蕃 즉 동여진을 토벌하게 하였다. 그때는 토벌한 뒤 귀환하는 방식이었지만, 이어서 숙종~예종 때의 여진 정벌에서는 축성·사민하여 국토로 편입하는 방식을 택하였다.

여진에 기미주를 설치하거나 정벌한 것은 여진이 거란의 영향권 아래에 있더라도 그들을 거란의 영토, 신민으로 인식하기보다는 고려의 번蕃으로 인식하여 어느 정도 정치적 자율성을 가진 세력으로 인식하였기 때문으로 보인다. 고려는 여진 정벌 시에 거란에 양해를 구한다기보다 통보에 가까운 조치를 취하였다. 완안부完顔部가 아직 거란에 적대하기 전에 이미 통교한 것도 같은 맥락이었다.

셋째, 변화하는 사회적·국제적 환경에서 국정운영상 왕의 리더십을 강화할 필요성이 제기되었고,[33] 그 목적을 달성하기 위한 수단의 하나로 왕이 나서서 대외관계를 주도적으로 풀어 나가거나 대외적 자존의식을 높이면서 대외경략을 택하고자 하였다. 앞 장章에서 살펴본 것처럼, 문종은 왕조 중흥 의지를 갖고 리더십을 강화하였다. 관제와 전시과제도를 개정하는 등 제도를 정비하였고, 흥왕사興王寺와 장원정長源亭을 창건하고 남경南京을 건도하였으며, 대외 문제에도 적극적으로 대처하였다.

고려는 고구려의 계승자로서 그 영토를 수복해야 한다는 강역의식을 갖고 있었다. 더구나 압록강 동쪽의 보주保州 지역은, 마치 연운16주가 송과 거란 간의 관계에서 전략적 요충지로서 의미가 있듯이, 고려-거란-여진-송 사이의 관계에서 요충지였기 때문에 고려는 그 지역에 대한 수복을 지속적으로 추구해 왔다. 특히 공리주의적 목표의식이 강한 인물일수록 보주 지역 수복에 적극적이었다. 거란은 제1차 전쟁 뒤에 강동6주를 고려에 돌려

---

33 채웅석, 1998, 「고려 문종대 관료의 사회적 위상과 정치운영」, 『역사와 현실』 27, 127~135쪽.

주었지만 이후에도 압록강 동쪽 지역이 국제관계나 교역상 차지하는 지리적 중요성을 고려하여 보주 등지를 차지하고 고려의 반환 요구에 불응한 채 지속적으로 관리하면서 충돌을 빚었다.

문종대에도 예외가 아니어서, 거란은 포주성抱州城 동쪽에 궁구문란弓口門欄과 우정郵亭을 설치하여 고려를 자극하였다.[34] 고려가 사신을 파견하여 그 시설들을 철훼하라고 요구하였지만 받아들이지 않았을뿐더러, 그 뒤에도 송령松嶺 동북 지역에 개간을 늘리고 암자庵子를 설치하는 등 국경 침범 행위를 계속하였다. 문종은 거란의 계속된 국경 침범행위를 묵과하지 않고 사신을 보내어 항의하도록 지시하였다. 이에 대하여 중서성에서는 거란의 새 황제가 즉위하여 책명을 더해 준 것을 회사回謝하기도 전에 국경 문제를 제기하는 것은 불가하다고 반대하였지만, 왕은 거란이 성책을 쌓는 등 사태가 악화되기 전에 적극적으로 대처해야 하므로 사신을 보내라고 재차 지시하였다.[35] 이처럼 문종은 대외 문제의 해결에 적극적으로 나섰다.

대송 외교의 재개

고려가 선진문물 수용, 거란 견제, 왕의 리더십 강화 등의 필요성을 고려하여 문종을 중심으로 대송 통교 의사를 가지고 있었을 때, 마침 송에서도 1042년 거란의 요구에 굴복하여 증폐한 이후 연려제요론聯麗制遼論이 제기되었다.[36] 서하와 거란이 제휴하여 송을 견제하는 가운데, 송은 양국에 막대한 세폐를 증여함에도 불구하고 변경 상황이 안정적이지 못하였다. 송은 거란과 화의를 맺고 경제적·문화적으로 번영할 수 있었지만, 막대한 양의 세

---

34 『고려사』 권7, 문종 8년 7월; 9년 7월 丁巳.
35 『고려사』 권8, 문종 11년 4월 壬戌.
36 『宋名臣奏議』 135, 邊防門 遼夏7 富弼 上仁宗河北守禦十三策(張東翼, 앞의 책, 292~295쪽).

폐 조달은 국가 재정에 큰 짐이 되었다. 만약의 경우에 대비하고자 변경의 군사력을 유지하는 데 드는 경비 마련에도 시달려야 하였다. 그러므로 국제 역학관계를 고려하여 이러한 상황을 타개하려면 고려와 관계를 맺어 거란 을 견제해야 한다는 연려제요론이 제기되었다. 그런 주장을 한 사람들이 보 기에 고려는 거란과 맞설 만큼 실력을 갖추었으며, 형세가 부득이하여 현재 거란에 신속臣屬하고 있지만 이것은 본의가 아니고 중국과 통교하기를 바라 고 있다고 여겼다.

이어 송의 신종대에 신법新法개혁을 추진하면서 서하를 공략하고 궁극적 으로 연운16주를 수복하려는 대외경략책을 지향하였다.[37] 연운16주는 단순 히 고토故土 회복 대상에 그치는 것이 아니라 전략적 차원에서 볼 때 유목민 족이 장성을 넘어 화북 지역을 장악하는 데 거점이 되는 곳으로 중국에 위 협이 되고 있었다. 연려제요책에 대하여 구법당舊法黨 측은 송이 고려와 동 맹하여 자신을 공격하려 한다고 거란이 받아들일 우려가 있을 뿐 아니라 고 려가 송의 정보를 알아내어 거란에 제공할 가능성이 있다는 점 등을 들어 반대하였지만, 신법당新法黨이 이를 정책으로 채택하여 고려와의 외교 재 개를 추진하였다.[38]

고려와 송이 외교를 재개하게 된 데에는 상인들의 역할도 컸다. 잘 알려 져 있듯이, 당시 동아시아에서는 송을 중심으로 한 국제 해상교역체계가 작 동하고 있었다. 외교가 끊어진 기간에도 양국 간에 상인들이 왕래하면서 교

---

37 왕안석의 신법시책 계획과 운용에서 대외경략책이 정책적 축이었다는 점에 대해서는 李 範鶴, 앞의 논문 참고.

38 申採湜, 1985, 「宋代 官人의 高麗觀」, 『邊太燮博士華甲紀念論叢』, 三英社; 李範鶴, 1992, 「蘇軾의 高麗排斥論과 그 背景」, 『韓國學論叢』 15; 안병우, 2002, 「고려와 송의 상호인식 과 교섭: 11세기 후반~12세기 선반」, 『역사와 현실』 43.
　구법당뿐 아니라 신법당 측에서도 고려가 송에 파견한 사신 중에 거란이 끼어들어 정 보를 수집해 갈까 우려하였다(李燾, 『續資治通鑑長編』 권247, 熙寧 6년 10월 壬辰; 같은 책 권449, 元祐 5년 10월 癸丑; 張東翼, 앞의 책, 145·161쪽).

역활동을 벌였으며, 특히 송 상인들의 교역활동이 소위 사헌무역私獻貿易 형태로 활발하게 이루어졌다. 그들은 교역관계를 정치적으로 보장받을 수 있도록 공식적인 외교가 열리기를 강력하게 희망하였으며, 그것을 매개하는 데 적극적이었다.[39]

문종 12년(1058) 왕은 탐라耽羅와 영암靈巖에서 목재를 베어 큰 배를 만들어 송과 통교하려고 하였다. 이때 내사문하성에서는 송과의 통교는 거란을 자극할 수 있고 공역을 일으키는 것은 민들을 피폐시킬 수 있으며 우리나라의 문물예악文物禮樂이 이미 흥성하고 송과의 사이에 상인들의 왕래가 잦기 때문에 굳이 무리하게 통교할 필요가 없다고 반대하였다. 그 결과 이 계획은 실행되지 못하였다.[40] 하지만 그로부터 약 10여 년 뒤에 송과 외교가 다시 열리게 되었다. 1068년 송 신종의 지시를 받은 나증羅拯(江淮兩浙荊湖南北路都大制置發運使)이 천주泉州 상인 황신黃愼을 파견하여 국교 재개를 타진하였고,[41] 이에 문종이 호응하여 마침내 1071년(문종 25) 송에 김제金悌를 파견하여 정식으로 외교를 재개하였다.[42] 그보다 3년 전에 고려는 남경에 궁궐을 창건하였는데, 이는 10년 전에 송과 통교하려 할 무렵 불교·풍수도

---

39 1067년 여·송 간 통교를 재개할 때 송상 黃愼이 연락을 담당하였다. 인종 때에는 송의 군사 지원 요청과 가도 요청을 고려가 거절한 후 여·송 간의 통교관계가 약화된 상태에서 송상 卓榮이 제공한 정보에 따라 고려에서 사신을 파견하였으며(『고려사』 권16, 인종 9년 4월 己丑), 인종 14년에는 송상 陳舒가 송이 서하·고려와 함께 대금동맹을 도모하려 한다는 정보를 전하자 고려가 그 동맹을 꺼려서 송에 불가함을 알리는 사신을 보내기도 하였다(『고려사』 권16, 인종 14년 9월 乙亥). 통교가 소원해졌던 의종·명종 때에는 송상 徐德榮 등이 여·송 간의 통교를 여러 차례 중개하였다(周必大,『文忠集』163,「親征錄」 紹興 32년 4월 辛未(張東翼, 앞의 책, 339쪽);『고려사』 권18, 의종 17년 7월 乙巳;『고려사』 권19, 명종 3년 6월 甲申).

40 『고려사』 권8, 문종 12년 8월 乙巳.

41 『고려사』 권8, 문종 22년 7월 辛巳.

42 송과 외교를 회복한 후 고려는 거란을 의식하여 송의 연호를 사용하지는 않았지만, 사행 편에 송의 사찰에서 신종을 祝壽하는 齋를 올리거나(『고려사』 권9, 문종 26년 6월 甲戌) 송 철종의 사망 사실을 듣고 고려 국내 사찰에서 薦福하려고 하는 등(『고려사』 권11, 숙종 5년 5월 辛巳) 성의를 보이려고 노력하였다.

참설을 이용하여 국가의 기업을 연장하기 위하여 홍왕사와 장원정을 창건하였던 것과 동일한 상황이었다. 즉 대송외교의 재개가 왕이 주도한 국가발전계획의 일환으로 추진되었다는 점을 알 수 있다.[43]

거란은 고려와 송의 외교 재개를 당연히 견제하였다. 고려는 거란을 의식하여 거란의 책봉을 받았다는 이유로, 송에 보내는 외교문서에 그 나라 연호를 쓰지 않고 갑자甲子로 표기하였다. 그리고 사신이 왕래할 때 이전에는 등주登州를 경유하다가 거란을 피하기 위하여 명주明州를 경유하도록 바꾸는 등 문제 발생의 소지를 피하려고 노력하였다.

그럼에도 불구하고 거란은 고려와 송이 긴밀하게 통교하는 것을 견제하였다.[44] 거란은 문종 17년(1063)과 25년(1072) 두 차례에 걸쳐 고려에 대장경을 전해 주는 등 회유책을 쓰는 한편, 고려와 송에 대하여 지계地界 획정을 요구하는 등의 수단을 써서 견제하려 하였다.[45] 거란은 1072년부터 송의 국경에서 군사분쟁을 일으키고, 1074년에 하동과 하북에 걸쳐 지계 획정을 요구하여 이듬해에 땅을 할양받았다. 이 때문에 송은 1078년에야 고려에 국신사國信使 안도安燾 일행을 파견할 수 있었다. 거란은 고려에 대해서도 지계 획정을 요구하였는데, 1074년(문종 28) 안융진 북쪽 관외關外에 탐수암探守庵을 설치하여 자극하고[46] 이듬해에 동경병마도부서東京兵馬都府署를

---

43 鄭修芽는 이후 양국의 교류 과정에서 송의 新法과 그 개혁이념이 수용되어 고려 정국에 큰 영향을 미쳤다고 파악하였다(1995, 「高麗中期 對宋外交의 재개와 그 의의―北宋 改革政治의 受容을 중심으로」, 『國史館論叢』 61).

44 『宋史』 권487, 外國3 高麗 "自王徽以降 雖通使不絕 然受契丹封冊 奉其正朔 上朝廷及他文書 蓋有稱甲子者 歲貢契丹至六而誅求不已 常云 高麗乃我奴耳 南朝何以厚待之 使至其國 尤倨暴 館伴及公卿小失意 輒行捽箠 聞我使至 必假他事來覘 分取賜物 嘗詰其西向修貢事 高麗表謝 其略曰 中國三甲子方得一朝 大邦一周天每修六貢 契丹悟乃得免".

45 陶晉生, 1984, 「宋·高麗與遼三角外交關係」, 『宋遼關係史研究』, 聯經出版社業公司; 朴宗基, 1993, 앞의 논문; 김영미, 2002, 「11세기 후반∼12세기 초 고려·요 외교관계와 불경교류」, 『역사와 현실』 43.

46 탐수암 설치 시기에 대하여 『고려사』 권9, 문종 30년 8월 庚戌條에 "有司奏 北朝於定戎鎭關外設置庵子 請遣使告奏毀撤 從之"라고 되어 있으나, 같은 책 권10, 선종 5년 9월條에

시켜 압록강 이동의 강역을 정하자고 요구하였다. 이에 따라 고려는 유홍柳洪과 이당감李唐鑑을 시켜 거란 사신과 함께 국경을 살펴 강역을 정하게 하였으나, 결론을 내리지 못한 채 끝났다.[47] 문종 32년(1078) 거란에 사신을 보내서 압록강 이동의 땅을 달라고 요구하였으나 거절당하였다.[48]

거란의 견제는 선종 때에도 계속되었다. 선종 2년(1085) 왕제인 승려 의천義天이 송에 건너가서 신법당이 집권한 송으로부터 환대를 받았지만, 거란과의 관계에 갈등을 초래하였다.[49] 거란은 압록강 안에 각장榷場을 설치하여 현안거리를 만들어 압박하였다.[50] 각장 설치는 교역 목적뿐만 아니라 당시 소식蘇軾 등 송의 구법당 측에서 고려와의 외교 재개를 비판하면서 고려가 송에서 받아 간 물자를 빼내어 거란에 넘긴다는 의혹을 제기한 것을 의식한 조치가 아니었을까? 마침 그 무렵 송에서 구법당이 집권하여 고려와의 관계에 소극적으로 나와 사신단에 대한 예우를 낮추고 거부감을 보이기조차 하였다. 그런 상황에서 선종 3년(1086)~7년(1090) 동안 고려는 송에 사신을 파견하지 않았으며, 거란에는 여러 차례에 걸쳐 고주사告奏使·밀진사密進使 등을 보내어 문제를 해결하려고 하였다. 그런 고려의 태도를 감안해서인지 거란은 압록강의 정자亭子와 각장을 철수하였다.[51]

는 문종 28년에 처음 설치되었다고 기록되었다.

47 『고려사』 권9, 문종 29년 7월 癸酉; 己卯.
48 『遼史』 권23, 道宗 大康 4년 4월 辛亥; 같은 책 권115, 열전45 高麗 大康 4년 "王徽乞賜鴨淥江以東地 不許".
49 김영미, 앞의 논문, 65~70쪽.
50 『고려사』 권10, 선종 3년 5월 丙子; 5년 2월 甲午; 5년 9월; 5년 11월 壬申.
    거란과의 榷場 문제에 대해서는 이미지, 2003, 「高麗 宣宗代 榷場문제와 對遼관계」, 『韓國史學報』 14 참고.
51 『고려사』 권11, 숙종 6년 8월 "都兵馬使奏 今遼東京兵馬都部署移文 請罷靜州關內軍營頃在大安中 遼欲置鴨江置亭子及榷場 我朝遣使請罷 遼帝聽之 今亦宜從其請 制可".

일본에 대한 교섭

그동안 일본과는 외교가 수립되어 있지 않았다. 고려 초에 사신이나 외교 문서를 여러 차례 보냈다는 사실이 일본 측 기록에 나와 있지만 고려 측의 기록에는 전하지 않는다. 현종 10년(1019)에 동여진에 나포된 일본인들을 고려 수군이 구출하여 본국에 송환하면서 사신을 보냈지만, 그것이 정식으로 국교를 수립하는 계기가 되지는 못하였다.

그러다가 11세기 중반 문종 때부터 외교 교섭을 모색하였다. 문종 10년(1056) 일본국사日本國使 정상위권예正上位權隷 후지와라藤原와 조신朝臣 요리타다賴忠 등 30명이 와서 금주金州에 머물렀던 것이 확인된다. 그렇지만 구체적인 내용은 알 수가 없다. 그 뒤 문종 33년(1079)에 예빈성禮賓省에서 고려와 일본을 왕래하며 교역하던 상인 왕칙정王則貞을[52] 통하여 일본에 의사 파견을 요청하는 첩牒과 함께 비단·사향麝香 등의 물품을 보내어 신의信儀의 증표로 삼고자 하였다. 그때 보낸 첩의 내용은 다음과 같다. '귀국에 풍질風疾을 잘 고치는 의인醫人이 있다고 들었다. 지금 상객商客 왕칙정이 돌아가는 편에 첩을 보내면서 아울러 그에게 풍질의 연유를 말하였으니, 그 쪽에서 뛰어난 의인을 선택하여 내년 이른 봄에 와서 풍질을 고치게 해 달라. 만일 효과가 있으면 반드시 그 대가가 가볍지 않을 것이다. … 첩에 성지聖旨를 앞에 갖추어 기록하였으니 귀부貴府에서는 정말로 풍질을 고칠 수 있는 훌륭한 의인이 있으면 보내어 올 수 있게 허용해 달라.'[53] 이처럼 왕의 질병 치료를 위하여 뛰어난 의사를 파견해 달라고 일본에 요청하였다. 만약

---

52 王則貞은 문종 27년(1073) 7월에 고려에 와서 私獻한 기록이 있다. 그의 신원에 대해서는 대재부에 거주하는 중국계 상인 또는 일본 여성이 모친인 住蕃商人으로서 博多 唐坊에서 태어난 土産唐人 출신의 상인 능으로 파악되고 있다(龜井明德, 1995, 「日宋貿易關係の展開」, 『岩波講座日本通史』6, 岩波書店, 134~136쪽).

53 노명호 외, 2000, 『韓國古代中世古文書硏究』(上), 高麗禮賓省對日本牒, 서울대학교출판부.

일본 조정이 그 요청에 응하면 양국 사이의 관계가 우호적으로 진전되어 정식 외교 수립으로 발전할 수도 있었다. 고려의 제안에는 그런 의도도 있었던 것은 아닐까?

외교 담당 부서인 예빈성이 발송한 외교문서를 받은 일본 대재부大宰府는 외국에 관한 일이므로 1080년 3월 대정관大政官에게 해당 문서를 보냈다. 일본 조정의 논의 과정에서 처음에는 의사 파견에 호의적인 의견이 많았지만, 만약 치료 효과가 없으면 일본에 수치가 될 것이라는 반대론이 대두되었고, 관백關白 후지와라노 모로자네藤原師實가 파견을 거절하기로 최종 결정하였다. 이에 따라 그해 11월에 대재부가 고려 예빈성에 거절 답장을 보냄으로써 정부 차원의 교섭은 더 이상 진척되지 못하였다.[54] 그와 같은 일본의 태도는 송과는 정반대였다.

일본이 의사 파견을 거절한 주요 명분은 국가의 정식 사신〔國使〕이 아닌 상인을 통하여 외교문서를 보냈다는 점과 일본에 대하여 성지聖旨라고 칭한 점 등이었다. 일본은 상인 편에 첩장을 보낸 것을 문제 삼았지만, 외교 수립 전에 상인을 통하여 외교문서를 전달하는 것은 고려와 송 사이에서 그랬듯이 인정될 수 있는 일이었다. 성지는 황제의 뜻과 명령을 아랫사람들에게 전할 때 사용하는 용어인데, 고려가 일본에 대하여 그 용어를 사용하고 일본이 문제 삼은 것은 양국의 대외관계 인식 차이를 보여 준다.

고려는 거란에 조공하고 책봉을 받고 있었지만 고려가 중심이 되어 주변의 여진, 일본 등을 번蕃으로 대하는 또 다른 독자적 국제질서를 설정하고 있었다.[55] 국내적으로는 황제국의 제도를 사용하였고, 고려왕이 천자天子로

---

54 김기섭 외, 2005, 『일본 고중세 문헌 속의 한일관계사료집성』, 日本大宰府對高麗禮賓省牒, 혜안. 그 교섭 과정에 대해서는 奧村周司, 1985, 「醫師要請事件に見る高麗文宗朝の對日姿勢」, 『朝鮮學報』 117 참고.

55 추명엽, 앞의 논문; 盧明鎬, 1999, 「高麗時代의 多元的 天下觀과 海東天子」, 『韓國史研究』 105; 奧村周司, 1979, 「高麗における八關會の秩序と國際環境」, 『朝鮮史研究會論文

서 주변 오랑캐들을 진무하고 왕도王道를 행사할 수 있어야 한다고 인식하였다.[56] 고려가 그런 국제질서 인식을 갖고 일본과 외교하려고 하였기 때문에 일본에 대하여 상국으로서 성지라는 용어를 사용하였던 것이다.

그런데 일본도 7세기 후반 무렵부터 천황을 칭하면서 황제국을 지향하고 있었다. 일본은 한반도의 국가들을 번蕃으로 취급하여 외교 마찰을 빚었다. 고려와의 관계에서도 마찬가지여서, 앞의 답신에서 고려왕을 번왕이라고 지칭하였다. 더구나 일본은 10세기 무렵부터 외국과 공식 외교를 하지 않는 정책을 시행하였다.[57] 일본은 고려가 초기에 보낸 사신을 거부하였으며, 1079년의 의사 파견 요청도 거부하였다. 다시 말하여 일본이 고려의 의사 파견 요청을 거부한 것은 첩장의 형식 문제가 아니라 일본 정부의 대외인식의 한계에서 비롯된 것이다.

『헤이케모노가타리平家物語』에는 다이라노 시게모리平重盛(1138~1179)의 병이 깊어지자 송의 의사를 초청하여 치료하려고 하였지만 도성 안에 외국인을 부를 수 없다는 반대에 부딪혀 취소하였다는 기록이 있다. 반대 이유는 대신大臣이 외국인을 도성 안에 불러들여 만나는 것은 나라의 수치이고, 또 송나라 의술 덕에 병을 고친다면 일본의 의술 수준이 낮다는 것을 보여 주므로 역시 나라의 수치가 되기 때문이라고 하였다.[58] 이 일화는 당시 일본 귀족들의 폐쇄적인 대외인식을 잘 보여 준다. 자국의 의사를 고려에 파견하는 것을 거부할 뿐만 아니라, 자국의 대신을 치료할 목적으로 외국 의사를 도성에 초청하는 것도 거부하였던 것이다.

이처럼 고려와 일본 사이에 중앙정부 차원의 외교 교섭은 실패하고 말았

　　集』16.
56　金龍善 편, 2012, 『高麗墓誌銘集成 (제5판)』, 尹彦頤墓誌銘, 한림대학교출판부.
57　요시노 마코토, 한철호 譯, 2005, 『동아시아 속의 한일 2천년사』, 책과함께, 129~132쪽.
58　오찬욱 譯, 2006, 『헤이케 이야기』, 문학과지성사, 202~206쪽.

지만, 11세기 후반에 교역은 다른 시기보다 상대적으로 활발하게 이루어졌다. 문종부터 선종대까지 『고려사』에 기록된 일본인의 도항渡航이 20회에 달하였다. 고려가 의사 파견을 요청한 때를 전후하여 1073년(문종 27) 7월, 1074년 2월, 1075년 윤4월·6월·7월, 1076년 10월, 1079년 11월, 1080년 윤9월, 1082년 11월 등에 일본 상인들이 수십 명씩 무리를 지어 고려에 와서 왕에게 물품을 바치고 무역하였다는 기록이 있다. 그들은 송·여진이 고려와 교역할 때와 마찬가지로 왕에게 물품을 바치고 하사품과 교역 허가를 받았다.

특히 문종 30년(1076)에는 일본의 승려와 민간인 25명이 영광군에 도착하여 왕의 장수를 축원할 목적으로 불상을 만들었다고 하면서 개경에 올라와 바치겠다고 요청하였고, 고려 정부가 허락하였다. 일본에 의사 파견을 요청한 1079년에도 일본 상인 후지와라藤原 등이 와서 홍왕사興王寺에 물품을 시주하고 왕이 장수하기를 기원하였다.[59] 이런 사례들은 고려와 교역하는 일본 민간인들이 투병 중인 왕의 장수를 기원하는 불사를 올려서 고려 조정의 환심을 사서 자기들의 일에 협조를 받기 위한 행위였다고 짐작된다.

고려에 온 일본인 중에는 일본국사日本國使·살마주사薩摩州使·일기도 구당관壹岐島勾當官·대마도 구당관對馬島勾當官 등 관인을 칭한 경우가 많았는데, 이것은 일본의 외교 사행이라기보다 대재부 체제에서 추진된 교역의 일환이었다. 일본에서는 11세기에 대재부 부관府官과 대재부 관내의 재청관인在廳官人·토호 등을 중심으로 동아시아 무역이 새롭게 전개되었는데, 고려와의 교역도 그런 차원에서 이루어졌다고 평가된다.[60] 이처럼 양국 사이에 교역이 활발해지자 고려가 일본에 의사 파견을 요청하고 그것을 계기

59 『고려사』 권9, 문종 30년 10월 戊戌; 33년 11월 己巳.
60 三浦圭一, 1980, 「10世紀~13世紀の東アジアと日本」, 『講座日本史』 2, 東京大學出版會, 256~259쪽.

로 삼아 관계 개선을 시도하였던 것으로 보인다.

당시 팔관회적 질서를 운용하던 고려는 일본과의 관계도 같은 차원에서 설정하였다. 선종 10년(1093) 연평도延平島 순검군이 송인 12명과 왜인 19명이 탄 배를 나포하였는데, 수은·진주·유황·소라고둥〔法螺〕 등의 물건과 함께 활·칼·갑주 등의 무기류가 실려 있어 해적선으로 의심하였다.[61] 그런데 그 배는 송 상인 주도하에 형성된 송·일 양국 혼성 상인단商人團의 배였을 가능성이 있는데, 당시 일본이 고려나 송에 수출하던 물품 중에 무기류가 있었기 때문이다. 그들은 밀무역을 하다가 고려군에 적발되어 해적선으로 지목당해 처벌을 받은 것으로 보인다.[62] 고려 정부는 이처럼 밀무역을 단속하면서 공식 외교 채널이든, 팔관회적 질서를 통하든 간에 공식적인 관계를 강조하고 국가가 주도권을 쥐려고 하였다.

이상에서 살핀 것처럼 문종대부터 왕이 주도하여 내적·외적 조건의 변화에 적극적·능동적으로 대응하여 외교의 다변화를 모색하였다. 그 과정에서 비록 거란과 갈등을 빚기도 하였지만 군사적 충돌로 이어지지는 않고 기본적으로 평화관계를 지속하였다. 그러면서도 군사적 대비 태세를 소홀히 하지는 않았다. 대외적 강경파와 온건파 모두 그 점을 중시하여, 북방에 계속 축성하고 군사력을 기르는 등 국방력을 강화하였다.[63] 심지어 거란에 파견하는 사신의 겸종들을 장건한 장사將士 중에서 선발하여 강역과 관련된 일들을 몰래 살피도록 하였다.[64] 그리하여 12세기 초 금金이 흥기할 무렵까지 고려의 북방 지역에 대한 군사적 대비 태세는 잘 유지되었다.

---

61 『고려사』 권10, 선종 10년 7월 癸未.

62 蔡雄錫, 1988, 「高麗前期 貨幣流通의 기반」, 『韓國文化』 9, 117~118쪽.

63 閔賢九, 1998, 「高麗前期의 對外關係와 國防政策: 文宗代를 中心으로」, 『亞細亞研究』 41-1.

64 『고려사절요』 권6, 선종 10년 6월.

제2부

12세기 초
개혁의 모색

11세기 말 무렵부터 고려 사회가 변화하는 모습이 현저하게 나타났다. 국제적으로는 여진이 흥기하였으며, 송이 고려 또는 여진과 손잡고 거란을 견제하려고 하였다. 그런 상황에 대응하여 정치적으로 왕의 리더십과 공적 통제력을 강화하고자 하는 정책 노선, 도덕적 지도력 확보와 민생 안정을 추구하는 정책 노선, 그리고 지배층의 사적 이익을 보장하려는 움직임 등이 병존하였다.

헌종(1094~1095) 때 왕의 국정 장악력이 떨어진 상황에서 일어난 '이자의李資義의 난'은 정치 주도권의 향방과 개혁 여부를 둘러싼 갈등이었다. 그 결과 왕이 정치를 주도하지 못하고 반개혁세력이 득세하는 상황에 비판적이던 숙종(1095~1105)이 즉위하여 개혁을 추진하였다. 숙종이 왕권 강화와 부국강병을 개혁 목표로 삼자 문벌귀족들이 반대하였다고 보기도 하지만, 보수냐 개혁이냐, 문벌 출신이냐 신진관료냐, 왕권 강화냐 귀족권 강화냐 등의 이분법으로는 실상을 제대로 보기 어렵다.

제2부에서는 우선 숙종 때부터 예종(1105~1122) 초까지 왕이 의천·윤관 등 측근세력의 도움을 받아 추진한 공리주의적 신법개혁책을 검토한다. 그리고 그 정책에 대한 비판, 특히 개혁의 필요성에 공감하면서도 '조종지법祖宗之法'의 준수와 민생 안정을 우선시한 인물들의 인식을 검토하여 정치적 맥락과 성격을 밝힌다.

둘째, 동북9성 환부로 여진 정벌의 결과가 기대에 못 미치자 신법개혁론이 힘을 잃게 된 뒤의 정치 동향을 살핀다. 예종이 교육·문화의 혁신과 민생 구제책을 시행하여 리더십을 회복하려 하였고, 그런 정책 기조의 전환 과정에서 도교를 수용하였던 점에 주목하여 그 정치적 맥락을 고찰한다.

셋째, 예종의 측근세력으로서 개혁을 뒷받침한 한안인韓安仁파의 정치활동과 정치운영론 등을 살핀다. 그들이 유학과 함께 도교·도가사상에 익숙하였고, 송과의 관계 강화와 문물 수용에 적극적이었으며, 권세가의 비리와 수탈을 비판하였던 점에 주목한다.

부국강병을 향한 신법新法개혁:
숙종~예종 초의 개혁정책과 여진 정벌

1. 11세기 말의 정치적 위기와 숙종의 즉위

11세기 후반에 국내외적으로 현저한 변화에 직면한 고려는 개혁의 필요성과 그것을 추진할 수 있는 정치역량을 요구받게 되었다. 문종대(1046~1083)에는 관료제를 정상적으로 운영하고 왕이 리더십을 발휘하면서 관료제도, 녹봉과 전시과제도, 형률 등의 제도를 대거 정비하였다. 그런데 뒤이은 순종(1083)과 선종(1083~1094) 및 헌종(1094~1095) 때는 왕의 리더십이 약하였고, 개혁정치가 이어지지 못하였다. 더구나 지배층의 분열이 심화되는 가운데 왕이 조정 역량을 제대로 발휘하지 못하면서 정국의 안정이 깨질 가능성이 커졌다.

순종이 즉위한 지 약 3개월 만에 사망하여 왕제 국원공國原公 왕운王運이 즉위하였지만, 선종대의 개혁은 사치를 금지하고 예제를 정비하는 수준에 그쳤다. 선종 3년(1086) 괴변이 자주 나타나고 가뭄이 심하자 구언求言하고 그 결과를 수합하여 대책을 마련하였는데, 그 내용은 심한 사치 풍조를 억제하기 위하여 선왕의 전례에 따라 의복과 거마車馬에 대한 제한 규정[品制]을 정하는 정도에 머물렀다.[1]

왕의 리더십도 확고하지 못하였다. 뒷날 왕위 계승을 둘러싸고 벌어진 계림공鷄林公 왕옹王顒파와 이자의李資義파 사이의 갈등이 선종대 후반에 벌써 감지되고 있었다. 선종 8년(1091) 상춘정賞春亭에서 왕과 계림공, 부여공 왕수王㸞, 유홍柳洪, 소태보邵台輔, 서정徐靖, 왕국모王國髦 등이 모여 국방문제를 의논하였는데, 참석자의 면모로 보아 계림공파의 의견이 많이 반영된 듯하며,[2] 북방의 경계 태세를 강화하고 대송외교를 통하여 거란과 여진을 견제하는 방안을 논의하였던 것으로 보인다. 그런데 얼마 뒤에 이자의파에 속한 이자위李子威가 재상으로서 송에 보내는 표문을 교열하면서 거란의 연호를 써서 송에서 표문 수령을 거부하는 소동이 벌어졌다. 연호를 잘못 쓴 것은 그 같은 정책 변화를 경계한 의도적 실수가 아니었을까 여겨진다. 비록 이자위가 책임을 지고 파직되었지만, 몇 달 지나지 않아 그는 왕이 총애하는 폐행[內嬖]에 청탁[干謁]하여 다시 재상의 직에 나아갔다.[3]

선종 9년(1092)에는 왕이 정사를 보는 데 피곤을 느끼고 인생의 무상함과 나약함을 드러내는 시를 지어 사람들이 놀라고 괴이하게 여겼다.[4] 반면, 그해 왕제 계림공이 왕을 서경에 호종하였을 때 장막 위에 상서로운 자줏빛 구름[紫雲]이 올라 왕이 될 징표가 나타났다고 하였다.[5] 이런 모습들은 왕위 계승에 이해관계가 있는 외척세력을 자극하였을 것이다.

선종이 11세의 어린 원자에게 왕위를 전하면서 마침내 갈등이 표면화하

---

1 『고려사』 권10, 선종 3년 6월 癸卯; 7월 丙寅.
2 『고려사』 권10, 선종 8년 9월 庚寅.
   상춘정 회의의 성격에 대해서는 秋明燁, 2001, 「11世紀後半～12世紀初 女眞征伐問題와 政局動向」, 『韓國史論』 45, 90～95쪽 참고.
3 『고려사절요』 권6, 선종 9년 8월.
4 『고려사』 권10, 선종 9년 3월.
5 『고려사』 권11, 숙종 즉위년 "(선종) 九年 扈駕西京 有紫雲騰幕上 望氣者以爲王者之符".

였다. 헌종 원년(1095) 벽두에 근신과 제후의 반란이 일어날 조짐이 있다고 태사太史가 상소하였듯이[6] 갈등이 현실화되고 있었다. 왕위의 형제 계승이 자연스럽게 여겨지던 시절에 선종이 능력 있는 동생들을 제쳐두고 어리고 병약한 아들을 세운 것은 문제를 일으킬 소지가 있었다.[7] 헌종의 후계를 둘러싸고 왕의 숙부인 계림공과 왕제인 한산후漢山侯 왕윤王昀을 세우려는 이자의가 충돌하였다. 이자의는 왕윤의 모친 원신궁주의 남매간이었다.

이자의파는 그의 아들 이작李繛, 종형제 이자훈李資訓(李資諒)과 이자위·왕태소王台紹 등의 문신, 이보李甫·오창吳昌 등의 무신, 승려 지소智炤 등으로 구성되었다. 이자의의 당숙이자 선종 정신현비貞信賢妃의 아버지 이예李預도 거기에 속하였다.

이자의파의 성향은 반개혁적이고 보수적이었다. 이자의는 막대한 재산을 축적하고 사병을 길렀다. 뒷날 숙종이 즉위하자 어사대는 이자의 등이 사적으로 축적한 미곡이 엄청나게 많은데 그것은 모두 민을 수탈하여 모은 것이니 적몰하자고 건의하였다.[8] 이자의는 송에 사신으로 간 기회를 이용하여 무역 이익을 얻는 데도 열심이었다.[9] 이자훈은 뒷날 이자겸의 족당族黨에도 참여한 인물인데, 원관院館을 경영하면서 다른 사람들의 토지를 침탈하여 물의를 일으켰다.[10] 그리고 이자위는 고문古文으로 이름난 김황원金黃元을 당시의 시류에 따르지 않는다고 싫어하면서 그런 인물이 한림원에 오

6 『고려사절요』권6, 헌종 원년 정월 戊戌.
7 『고려사절요』권6, 헌종 원년 7월 "時人譏宣宗有寵弟五人而傳位孺子致此亂也".
　 12세기 전반기 王弟들의 정치 동향을 검토한 장상주에 따르면, 계림공의 정변을 계기로 왕제가 하나의 정치세력으로 부상한 가운데 혼란한 정국에서 유력한 왕위 계승자로 정치적 위상이 더욱 높아졌으며, 고위 무신들이 공병을 지휘하면서 유능한 왕제들과 교류하여 정변 시에 결정적 역할을 하였다(2019, 「12세기 前半 王弟의 정치 동향」, 『한국중세사연구』59).
8 『고려사절요』권6, 숙종 원년 3월.
9 『고려사』권95, 魏繼廷 "(선종 7년 7월) 副李資義奉使如宋 資義多市珍貨 繼廷一無所求".
10 『고려사』권98, 崔奇遇 "李資諒營院館 侵奪吏民田園 掌其事者 因緣謀利 爲民害".

래 있으면 뒷사람들을 그르칠 우려가 있다고 배척하였다. 김황원이 경전을 존숭하는 학풍을 중시하여 문학에도 사상을 담아 사회성을 지녀야 한다는 입장이었던 데 비하여, 이자위는 문장 기교를 중시하는 사장詞章 중심의 학풍을 숭상하였던 것이다. 반면 계림공은 왕이 된 뒤에 김황원에게 연영전延英殿에서 서적을 관장하게 하고 자문을 구하면서 이름 대신 선배先輩라고 부르는 등 이자위와 정반대로 김황원을 대우하였다.[11]

이렇게 이자의파의 핵심인물들은 반개혁적 입장을 취하면서 기득권을 누렸다. 그들은 개혁론이 현존 질서를 위협한다고 여겨 시류에 맞지 않는다는 이유로 배척하였다. 국가의 공적 장악력을 높이는 경제 개혁, 사회통제정책 등과 그것을 위한 권력구조의 개편은 자기들의 기반을 흔들 수 있었다. 국제관계에서는 거란에 대한 사대에 중심을 둔 외교정책을 지키면서 분쟁의 실마리를 제공하지 않으려 하였다. 즉 이자의파는 현재의 상황을 변화시키지 않으면서 사적 이익을 추구하려는 입장이었다.

헌종이 즉위한 뒤 반개혁적인 현실 안주 경향을 보이는 이자의파가 득세하자 그에 대하여 비판적인 관료들이 반발하였다. 이자의는 헌종 즉위년(1094)의 인사에서 지중추원사가 된 다음 이듬해에 중추원사가 되었으며, 이자위는 권지문하성사에서 갑자기 문하시랑평장사로 승진하였고, 이예는 헌종 원년(1095)에 정당문학으로서 재신이 되었다. 더구나 헌종이 즉위한 후 사숙태후思肅太后가 섭정하면서 관리들이 소임을 다하지 않고〔左右依違其間〕 정치가 제대로 이루어지지 못하는 상태〔泄惑失度〕가 되어[12] 관료정치 운영에 장애가 초래되었다. 그러자 문종대에 정비한 집권적 관료제를 정상적으로 운영하기를 바라는 사람들은 왕을 중심으로 한 집권성의 회복을 지지하게 되었다. 그들은 정치 운영에서 사적 부분의 팽창을 제한하고 공적

---

11 『고려사』 권97, 金黃元.
12 『고려사절요』 권6, 헌종 원년 7월; 『고려사』 권11, 숙종 원년 4월 癸酉.

관리 역량의 회복을 원하였다. 청렴과 검박한 생활을 강조하였으며, 외국에 사신으로 가서도 사행무역의 기회를 이용하지 않고, 오히려 사신들의 겸종傔從을 진수鎭戌하는 장사將士들 가운데에서 뽑아 그들로 하여금 지형을 살피게 하되 무역의 이익을 얻을 수 있게 하여 권면하자고 주장하였다.[13] 그들은 외척 이자의파가 유약한 헌종의 후계로 아직 어린 한산후를 세우기 위하여 세력을 확대하고 수탈로 사적 경제력을 축적하면서 국정을 주도하는 것을 인정할 수 없었다.

헌종 원년(1095)에 발생한 계림공, 곧 숙종(1095~1105)의 정변은 문하시랑평장사 소태보와 상장군 왕국모, 대정 고의화高義和 등의 무신들이 주동하였다. 그들은 이자의파를 숙청하고 권력을 잡았다. 태조의 「훈요訓要」에서 능력이 있는 왕자가 왕위를 계승할 수 있도록 하였다는 점을 들어 정변을 합리화할 수 있었다. 숙종을 지지한 의천義天은 형식상 선양받은 것이지만 헌종을 폐주廢主라고 표현하였으며,[14] 숙종은 헌종을 역대왕으로 인정하지 않았다.[15]

집권성을 약화하는 사적 경제가 커지고 관료정치 운영상 장애가 초래된 상황에 대하여 비판적 입장이던 최사추崔思諏·위계정魏繼廷 같은 관료들은 숙종의 즉위를 묵인 내지 동조하였다. 앞서 문종대에 왕을 중심으로 한 관

---

13 『고려사』 권95, 魏繼廷 "淸儉蹇直 嘗副李資義 奉使如宋 資義多市珍貨 繼廷一無所求"; 『고려사절요』 권6, 선종 10년 6월 "邵台輔奏 北路邊城將士 多自山南州郡選補 丁田在遠 資産貧乏 若有兵事 並爲先鋒 請自今令入遼使臣揀取其壯健者 以爲傔從 因使覘察疆域事體 且有互市之利 人必競勸 從之".

14 『大覺國師文集』 권8, 辭赴闕表二首 第2.

15 숙종 6년 重光殿에서 서적을 열람하고 장서인을 찍었는데, 그 印文 내용 가운데 "高麗國十四葉辛巳歲藏書"라고 하여 숙종이 15대가 아니라 14대로 되어 있는 것을 근거로 그렇게 추정하였다(남인국, 1999, 『고려중기 정치세력 연구』, 신서원, 71쪽). 그 인문의 내용에 대해서는 梁誠之가 『訥齋集』 권2, 請建弘文館에서 증언하고 있고, 현재 남아 있는 잔질에서도 확인할 수 있다(천혜봉, 2000, 「高麗 典籍의 集散에 관한 硏究」, 『고려시대연구』 2, 한국정신문화연구원, 354쪽).

료정치 운영을 강조하는 분위기 속에서 그것을 지지하는 인물들이 성장하였다. 위계정·윤관尹瓘·정목鄭穆은 서로 "권세와 지위를 따지지 않는 교제〔忘勢位之交〕"를 하였고, 소태보가 정목을 추천하여 승진시켰다.[16] 또 선종 2년(1085) 의천이 관료들의 반대를 무릅쓰고 송 유학을 결행하였을 때 왕은 위계정 등을 보내어 뒤쫓아 가게 하였다.[17] 이렇듯 숙종을 지지한 인물들 사이에 이미 교분이 있었으며, 최사추는 위계정 등이 '태산泰山과 북두성北斗처럼 존경하고 따른' 인물이었다.

그러나 숙종의 즉위를 묵인 또는 동조하였다고 하더라도 그들은 왕국모와 같은 무신들의 득세를 꺼렸다. 헌종 즉위 직후 왕국모가 권상서병부사로 임명되었을 때 '왕실이 미약하여 권력이 무장에게 돌아가니 정치를 장차 어떻게 할 것인가?'라는 우려가 있었던 것은 그런 입장을 보여 준다.[18] 그리고 숙종이 즉위한 뒤에는 정변 과정에서 무고한 사람들이 희생되어 재이가 발생한다는 논리를 내세워 무반 공신들을 제어하려고 하였다.[19] 왕국모는 숙종이 즉위한 뒤 병 때문에 일을 보지 못하는 상태에서도 조정에 위세를 떨쳤으나 그해 10월에 사망하였고, 다른 무반 공신들도 정치적으로 큰 역할을 수행하지 못하였다. 숙종 8년(1103) 대장군 고문개高文盖·장홍점張洪占 등 일부 무신들의 역모가 적발되었다.[20] 그 역모 사건은 숙종의 즉위 과정에서

---

16 金龍善 편, 2012, 『高麗墓誌銘集成 (제5판)』, 鄭穆墓誌銘, 한림대학교출판부. 정목의 아들 鄭沆은 왕국모의 딸과 결혼하였다.

17 『고려사』 권90, 종실1 문종 大覺國師煦.

18 『고려사』 권95, 邵台輔 附 王國髦.
　　그 사료상의 '議者'의 정체를 김상기, 최사추 등 일반 재추급 관료로 본 의견에 대해서는 서성호, 1993, 「숙종대 정국의 추이와 정치세력」, 『역사와 현실』 9, 18쪽 참고.
　　한편 서성호는 일반 재추들이 숙종의 즉위에 호의적이지 않았다고 파악하였지만, 南仁國은 인주 이씨 이외의 문무양반들이 숙종의 즉위를 지지하였다고 파악하였다(1983, 「高麗 肅宗의 卽位過程과 王權强化」, 『歷史敎育論集』 5, 135쪽).

19 『고려사』 권11, 숙종 원년 4월 癸酉.

20 『고려사』 권12, 숙종 8년 8월 庚戌; 같은 책 권96, 崔思諏.

중요한 역할을 수행하였던 무신들의 인사 관련 불만 때문에 생긴 것으로 추측되며,[21] 최사추가 그 사건을 맡아 처리하였다.

선종을 측근에서 보좌하였던 곽상郭尙이나 임의任懿 같은 인물들은 이자의파에 가담하지 않았으나 계림공 측의 포섭을 받아들이지 않고 그의 정치적 야심을 제어하려는 입장이었던 것 같다.[22] 그런 입장은 선종이 아들에게 왕위를 물려주려 하였던 것과 관련이 있었을 것이다. 그들은 숙종대에 바른 마음을 지녔다고 평가받아 중용되었지만, 곽상은 금속화폐 유통정책에 대하여 반대 입장을 분명히 밝혔다.

2. 공리주의적功利主義的 신법개혁의 추진과 여진 정벌

문종은 숙종이 왕자이던 시절에 '뒷날 왕실을 부흥할 사람은 바로 너일 것이다.'라고 하면서 그를 사랑하였다고 한다.[23] 숙종은 위기를 관리하기 위하여 적극적으로 리더십을 발휘하였으며, 뒷날 왕실을 중흥한 왕으로 평가되었다.[24]

숙종은 사회 변화기적 상황과 즉위 과정에서 생긴 정치적 불안을 극복하기 위하여 적극적으로 개혁을 추진하였다. 그것을 뒷받침한 인물은 윤관·의천·이오李䫨·오연총吳延寵 등이며, 그 개혁 내용은 남경南京 건설을 통한 왕권 강화, 금속화폐 유통정책과 둔전정책 등을 통한 재정 개혁, 별무반別武

---

21 서성호, 앞의 논문, 33~34쪽.
　　그 사건 직후 壁上功臣의 職號를 改錄하였다(『고려사』 권12, 숙종 8년 10월 丁未). 그렇게 하여 모반 사건을 겪은 뒤에 국가의식을 고취하고 왕조의 보위세력을 강화하려고 하였다.
22 서성호, 앞의 논문, 19쪽.
23 『고려사』 권11, 숙종 즉위년 "文宗愛之 嘗曰 後之復興王室者 其在爾乎".
24 金龍善 편, 앞의 책, 崔繼芳墓誌銘 "肅宗受禪 王室中興";『고려사』 권70, 樂1 太廟樂章 예종 11년 10월 "惟皇肅考 … 重興慶基".

班 창설과 감무監務 파견 등을 통한 사회 통제 등으로서, 이미 선행 연구들에서 다룬 바 있다. 따라서 이 책에서는 개혁 추진 과정이나 정책 자체의 세세한 내용을 파악하기보다는 왕의 리더십 강화와 공리주의적 목표를 지닌 신법개혁으로서의 성격을 파악하는 데에 초점을 맞추어 살펴보려고 한다.[25]

재정 개혁과 향촌사회 통제

숙종대에 가장 역점을 두어 추진한 개혁 분야는 재정 부문이었다. 재정이 확보되어야 다른 분야의 개혁도 힘 있게 추진할 수 있었다. 문종 때 이미 양전을 추진하고 녹봉과 전시과제도를 개정하여 재정 부문의 개혁을 추진하였지만 상공업의 진흥책은 마련하지 못하였다. 숙종대에 개혁을 주도한 윤관과 의천 등은 농업만이 아니라 상업의 발달을 적극 지원하는 한편, 관關과 진津의 상세商稅를 부과하여 재원으로 활용하고자 하였다. 수공업과 상업을 억제 대상이 아니라 농업과 함께 국가경제의 한 축으로서 발전시켜야 한다고 적극적으로 인식하였다. 그런 맥락에서 숙종 7년(1102)에 왕명을 내려서 사·농·공·상의 사민이 각기 그 업業을 오로지하는 것이 나라의 근본이 되는 것이라고 밝혔다. 그런데도 서경의 습속이 상업을 일삼지 않아서 민이 그 이익을 잃고 있다고 진단하고, 화천별감貨泉別監 2명을 두어 시장을 감독하여 상업을 진흥하도록 조치하였다.[26]

특히 숙종 2년(1097) 말 민간에 큰 이익을 일으키고자 한다면서 법정法定 금속화폐를 유통하는 정책을 시작하고 주전관鑄錢官을 설치하였다. 그로부

---

25 제임스 류James T. C. Liu(劉子建)는 북송대 왕안석의 변법개혁론이 공리주의적 성격을 지녔다고 파악하였다〔제임스 류, 이범학 譯, 1991, 『왕안석과 개혁정책』, 지식산업사〕. 이때 공리주의는 서구에서 18세기 말부터 등장한 Utilitarianism이 아니라 李覯·王安石 등 북송의 事功學的 경향을 가리킨다.

26 숙종대 금속화폐 유통정책과 상업정책에 대해서는 蔡雄錫, 1988, 「高麗前期 貨幣流通의 기반」, 『韓國文化』 9 참고.

터 3년 이상 지난 6년(1101) 4월에 주전도감에서 '나라 사람들이 비로소 금속화폐를 사용하는 이점을 알아 편리하게 여기니 종묘에 고하자.'고 상주하였다. 또 그해에 고액화폐로서 활구闊口라고 불린 은병에 표인標印하는 제도를 실시하였다. 현재까지 발견된 유물로 보면, 당시 주조한 동전은 해동원보海東元寶, 해동통보海東通寶, 해동중보海東重寶, 삼한통보三韓通寶, 삼한중보三韓重寶 등이다.

금속화폐 유통을 활성화하고 그 이익을 일으키기 위하여 개경에 좌·우주무酒務을 설치하고 시가지 거리[街衢]의 양쪽에 신분 여하를 막론하고 점포를 설치할 수 있게 하였다. 또한 지방에도 주식점酒食店을 개설하도록 하였다.[27] 주무와 주식점은 관영이었으며, 그런 조치들은 국가 주도 아래 상업을 육성하려는 의지가 강하였음을 보여 준다.

의천의 주전건의문에 따르면 금속화폐 유통정책의 또 다른 효과로서, 물품화폐를 사용할 때 권세 있는 세족[權豪勢族]과 탐오한 관리들이 유통 과정에서 민을 수탈하여 사적인 부를 축적하던 것을 방지할 수 있다는 점과, 녹봉의 일부를 금속화폐로 지급하여 청렴한 관리들도 유통경제상의 혜택을 입도록 할 수 있다는 점 등을 들었다.[28] 곧 법정 금속화폐 유통정책을 실시하여 권세가와 토호들이 기존 유통질서에서 누리던 이익을 국가와 중소관료, 그리고 민의 몫으로 돌리겠다는 의지가 있었음을 알 수 있다.

숙종 4년(1099) 각 군현에서 관둔전官屯田을 5결씩 경작하게 하는 조치를 시행하였다. 국가가 그 무렵 널리 진행되던 산전山田 개간을 적극적으로 이용하여 관유지를 확보하려는 정책이었다. 이를 바탕으로 하여, 숙종 6년(1101) 외관과 향리의 녹祿을 공수조公須租에서 지급함으로써 중앙의 좌창에서 지출하던 외관록의 부담을 줄일 수 있었다. 숙종 8년(1103)에는 변경

27 『고려사』 권79, 식화2 화폐 숙종 7년 12월; 9년 7월.
28 『大覺國師文集』 권12, 鑄錢論.

지대의 둔전군屯田軍에게 대隊를 나누어 토지를 지급하고 거기에서 수조하는 액수를 정하였으며, 일정량 이상 수확한 경우에는 담당 관리를 포상하여 생산 증대를 독려하였다.[29]

개간 장려는 권농책의 일환으로서 수세 대상 농경지를 늘리기 위하여 지속적으로 시행되었다. 예종 6년(1111) 진전陳田을 개간한 농민과 전주가 수확물을 나누는 비율을 정하여 개간한 농민에게 혜택을 주었다. 예종 11년(1116)에는 서경에 행차하면서 연로에 경작되지 않은 토지가 있으면 반드시 수령을 불러 문책하였다.[30] 그보다 앞서 예종 3년(1108)에는 외관들에게 궁원전宮院田과 조가전朝家田만 사람들을 시켜 경작할 것이 아니라 군인전의 경작에도 관심을 갖고 전호를 정하는 데에 간여하도록 명령하였다.[31]

또 국가가 장생고長生庫를 운영하여 민생을 돕는 한편, 이식을 통한 재정 확대를 도모하였다. 장생고가 숙종 때 설치되었다는 증거가 없고, 국영만 있던 것이 아니라 사원에서도 장생고를 두었다. 그러나 국영 장생고 운영과 관련된 사료가 연대기에서 숙종대에 한정하여 나온다는 사실은 당시 국가가 그 기관을 적극적으로 활용하였음을 말해 준다.[32] 당시 빈민들은 생계나 재생산을 위하여 부자나 사원으로부터 재물을 빌리지 않을 수 없었는데, 국가가 장생고를 통하여 직접 민에게 재물을 대여하고 이식을 걷는 정책을 강화하였다. 아마 사적 고리대보다 낮은 이자율을 적용하여 빌려 주고 수확기에 맞추어 회수하여 민에게 유리하고 국가도 재정 효과를 거두는 형태였을 것으로 보인다.

---

29 숙종대의 둔전정책에 대해서는 安秉佑, 1984, 「高麗의 屯田에 관한 一考察」, 『韓國史論』 10 참고.
30 『고려사』 권78, 식화1 조세 예종 6년 8월; 같은 책 권14, 예종 11년 3월 乙卯.
31 『고려사』 권79, 식화2 농상 예종 3년 2월.
32 『고려사』 권79, 식화2 차대 숙종 6년 5월; 같은 책 권80, 식화3 진휼 재면지제 숙종 6년 11월.

숙종대의 재정 강화 정책에 대하여『송사宋史』의 고려전에는 '옹전(숙종)의 성격이 탐오하고 인색하여 상인들의 이익을 즐겨 빼앗았다.'라고 표현되어 있다. 또 '부자가 법을 위반하면 오랫동안 구속하여 재물로 속죄하게 하고 비록 경미한 죄라도 여러 편片의 은을 받았다.'라는 기록도 주목된다.[33] 숙종 8년(1103)에 헌관憲官이 형법서를 평의하여 아뢰었는데,[34] 그처럼 속형贖刑을 강화하는 방향으로 개정하였던 것은 아닐까?

한편 경범죄에 대해서도 여러 편의 은을 받았다는『송사』의 기록을 통하여 범죄에 대한 형량의 강화도 짐작할 수 있다. 그 무렵 연이은 재해와 국가·지배층의 수탈로 인하여 민이 질곡으로 내몰리면서 유망민과 도적 같은 사회적 일탈민이 대거 발생하여 이에 대한 통제책 마련이 시급하였다. 숙종 6년(1101)에는 경기京畿에서 도적을 잡는 군사〔捕賊軍士〕가 활동하고 있었다.[35] 이듬해에는 강·절도범 체포에 대한 특별 판문을 내려, 체포에 공을 세운 사람을 포상하는 규정과 숨겨 준 사람을 구금하는 규정을 만들고, 감검監檢의 책임 소재를 밝혀 개경에서는 5부의 관리와 별감別監·이정里正이, 지방에서는 색원色員과 장리長吏·장교將校·아전衙前이 감검을 맡도록 하였다.[36] 당시 민이 부처와 신에 의탁하여 구원받기를 기원하면서 음양설과 만불회萬佛會가 유행하였는데, 이것도 지배질서를 해치는 요인으로 간주하여 금지하였다.[37]

유망민에 대한 적극적인 대책은 감무라는 새로운 제도의 시행으로 나타났다. 예종 원년(1106)과 3년(1108)에 유망이 심한 속현에 감무를 파견하여 유망을 억제하고 권농하여 부세 수취 기반을 확보하려고 하였다. 종래 외관

---

33 『宋史』권487, 列傳246 外國3 高麗.
34 『고려사』권12, 숙종 8년 8월 庚戌.
35 『고려사』권11, 숙종 6년 10월 壬辰.
36 『고려사』권85, 형법2 도적 숙종 7년.
37 『고려사』권11, 숙종 6년 3월 庚辰; 4월 辛丑; 같은 책 권85, 형법2 금령 숙종 6년 6월.

이 배치되지 않았던 속현에 감무를 파견함으로써 공권력을 강화하여 호구·토지의 파악 및 권농에 힘쓰고 주현이나 권세가의 침탈로부터 지역민을 보호할 수 있었다. 그 무렵 외관이 권농사를 겸대하도록 하였으며 향리의 중간 수탈을 규찰하도록 규정하였다. 기존의 주현-속현체제를 해체한 것은 아니었지만, 감무제도의 시행은 관官 주도의 향촌통제책으로의 전환을 의미하는 것이었다.[38]

남경 건설

남경 건설에서도 숙종의 리더십 강화와 개혁 의지를 살필 수 있다. 남경은 문종 때 처음 건설되었지만 얼마 지나지 않아 폐지된 듯한데, 숙종 원년(1096) 김위제金謂磾가 풍수도참설에 근거하여 국력을 강하게 하려면 남경을 건도하고 순주巡駐해야 한다고 건의하였다.[39] 그는 "고려의 땅에는 서울이 세 곳 있어서 송악을 중경으로, 목멱양을 남경으로, 평양을 서경으로 하는데, 왕이 11~2월을 중경에서 지내고 3~6월을 남경에서 지내며 7~10월을 서경에서 지내면 주변의 36개 나라들이 와서 조공할 것이다."라고 한 도선道詵의 비기를 인용하였다. 또 개경이 쇠락한 뒤에 목멱양木覓壤에 도읍하면 한강의 어룡魚龍이 사해四海까지 오가며 태평성세를 이룰 것이라는 도선의 비기 내용도 제시하였다.

남경 건설 계획은 숙종 4년(1099) 8월에 재신宰臣과 일관日官의 건의를 거쳐 구체화되었다. 그해 9월 왕이 몸소 현지에 행차하여 지형을 살폈으며, 6년(1101)에 남경개창도감을 설치하고 9년(1104)에 궁궐을 완성하였다. 고려는 서경에 분사分司를 설치하고 왕이 순주하는 등 서경을 중시하였는데, 고

---

38 蔡雄錫, 1995, 「高麗後期 地方支配政策의 변화와 '貢戶'의 파악」, 『가톨릭대성심교정논문집』 1, 3~7쪽.
39 『고려사절요』 권6, 숙종 원년 8월; 『고려사』 권122, 方技 金謂磾.

려중기에 왕들은 순주한 기회를 이용하여 신령新令을 반포하여 국정을 쇄신하겠다고 표방하곤 하였다. 김위제의 건의문에서 살필 수 있듯이 남경 건설과 순주 역시 혁신〔更始〕의 차원에서 이루어졌다. 곧 사회 변화기적 상황과 숙종의 즉위 과정에서 생긴 정치적 불안정을 왕이 주동적으로 돌파하기 위하여 추진한 것이었다.

국초 이래로 서경은 북방정책과 연결되고 북부 지역 개발의 전진기지 역할을 수행하였다. 이에 비하여 남경 건설은 한반도 중부 지역 개발을 촉진하는 거점도시를 만들고 왕경의 배후에 복심을 육성한다는 의미가 있었다. 당시 개경에 거주하던 관료들의 생활과 관련하여 지리적으로 가깝고 수운이 편리한 현재의 경기도 지역이 개발되고 있었다.[40] 장단·용산·광주·여주 등지에 중앙관료들의 생활 기반이 마련되면서 임진강과 한강 권역에서 농경지가 개발되었다. 예를 들어 한강 하류 수계인 현재의 부평·부천 지역에서 외관이 주도하여 제방을 쌓고 물길을 내어 저습지를 개발한 사례들이 확인된다.[41] 또한 농입 개발에 수반하여 임진강과 한강의 수로를 통한 상업이 발전하였다. 남경과 인근 지역은 왕경과 남쪽 하삼도 지방을 연결하는 교통 요지였으며, 한강 수로를 통하여 내륙과 연결되어 물산이 집적되는 곳이었다.[42] 숙종대에 개혁 추진 세력은 그런 점들을 고려하여 중부 지역 개발의 거점으로서 남경을 경영하려고 하였던 것으로 짐작된다.

특히 남경 지역은 현종계 왕실에게 중요한 의미가 있었다. 현종이 즉위하기 전에 김치양파에게 핍박을 받아 승려가 되어 박해를 피하였던 사찰들이

---

40 12세기 무렵 경기 남부 지역의 개발과 경관 변화에 대해서는 정은정, 2018, 『고려 開京·京畿 연구』, 혜안, 172~202쪽 참고.

41 金龍善 편, 앞의 책, 張文緯墓誌銘; 崔甫淳墓誌銘.

42 고려 말의 상황이지만 이숭인은 한강 용산 지역에 대하여 다음과 같이 기록하였다. "龍山素稱有湖山之樂 土且肥衍 宜五谷 水運舟陸行車 再霄晝達京都 貴人故多冶別業焉"(『陶隱集』권4, 秋興亭記).

그곳 삼각산에 있었다. 그때부터 왕들이 삼각산에 행차하는 것이 관행이 되었고,[43] 그곳의 사찰들에서 현종계 왕실의 정통성을 강조하고 안녕을 기원하였다.

서경을 유지하는 한편 남경을 건설함으로써 이제 왕이 순수할 지역과 기회가 더 많아졌다. 순수하는 기회에 작위나 물품을 하사함으로써 하위 관리들을 배려하고 군君·민民이 직접적으로 면대할 수 있었다. 대민시책의 현장을 확인할 수 있었으며, 그 과정에서 민원을 살피고 진휼을 실시하였다. 왕이 순수하는 목적은 제후가 한 지방을 전제專制하여 위엄·은혜[威福]를 베푸는 권세를 떠맡으면서 왕의 명령을 가로막고 은택이 시행되지 못하게 할까 염려되기 때문에 왕이 몸소 순수하여 민폐를 없애려는 것이라고 인식되었다. 순수할 때는 해당 지역 외관들과 선배사先排使·안찰사按察使 등에 명령하여 미리 민원을 파악하고 구휼과 사면을 하도록 하였다.[44]

남경 건설은 송과의 외교·교역과도 깊은 관련이 있었다. 앞서 문종 때 송과 외교를 재개하면서 남경 건설을 추진한 적이 있다. 대송외교와 남경 건설을 연결해 볼 수 있는 고리가 삼각산 승가굴僧伽窟 유적이다. 대송외교를 재개한 뒤에 고려 사신들이 송의 사주泗州 보소왕사普炤王寺에 들러 송 황실을 위하여 재를 올리는 것이 관례가 되었는데, 그 사찰은 당唐대 승가대사僧伽大師가 설립한 이래 승가신앙의 근거지였다. 의천도 송 유학 중에 그 사찰에 들렀으며, 그가 승가대사 탑에 참례할 때 광명이 나타나는 이적을 보았다고 한다. 이처럼 송에 다녀온 사신·승려 및 상인 등을 중심으로 고려에도 승가신앙이 확산되었으며, 특히 고려중기의 현종계 왕들이 삼각산에 행차할 때 승가굴에 참배하였다. 특히 숙종은 승가굴에 특별한 관심을 보여

---

43 『大覺國師文集』권19, 詩 三角山仁壽寺禮文殊聖像의 註 "自德王而下 代代行幸";『東文選』권64, 三角山重修僧伽崛記 (李顗) "我太祖開國之後 歷代之君 皆親瞻禮焉".
44 『고려사』권11, 숙종 7년 7월 庚戌; 9월 甲午.

몸소 여러 번 방문하여 재를 올리고 중창불사를 마무리 짓게 하였다. 이러한 점들로 미루어 보아 대송외교 재개와 승가신앙, 남경 건설 및 현종계 왕실의 권위 강화 등이 연결되었다고 짐작할 수 있다.[45]

김위제는 남경 건설을 건의한 상소문에서 '한강의 어룡이 사해에 통한다.'라거나 '내외의 상객商客들이 저마다 보배를 바친다.'라고 표현하였다.[46] 이것은 비록 비기秘記를 인용한 것이기는 하지만, 특별히 상업교역적 측면을 강조하였다는 점이 주목된다. 한강이 내외 교역의 중심지가 될 수 있는 지정학적 이점을 갖추고 있음을 지적한 것이다.

의도한 바대로 남경을 건설하여 그곳에서 상업이 육성된다면, 개경에 기반을 두고 기득권을 가진 부상대고富商大賈보다 신법개혁에 호응하는 상인들이 서경에 화천별감貨泉別監을 두고 육성하려고 하였던 상인들과 함께 새롭게 부상할 수 있었다. 그리고 이렇게 남경 건설을 추진하면서 서경에 대해서는 우리나라에 예의를 전하고 교화하였다는 기자箕子의 유적지로서 그 의미를 부각시켰다.[47]

군사력 강화와 대외경략: 여진 정벌

숙종이 주도적으로 추진한 개혁정책은 군사력 강화와 대외경략으로 이어졌다. 숙종 6년(1101) 왕은 '항상 조심하여 북으로 요遼와 사귀며[交] 남으로 송을 섬기는데[事], 또 여진이 있어 동쪽에서 강성하니, 군국의 일로는 민을 편안하게 하는 것이 가장 급하다.'라는 말로 상황을 표현하였다.[48] 그

45 南東信, 2000,「북한산 승가대사상(僧伽大師像)과 승가신앙(僧伽信仰)」,『서울학연구』 14.
46 『고려사』 권122, 方技 金謂磾.
47 『고려사』 권63, 禮5 雜祀 숙종 7년 10월 壬子 "禮部奏 我國教化禮義 自箕子始而不載祀典 乞求其墳塋 立祠以祭 從之"; 같은 책 권95, 鄭文 "嘗扈駕西京 請立箕子祠".
48 『고려사』 권11, 숙종 6년 8월 乙巳.

런 인식하에 송으로부터 문물을 수입하고, 거란과는 친선관계를 유지하면서 북방경계를 확보하며, 여진을 제압하고 국토를 넓히는〔拓地〕 적극적인 외교정책을 폈다.

숙종은 거란과 분쟁을 피하면서도 송과의 외교에 적극적이었다. 숙종 5년(1100) 송의 철종이 사망하였다는 소식을 듣자, 왕은 대안사에서 재를 올려 복을 빌어 주려고〔薦福〕 하다가 간관들에게 만류당하였다.[49] 송의 사행을 고려하여 숙종은 사신 영접을 맡는 전주·청주·광주廣州의 외관 인선에도 특별히 신경을 썼다.[50]

한편 그 무렵 완안부完顔部 여진이 세력을 키우자 충돌이 불가피해졌다. 그동안 퉁구스계의 여진족은 군소 부족들로 분립되어 거란의 간접지배를 받고 있었는데, 그 가운데 송화강 유역에 자리 잡은 완안부가 흥기하여 세력을 확대하기 시작하였다. 완안부는 수렵과 농경을 겸하여 물산이 풍부하고, 거란과 경계가 닿아 교통이 빈번하여 그로부터 자극받아 정치적으로 성장할 가능성이 다른 부족보다 높았다. 영가盈歌(金穆宗)와 오아속烏雅束(金康宗) 때에는 생여진의 부족들을 통일하고 남쪽으로 갈라전曷懶甸 지역까지 세력을 미쳐 왔다.

고려는 완안부가 흥기한 초기부터 관련 정보를 입수하여 대처하였다. 숙종 7년(1102)에 영가가 사신을 보내왔고 이듬해에는 고려가 사신을 파견하였다. 완안부에서 활동하면서 영가의 친척을 치료해 준 고려인 의사醫師를 매개로 접촉하여 초기에는 서로 우호적이었다. 고려가 금·은을 다루는 장인을 보내 달라는 영가의 요청을 들어 주기도 하고, 완안부가 소해리蕭海里를 격파하고 고려에 그 사실을 알리자 고려가 축하사절을 보내기도 하였다.[51]

---

49 『고려사』 권11, 숙종 5년 5월 辛巳.
50 『고려사』 권96, 吳延寵 "時 王欲擇人授全淸廣三州 令迎候宋使".
51 『고려사』 권12, 숙종 7년 11월 丁未; 8년 7월 甲辰.

그러나 완안부가 고려 동북변의 여진사회에 세력을 뻗쳐 오면서 충돌이 불가피해졌다. 그곳의 여진사회는 완안부나 고려가 다 같이 중시하였다. 고려는 그 지역 여진을 해동천하에 속한 동번東蕃으로 취급하여 통제력을 발휘하고 있었고, 완안부로서는 고려와의 직접적 교류나 여진사회의 통합을 위해서 그곳을 손에 넣어야 하였다.[52] 영가의 뒤를 이은 오아속이 별부別部 부내로夫乃老와 세력을 다투는 과정에서 숙종 9년(1104)에 정주定州 관외까지 진출하였다. 이에 여진족의 위협을 제거하기 위하여 임간林幹이 출병하였으나 패배하였고, 곧 윤관이 2차로 출병하였으나 성과를 거두지 못하였다.

윤관이 저들은 기병이고 우리는 보병 위주이기 때문에 실패하였다고 진단하자 이에 따라 별무반을 설치하였다. 문·무 산관부터 상인과 노비에 이르기까지 널리 징병하여 기병인 신기군神騎軍과 보병인 신보군神步軍을 편성하고, 승도들도 항마군降魔軍으로 편입하였다. 마침내 예종 2년(1107)에 별무반 17만 명을 동원하여 정벌에 나서서 4년(1109)까지 대규모 정벌전쟁을 벌였다. 여진 정벌은 약한 자는 강한 자에게 내적할 수 없고 작은 것은 큰 것에 대적할 수 없다는 부국강병의 논리를 바탕으로 하였다.[53] 정벌 목적은 군사적 응징에 그치지 않고 축성을 통하여 국토를 확대 개척하고 민에게 해가 되는 것을 제거하는 것이었다.[54] 그에 따라 점령 지역에 영주·웅주·길

蕭海里는 거란 황실의 외척으로서 1102년에 반란을 일으켰다. 그는 생여진 절도사 영가에게 함께하자고 제안하였으나 거절당하였다. 거란도 반란군 진압에 성과가 없자 영가에게 토벌을 명령하였고, 영가가 군대를 동원하여 소해리군을 격파하였다.

52 『金史』 권135, 外國 下 高麗 "(康宗) 四年 丙戌 高麗使使黑歡方石來賀嗣位 康宗使盃魯報聘 且尋前約 取亡命之民 高麗許之 日使使至境上受之 康宗以爲信然 使完顏部阿聒 烏林荅部勝昆 往境上受之 康宗畋于馬紀嶺乙隻村以待之 阿聒勝昆至境上 高麗遣人殺之 而出兵曷懶甸 築九城 康宗歸 衆咸曰不可擧兵也 恐遼人將以罪我 太祖獨曰 若不擧兵 豈止失曷懶甸 諸部皆非吾有也 康宗以爲然 乃使斡塞將兵伐之 大破高麗兵".

53 『고려사』 권96, 尹瓘 英州廳壁記 "弱固不可以敵强 小固不可以敵大".

54 『고려사』 권96, 尹瓘 勝戰表 "拓土開邊而得爲民去害".

주 등 동북9성을 쌓고 대규모로 사민하여 개척하였다.[55]

정치적으로 보면, 여진 정벌을 통하여 국가적 동원체제를 구축하고 전공을 세우는 과정에서 국내 정치의 불안요소를 제거할 뿐만 아니라 추진세력의 발언권을 높일 수 있었다. 20세 이상의 남자들은 과거에 응시하는 사람을 제외하고 모두 별무반에 소속시켰다. 예종 원년(1106)에 오연총의 건의에 따라 징집 기준을 완화할 때, 부모의 나이가 70세 이상이며 독자인 경우에는 징집을 면제해 주고, 1호에서 3~4명 징집된 경우에는 1명을 덜어 주며, 재추의 자식들은 자원자만 뽑은 것으로 미루어 보면,[56] 처음에 조직할 때는 제민지배齊民支配 원칙을 따랐던 것으로 보인다. 또 무뢰無賴·호협豪俠들을 징집하여 그들이 사적 세력을 형성하는 것을 차단하고,[57] 승도들까지 항마군으로 편입함으로써 사원세력도 통제할 수 있었다.

인재육성책

시의에 맞고 적절하게 개혁정책들을 계획하고 입안하려면 능력 있는 인재들을 확보해야 하였다. 또 훌륭한 개혁방안을 내놓더라도 시행 단계에서 관리들이 지체하거나 왜곡하면 효과를 거둘 수 없었다. 숙종 6년(1101) 가뭄이 계속되자 왕은 지방 관리들이 덕을 베풀려는 자신의 뜻을 본받지 않고 어겨서, 민들이 조세 감면 혜택을 입지 못하게 하거나, 억울한 옥사獄事를 지체시켜 판결을 오래 끌거나, 굶어죽은 사람들의 해골을 버려 두고 매장하지 않거나, 공적·사적 수취가 과중하여 민원을 일으켜 화기를 상하게 하였기 때문에 재해가 발생한 것이라고 질책하였다.[58] 예종 즉위년(1105)에 내린

55 金光洙, 1977, 「高麗前期 對女眞交涉과 北方開拓問題」, 『東洋學』 7.
56 『고려사』 권81, 병1 병제 예종 원년 정월.
57 채웅석, 1992, 「고려 중·후기 '무뢰(無賴)'와 '호협(豪俠)'의 행태와 그 성격」, 『역사와 현실』 8, 267쪽.
58 『고려사』 권11, 숙종 6년 4월 甲寅.

교서에서는 외관으로서 민을 위하는 자가 거의 없고 이익과 명예만 추구하기 때문에 유망민이 대거 발생하고 있다고 개탄하였다.[59]

개혁을 뒷받침해 줄 자질을 갖춘 관리를 양성하려면 학교 교육 진흥과 과거제 개혁이 당연히 요구되었다. 인재 육성을 위하여 서책을 보급하고 관학을 발전시키며 과거시험을 중시하는 정책을 폈다. 숙종 6년(1101) 국자감에 서적포書籍鋪를 설치하여 서적 판본들을 보관하는 한편 인출印出하여 널리 반포하게 하였다.[60] 그리고 그해에 북송의 문묘제도를 참고해서 문묘 종사從祀제도를 확대 정비하여 성현에 대한 제의 기능을 확대하였다.[61] 그동안 석전釋奠할 때 10철哲만 종사하다가 문성왕전文聖王殿의 좌·우랑左右廊에 새로 그린 61자子와 21현賢도 종사하도록 한 것이다. 국자감에 서적포를 설치한 것이나 문묘 종사제도를 확대한 조치 등은 그 무렵 사학私學이 발전하는 가운데 국자감의 위상과 기능을 강화하는 의미가 있었다.

숙종 7년(1102)에 소태보가 국학을 강화하여 선비를 양성하는 정책에 대하여 재정 부담이 크고 중국의 법〔中朝之法〕을 우리나라에서 시행하기가 어렵다고 하면서 반대하는 상소를 올렸다.[62] 소태보가 수용을 반대한 중국의 법은 송에서 변법개혁의 일환으로 시행한 태학 삼사三舍제도로 추정된다.[63] 삼사제도는 태학의 교육체계를 외外·내內·상上의 삼사로 구분하고 교육 성취도에 따라 상급 재사齋舍로 승보陞補시키는 과정을 거쳐서 우수한 학생이 과거를 거치지 않고도 관리로 임명될 수 있게 한 제도였다. 당시 신법개혁의 일환으로 송 제도를 받아들여 국학에 삼사제도를 시행하려고 하였지만

---

59 『고려사』 권12, 예종 즉위년 12월 甲申.
60 『고려사』 권11, 숙종 6년 3월 壬申.
61 『고려사』 권62, 예4 길례중사 문선왕묘 숙종 6년 4월 癸巳.
　　그 정책에 대해서는 李重孝, 1999, 「高麗 肅宗代 國學의 진흥」, 『全南史學』 134, 7~8
　　쪽 참고.
62 『고려사』 권74, 선거2 학교 숙종 7년 윤6월.
63 李重孝, 앞의 논문, 11~12쪽.

반대론이 만만치 않았던 듯하다. 예종 2년(1107)에도 왕이 학교를 설치하여 인재를 양성하는 것은 삼대三代 이래로 정치를 잘하는 근본인데도 유사有司의 의논이 아직 결정되지 않았다고 하면서 빨리 시행하라고 명령하였다. 그러자 사류士類들이 기뻐하였는데 대신들은 협조하지 않았다고 하였다.[64] 그렇지만 국학을 강화하는 추세는 예종 때 지속적으로 유지되었다. 예종 4년(1109)에 국학에 전문강좌로서 7재齋를 설치하였으며 삼사제도를 시행하는 등 제도 개혁과 교육 진흥에 힘썼다.[65]

숙종은 윤관과 이굉李宏이 지공거를 맡은 과거에 응시한 진사들에게 송에서 수입한 세필細筆 1,200자루를 하사하여 장려하기도 하였다.[66] 그리고 과거제에서 삼례업三禮業과 삼전업三傳業을 진흥하려고 하였다. 그 무렵 그 업들은 출신자들이 잘 등용되지 않아서 쇠퇴하고 있었기 때문에 숙종 7년(1102)에 그 출신자들을 등용하고 그 업을 전공하는 학생들을 국자감에서 권면하도록 하였다.[67] 삼례업과 삼전업의 고시 과목은 각각 『예기禮記』·『의례儀禮』·『주례周禮』와 『춘추삼전春秋三傳』이었으며, 선종 원년(1084) 기록에 "전대前代부터 인재를 취하던 법이므로 그만두거나 폐지할 수 없다."라고 하였다.[68] 과거제도상의 각 업이 치우치지 않고 고르게 발전할 수 있도록 국자감에서 권면한 것이다.

그렇게 정비한 국학 교육과 과거제 운영에서는 국가가 제시하는 정치이념과 정책방향이 강조되었다. 그리고 관료 인사에서 문벌 여부보다 개인의 능력을 중시하고, 공적인 인사 관리를 강조하였다. 숙종 7년(1102) 맹승盲僧

---

64 『고려사』 권74, 선거2 학교 예종 2년.
65 申千湜, 1995, 『高麗敎育史硏究』, 景仁文化社; 朴贊洙, 2001, 『高麗時代 敎育制度史 硏究』, 景仁文化社; 李重孝, 앞의 논문.
66 『고려사』 권11, 숙종 7년 3월 丁丑.
67 『고려사』 권73, 선거1 과목1 숙종 7년 윤6월; 같은 책, 선거2 과목2 崇獎之典 숙종 7년 7월.
68 『고려사』 권73, 선거1 과목1 선종 원년 11월.

법종法宗의 아들인 사문박사四門進士 이제로李齊老를 과거에 응시하지 못하게 하자고 어사대가 건의하였을 때, 왕은 과거의 목적은 현명한 사람을 선발하는 것이기 때문에 만약 그가 재주와 학문이 있다면 부친을 탓하여 응시를 막을 수 없다고 하면서 건의를 받아들이지 않았다.[69]

개혁정책과 개혁 주도 세력의 성격

이상에서 살펴본 여러 부문의 개혁책들은 국가의 제민지배 이념을 기반으로 하고 경제와 사회에 대한 공적 관리 역량 확립을 목표로 한 것이었다. 국가가 사회 변화를 인정하고 공리주의적 관점에서 개혁을 통하여 현실문제를 해결하기 위하여 적극적, 제도적으로 개입하는 길을 택한 것이었다. 제도적으로 현실을 통제하고 바꾸며, 국가가 주도하여 산업을 진흥하고 사회 풍속을 개선할 수 있다고 보았다.

의천은 윤관과 함께 금속화폐 유통정책의 시행을 건의하면서 그에 따른 이해관계를 논하였다. 그는 "관직에 있으면서 법을 지키는〔居官守法〕 관리들이 귀로 듣는 것을 귀하게 여기고 눈으로 보는 것을 천하게 여겨서 옛것만을 숭상하고 현재를 문제 삼는 것을 비루하게 여기며, 또 이익이 백 가지나 되지 못하면 법을 바꾸지 않고 공功이 열 가지나 되지 않으면 그릇을 바꾸지 않으려 한다."라고 지적하여 비판하였다. "당연히 고쳐야 할 것을 고치지 않는다면 거문고와 비파가 고르지 않은데도 고치지 않는 것과 같으며", "때란 만나기 어렵고 잃기는 쉽기" 때문에 상황에 따라 적절하게 대응해야 한다고 하였다.[70]

중농주의적 경제관에 비하여 상공업의 진흥과 식리대부殖利貸付의 이용까지 추진한 개혁정책은 사람들이 이윤을 추구하는 욕망을 인정하되 거기

---

69 『고려사』 권11, 숙종 7년 3월 己卯.
70 『大覺國師文集』 권12, 鑄錢論.

에 국가가 개입하여 통제하고 이용하는 제도를 수립하자는 것이었다. 계급적으로 본다면, '권세 있는 세족'의 대민 수탈과 사적 축재를 방지하고, '청렴결백한 인물'들을 우대하며, '지위가 낮고 급여가 적은 관리〔薄官〕'와 '영세한 민〔小民〕'들이 유통경제상의 혜택을 누리게 한다는 목표를 세웠다. 그러나 당시 개혁안에서 토지 겸병 해결 방안과 민생에 대한 고려는 적었다. 또한 기층민은 여전히 통제되어야 할 대상으로 취급하였다.

비록 국가의 강력한 지배력 확보를 동반한 개혁정책이었지만 유교이념과 대립되는 것은 아니었다. 금속화폐 유통정책에 반대하는 관료들을 비판한 예종의 말이나 의천의 주전건의문에 상앙商鞅 변법 당시의 말들이 인용되어 있기는 하다.[71] 특히 예종의 말은 국가와 민의 관계를 대립적으로 보는 느낌까지 주지만 법가法家 패도주의覇道主義 이념으로 개혁하자는 것은 아니었다. 유교이념을 바탕에 두고 국가가 적극적으로 나서서 현실문제를 해결하는 방안으로 변법變法을 모색한 것이었다.[72] 그런 점에서 이 개혁의 기조는 왕안석王安石의 북송 변법개혁과 가까웠다.

12세기에 접어들던 무렵에 송과 활발하게 교류하던 고려는 송의 변법개혁과 그것을 둘러싼 논쟁을 잘 알고 있었다.[73] 의천이나 윤언이尹彦頤, 권적權適 등이 왕안석파의 개혁사상에 공감하였다. 왕안석의 개혁정책뿐만 아니

---

71 대각국사와 예종이 신법반대론자들을 비판하면서 인용한 "利不百不變法 功不十不易器"와 "民不可(與)慮始 (而可與樂成)"는 商鞅의 변법 시행을 둘러싼 논쟁 가운데에서 나온 말들이다(『史記』 권68, 商君列傳8).

72 윤관은 어려서부터 학문을 좋아하였으며, 將相이 되어 비록 軍中에 있을 때에도 늘 五經을 지니고 다녔다고 한다(『고려사』 권96, 尹瓘).
한편 鄭修芽는 당시 개혁의 이론적 근거를 法家思想과 결합된 復古的 유교사상에 의거한 託古改制的 復古思想이라고 파악하였다(1999, 『高麗中期 改革政治와 北宋新法의 受容』, 서강대박사학위논문, 143 · 174쪽).

73 鄭修芽, 1992, 「高麗中期 개혁정책과 그 사상적 배경―北宋 新法의 수용에 관한 일시론」, 『水邨朴英錫敎授華甲紀念論叢』(上); 1995, 「高麗中期 對宋外交의 재개와 그 의의―北宋 改革政治의 受用을 중심으로」, 『國史館論叢』61.

라 도학道學과 구분되는 소위 신학新學으로서 그의 유학사상도 이미 알려져 수용되었다. 왕안석이 금릉으로 물러난(1076) 뒤에 고려의 학자가 그에게 찾아가 유학사상을 직접 배워 왔고 그의 사상은 고려후기까지 이어졌다.[74]

숙종~예종 초기에 공리주의적 개혁정책을 주도한 세력이 정치적으로 득세하였다. 윤관은 남달리 빠르게 출세의 길을 걸었고,[75] 여진 정벌을 주도하여 관료로서 최고의 지위까지 올랐다. 숙종의 아우이자 승려인 의천은 정치적 발언권을 행사하였으며,[76] 왕과 태후의 적극적인 후원을 받으면서 천태종天台宗을 개창하여 불교계를 재편하려고 하였다.[77] 의천과 가까운 사이였던 이오李頔는 숙종 2년(1097) 이후 재추로서 활동하였다. 그는 숙종 6년(1101) 의천이 사망하자 스님은 복服이 없지만 의천은 덕행이 높아 거란과 송에 이름을 날렸으니 복을 입어야 한다고 주장하였다. 그리고 남경에 행차한 숙종의 명령에 따라 중수를 완성한 삼각산 승가굴僧伽窟의 중수기重修記를 예종 원년(1106)에 썼다.[78]

사실 숙종 지지세력이라고 해서 성격이 단일하지는 않았다. 개혁 방식을 둘러싸고 이견이 존재하였다. 앞에서 살펴본 것처럼, 소태보가 국학을 강화하여 선비를 양성하는 정책에 반대하는 상소를 올렸는데, 그것은 재정 부담이 크다는 점과 함께 중국의 법을 우리나라에 시행하기는 어렵다는 점을 지적한 것이었다.[79] 숙종의 측근 중에는 북송의 변법이념 수용에 적극적인 인

---

74 『櫟翁稗說』前集2, 甞見神孝寺堂頭正文.
75 鄭修芽, 1988, 「尹瓘勢力의 形成」, 『震檀學報』66, 2~4쪽.
76 許興植 편, 1984, 『韓國金石全文(中世 上)』, 靈通寺大覺國師碑文, 亞細亞文化社, "師既爲一國尊親 有大政事 必款密諮決 故 所與上論列國家事甚多 而有陰德於人民 亦後世莫得而盡知".
77 崔柄憲, 1975, 「天台宗의 成立」, 『한국사』6, 국사편찬위원회.
78 고려중기 왕들이 승가굴에 행차한 정치적·종교적 의미와 李頔가 승가굴중수기를 쓴 사정, 이오와 의천과의 관계 등에 대해서는 南東信, 앞의 논문 참고.
79 註 62와 같음.
　선행 연구에서는 대개 소태보가 문벌의 입장에서 국학 강화를 반대하였다고 파악하

물들도 있고 그에 거리를 두고자 하는 인물들도 있었는데, 소태보는 후자에 속하였던 것이다. 그는 왕의 리더십을 강화하고 경제에 대한 국가의 공적 관리를 추구하는 개혁에는 찬성하였지만, 문화의 운영방향 면에서는 '화풍華風'에 경도되는 것을 우려하는 입장이었다고 보인다. 오연총은 숙종의 총애를 받고 당시 사회의 병폐〔時弊〕를 고치는 데 힘쓰면서 윤관과 함께 여진 정벌의 책임을 맡았지만 예종 2년(1107) 풍수도참설에 근거한 서경 용언궁 건설에는 반대하였는데, 용언궁의 창건은 여진 정벌과 관련된 것으로 이해되고 있다.[80] 또한 그는 재추의 자식은 자원자가 아니면 별무반 징집을 면제해 주자고 건의하고, 여진 정벌에 나설 때 의심하고 주저하는 등[81] 개혁에 신중한 태도를 보였다.

금속화폐 유통정책과 남경 건설 과정에서 보듯이, 숙종은 신법을 여러 해에 걸쳐 준비하면서 관료들의 논의를 수렴하여 결정하고 시행하면서도 일단 의도한 바를 밀어붙이는 경향이 있었다. 숙종의 강력한 리더십 때문에 가능한 것이었다. 위계정이 재상이 되어 '대세가 어쩔 수 없음을 알고 침묵하여 건의한 것이 없었다.'고 한 것은[82] 이러한 개혁정국의 분위기를 보여준다. 남경 개창 논의 때 유신柳伸과 유록숭庾祿崇만이 반대하였고, 금속화폐 유통정책을 결정할 때는 곽상이 반대한 사실만 전해지고 있다. 남경에 행차하였을 때는 일관日官의 건의에 따르되 예제禮制에 맞지 않아도 담당 관리가 감히 말하지 못하였다고 하였다.[83]

숙종이 강한 리더십을 발휘하여 개혁을 추진하다가 사망하자 상황이 변

<hr>

였다.

80 『고려사절요』 권7, 예종 2년 9월.
　　李丙燾, 1980, 『高麗時代의 硏究(改訂版)』, 亞細亞文化社, 177~181쪽 참고.
81 『고려사절요』 권7, 예종 원년 정월; 2년 10월 壬寅.
82 『고려사』 권95, 魏繼廷.
83 『고려사절요』 권7, 숙종 9년 8월 辛亥.

하였다. 제민지배齊民支配 원칙하에 조직된 별무반의 징발기준이 완화되었으며,[84] 금속화폐 유통정책에 대해서도 당唐과 거란의 풍속을 따르지 말라고 한 태조의 유훈을 근거 삼아 반대론이 비등하였다.[85] 또한 숙종이 천수사天壽寺를 개창할 때는 아무도 말하지 못하다가 그가 사망하자 이를 비판하는 중론이 벌떼처럼 일어났다.

그럼에도 불구하고 예종대 초기 여진 정벌 전쟁을 치르기까지는 공리주의적 신법개혁론이 우위에 선 상태였다.[86] 물론 신법 시행의 결과가 실패임이 분명하게 드러날 때는 신법을 주도한 세력의 발언력이 급속하게 약화될 수 있었다. 실제로 사회적 일탈민이 발생하여 계속 사회문제가 되었고, 예종 원년(1106) 무렵에 농민의 유망이 격심하게 일어난 것을 보면, 금속화폐 유통정책 실시와 장생고 운영 등의 원래 취지와 달리 실상은 국가의 재정 수입만 강조되었을 뿐 민에게 그다지 혜택을 주지 못하였거나 민의 부담을 오히려 더 가중시켰던 것 같다. 또한 남경 건설, 천태종의 국청사國淸寺와 천수사 등의 사원 건축, 별부반 편성과 같은 다른 신법 관련 정책들의 시행 과정에서도 민의 세역 부담이 과중하게 늘어났던 것으로 보인다.

3. 개혁정책을 둘러싼 정치적 갈등

교화敎化와 '조종지법祖宗之法' 중시론 측의 신법개혁 비판

앞에서 살핀 것처럼, 숙종의 즉위를 지지·묵인한 관료들 중에는 개혁의 필요성에 공감하면서도 공리주의적 신법개혁과는 다른 방안을 따르는 이들이 있었다. 최사추·위계정·고령신高令臣·김연金緣(金仁存) 등이 그들로

---

84 註 56과 같음.
85 『고려사절요』 권7, 예종 원년 7월.
86 박종기, 1993, 「예종대 정치개혁과 정치세력의 변동」, 『역사와 현실』 9, 42~48쪽.

서, 인성人性 교화에 중심을 둔 개혁 즉 도덕과 수신修身을 강조하는 개혁론을 제시하였다.[87] 인격 수양과 그에 바탕을 둔 도덕적 지도력의 확보가 국가 통치의 근간이 되어야 하며, 그것이 확보되면 현실 상황도 개선될 수 있다는 입장이었다. 그들은 국가의 재정 강화나 대외경략을 목표로 한 제도 개혁보다는 어진 정치〔仁政〕와 민생 안정〔息民〕을 우선시하였다. 그런 것을 고려하지 않고 기존 제도를 급격하게 바꾸는 개혁에 반대하였으며, 부처와 신에 의지한 국가 차원의 기복행위도 반대하였다. 그런 개혁이나 기복행위는 민을 위한다는 명분 아래 오히려 부담만 늘리게 된다고 여겼다.

그들은 '선대에 정하여 지켜 내려온 법〔祖宗成憲〕'이 갖추어져 있으니 번잡스럽게 바꾸지 말고 그 법을 지켜서 잃어버리지 말아야 한다거나, 조변석개식이 되어서는 법도法度가 일정하지 않고〔無常〕 풍속을 흔들어 놓기 때문에 선대에 정해서 지켜 온 법〔祖宗之法〕을 가볍게 고치면 안 된다고 인식하였다.[88] 기존의 법에는 전통적인 도덕·가치가 담겨 있으니 만큼 그 법을 따르면서 운영상에서 나타나는 문제점을 시정하는 방식이 좋다는 생각이었다. 그러다 보니 개혁이 필요한 현실에서는 수구적으로 비칠 수 있었다. 법은 시대의 산물이며 시대가 변하면 고칠 수 있다고 보는 신법파의 입장과 비교하면 기존의 법을 쉽게 고쳐서는 안 된다고 보는 입장은 보수적인 것임

---

87 고려시대에 정책 방향상으로 功利와 敎化를 이원적으로 파악하는 인식은 고려후기 충목왕 때 李穀이 쓴 글에서도 확인할 수 있다. "余惟本國文風之不振也久矣 盖以功利爲急務 敎化爲餘事"(『稼亭集』 권5, 寧海府新作小學記).

88 『고려사』 권97, 高令臣 "時 王銳意致理 公卿爭進新法 令臣以爲祖宗成憲具在 不可紛更 但守而勿失可也"; 金龍善 편, 앞의 책, 崔思諏墓誌銘 "公之爲政也 不肯輕變祖宗之法 又不肯作爲新法以擾風俗".

　　뒷날 인종 12년 재이에 대응한 求言에 따라 林完이 올린 상소문에 "勉强以實 在乎革當今之弊 革今之弊 在乎遵太祖之遺訓 擧文宗之舊典而已 … 臣竊爲陛下計 責身修省 上答天譴 莫若行祖宗之良法善政而已 今欲行祖宗之法 必不利於權貴 故雖有善政 朝行夕改 法度無常 實非陛下勉强脩德之意也"(『고려사』 권98, 林完)라고 하여, 교화와 '祖宗之法'의 준수를 중시한 개혁론자들의 인식을 좀더 자세히 알 수 있다.

에 틀림없다.

그렇지만 그들은 반개혁적이고 현실안주적인 관료나 부패한 관료와는 달리 도덕과 예禮를 통한 욕망의 절제를 강조하였으며, 사私를 지나치게 추구하는 것을 경계하고 공公을 중시하였다. 그들의 주장은 그 무렵 송대 신유학新儒學과 접촉하면서 유학이 심성화心性化 경향을 띤 것과[89] 관련이 있었다. 그들은 근실하고 공평한 자세와 청렴하고 검소한 생활을 강조하였다. 그리고 인·의仁義를 높이는 유교적 도덕 수양의 완성이 무엇보다 우선이며, 그 바탕에서 인정仁政과 예치禮治가 이루어져야 한다고 보았다.[90] 공을 해치고 사를 추구하는 행위나 사치 유행 등을 제어할 개혁의 필요성을 인정하되, 그러한 개혁이 공리주의적 방식이 아니라 도덕적 지도력을 보다 중시하는 교화론적 접근방식에 따라 이루어져야 한다고 생각하였다.

윤관이 금속화폐 유통정책을 제안하였을 때 곽상은 풍속에 맞지 않는다고 힘써 비판하였고, 예종 원년(1106)에는 중국과 거란의 제도와 풍속을 수용하는 것을 경계한 태조의 유훈을 명분으로 삼아 화폐 유통정책에 대한 반대론이 비등하였다. 그런 반대론에는 의천의 지적처럼 법정화폐의 사용으로 이익을 잃게 된 권세가의 반발도 끼어 있겠지만, 긍정적으로 본다면 국

---

89 尹南漢, 1975, 「儒學의 性格」, 『한국사』 6, 국사편찬위원회; 文喆永, 1992, 「고려중기 사상계의 동향과 新儒學」, 『國史館論叢』 37.

90 예를 들면 신법을 반대한 최사추는 "勤謹公廉 不以門地驕人"(『고려사』 권96, 崔思諏), "爲文 必本於仁義性命之說 … 口不道非法之言 身不爲非法之行 … 門人弟子 朝夕謁見 則 當以輔國之道 語之多 不及私語"(金龍善 편, 앞의 책, 崔思諏墓誌銘)라고 평가받았으며, 남경 건도에 반대한 柳伸과 庚祿崇은 "以淸謹名 … 凡論國事 悉主忠義 時論多之"(『고려사』 권95, 柳伸), "以公忠自許 未嘗枉己徇人 其任義直前 雖豪右親戚 不敢撓 … 雖貴顯 衣服第宅 如布衣時"(『고려사』 권97, 林槩 附 庚祿崇)라고 평가받았다. 그런 평가는 곽상이나 위계정, 고령신 등의 경우도 마찬가지였다.
　　김인존은 「淸讌閣記」에서 예종대의 문풍에 대하여 선왕의 道를 선양하고 三綱五常의 가르침과 性命道德의 이치가 충만하였다고 찬양하였다〔"一以集周孔軻雄已來古今文書 日與老師宿儒 討論敷暢先王之道 藏焉修焉息焉游焉 不出一堂之上 而三綱五常之敎 性命 道德之理 充溢乎四履之間"(『고려사』 권96, 金仁存)〕.

가가 재정 확보를 목표로 경제 질서에 개입하여 재편하는 데 따른 부작용을 우려한 것이라고 볼 수 있다. 국가가 금속화폐 유통정책을 수단으로 유통경제에 급격하고 과도하게 개입하면 현존 유통질서를 교란하고 그 틈을 타서 수탈이 심해질 위험성도 있었다. 기존에 만들어진 유통·신용 계통을 통하여 거래가 이루어지고 있는데, 국가가 공적 관리를 강화하기 위하여 새로운 제도를 만들어 개입하려면 그것을 담당할 관청이나 관원의 설치가 불가피하기 때문에 그에 따른 문제점이 생길 수 있었다. 또 기존 질서에 익숙하고 이익을 얻던 사람들의 반발이 예상되며, 민들도 익숙하지 않은 금속화폐에 불편을 느끼고 부담만 늘게 된다는 것이다.

한편 교화와 민생 안정을 우선시한 관료들은 남경 건설이나 용언궁 창건, 여진 정벌 등에 대해서는 민에게 고통을 주고 재정 부담이 크다고 반대하였으며, 특히 여진 정벌은 외교적으로 거란과의 마찰을 불러올 우려가 있다고 보았다. 예컨대 김인존金仁存(金緣)은 동북9성 개척을 반대하면서 민생 안정이 필요하다는 논리를 펴고 거란과의 외교적 분쟁 가능성을 우려하는 한편 여진족은 금수와 같아서 복속하면 무마하되 그렇지 않으면 내버려 두는 것이 좋다고 주장하였다.[91] 그들은 문화적 번영이 군사적 대결이 아니라 평화정책의 산물이라고 여겼으며, 송으로부터 문물을 수용하는 것을 지지하면서도 송과 지나치게 밀착하면 거란이 반발할 가능성을 우려하였다. 실제

---

91 『補閑集』卷上, 睿王乾統七年丁亥 欲伐東蕃… "諫議大夫金緣奏曰 人主之愛土地 將以養民 豈宜爭地 使赤子肝腦塗地 願陛下許其地以禽獸畜之 服則撫 否則舍 吾民可得休息矣";
『고려사』권96, 金仁存 "及尹瓘等破女眞築九城 女眞失窟穴 連歲來爭 我兵喪失甚多 女眞亦厭苦 遣使請和 乞還舊地 群臣議多異同 王猶豫未決 仁存言 土地本以養民 今爭城殺人 莫如還地以息民 今不與 必與契丹生釁 王問其故 仁存曰 國家初築九城 使告契丹表 稱女眞弓漢里乃我舊地 其居民亦我編氓 近來 寇邊不已 故收復而築其城 表辭如是 而弓漢里酋長多受契丹官職者 故契丹以我爲妄言 其回詔云 遠貢封章 粗陳事勢 其間土地之所屬 戶口之攸歸 已勅有司 俱行檢勘 相次 別降指揮 以此思之 國家不還九城 契丹必加責讓我 若東備女眞 北備契丹 則臣恐九城非三韓之福也".

로 거란은 고려와 송 간의 외교가 재개되자 문종 29~30년(1075~1076)경 영토 획정, 정융진定戎鎭 암자庵子 설치, 각장権場 설치 등으로 고려를 압박하였다.

사실 그런 논쟁은 이전부터 이어진 것이다. 11세기에 대외적 강경론과 온건론이 대립하였는데,[92] 여진에 대하여 강경론자들은 적극적으로 군사적 압박을 가하고 그들이 귀화하면 판적에 올려 국법에 따르도록 해야 한다는 논리를 폈고,[93] 그 논리가 여진 정벌과 9성 개척 주장으로 이어졌다. 반면 온건론자들은 여진이 인면수심人面獸心이고 사리를 알지 못하기 때문에 비록 귀화하더라도 고려법이 아니라 본속법本俗法에 따르게 하고, 떨어져 나가면 내버려 두라는 논리를 폈다.[94]

교화와 '조종지법' 중시론의 정치적 성격

도덕적 지도력의 확보를 우선시하고 '조종지법'을 쉽게 바꾸어서는 안 된다고 주장한 인물들은 혈연상의 윤리를 강조하였다. 김인존은 예종 7년 (1112) 송에 사신으로 갔다가 귀국하는 도중에 부친상을 당하자 왕에게 사행 결과를 보고하는 절차[復命]보다 분상을 우선하여 예를 잃었다고 비난받았다.[95] 또 인종 4년(1126) 왕이 외척 이자겸의 권력을 제거하려고 하면서 그에게 의견을 묻자 '왕은 외가에서 생장하였으니 그 은혜를 끊을 수는 없는 일이다.'라고 '친친親親'의 논리를 내세워 이자겸을 숙청하기가 어렵다

---

92 박종기, 1998, 「11세기 고려의 대외관계와 정국운영론의 추이」, 『역사와 현실』 30.
93 『고려사』 권84, 형법1 살상 靖宗 4년 5월 "侍中徐訥等議曰 女眞雖是異類 然旣歸化 名載版籍 與編氓同 固當尊率邦憲".
94 註 91의 『補閑集』 기록; 『고려사』 권84, 형법1 살상 靖宗 4년 5월 "門下侍郎黃周亮等議曰 此輩 雖歸化爲我藩籬 然人面獸心 不識事理 不慣風敎 不可加刑 且律文云 諸化外人 同類自相犯者 各依本俗法 況其隣里老長 已依本俗法 出犯人二家財物 輸開老家 以贖其罪 何更論斷"; 『고려사』 권95, 崔冲 "夷狄人面獸心 不可以刑法懲 不可以仁義敎".
95 『고려사절요』 권7, 예종 7년 6월.

고 대답하였다.[96] 혈연적 윤리와 사은私恩을 우선시하였던 것이다. 그런 태도는 문종대 문정文正이 인사문제를 논의하면서 집안을 잘 다스린 후에야 나라를 다스릴 수 있다는 논리를 주장하였던 것과 통한다.[97] 이것은 예종대 후반 한안인파에 속한 최유청崔惟淸이 "왕을 존숭하면 나라가 다스려지고, 나라가 다스려지면 집안이 편안하며, 집안이 편안하면 몸이 편안하고, 몸이 편안하면 더 이상 구할 것이 없다."라고 하여 치국治國을 수신修身보다 앞세웠던 것과 대조적이다.[98]

혈연상의 윤리를 앞세우는 인식은 문벌을 존중하는 논리로 이어질 수 있었다. 그러나 그들은 반개혁적 세력과 달리 사장詞章보다 경학經學을 강조하고 청렴과 인의仁義를 중시하였다. 다시 말하여 공리주의적 개혁에 반대한 인물들이 소위 문벌귀족적 기반을 가졌기 때문에 반개혁적이었다고 해석하는 것은 부분적으로만 타당하다.[99] 공리주의적 개혁을 비판하고 교화와 '조종지법' 준수를 강조한 인물들까지 반개혁적이었다고 볼 수는 없다. 김인존이 간관이었을 때 그가 건의한 것들은 모두 멀리 내다보면서 나라를 경영하는 방책들이어서 처음에는 우활하고 치밀하지 못한 것 같으나 이익이 천백 년 후세에 미치는 것이었다고 한다.[100] 이것은 김인존이 건의한 방책이 신법개혁보다 교화와 '조종지법' 준수에 역점을 두었던 것에 대한 평가라고 하겠다.

그들이 문벌귀족적 기반을 공통분모로 가지고 있었던 것도 아니었다. 곽

---

96 『고려사절요』 권9, 인종 4년 2월 辛酉.

97 『고려사절요』 권5, 문종 35년 6월.

98 『補閑集』 卷上, 崔譽肅公奭…"其子文肅公惟淸 … 因自注 曰君尊則國理 國理則家安 家安則身安 身安則餘無所求".

99 서성호도 계급성과 관련된 경제적 이해관계 자체가 錢幣策 같은 개혁정책의 지지와 반발을 분화하는 데 직결된 일차 변수가 아니었다고 파악하였다(앞의 논문, 26쪽).

100 『破閑集』 권中, 金侍中緣平章上琦子也…"公(金仁存)在諫院 所陳皆經國遠猷 初若迂疎 利在千百載下".

상곽상郭尚은 이족吏族 출신이고, 위계정은 세계世系를 알 수 없으며, 고령신 역시 세계가 밝혀지지 않아 문벌귀족 출신이라고 보기 어렵다. 김인존은 김상기金上琦의 아들이고, 최사추는 최충崔沖의 손자로서 당대에 최고 문벌에 속하였으므로 그런 배경이 그들의 보수적 입장을 만든 요인 중 하나였음은 부인할 수 없을 것이다. 그렇지만 그들의 정치사상에 대한 고려 없이 귀족적 기반을 지키기 위하여 신법에 반대하였다고 보는 시각은 지나치다. 최충의 증손인 최약崔瀹은 사장詞章보다 경학을 중시하라고 예종에게 건의하였다가 반대파에 밀려 좌천되기도 하였다.[101]

도덕과 수신을 중시하는 교화 방식의 개혁을 주장한 인물들은 측근정치를 비판하고 관료정치를 선호하였다. 예컨대 김인존은 선종과 헌종, 숙종대에 내시內侍가 되었는데 측근 지밀至密의 자리에 오래 있고 싶지 않아서 외관으로 나가기를 간청하였다. 그리고 고령신이 간관으로 근무할 때 논의가 강개하여 굽히는 바가 없었다고 한 것에서 볼 수 있듯이, 그는 대간의 역할을 강조하여 폭정과 권신의 출현을 방지하는 정치를 희망하였다. 그들은 정치가 도덕과 인성의 교화·개선에 기초를 두고 운영되어야 한다고 보았다. 그런 인식은 왕의 수덕修德과 인정仁政을 강조한 김부식에게서도 잘 드러난다.[102]

하지만 그들이 교화론적 유교 정치이념에 전적으로 충실하였던 것은 아니었다. 김인존은 예종이 승려 담진曇眞을 왕사로 책봉하는 데에 반대하였지만, 뒤에 학일學一의 왕사 임명은 지지하였다.[103] 또 그는 유학에 대한 수준 높은 이해를 바탕으로『논어신의論語新義』를 저술하였지만, 한편으로는 예종 원년(1106)에 음양지리서들을 교열 편집하여『해동비록海東秘錄』을 만

---

101 『고려사절요』권8, 예종11년 4월.
102 蔡雄錫, 2013,「고려 인종대 '惟新' 정국과 정치갈등」,『韓國史硏究』161, 21~31쪽.
103 『고려사』권96, 金仁存; 許興植 편, 앞의 책, 淸道雲門寺圓應國師碑.

드는 작업에 참여하였다. 예종 11년(1116)에는 왕도王道정치와 함께 부국강병의 공리功利를 중시하는 내용을 담은 『정관정요貞觀政要』의 주해에도 왕명을 받아 참여하였다. 인격 수양과 교화를 강조하는 정치이념에 바탕을 두면서도 이렇게 다른 성향의 사상에 대하여 배타적이지 않았기 때문에, 그가 여진 정벌을 제외하고는 다른 공리주의적 개혁에 적극적으로 반대한 사실이 찾아지지 않는지도 모른다. 숙종~예종 초기에 시행된 공리주의적 개혁책들에 대하여 일관하여 적극적으로 반대한 인물들은 확인되지 않는다.

교화와 민생 안정을 우선시하였던 인물들이라도 신법개혁 정국 속에서 정치적으로 불우하거나 실각하지 않았다. 왕이 포용적 리더십을 보여서 정쟁이 격화되지 않았다고 여겨진다. 예컨대 신법개혁을 비판하고 '조종지법' 준수를 주장하였던 고령신은 숙종~예종 초에 형부시랑 우간의대부, 좌산기상시를 거쳐 참지정사로 치사하였다. 김인존은 간관으로서 활동하다가 숙종의 뜻을 거슬러 좌천되기도 하였지만 이부낭중 겸 동궁시강학사를 맡는 등 비교적 관로가 순탄하였고, 예종 초기에 간의대부로 활동하였다. 위계정은 숙종대 말에 문하시중에 올랐으며, 예종 초기에 연로하고 병들어 치사를 청하였지만 왕이 만류하였다. 특히 신법개혁 비판론 측의 중심적 위치에 있었던 최사추는 너그럽고 검소한 성품을 지니고 평소 나라를 걱정하는 마음과 보국輔國의 도리를 지녔다는 평가를 받았으며, 숙종이 중용하여 문하시중까지 승진하고 예종에게도 존경받았다.[104] 바꾸어 말하면, 신법개혁을 추진하면서도 비판론자들을 조정의 논의에서 배제하거나 소외시키지 않았던 것이다.

---

104 金龍善 편, 앞의 책, 崔思諏墓誌銘.

문예군주·구세군주를 지향한 정치: 예종대 한안인파의 대두와 교단도교 수용

1. 여진 정벌 후유증의 수습과 정책 전환

동북9성 반환 직후의 정국

숙종 때부터 부국강병을 목표로 추진한 공리주의적 신법개혁은 군사력 강화와 대외경략으로 이어졌다. 경략의 목표는 강성해지고 있는 여진을 제압하는 것이었다. 그것도 여진의 위협을 제거하는 데 그치는 것이 아니라 척지拓地 즉 정복 지역에 축성하고 농업이민을 보내려는 것이었다. 예종 2년(1107)에 시작된 여진 정벌은 초반에는 성공적으로 이루어져서 이듬해 초까지 점령지에 동북9성을 쌓아 6만 9천여 호를 사민하는 성과를 거두었다. 윤관은 그 공으로 문하시중 지군국중사知軍國重事로 승진하였다.

그렇지만 여진이 완안부를 중심으로 거세게 저항하고 반격을 시도하여 9성을 지키기가 어려웠다. 윤관이 재차 출병하여 1년이 넘도록 방어전을 치렀지만 전세를 유리하게 돌리지 못하고 인적·물적 피해가 커졌다. 여진 측에서 외교적으로 9성 환부를 요청해 오자, 조정에서는 환부하기로 결정하고 예종 4년(1109) 7월에 주둔하였던 군사와 민호들을 철수시켰다.

전쟁의 결과로 여진으로부터 복종을 약속받았고, 이후 여진이 금金을 건국하고 강성해지는 국제정세 속에서 고려가 균형추로서 역할할 수 있는 토대를 마련하였다. 그러나 국력을 기울여 여진을 경략하여 힘을 과시하였지만 인적·물적으로 큰 희생을 치른 채 9성을 지켜내지 못하였기 때문에 실제로는 패전이라고 보는 주장이 제기되었다. 즉 재정과 인력을 크게 동원하여 군사적 정벌과 축성, 사민에 의한 농지 개발 등을 추진한 정책이 실패로 돌아간 것에 대한 책임 문제를 피하기 어려웠다. 이에 따라 그 책임을 묻고 전쟁 후유증을 수습하는 문제가 정치 현안이 되었다.

출정군을 지휘하였던 윤관과 오연총에게 패전의 책임을 물어 처벌해야 한다는 주장이 거세게 제기되었다. 처벌을 주장하였다고 하더라도 다 똑같은 입장은 아니었다. 김인존은 처음부터 여진 정벌을 명목이 서지 않는 전쟁이라고 반대하였으며, 9성을 지키느라 계속되는 전쟁에 시달릴 뿐 아니라 거란과 분쟁이 생길 가능성도 있다 하여 환부를 주장하였다.[1] 그의 주장은 정책의 기조를 공리주의적 신법개혁보다 '조종지법'과 민생 안정을 중시하는 방향으로 정책을 돌리려는 의도가 컸다. 그와 달리 공리주의적 개혁을 지지한 이오李頊는 윤관 등이 영토를 개척〔拓地〕한 것은 큰 공로이고 그를 패전죄로 처벌하라는 간쟁은 원대한 계책〔長策〕이라 표현하였듯이 양시론兩是論의 관점에서 평가하였다.[2] 이재李載는 패전죄 처벌을 주장하면서도 9성 반환에는 반대하는 입장이었다.[3] 또 최홍사崔弘嗣는 서경 용언궁을 창건하고 신령新令을 반포하자고 건의하였으며, 여진 정벌의 가부를 둘러싸고

---

1 『고려사』 권96, 金仁存.
2 『補閑集』 권上, 睿王乾統七年」 소…"時 學士李頊和金富佾詩曰 臨軒授鉞東征 一擧腥膻盡掃清 漢塞已空無古月 秦人何苦築新城 滿庭諫切眞長策 拓地功高是大名 從諫擧功誰最急 吾皇聖制兩平明".
3 『고려사』 권13, 예종 4년 2월 戊戌; 11월 癸卯.

조정의 논의가 갈렸을 때 태묘에서 점을 쳐서 정벌에 찬성하는 점괘를 얻어 개전開戰에 결정적 역할을 한 장본인이었다.[4] 그를 비롯하여 정벌에 찬성하였던 관료들은 출정군을 지휘하지 않았더라도 전쟁을 일으켰다가 실패한 책임에서 자유롭지 못하였다. 그들이 윤관과 오연총에 대한 처벌을 주장한 까닭은 경략 실패의 책임을 두 지휘관의 과오로 돌리려는 의도였을 것이다.

패전책임론의 제기는 9성 개척의 공로로 윤관이 예종 3년(1108) 4월에 문하시중 판상서이부사 지군국중사知軍國重事로 임명되어 비상한 권력을 갖게 된 것을 견제하는 의미도 있었다.[5] 윤관이 그렇게 비상한 권력을 잡으면 공리주의적 정책의 기조를 그대로 유지할 가능성이 컸기 때문에, 그런 정책들을 비판하는 입장에서는 윤관의 득세를 받아들이기 힘들었을 것이다.

그런데 예종의 입장에서 윤관과 오연총은 출정군 지휘관 이상의 의미가 있었는데, 특히 윤관은 여진 정벌의 최고지휘관일 뿐 아니라 그전부터 공리주의적 신법개혁을 주도해 온 인물이었다. 예종은 즉위 초기에 부왕 때부터 시행해 온 금속화폐 유통정책 등의 공리주의적 개혁을 일부 관료들이 비판하였을 때 그 비판을 적극 반박하고 개혁 기조를 유지하였다.[6] 그리고 국가적 동원 체제를 조직하고 가동하여 척지를 위한 전쟁을 수행하였다. 따라서 패전을 이유로 윤관 등을 처벌하는 것은 기왕의 개혁 자체가 실패라고 인정하는 셈이 되고, 그 개혁을 추진해 온 왕 자신의 리더십을 크게 손상하는 행위였다.

예종은 귀환한 군사들을 위무하면서 패전한 것은 장수들의 과오 탓이라고 말하면서도, 관료들이 개전開戰에 찬성한 자기들의 책임은 묻어 둔 채 윤

---

4 『고려사절요』 권7, 예종 2년 9월; 10월; 4년 6월; 11월; 5년 5월.
5 뒷날 인종대에 이자겸이 知軍國事를 자칭하며 스스로 송에 외교사절을 파견하였고 그 직위를 공식화하려다가 왕과 틈이 벌어졌다. 또 이성계가 명의 승인을 받기 전에 權知軍國事를 칭하였던 것처럼 지군국(중)사는 국정을 통괄할 수 있는 직위였다.
6 『고려사절요』 권7, 예종 원년 7월.

관과 오연총의 처벌을 집요하게 주장하고 또 사령赦令을 내려 민심을 수습하려는 것까지 반대하는 태도를 질책하였다.[7] 비록 처벌론에 밀려 두 사람의 벼슬을 면직하고 공신호功臣號를 깎았으나 곧 복직시켰다.[8]

교육·문화 부문의 혁신과 대송관계의 진전

위와 같은 예종의 입장에도 불구하고, 여진 정벌이 실패로 끝났다는 여론이 우세한 이상 공리주의적 신법개혁 기조를 유지할 수는 없었다. 이후 정책의 주된 방향을 교육·문화 부문의 혁신과 민생 구제로 전환하였다. 전자는 교화론적 방식의 개혁을 주장하는 관료들도 동의하는 것이고, 후자도 민생 안정의 관점에서 받아들여질 수 있었다.[9] 이러한 방향의 정책들을 시행하여 예종은 전쟁 후유증을 극복하고 손상된 리더십을 회복하며 문예군주文藝君主·구세군주救世君主로서 위상을 새롭게 세우려고 하였다.

교육·문화 부문의 혁신 정책은 송에서 추진된 개혁의 영향을 받아 이전부터 추진되어 오고 있었다. 이미 숙종 때에 송의 제도를 수용하여 국학 교육을 개혁하려고 하였지만 반대가 많아 성과를 거두지 못하였으며, 예종 초기에도 국학 진흥에 관한 왕명을 내려 사류士類들의 환영을 받았으나 대신들이 따르지 않았다.[10] 그렇지만 9성을 반환한 직후부터 국학의 학제를 개편하고 교육을 강화하는 정책들을 적극적으로 시행하였다. 7재齋를 설치하여 경학 교육을 강화하고 무신 양성 코스를 두었으며, 송의 삼사三舍제도를 수용하여 국학에서 이루어지는 교육을 과거제도의 예부시禮部試와 바로 연

---

7 『고려사』 권13, 예종 4년 5월 癸丑; 8월 甲戌.

8 『고려사절요』 권7, 예종 5년 12월.

9 鄭修芽는, 여진 정벌이 실패로 돌아간 뒤 예종으로서는 급진적 개혁의 한계를 느끼고 보나 온건하고 점진적이면서도 다수의 관료들이 호응해 줄 수 있는 개혁노선을 취해야 하였으며, 그것이 곧 유학진흥책이었을 것으로 보았다(1999, 『高麗中期 改革政治와 北宋新法의 受容』, 서강대박사학위논문, 168~169쪽).

10 『고려사』 권95, 邵台輔; 같은 책 권74, 선거2 학교 예종 2년.

결하였다. 장학재단이라 할 수 있는 양현고養賢庫도 국학에 설치하였다. 그리고 김단金端·견유저甄惟低·조석趙奭·강취정康就正·권적權適 등을 송에 유학시켜 학문과 제도를 배워 오게 하였으며, 권적이 귀국하자 그를 시켜 국학의 예의규식禮儀規式과 서부書簿를 찬정하게 하였다. 이러한 교육진흥 책들의 내용과 성격은 선행 연구들을 통하여 잘 밝혀졌다.[11]

문화 부문에서는 예종 11년(1116)에 송으로부터 대성악大晟樂을 수용하여 향악鄕樂과 당악唐樂으로 구성된 고려 음악에 아악雅樂이 새로 등장하는 전기를 마련하였다.[12] 그리고 그해에 송에서 보내 준 투호기구를 바탕으로 고례古禮인 투호의投壺儀를 부활시켰다.[13] 제도상으로도 예종 8년(1113)에 예의상정소禮儀詳定所를 설치하여 의복제도와 공첩식公牒式 등을 정비하였다.[14] 이렇듯 송의 것을 수용하여 문화 부문의 정비에 힘쓴 의도를 송 휘종이 대성악을 보내 주면서 한 다음과 같은 말에서 짐작할 수 있다. "삼대 이후 예법이 폐지되고 음악이 파괴되었는데, 내가 옛것을 상고하고 정리하여 밝히니 백 년 만에 부흥되었다. … 옛부터 제후가 교화가 높고 덕이 성하면 황제가 음악을 상으로 내려 주었다. 이에 여러 악기[軒簴]들을 내려 주어 당신의 복이 되게 한다."[15] 즉 예법이나 음악을 정비하여 부흥하는 것은 왕의 위상을 높이는 일로 여겨졌으며, 그것은 송 황제의 권위를 빌려 보증되었다.[16]

---

11 申千湜, 1995,『高麗敎育史硏究』, 景仁文化社; 朴贊洙, 2001,『高麗時代 敎育制度史 硏究』, 景仁文化社; 李重孝, 2002,「高麗中期의 국자감 운영과 그 정치적 배경」전남대 박사학위논문.

12 『고려사』권14, 예종 11년 6월 乙丑.

13 『고려사』권14, 예종 11년 12월 壬午.

14 『고려사』권77, 百官2 諸司都監各色 禮儀詳定所; 같은 책 권14, 예종 11년 4월; 같은 책 권84, 형법1 공첩상통식 예종 9년 6월.

15 『고려사절요』권8, 예종 11년 6월.

16 金秉仁도 예종이 송의 문물제도 등을 도입하고 송 황제의 권위를 이용하여 왕실의 권위를 회복하려고 하였다고 파악하였다(2003,『高麗 睿宗代 政治勢力硏究』, 景仁文化社, 67~69쪽).

예종은 즉위 초 금속화폐 유통정책에 대한 비판이 일어났을 때 '문물·법도야 중국 것을 버리고 어찌할 것인가?'라고 중국 문물·법도 수용의 필요성을 강조한 바 있다. 그렇듯 공리주의적 개혁을 시도할 때도 송의 제도와 문물 수용이 중시되었지만, 이제 부국강병을 추구하는 신법개혁에서 방향을 전환하고 또 거란과 외교 마찰을 빚지 않는 한, 교화론적 접근방식의 개혁을 주장하는 관료들도 송과의 교류를 강화하는 데 반대할 이유가 없었다. 특히 점차 여진의 힘이 커지고 국제적 위상이 강화되는 것이 우려되는 상황이었기 때문에, 여진이 송과 직접 통교하는 것을 차단하기 위해서도 대송외교의 강화가 필요하였다. 송 조정의 일각에서 여진과 연결하여 거란을 견제하자는 의견을 제시하고 금이 건국된 뒤에는 금과 연결하여 연운16주를 회복하려는 정책을 구상하였기 때문에, 고려가 우려하여 외교 루트를 통하여 반대 의사를 적극적으로 전달하였다.[17] 예종 11년(1116) 무렵에는 거란이 여진의 공격을 받아 약체화되는 것을 고려의 관료들도 알고 있었으므로[18] 대송관계를 강화하는 데 거란의 눈치를 볼 필요도 없어졌다.[19]

여진 정벌 실패로 약화된 리더십을 대송관계 진전과 문물 수용을 통하여 만회하려고 한 예종의 의도에 송 조정도 부응하였다. 그 무렵 송은 변법개혁파를 중심으로 거란을 견제하려는 목적에서 고려와 우호관계를 강화하는 데 적극적이었다. 예종 5년(1110)에 휘종이 친제조서를 보내고 종래 권

---

17 채웅석, 2006, 「11세기 후반~12세기 전반 동북아시아 국제정세와 고려」, 『전쟁과 동북아의 국제질서』, 역사학회 편, 일조각, 150~151쪽.

18 『고려사절요』 권8, 예종 11년 4월.

19 예종 11년에 많은 개혁정책들이 시행되었다. 박종기는 예종대 정치개혁을 예종 11년을 기점으로 전반기와 후반기로 나누어 살피고, 전반기의 개혁이 국가 주도하에 강력한 대민시책을 통하여 권귀들의 중간수탈을 억제하려는 방향이었던 것과 비교하여, 후반기의 개혁은 유교적 문치주의와 왕권 강화, 지배세력의 안정에 목표가 있었다고 파악하였다 (1993, 「예종대 정치개혁과 정치세력의 변동」, 『역사와 현실』 9).

필자는 9성 반환을 계기로 개혁 기조가 바뀌고 11년 무렵에 국제정세 변화에 따라 정책 전환이 더욱 촉진되었다고 본다.

왕권王権으로 대하던 것을 진왕眞王의 예로 올려 특별한 호의를 보여 주었으며, 10년(1115)에는 자제들의 태학 입학을 허가하였다.[20] 예종비 순덕왕후順德王后의 진전인 안화사安和寺의 불전 편액을 휘종과 최고재상 채경蔡京이 직접 써 보내 주기도 하였다.[21] 사신에 대한 예우도 승격해서,『송사宋史』기록에 따르면 정화政和 연간(1111~1117)에 고려 사신의 격을 국신사國信使로 올리고 대우를 서하西夏보다 위에 두었다. 또 거란 사신과 마찬가지로 추밀원에서 고려 사신의 접객을 담당하게 하였고, 담당관의 명칭도 인반引伴·압반押伴에서 접송관반接送館伴으로 고쳤다.[22]

문예군주로서 위상을 강화하려는 예종의 정책은 보문각寶文閣과 청연각淸讌閣을 설치하면서 최고조에 달하였다. 예종 11년(1116)에 대궐 안에 두 기관을 두어 유학을 강론하였으며 송 황제의 친제조서와 서화를 수장하고 과시하였다. 예종은 청연각에서 관료들과 연회를 즐기며 황제가 보내 준 주과酒果와 물품들을 사용하였다.[23] 교화와 민생 안정을 중시하였던 김인존이 쓴「청연각기淸讌閣記」에는 그 부렵 예종이 송의 문물·제도를 적극적으로 수용하면서 유학·문예를 진흥 육성하는 왕으로서 위상을 세우고 정치적 위기를 극복하는 데 성공하였다는 사실이 잘 나타나 있다.

민생구제책과 도교 수용

민심 수습과 민생 구제를 위한 정책들을 시행하여 구세군주로서 위상을 세우려는 예종의 의도는 권농을 강조하고 의료·진휼 기구를 확충하는 정책

---

20 『고려사』권13, 예종 5년 6월 癸未; 같은 책 권14, 예종 10년 7월 戊子; 11년 6월 乙丑.
　　그때 송이 '權'을 생략하고 眞王의 예로 대한 조치는 자기들이 예종을 책봉하지 않았지만 사실상 책봉한 것과 다름없이 대하겠다는 의사 표시였다(김보광, 2016,「12세기 초 송의 책봉 제의와 고려의 대응」,『동국사학』60, 54쪽).
21 『고려사』권14, 예종 13년 4월 壬申;『破閑集』권中, "鳳城北洞安和寺 本睿王所創也…".
22 『宋史』권487, 列傳246 外國3 高麗.
23 『고려사절요』권8, 예종 12년 6월;『고려사』권96, 金仁存 淸讌閣記.

의 시행으로 나타났다. 여진 정벌을 전후하여 전쟁 수행에 따른 인력 동원 및 부세 증가와 함께 자연재해와 질병이 자주 발생하여 민들이 고통받고 사회불안이 야기되는 상황이었다.[24]

전쟁 중이던 예종 3년(1108) 2월에 경기 군현의 무거운 요역 부담과 소所의 과다한 별공을 조정하도록 하였으며, 조세를 수취할 때 족징族徵·인징隣徵을 금지하였다. 또 군인전의 전호가 부족하고 양호의 양곡이 잘 수송되지 않는 현상이 나타나자 수령들에게 대책을 마련하도록 지시하였다.[25] 예종 6년(1111)에는 진전陳田의 개간을 장려하기 위하여 개간자에게 유리하도록 진전이 된 기간에 따라 지대율을 세분화하도록 법령으로 정하고, 11년(1116)에 서경에 행차할 때는 연로에 경작되지 않은 토지가 있으면 반드시 수령을 불러 문책하는 등 권농의 의지를 보여 주었다.[26] 앞서 예종 원년(1106)에 처음 시행된 감무 파견은 민생 악화로 인한 유망을 억지하고 부세 수취 기반을 확보하려는 목적으로 실시된 것이었다. 감무를 비롯한 외관들에게 농업노동력을 보호하고 권농에 힘쓰도록 강조하였다.[27]

민생구제기관으로서는 예종 4년(1109)에 구제도감救濟都監을 설치하여 왕경의 의료사업을 맡게 하였으며, 근신들을 파견하여 동북도와 서남도의 기민들을 진휼하였다. 7년(1112)에는 송의 관약국官藥局인 혜민국惠民局을 본 따서 혜민국을 설치하여, 일반민들이 보다 쉽게 의료 혜택을 받을 수 있

24 『고려사』 권13, 예종 4년 4월 甲辰; 12월 乙酉; 5년 4월 甲戌; 6월 丙子; 『고려사절요』 권7, 예종 4년 5월.
    12세기 초의 사회경제적 변화에 대해서는 채웅석, 1990, 「12, 13세기 향촌사회의 변동과 민의 대응」, 『역사와 현실』 3 참고.
25 『고려사』 권78, 식화1 공부 예종 3년 2월; 같은 책 권78, 식화1 조세 예종 3년 2월; 같은 책 권79, 식화2 농상 예종 3년 2월.
26 『고려사』 권78, 식화1 조세 예종 6년 8월; 같은 책 권14, 예종 11년 3월 乙卯.
27 蔡雄錫, 1995, 「高麗後期 地方支配政策의 변화와 貢戶의 파악」, 『가톨릭대 성심교정 논문집』 1, 3~7쪽.

게 하였다.[28]

또한 송으로부터 의사를 초빙하여 선진 의학·의술의 교습에 힘썼다. 앞서 문종 때 송과 외교를 재개하면서 의사 파견을 요청하여 이후 여러 차례 송의 의사들이 파견되어 의학을 교육하였다. 그중에서도 예종 13년(1118)에 송에 대방맥大方脈과 창종과瘡腫科를 전공한 의사를 파견해 달라고 요청하여, 송 대의국大醫局 교수敎授 양종립楊宗立과 두순거杜舜擧 등 5명이 와서 약 2년간 교육하다가 돌아간 일은 고려 의학 발전에 크게 기여한 것으로 평가된다.[29] 『선화봉사고려도경』에는 그때부터 고려에서 의학에 정통한 인물들이 많아졌다고 기록되어 있으며, 송의 의사 파견과 교육에 감사할 목적으로 김인존이 작성한 외교문서를 보면, '고려가 의학을 잘 알지 못하여 병에 걸리면 단명하는 사람들이 많아 항상 걱정되어 황제에게 사정을 알렸는데, 황제가 고명한 기술을 내리고 의술을 교육하게 하여 그 은혜가 크다.'고 하였다.[30]

이런 교육·문화 부문의 혁신과 민생 구제를 목표로 하는 정책들은 성공적이었다고 평가받았다. 한안인은 예종대의 정치를 평가하여 "17년간의 사업이 후세에 남길 만하다."라고 하였다. 그리고 고종 때 태묘太廟에 친히 협제祫祭하면서 존호를 올린 책문에서는 예종의 업적으로 국학에 행차하여 인재를 양성한 것과 함께 약藥을 베풀어 민들의 질병을 구제한 것을 들었다.[31]

---

28 『고려사절요』 권7, 예종 4년 5월; 『고려사』 권77, 백관2 諸司都監各色 惠民局.
　　혜민국 설치에 대해서는 이경록, 2010, 『고려시대 의료의 형성과 발전』, 혜안, 79~80
　　쪽 참고.
29 이경록, 위의 책, 242~247쪽.
30 『宣和奉使高麗圖經』 권16, 官府 藥局; 『東文選』 권34, 謝遣醫官敎習表.
31 『고려사』 권14, 예종 史臣贊; 같은 책 권22, 고종 2년 10월 乙未.

도교 수용의 정치적 성격

예종대에 양재초복攘災招福을 기원하는 재초齋醮를 많이 올린 것도 민심 수습 및 민생 구제와 관련하여 이해할 수 있다. 여진 정벌 시작 전부터 민생 문제가 거론되고 개경의 지세가 다하여 연기가 필요하다는 주장까지 제기 되는 상황에서 왕은 국가의 안녕과 민생 구제를 기원하는 재초와 방술에 관 심을 두었다. 전쟁이 교착상태에 빠져 곤란을 겪던 기간에는 지세地勢가 쇠 퇴하였기 때문이라고 하여 음양비술陰陽秘術로 해결해 보려고 하였다.[32] 재 초를 올려 부처와 신에게 기원함으로써 음조를 구하는 한편, '토성土性이 부처와 신을 좋아하여 복리를 구하는' 상황에서[33] 왕이 그런 종교의례들을 주최하여 민심을 수습하는 효과를 거둘 수 있었다.

당시 천인감응설天人感應說에 의한 천견론天譴論이 설득력을 얻고 있었 으며, 천견에 대한 대책으로서 유교적 수성修省과 불교·도교의 재초를 강 구하였다. 후자의 사례를 숙종 때부터 몇 가지 살펴보면, 숙종 6년(1101) 송 충松虫 때문에 피해를 입자 그것은 병란의 징조라 하여 관정도량·문두루도 량 등의 불교 도량을 여는 한편, 노군부법老君符法이라는 도교의 방술을 써 서 기양하였다.[34] 이듬해에도 송충이 나타나 여러 해 동안 만연하자 형정刑 政이 잘못되었기 때문이라고 하여 휼형하는 한편, 여러 날 하늘에 초醮하여 천견에 응답하였다.[35] 예종 원년(1106)에는 가뭄이 심하자 구언求言하고 휼 형하고 부처와 신에게 빌었다.[36] 예종 5년(1110)에는 그때까지 3~4년 동안 흉년이 이어지고 질병이 돌았으며 그해 여름철에 냉해가 오자 천견이라 하

---

32 『고려사』 권13, 예종 4년 6월 丙戌.
33 『補閑集』 권上, 太祖當干戈草創之際 留意陰陽浮屠….
34 『고려사』 권54, 오행2 木 숙종 6년 4월.
35 『고려사』 권11, 숙종 7년 6월 丁亥.
36 『고려사』 권12, 예종 원년 6월 丙戌; 丁亥.

여 봉은사에 행차하여 몸소 재를 올리고 흉형을 하였다.[37] 예종이 즉위한 뒤
이처럼 재앙을 물리치고 복을 빌기 위하여 각종 불교도량을 열고 수시로 태
일太一·삼청三淸·성수星宿 등에 초를 지냈다.[38] 특히 여진 정벌을 시작한 직
후에 처음으로 원시천존상元始天尊像을 옥촉정玉燭亭에 안치하고 매월 초
를 지내게 하였다.[39] 그리고 기복 목적의 재초과의齋醮科儀가 중심인 성립도
교를 송으로부터 수입하였다.

예종 5년(1110) 송은 사신을 파견하여 친필조서를 전하고 예종을 진왕眞
王의 예로 대해 주는 특별한 호의를 보여 주면서, 그 사행에 도사들도 수행
시켜 도교를 전하였다.[40] 그때 한교여韓皦如(韓安仁)가 관반을 맡았는데, 송
이 도사들을 보낸 것은 예종 3년(1108)에 사신으로 갔던 김상우·한교여 등
을 통해 요청한 결과라고 보는 설이 유력하다.[41] 예종 12년(1117) 무렵에는
송에서 도요道要를 익히고 돌아온 이중약李仲若의 건의에 따라 복원궁福源
宮을 설립하였다.

당시 송에서는 휘종이 예술을 즐겨 풍류천자風流天子라고 불리는 한편 교
주도군황제敎主道君皇帝라고 자임하면서 도교에 대하여 비상한 관심을 보
이고 우대하였다. 변법 정국에서 권력을 장악하였던 채경도 도교에 호의적
이었다. 고려의 예종도 풍류미학을 즐기는 예술적 취향을 갖고 있었고[42] 금
문우객金門羽客 곽여郭輿를 가까이하면서 도교에 대한 관심이 컸다.[43] 이렇

---

37 『고려사』 권13, 예종 5년 6월 戊辰; 丙子.
38 金澈雄, 1995, 「高麗中期 道敎의 盛行과 그 性格」, 『史學志』 28, 117쪽의 〈표 3〉에 따르면
　　고려 역대 왕 중에서 예종 때에 醮를 지낸 횟수와 빈도가 가장 높았다.
39 『고려사』 권12, 예종 2년 윤10월 庚子.
40 『宣和奉使高麗圖經』 권18, 道敎 "大觀庚寅 天子眷彼遐方願聞妙道 因遣信使 以羽流二人
　　從行 遴擇通達敎法者 以訓導之 王俁篤於信仰".
41 金秉仁, 앞의 책, 85~86쪽.
42 『고려사절요』 권8, 예종 11년 4월 "王尙章句 好遊宴".
43 『宣和奉使高麗圖經』에 따르면, 예종은 "재위 시에 도가의 符籙을 받아서 불교를 대체하
　　려고 하였는데, 그 뜻이 이루어지지는 못하였지만 기다리는 바가 있는 듯하였다."라고 하

듯 양국의 왕들이 도교에 호의적이었던 점은 차치하더라도, 양국 간의 유대를 강화하기 위한 정치적 필요를 고려해서도 도교를 전해 주고 수용하는 과정이 원활하게 이루어졌다. 예종 10년(1115)에 왕자지 등을 송에 사신으로 파견하였을 때 그 사신들로 하여금 송의 대상국사大相國寺·천녕사天寧寺·보소왕사普炤王寺 등의 불교 사원과 만수관萬壽觀 등의 도교 사원에서 휘종을 축수하는 재초를 설행하게 하였으며, 이에 대하여 황제가 답례하였다.[44]

이상에서 살펴보았듯이 도교 수용은 넓게 보면 12세기 초 이래 부각된 사회경제적 모순에 대응하여, 좁혀 보면 전쟁 뒤에 당면한 민심 수습과 민생 구제 차원에서 추진한 것이며, 또한 송과의 유대관계를 강화하는 데에도 기여하였다. 그뿐만 아니라 당시 도교는 그 의례를 통하여 왕의 위상을 높이는 데에 기여하였다.[45] 도교의 초를 지내는 것은 당면한 재해를 막고 국태민안을 비는 의미뿐만 아니라 왕이 하늘과 인민을 매개하는 존재로서 위상을 강화하는 정치적 효과가 있었다.[46] 왕이 하늘로부터 권력을 받았기 때문에 직접 하늘에 제사를 지내고 천변天變의 기양祈禳을 주관할 수 있다고 보았다. 그렇기에 초는 '제세안민濟世安民'의 천명을 받은 통치자로서 왕의 권위

였다(권18, 道敎). 비록 과장되기는 하였지만, 예종이 도교에 큰 관심이 있었음을 잘 보여주는 기록이다.

44 『고려사』 권14, 예종 11년 6월 乙丑.

45 李鍾殷·梁銀容·金洛必은 당시 성립도교를 수용하여 도교 科儀를 체계화한 것에 대하여 상세히 고찰하면서 국태민안을 기원하고 왕실의 정통성을 확보하려는 목적이 있었다고 파악하였고(1989,「高麗中期 道敎의 綜合的 硏究」,『韓國學論集』15, 한양대학교 한국학연구소), 金徹雄은 숙종 이후 왕권 강화와 개혁이 추진되고 한편으로는 유민과 도적이 발생하는 상황에서 정치개혁을 위한 새로운 지도이념이 필요하였기 때문에 예종이 도교를 수용하고 정책적으로 지원하였다고 파악하였다(앞의 논문). 金秉仁은 특히 정치사 관점에서 예종대의 도교 진흥을 연구하였다. 그에 따르면, 여진과의 전쟁과 자연재해로 고통받는 가운데 국가 위기를 극복하고 민생을 안정시키기 위하여 '東宮僚佐'勢力이라는 국왕 측근세력이 도교를 진흥하였다고 하였다(2003,「高麗 睿宗代 道敎 振興의 배경과 추진세력」,『全南史學』20).

46 李鍾殷·梁銀容·金洛必, 위의 논문, 69쪽.

를 강화하는 논리로 작용할 수 있었고, 그런 점에서는 환구圜丘 제천례祭天禮와 같은 의미를 지녔다.

특히 중국의 교사郊祀제도를 보면 호천상제昊天上帝·오방제五方帝를 비롯한 신위에 왕조 개창에 관련된 황제들을 배우제配侑帝로 하였다. 고려에서도 성종 2년(983)에 기곡례祈穀禮를 처음 시행할 때 왕이 친히 환구에 제사하여 풍년이 들기를 기원하면서 태조를 배위로 모셨으며,[47] 그 후 환구례에서 태조를 배위로 하도록 규정하였다.[48] 그런데 숙종과 예종 때는 양재초복을 위한 초에서도 태조를 배위로 하였다. 숙종 7년(1102) 왕이 몸소 군신들을 이끌고 궁 안에서 상제上帝와 오제五帝에게 송충의 피해를 기양하기 위한 초를 지내면서 태조를 배위로 하였고,[49] 예종 원년(1106)에는 왕이 군신들을 거느리고 회경전에서 호천상제에 기우를 위한 초를 올리면서 태조를 배위로 한 것이 확인된다.[50] 이렇게 환구례나 초에서 태조를 배위로 한 것은 천명으로 천하를 받아 왕조를 개창하였음을 나타내는 것이었다. 그리고 태조의 후예인 왕들도 태조와 같은 상징성을 획득할 수 있었다.[51] 따라서 왕의 위상과 정치 주도력 강화에 노력하던 숙종~예종대에 자주 시행된 초의 정치적 효과와 함께 도교를 수용한 목적의 일단을 짐작할 수 있다.

유학에서 하늘을 도덕·이치의 차원에서 이해하고 왕은 하늘을 대리하여 그 도덕·이치를 나라에 구현하는 데에 힘써야 하는 존재라는 측면이 강조된다면, 도교의 하늘은 인간사를 주재하는 인격적 존재로서 기복 초의 대상이 된다는 점이 다르다. 과도한 재초 설행을 비판하는 유학자들도 있었다. 그렇지만 고려 초기부터 초가 관행처럼 거행되어 왔으며, 여진 정벌이 실패

---

47 『고려사』 권3, 성종 2년 정월 辛未.
48 『고려사』 권59, 예1 吉禮大祀 圜丘.
49 『고려사』 권54, 오행 木 숙종 7년 5월 癸酉.
50 『고려사』 권12, 예종 원년 7월 己亥.
51 한정수, 2007, 『한국 중세 유교정치사상과 농업』, 혜안, 211쪽.

하였다고 인식되던 정국에서 대송관계를 강화하고 왕이 문예군주·구세군주로서 위상을 세우는 것에 공감하는 인식이 주류를 이루었기 때문에 도교도 큰 반발 없이 수용될 수 있었다.

2. 도가사상의 정치론: '은일隱逸'과 '이술理術'

예종대에는 정책적으로 도교를 수용하면서 도가사상이 전보다 더 유행하였다. 예종은 도가 수련을 하던 곽여를 궁궐 안의 순복전에 거처하게 하고 늘 자신을 시종하게 하면서 선생이라고 불렀다. 곽여는 금문우객金門羽客이라고 불렸는데, 그것은 송 휘종의 총애를 받던 도사 임영소林靈素의 호칭이었다.[52] 예종은 복원궁을 설립하는 한편 청연각에서 한안인을 시켜 『노자老子』를 강의하게 하였다.[53] 인종 9년(1131)에 이르자 학생들에게 노장老莊의 학문을 공부하지 못하게 할 정도로 지식인들 사이에 도가사상이 확산되었다.[54]

도가사상은 흔히 은둔적이고 고답적이며 현실도피적이라고 인식된다. 그렇다면 12세기 전반에 개혁이 필요한 상황에서 도가사상은 어떻게 현실적 정치론으로서 받아들여졌을까? 이 문제에 대하여 '은일'과 '이술'을 키워드로 삼아 검토해 보기로 한다.

---

52 『고려사절요』 권8, 예종 8년 3월; 『宋史』 권462, 열전221 方技下 林靈素.
53 『고려사』 권14, 예종 13년 윤9월 丙子.
54 『고려사』 권16, 인종 9년 3월 甲子.
　　일례로 예종 17년에 麗澤齋生으로 뽑히고 인종 2년에 급제한 崔褎抗은 어려서부터 학문에 뜻을 두었고 周易·莊子·老子를 잘하였다고 평가받았다(金龍善 편, 앞의 책, 崔褎抗 墓誌銘).

무욕無欲과 은일隱逸

도가사상은 타락하고 물화物化된 사회에서 무위청정無爲淸淨이라는 이상을 제시한다. 무욕 즉 물욕을 억제하고 초월하여 자연·인간·사회가 합일하는 이상을 동경하면서 은일과 신선의 경지를 추구하는 것이다. 이에 따라, 은거하여 탈속적으로 생활하거나 비록 탈속하지는 못하더라도 그런 생활을 지향하는 모습을 보여 주는 인물들이 많이 나타났다. 이중약·곽여·이자현李資玄·정지상鄭知常 등이 대표적이다.

「일재기逸齋記」를 보면 이중약에 대하여 "항상 마음을 물질 밖에 두었고 얽매이는 것에서 벗어나서 집을 버리고 가야산에 들어가 은거하여 스스로 청하자靑霞子라고 호를 지었다. … 부상공扶桑公·도은거陶隱居(陶弘景)·장천사張天師(張道陵) 등을 스승과 벗으로 삼아 조화를 부리고 천지의 운행에 참여하며 한낮의 원기를 호흡하고 푸른 하늘 위로 가볍게 날 것을 생각하였다."라고 그가 은일한 경지를 설명하였다. 그는 도교 경전인 『황정경黃庭經』을 통하여 욕망을 버리는 수양을 하면서 신선술을 익혔다.[55]

은일하기 위해서 출가가 꼭 필요한 것은 아니었다. 이중약의 부친은 이중약이 출가하면 선대의 제사를 받들지 못할까 염려하여 처사處士 은원충殷元忠과 선사禪師 익종翼宗에게 부탁해서 도강군道康郡(지금의 강진군) 월생산月生山에 집터를 잡아 주어 그가 수련할 수 있게 하였다. 뒤에 이중약은 예종이 불러 관료가 되었는데, '발자취는 출세하였으나 마음은 은일을 유지하였고 궁중에서 배회하는 것을 좋아하지는 않았다.'라고 하였다. 이것은 그가 비록 세속에서 벼슬하고 있더라도 명리를 멀리하여 마음은 은일의 경지를 지켰다는 것을 말해 준다.

도가에 심취한 곽여는 외관으로 나갔을 때 초당을 짓고 여가 시간이 생기

---

55 『西河集』 권5, 逸齋記. 이하 이중약과 관련하여 직접 인용한 사료의 전거는 이와 동일함.

면 늘 그곳에 가서 휴식하였으며, 돌아와 중앙관이 되었다가 지방에 은거하였다. 그 뒤 예종의 부름에 따라 오건烏巾과 학창의鶴氅衣을 착용하고 항상 측근에서 시종하면서 담론하고 창화하였다. 왕은 그를 신선에 비유하면서 도의 참뜻〔道味〕을 함께하고자 하였다. 물러난 뒤에는 동산처사東山處士라고 호를 짓고, 당호는 허정虛靜, 재齋는 양지養志라고 하였다.[56]

정지상은 곽여와 오랜 교분이 있었으며 「동산재기東山齋記」와 비문을 썼는데 도가사상을 좋아하였고 산수에 은일 소요하려는 생각이 있었다. 그의 시는 만당풍晩唐風이면서 사어詞語가 맑고 화려하며 운격韻格이 매임 없이 호방하여 일가의 법을 이루었다고 평가받은 것처럼 탈속적인 경지를 보여주었다.[57]

세속적 삶을 벗어나지 않고도 은일의 정신적 자유를 추구할 수 있다는 점에서 은일사상은 선禪과 거사불교居士佛敎와 상통한다. 선을 도가사상과 격의적格義的으로 이해하고 나아가 융합하는 모습을 보여 준 이자현에게서 그런 면모를 잘 살펴볼 수 있다.[58] 그는 "문벌 출신으로 벼슬길에 올랐으나 항상 신선처럼 은일하려는 생각을 품었으며, 젊어서 조정〔金闕〕에서 놀다가 술사 은원충을 만나 은거할 만한 계산승지溪山勝地를 물어서" 춘주 청평산에 은거하여 문수원을 보수하고 살았는데, "거친 음식〔疏食〕과 누비옷으로 검소하고 절제하며 청정한 것을 낙으로 삼았다."[59] 그는 "불교의 이치를 깊이 탐구하고 선적禪寂을 편애偏愛"하면서 수련하여 당시 간화선의 전개에

---

56 『고려사』 권97, 郭尙 附 郭輿; 『破閑集』 권中, 郭處士輿 睿王在春宮時寮佐也….

57 『破閑集』 권下, 西都古高句麗所都也…; 『櫟翁稗說』 後集2, 鄭司諫知常 喜老莊…; 『고려사』 권127, 반역1 妙淸 附 鄭知常.

58 崔柄憲, 1983, 「高麗中期 李資玄의 禪과 居士佛敎의 性格」, 『金哲埈博士華甲紀念史學論叢』, 954쪽. 이 논문에 따르면 이자현의 선은 도가사상이 바탕을 이루고 있을 뿐만 아니라 도가사상과 선의 구별이 희박하였다.

59 『破閑集』 권中, 眞樂公資玄 起自相門…; 『東文選』 권64, 淸平山文殊院記; 『고려사』 권95, 李資淵 附 李資玄. 이하 이자현과 관련하여 직접 인용한 사료의 전거는 이와 동일함.

큰 공로를 남겼다. 그리고 호를『노자老子』에서 유래한 희이자希夷子라고 하였고[60] 암자의 이름을 선동식암仙洞息庵이라고 지었다는 사실에서 도교의 영향도 많이 받았다는 것을 알 수 있다. 예종이 그를 불러올리려고 하였으나 응하지 않았으며, 이에 예종은 "말은 들을 수 있지만 도는 전할 수 없고 몸은 볼 수 있지만 뜻은 굽힐 수가 없으니 참으로 영양穎陽(隱者 許由)의 아류이다."라고 평가하였다.

한편「일재기」에 따르면, "진실로 은일할 수 있는 사람〔眞隱者〕은 출세하여 드러낼 수 있으며〔能顯〕, 진실로 출세하여 드러낼 수 있는 사람은 은일할 수 있다. … 은일할 때는 도가 함께 간직되며, 출세하면 도도 함께 행해지는 것이다."라고 하였다. 이런 은·현에 대한 이해는「일재기」를 지은 임춘林椿의 생각인데, 보통 도가의 은둔이 현실도피적인 데 비하여 유학의 은현관은 현실참여적이라고 파악된다. 그런데 이중약·곽여·정지상 등의 사례를 보면 은일을 추구하더라도 현실로부터 도피하여 사회적·정치적 실천을 배척한 것은 아니었다. 이중약은 "이미 나와서 좋은 때를 만났으니 황제를 보필한 선인 광성자廣成子처럼 지극한 도의 정수로써 이술理術을 펼쳐서 매일 백성의 이목을 밝혀 주려 하였다."라고 하였다. 끝내 출사를 거부하고 은일을 지킨 이자현도 "백이伯夷와 숙제叔齊가 세상을 피하여 은둔한 것은 천성天性을 보전하기 위함이고, 직稷과 설契이 나라 일에 힘쓴 것은 자신을 위함이 아니었네."라고 하였고, "늙어서도 맹자孟子의 부동심不動心의 뜻을 이루지 못하였고, 소요逍遙함에는 장자莊子의 무하유향無何有鄕에는 들어가지 못하였습니다. 아직 자기 혼자 선을 행하는 독선獨善의 이름도 부족하니, 어찌 서로 부족한 것을 채워 구제하는 겸제兼濟 능력이 있겠습니까?"라

---

60 『老子』14장 "視之不見 名曰夷 聽之不聞 名曰希".
　希夷는 物我一體의 경지를 말하며, 도교를 존숭한 송 태종이 華山의 도사 陳摶에게 내려준 호가 希夷先生이었다(『宋史』권4, 태종 雍熙 원년 10월 甲申).

고 하여, 현실 참여를 부정적으로 보지 않았다.[61] 그렇게 할 수 있었던 것은 아마 그들이 유학과 도가사상을 겸학하였던 것과도 관련이 있을 것이다.[62]

도가사상·도교의 이술理術

고려중기에 이중약처럼 도가사상을 가졌던 사람들은 '이술理術'을 어떻게 생각하였을까?

'은일'하는 생활은 무욕·과욕寡欲하고 지족안분知足安分해야 한다. 명리와 재화는 모두 헛되므로 집착할 만한 것이 못 되며, 거기에 집착하면 심신을 방해할 뿐이기 때문이다. 「일재기」에 따르면, 명리名利 경쟁에 골몰하며 머리에 고관이 쓰는 익선관을 쓰고 허리에는 관인을 찬 사람은 권세에 분주하고 이익을 추구할 뿐이기 때문에 은일이 불가능하다고 하였다. 따라서 은일은 명리 추구와 사치가 만연한 사회풍조에 대한 비판으로서의 의미가 있다. 문벌 출신의 이자현은 은거할 때 임진강을 건너면서 '이제 가면 다시는 서울로 돌아가지 않겠다.'고 맹세하고, 뒤에 예종의 부름에도 끝내 은일의 뜻을 굽히지 않았다. 이에 대하여 김부철金富轍은 "공은 부귀한 권세가 출신이고 또 문장으로 과거에 급제하여 좋은 벼슬에 올랐으니 조정에 들어와서는 재상이 되고 나가서는 장수가 되는 것이 마치 땅에서 지푸라기를 줍는 것처럼 쉬울 뿐이다. 그런데도 부귀를 헌신짝처럼 버리고 신세를 뜬 구름처럼 여겨서 산중에 들어가 다시는 서울에 돌아오지 않았으니 특별하지 아니한가?"라고 하여,[63] 이자현이 문벌 권세가 출신으로서 부귀와 영화

---

61 『破閑集』권中, 眞樂公資玄 起自相門…; 『東文選』권39, 陳情表.
　　獨善과 兼濟는 『孟子』에서 인용한 것이다. "古之人 得志 澤加於民 不得志 修身見於世 窮則獨善其身 達則兼善天下"(盡心章句上).
62 이중약은 "유학과 도교에 대한 공부가 전생에서부터 벌써 배운 바가 있었다."라고 평가받았다. 이자현·곽여·정지상은 유학을 공부하여 과거에 급제하였다.
63 『東文選』권64, 淸平山文殊院記(金富轍).

를 쉽게 누릴 수 있었지만 그 욕망을 떨치고 은일을 즐긴 것을 높이 평가하였다.

이자현은 예종이 양성養性의 요결을 묻자, "욕심을 줄이는 것보다 더 좋은 것은 없습니다."라고 대답하였다.[64] 이처럼 욕심을 줄이는 과욕寡欲을 양성의 요결로 든 것은 당시 문벌이 극성하여 모순이 드러나면서 지배층이 과도하게 사적 이익을 추구하고 부정부패에 물든 행태를 비판하는 의미가 있었다. 그렇기에 왕을 포함한 지배층에게 과욕 내지 청정 검소하도록 강조한 것은 정치적 의미를 띠면서 개혁이 필요한 시점에 그것을 뒷받침해 줄 이술로 작용할 수 있었다.

이자현이 언급한 과욕은 『맹자』에서 인용한 개념이다.[65] 그런데 도가사상에 익숙한 이자현이 그렇게 대답한 것은 도가에서 제왕의 양생술養生術로 무위無爲·무욕을 강조한 것과도 통한다.[66] 송 태조가 도사 소징은蘇澄隱에게 양생술을 묻자 소징은이 대답하기를, "신의 양생은 정사精思·연기煉氣하는 데 지나지 않을 뿐입니다. 그렇지만 제왕의 양생은 이와 나릅니다. 노자가 말하기를 '내가 무위하면 민이 저절로 교화되고 내가 무욕하면 민이 저절로 바르게 된다.'라고 하였습니다. 무위·무욕하여 정신을 집중 수련하는 것이니〔凝神太和〕 옛날 황제皇帝와 요堯 임금이 오랫동안 나라를 잘 통치할

---

64 『고려사』 권95, 李資玄.
65 『孟子』 盡心章句下 "孟子曰 養心莫善於寡欲 其爲人也寡欲 雖有不存焉者 寡矣 其爲人也多欲 雖有存焉者 寡矣".
66 『고려사』에는 예종이 이자현에게 '養性'의 요결을 질문하였다고 기록되었으나, 『破閑集』에는 도가적 용어에 가깝게 '修身養生'의 요결을 질문하였다고 기록되었다. 그리고 이자현이 국왕의 양생요결이라고 제시한 것이 도가와 불교식 수행이나 방술이 아니라 유학의 道였다는 것은, 송대 초기 도가의 은일사상가들이 조정에 진언한 내용과 같은 맥락이며 도가사상과 유학의 교호작용을 보여 준다는 점에서 주목된다(구스모토 마사쓰구, 김병화·이혜경 譯, 2005, 『송명유학사상사』, 예문서원, 31~33쪽).
   한편 다음에 인용하는 글에서도 이자현이 『孟子』와 『莊子』를 동시에 인용하여 자신의 처지를 설명하였다. "老未逢孟子不動之志 遊未入莊生無何之鄕 尙乏獨善之名 豈有兼濟之用"(『東文選』 권39, 陳情表).

수 있었던 것은 이 도를 얻었기 때문입니다."[67]라고 한 것과 같은 맥락의 대답이었다고 보인다. 통치자에게는 개인적 수련도 중요하지만 정치를 잘하는 것이 더욱 중요하다고 보고 그 통치술로서 무욕을 강조한 것이다.

또한 앞에서 본 소징은의 말에서 알 수 있듯이 도가의 정치사상에서 무욕은 무위의 다른 표현이라고 할 수 있다. 욕망으로 부패한 정치뿐 아니라 패도정치, 나아가서 유위有爲한 왕이 부국강병을 목표로 위로부터 개혁을 시도하는 것도 배격하면서 자연질서에 순응하는 정치론을 제시하였다. 무위의 정치론에 따르면 "왕의 도[君道]는 무위이고 신하의 도[臣道]는 유위이다.", "근본(무위)은 위에 있고 끝(유위)은 아래에 있으며, 요점(무위)은 왕에게 있고 상세함(유위)은 신하에게 있다."라고 설명하였다.[68] 즉 황로학黃老學처럼 무위의 정치론을 집권국가의 정치론으로서 펼칠 때에는, 무위를 도로 삼는 왕이 유위를 도로 삼는 신하의 보필을 받아야 한다고 하였다. 그럴 경우, 도가의 무위정치론 내지 자연주의적 정치론은 아무것도 하지 않는 정치가 아니라 상황과 형세를 살펴서 적절한 조치를 취하는 정치를 말하며, 다만 왕이 직접 정치에 나서기보다 신하가 왕명을 받아 정치를 실질적으로 담당하는 형태인 것이다. 이러한 정치론은 왕의 전제專制나 공리주의적 개혁보다 인재의 육성과 올바른 관리 임용 및 군신연방君臣延訪을 강조하는 문예군주론에 가깝다.

최유청의 다음과 같은 시구는 그가 무위의 정치론을 인식하였을 가능성을 보여 준다. "지사志士는 사업事業을 소중하게 여기고 소인宵人(小人)은 재물에 욕심을 내네. 두 가지를 다할 겨를이 없는데 세월은 쉬지 않고 빠르기

---

67 『宋史』 권461, 方技上. 『老子』의 해당 부분은 다음과 같다. "我無爲而民自化 我好靜而民自正 我無事而民自富 我無欲而民自朴"(제57장).
68 『莊子』, 天道13 "上必無爲而用天下 下必有爲爲天下用 此不易之道也 … 本在於上 末在於下 要在於主 詳在於臣".

만 하네. 잡초 우거진 쓸쓸한 무덤에 어진 사람이나 어리석은 사람이나 다 함께 묻혀 있으니, 차라리 날마다 술이나 마셔 배 채우고 마음을 비우는 것이 낫겠네."[69] 이 시의 마지막 연은 『노자』에서 인용한 것이며,[70] 그 인용 부분의 취지는 왕의 덕은 군림하되 통치하지 않는 것, 바꾸어 말하여 백성들로 하여금 스스로 잘되고 바르게 되며 넉넉해지고 순박해지게 하는 것이 이상적인 정치라는 것이다. 이렇듯 집권국가의 정치론으로서 활용된 도가의 무위 정치론에서는 자연성을 회복한 사회에서 사회구성원들이 지족안분知足安分, 즉 자기의 개성을 충분히 발휘하면서 제자리를 잡고 제 모습을 드러낼 수 있도록 하는 정치적 실천방안을 제시하였으며, 그것 역시 '이술'의 차원으로 파악될 수 있다.

한편 이중약이 행한 이술에는 나라의 양재초복禳災招福을 위하여 송으로부터 도교를 수용하는 것과 의술醫術을 펼치는 것도 포함되었다.

선행 연구들에 의해서 잘 밝혀진 것처럼, 현종대 이후 기복을 위한 초醮를 국가·왕실 차원에서 많이 행하였다. 특히 예종 때에는 원시천존·호천오방제·삼청 등을 처음으로 숭배하였고, 초의 대상이 주로 원시천존·삼청·삼계三界·태일太一 등이었던 것은 개인 구복보다 호국과 민생 구제에 중점을 두었음을 보여 준다.[71] 그 무렵에 행한 초의 성격을 보여 주는 김부식金富軾의 청사青詞에 따르면, 도교의 "과식科式", "보록寶籙의 묘과妙科"에 따라 의식을 진행하고, "복을 신명께 받아 나라를 보전하고 편안하여 … 풍년이 들

---

69 『東文選』권4, 雜興 "志士惜事業 宵人戀珠金 經營兩不暇 羲和走駸駸 荒壟瘞百草 賢愚同一沉 何如且日飲 實腹而虛心".
　　이 시의 다른 구절에서 최유청은 忘機·璇機 등 도가사상과 밀접한 개념어를 이용하고, 『東文選』권19에 수록된 「杏花」에서는 『莊子』의 胡蝶夢을 이용하였다.
70 『老子』제3장 "不尙賢 使民不爭 不貴難得之貨 使民不爲盜 不見可欲 使民心不亂 是以聖人之治 虛其心 實其腹 弱其志 强其骨 常使民無知無欲 使夫智者 不敢爲也 爲無爲 則無不治".
71 金澈雄, 앞의 논문, 108쪽.

고 도둑이 자취를 감추며 오랑캐들이 덕을 생각하고 전쟁이 종식되기를 바란다."라고 기원하였다.[72]

이중약은 초례를 지내는 수준에서 더 나아가 교단도교를 세울 수 있기를 바랐다. 그는 송에 들어가 법사 황대충黃大忠·주여령周與齡에게 도의 요체를 전수받고 귀국하여 국가 재초의 복지福地로서 도관을 세우자고 상소하였다. 그 결과 예종 12년(1117) 무렵에 복원궁을 건립하여 고진도사高眞道士 10여 명을 두고[73] 세상의 구제〔度人救世〕를 지향하는 성립도교·교단도교를 출발시켰던 것이다.[74] 그리하여 전대와는 달리 명실공히 삼교三敎 정립鼎立의 치세관治世觀을 보여 주게 되었다.[75]

도교는 초를 통한 기복 외에도 종교로서 윤리를 갖고 있기 때문에 민중교화에도 효용성이 있었다. 「일재기」에 따르면, 복원궁을 세워서 "강석講席을 마련하여 큰 종을 울리며 널리 중묘衆妙(도교의 이치)의 문을 열어 놓으니, 도를 묻는 사람들이 문전성시를 이루었다."라고 하였다. 그런 강석에서는 민중에게 덕을 쌓고 과오를 범하지 않으며 선행을 베풀도록 가르쳤다. 도교가 도가사상에 바탕을 두면서도 윤리적 기초를 유교에서 차용하여 충忠·효孝·신信 등의 덕목을 강조하였다는 사실은 잘 알려져 있다.

의술도 그 무렵 이술로서 간주되었다. 그 사실은 숙종 5년(1100) 송에 사신으로 간 임의任懿·백가신白可臣 등이 황제로부터 『신의보구방神醫普救方』을 받아 돌아왔을 때, 왕이 그 책을 일러 "세상을 구제하는 데 긴요한 내용〔濟世要術〕"이라고 하면서 그들을 포상한 데에서 알 수 있다.[76] 이중약은

---

72 『東文選』권115, 乾德殿醮禮靑詞. 당시 건덕전에서 설행된 초는 太一에 대한 초가 많았다.
73 『宣和奉使高麗圖經』권18, 道敎.
74 성립도교·교단도교의 개념에 대해서는 구보 노리타다, 최준식 譯, 1990, 『道敎史』, 분도출판사, 51~55쪽 참고.
75 李鍾殷·梁銀容·金洛必, 앞의 논문, 45~59쪽.
76 『고려사』권95, 任懿.

의술을 여러 사람에게 혜택을 줄 수 있는〔惠衆〕 것으로 여겨 의술을 연구하여 많은 사람을 살렸다. 그는 의술 실력을 인정받아 숙종에게 추천되었다가 예종의 측근에서 활동하였다. 그가 나라의 양재초복을 위하여 도교를 수입하고 의술을 펼친 것은 예종의 측근으로서 구세군주로서의 위상을 돕는 일이었다.

뒷날 이자겸은 한안인파를 숙청하면서 의술에 능한 이중약을 의심하여 유배에 그치지 않고 사람을 보내어 살해하였다.[77] 이자겸이 그렇게 한 이유는 이중약이 유배되더라도 뛰어난 의술 실력으로 사람들의 마음을 모으거나 다시 중앙에 복귀할 가능성이 컸기 때문일 것이다. 이중약은, 선행 연구에서 추측한 것처럼, 도교 의술을 익혔을 가능성이 크며,[78] 같은 시기에 금문우객으로 불리던 곽여도 의술에 능하였다고 전한다.[79]

한편 도가사상을 익힌 인물들이 은일과 이술의 경중을 어떻게 가렸는가 하는 문제는 상대적일 수밖에 없다. 예를 들어 이자현이 예종의 부름을 거절하고 탈속은사로서 생활한 데 비하여, 이중약과 곽여는 은거하였다가 예종의 부름을 받아 현실정치에 참여하여 이술을 펼치는 길을 걸었다. 또한 이중약은 교단도교를 수용하고 한안인파라는 정치세력의 일원으로서 활동하였지만, 곽여는 개인적 수련에 치중하고 특정 정치세력에 가담하여 활동하지 않았다.

은일과 과욕도 어디까지나 현실에서 상대적인 수준의 것이었다. 은둔하더라도 은일의 우아한 생활을 보장하도록 일정한 부富를 확보할 필요가 있었다. 이자현이 예종에게 과욕을 권유하고 스스로 은일의 생활을 즐기면서 부귀를 헌신짝처럼 버렸다고 칭송받았지만, 한편으로는 성품이 인색하여

---

77 『고려사』 권97, 韓安仁.
78 李鍾殷·梁銀容·金洛必, 앞의 논문, 81쪽.
79 『고려사』 권97, 郭尙 附 郭輿.

재화를 많이 모으고 재물을 축적하였기 때문에 그 지방의 사람들이 싫어하고 괴로워하였다는 평가도 받았다.[80] 다시 말하여 문벌사회에서 다른 부류들보다 상대적으로 과욕을 보여 주었을 뿐 민에게는 여전히 수탈하는 지배층에 머물렀던 것이다. 그들이 제시한 구세군주상은 중세시기의 사회경제적 지배관계를 부정하는 차원이 아니라, 그로부터 야기된 민생 문제에 대하여 권농과 구휼 정책을 시행하면서 지배층의 각성과 종교적 해결방식을 제시하는 차원의 것이었다.

3. 한안인韓安仁파의 정치활동과 그 성격

측근세력적 양태와 개혁 성향

동북9성 반환 이후 공리주의적 신법개혁론은 힘을 잃었다. 그런 개혁을 비판하고 교화와 '조종지법'을 중시하는 방식으로 개혁할 것을 주장한 인물들은 민생 안정에 초점을 맞춘 정책을 건의하였다. 그렇지만 그들은 도덕과 질서를 강조하고 욕망의 절제를 주장하면서도 기존의 법을 쉽게 고쳐서는 안 된다는 입장이었기 때문에, 급박한 현실문제에는 유용한 해결책을 제시하기 어려웠으며,[81] 오히려 문벌이 극성한 사회환경에 포섭되어 가는 한계를 보였다.

그런 상황에서 예종은 동궁 시절부터 가까이하였던 한안인·이영李永·이중약 등을 측근에 포진시켜 정치를 이끌어 나가려고 하였다. 이른바 한안인파로 구분되어 뒷날 이자겸이 한안인을 숙청할 때 같이 처벌당한 인물

---

80 『고려사』 권95, 李子淵 附 李資玄; 『東文選』 권64, 淸平山文殊院記.
81 김인존은 9성반환론과 윤관처벌론이 비등하던 무렵까지 대간으로 활동하였는데, 당시
   그의 활동은 "公在諫垣所陳 皆經國遠猷 初若迂疎 利在千百載下"(『破閑集』 권中, 金侍中
   緣 平章上琦子也…)라고 평가받았다.

들은 이영·이중약과 함께 문공미文公美(文公仁)·문공유文公裕·한주韓柱(韓
惟忠)·한안중韓安中·한충韓沖·정극영鄭克永·임존林存·최거린崔巨麟(崔奇
遇)·임원준任元濬·한류韓縲·이원장李元長·이봉원李逢原·최유청 등이다.
그들은 족당세력族黨勢力의 면모를 보였으며, 기존의 정치세력들과 관계가
적고 상황 변화에 유연하게 대처할 수 있는 신진관료들이 많았다.[82] 관력상
으로는 예종 때 주로 후설직喉舌職과 대간臺諫 활동을 통하여 자신들의 정
치적 위상을 강화하였다.[83] 그리고 왕의 의도에 부합하여 신임을 얻어 자신
들의 정치적 비중을 높이면서 왕의 측근세력으로 자리 잡았다.[84]

한안인파에는 한안인·이중약·최유청 등처럼 유학과 함께 도가사상에 익
숙하고 도교 수용에 적극적 역할을 한 인물들이 다른 정치세력보다 상대적
으로 많았다. 예종의 측근에서 함께 청담을 즐긴 곽여가 한안인파와 정치적
행보를 같이하였는지는 분명하지 않으나, 예종이 동궁이었을 때 한안인·이
영과 마찬가지로 요좌寮佐였고 이중약과는 신교神交를 맺었다 할 정도로 가

---

82 盧明鎬, 1987, 「李資謙一派와 韓安仁一派의 族黨勢力」, 『韓國史論』 17; 金潤坤, 1973,
　「귀족사회의 제모순」, 『한국사』 7, 국사편찬위원회.
　　한편 E. J. Shultz는 한안인파의 형성과 결속에 작용한 요인으로 명문거족과 대비되는
　신진세력, 혼인과 친족적 유대, 경기지방을 중심으로 한 지역적 유대, 대간활동, 선종과의
　유대 등을 들었다(1983, 「韓安仁派의 登場과 그 役割」, 『歷史學報』 99·100합).
83 한안인은 예종 초부터 내시와 승선직을 역임하다가 예종 11년에 추밀원지주사 겸 직학
　사로서 재추가 되었다. 문공미는 예종 10년 송에 사신으로 갈 때 우부승선이었으며, 이
　후 우승선, 추밀원 지주사 등을 거쳐 인종 즉위년에 추밀원부사로서 재추가 되었다. 한충
　은 예종 6년에 우보궐로서 시정득실을 상소하였으며, 이후 예종 15년과 16년 사이에 기
　거주, 중서사인 등의 간관을 거친 것이 확인된다. 이영은 예종 12년에 우간의 대부가 되
　었으며 이후 보문각학사, 지어사대사 등을 역임하였다. 정극영은 중서사인을 거쳐 예종
　14년에 좌간의대부가 되었고 한림학사, 보문각학사 등을 역임하였다. 임존은 예종 16년
　기거사인이었던 것이 확인되고 인종 즉위년에는 시어사였다. 최거린은 우정언, 기거사인
　등을 거쳐 예종 15년에 좌사간, 인종 즉위년에 우정언을 지낸 것이 확인된다. 임원준은
　우보궐, 좌정언을 거쳐 예종 16년에 전중내급사가 되었고 인종 즉위년에 우정언이었다.
　이중약과 문공유는 인종 즉위년에 합문지후였고 한주는 승선이었다.
84 박종기, 앞의 논문, 48~54쪽.

까운 사이였다.[85] 이처럼 한안인파에 유학과 함께 도가사상에 익숙한 인물들이 상대적으로 많았다는 특징으로 인하여 그들이 공리주의적 신법개혁론이나 교화와 '조종지법' 준수를 강조하는 개혁론과 구별되는 정치적 성격을 띠게 된 것은 아닐까?

예종은 신하들과 자주 창화唱和하고 풍류미를 즐기는 문학적 취향을 갖고 있었다.[86] 그는 현실을 초탈하고 고답적인 은사와도 같은 뜻을 품고 인위적인 틀을 벗어나 본성대로의 자연을 찾고 흥거워하면서 즐거움을 만끽하고 싶어하였다고 평가되기도 한다.[87] 교화론적 개혁을 주장하는 관료들은 왕의 그런 풍류 취향에 비판적이었다. 예를 들어 최약崔瀹은 예종이 신하들과 자주 창화를 즐기는 것을 비판하여 유아儒雅와 더불어 경사經史를 토론하며 정치를 자문하지 않고 경박한 사신詞臣과 더불어 음풍농월한다고 간쟁하였다.[88] 이에 비하여 도가사상은 사변적·이론적 사유보다 낭만적 상상력의 공급원이라 할 만하고 그 문풍은 은일·신선의 경지를 추구하는 흥취 등을 노래하면서 낭만적이고 자연스러움을 강조하는 경향이 있었다. 도가사상에 친근한 인물들이 많았던 한안인파를 예종이 가까이한 것은 자연스러웠다.

한안인파가 정치세력으로서 가시화된 것은 특히 외척 이자겸파와 대립하면서부터이다. 이자겸은 예종 10년(1115)에 태자가 책봉된 뒤 태자의 보도輔導를 맡아 그 보위세력으로서 힘을 키웠다.[89] 이후 두 세력의 관계를 잘 보

---

85 『破閑集』권中, "郭處士輿 睿王在春宮時寮佐也"; "金學士黃元 李左司仲若 郭處士輿 皆奇士 少以文章相友 號神交 二公嘗訪左司第 淸談亹亹 不覺日暮".
86 『東人詩話』권下 "高麗光宗始設科 用詞賦 睿宗喜文雅 日會文士唱和…".
87 朴魯埻, 1985, 「維鳩曲과 睿宗의 思想的 煩悶」, 『韓國學論集』8, 한양대학교 한국학연구소.
88 『고려사절요』권8, 예종 11년 4월.
89 『宣和奉使高麗圖經』권8, 人物 李資謙 "資謙視覆車之戒 每自修飭 俱深信重之 使爲春宮傅友 時楷尙沖幼 資謙擇博學多聞之士八人 以導翊之 如金端輩 頃自本朝賜第歸國 正預選掄". 이자겸파의 그런 성격에 대해서는 오영선, 1993, 「인종대 정치세력의 변동과 정책의

여 주는 것이 예종 17년(1122)의 기록이다. 그해에 한안인이 참지정사, 문공미가 추밀원 지주사, 이자량李資諒이 추밀원 부사가 되어 같은 관서에서 근무하였는데, 이자량은 이자겸의 아우로서 권세에 기대고 한안인과 문공미는 왕의 총애를 믿어 서로 시기하였다.[90] 왕의 측근세력인 한안인파나 외척세력인 이자겸파나 다 같이 예종과의 특수관계를 바탕으로 형성되었지만, 후자가 문벌 기반에서 부를 축적하는 데 힘쓴 데 비하여 전자는 그것을 비판하는 개혁 성향이었기 때문에 갈등을 빚어 대립하였다.[91]

한안인파는 수탈을 일삼는 권귀와 그들에 빌붙어 청탁하는 관리들의 행태를 비판하였다. 최기우가 서해도 안찰사가 되었을 때 이자량이 원관院館을 경영하면서 다른 사람들의 전원을 침탈하자 이를 금지하였고, 그런 꼿꼿한 자세 때문에 이자겸은 저택을 크게 짓는 데 필요한 철을 해주에 사람을 보내 구하면서 안찰사 최기우가 모르게 해 달라고 부탁하는 형편이었다.[92] 한안인도 굳세고 바르다고 이름이 났으며,[93] 예종 13년(1118)에는 청렴강직하고 능력이 있지만 권귀에게 아부하지 않아 출세하지 못한 김상제金尙磾와 이유인李惟寅을 발탁하여 관료들에게 귀감이 되게 하자고 천거하였다.[94] 한충도 강직하고 청렴하였다고 평가받았다. 예종 16년(1121)에 추밀원사 최홍재가 여진 정벌 때 음조를 바라고 개국사에 대장당을 세울 것을 서원하였다가 이때 와서 군인들을 동원하여 목재를 운반하게 해 달라고 청원하자, 한충은 같은 파에 속한 임원준과 함께 간관으로서 최홍재가 함부로 공역을

성격」,『역사와 현실』9, 71~73쪽 참고.
90 『고려사』권14, 예종 17년 3월 庚午;『고려사절요』권8, 예종 17년 12월
91 한안인파와 이자겸파는 모두 예종과 특수관계에 있었으므로 예종의 리더십이 작동하는 한 그들 간의 대립이 심한 정쟁으로 번지지는 않았다.
92 『고려사』권98, 崔奇遇. 이자겸이 새 저택을 낙성한 시기는 예종 12년이다(같은 책 권14, 예종 12년 11월 乙巳).
93 『고려사』권99, 崔惟清 "平章事韓皦如 號剛正 非罪見流".
94 『고려사절요』권8, 예종 13년 12월.

일으킨 죄를 물어 탄핵하였고, 왕의 만류에도 불구하고 탄핵을 고집하다가 거꾸로 자신들이 좌천되었다.[95] 그가 최홍재를 탄핵한 것은 고관으로서 사적인 공역을 일으켜 군인들을 동원하려 하였기 때문이다. 이영도 청렴하며 바르고 곧아서 권귀에게 흔들리지 않았다는 평가를 받았다.[96]

한안인파에 속한 인물들은 공리주의적 신법개혁에 대해서도 비판적이었다. 정극영은 예종 6년(1111) 무렵에 올린 것으로 보이는 「조신들을 연방하도록 청하는 표〔請延訪朝臣表〕」에서 정책을 건의하는 사람들이 헛된 법〔徒法〕으로써 민심을 흔들고 관직을 맡은 사람들이 가혹한 정치로써 국체國體를 손상한다고 비판하였다.[97] 이영은 강병책을 바탕으로 군사를 동원하는 것을 비판하였다. 그는 숙종 때 임언이 여진 정벌을 건의하자 무력은 흉기이고 전쟁은 위험한 일이니 함부로 움직일 수 없으며 무사한 시기에 군사를 일으켜 전쟁을 벌여서는 안 된다고 반대하였다.[98] 예종 10년(1115)에 여진의 공격을 받은 거란이 청병하였을 때는 한충이 김부일·김부식 등과 함께 민생 안정의 논리로써 반대 의견을 제출하였다.[99] 그런 점들을 고려하면, 한안인파는 교화와 민생 안정을 우선시하는 개혁방식과 가깝다.

그렇더라도 신법개혁론과 맞선 것만은 아니었다. 정극영은 당시 상황이 섶을 쌓아 불을 놓고 그 위에서 자면서도 그 불이 아직 타오르지 않으니 편하다고 여기는 것과 같다고 하면서, 민들이 부역에 시달리고 여진 정벌 뒤에 해마다 흉년이 계속되는 등 재변災變이 일어나도 깨달아 알지 못하고 있으니 대책 마련이 시급하다고 역설하였다. 옛것을 지키는 것만 귀하게 여기는 태도를 비판하였으며, 사회를 질곡으로 몰아넣는 문제들을 해결하기 위

---

95 『고려사절요』 권8, 예종 16년 2월.
96 『고려사』 권97, 李永.
97 『고려사』 권98, 鄭克永.
98 『고려사절요』 권7, 숙종 9년 2월.
99 『고려사절요』 권8, 예종 10년 8월.

해서는 신법개혁도 필요하다고 인정하는 입장이었다.[100]

한안인 등은 여진 정벌 후 송과의 관계를 강화하고 교육제도·도교·의학 등을 비롯한 문물을 수용하여 문예군주·구세군주로서 위상을 세우려는 예종의 의도에 적극 부응하였다. 앞서 살펴본 것처럼, 한안인은 예종 3년(1108) 송에 사신으로 가서 예종 5년(1110)에 송이 고려와의 관계를 한층 강화하고 도사를 파견하는 데 중요한 역할을 하였으며, 이중약은 송에서 도교를 공부하고 돌아와 복원궁 건립에 크게 기여하였다. 문공미는 예종 10년(1115) 사신으로서 송의 태학에 입학할 김단·권적 등을 데리고 갔으며 귀국할 때는 대성악을 받아 오는 등 대송관계와 문물 수입에서 매우 중요한 역할을 하였다. 임존은 송에 사신으로 가서 대성악을 익히도록 허락한 것에 사례하는 표를 올렸다.[101] 정극영은 예종 13년(1118) 왕이 몸소 지은 표문을 가지고 송에 가서 권적 등을 제과에 합격시킨 것과 어필 조서를 내린 것에 대해 사례하였다.

도가사상에 친근한 인물들이 대송관계에 적극적이었다는 점은 처사 곽여가 예종 10년(1115) 송에 가는 사신 문공미 등을 별장에서 전송한 데에서도 볼 수 있다. 그때 왕이 술·과일 등을 하사하고 내관을 시켜 그 일을 맡아보게 하였는데, 연회에 사용한 물건들이 매우 풍성하였기 때문에 물의가 일 정도였다.[102]

공적 질서 강조와 현실주의적 사고

한안인파는 정치활동에서 왕을 중심으로 한 공적 질서를 강조하였다. 예

---

100 예종 7년 공리주의적 신법개혁론자인 오연총·임언 등이 지공거를 맡은 예부시에서 문공유·최유청·정지상·권적 등이 급제하여(朴龍雲, 1990,『高麗時代 蔭敍制와 科擧制 研究』, 一志社, 365~366쪽), 이들이 좌주-문생관계였던 점이 주목된다.

101 『東文選』권35, 謝許習大晟樂表.

102 『고려사절요』권8, 예종 10년 6월.

종 7년(1112)에 문종의 아들인 승통 왕탱王竀이 전주목사 이여림李汝霖, 상서우승 김인석金仁碩 등과 함께 반역을 도모하였다는 고변이 들어와 거기에 연루된 많은 관리들이 숙청되는 사건이 일어났다. 왕탱은 막대한 재산을 축적하고 남에게 후하게 베풀어 이익을 탐하는 사람들이 많이 귀부하였다. 이 사건은 사적인 부를 쌓아 사당화私黨化하는 것에 대한 경각심을 왕과 지배층에게 환기하는 계기가 되었다고 보인다. 그런데 사료에 따르면, 한안인과 이영이 이여림과 함께 예종의 동궁 시절에 시학하면서 서로 저버리지 않을 것 같더니 이때 이여림을 제거하였다고 한다. 그 사건의 적발과 처리에 한안인파가 큰 역할을 하였던 것이다.[103] 또한 최유청은 "왕을 존숭하면 나라가 다스려지고, 나라가 다스려지면 집안이 편안하며, 집안이 편안하면 몸이 편안하고, 몸이 편안하면 더 이상 구할 것이 없다."라고 하였다.[104] 집안을 잘 다스린 이후에야 나라를 다스릴 수 있다는 논리를 거꾸로 하여 치국을 수신·제가보다 앞세운 것이다.

이렇게 왕을 존숭하는 한편으로 왕이 신료들을 불러 정사를 논의하는 군신연방君臣延訪을 강조하였다. 정극영은 「조신들을 연방하도록 청하는 표」에서 당시 현실을 진단하여, 왕이 '자리를 마련하여 어진 인물을 맞아들이는 일이 없고, 안으로는 반석처럼 굳건한 종실세력이 없고 밖으로는 심복이 사직을 호위하는 충성이 적으며, 오직 항상 친압親押하는 무리와 복예僕隸의 무리와 함께함으로써 그 무리들이 간교한 말을 되풀이하여 화란이 생길 터전을 만들 따름'이라고 비판하였다. 그 문제에 대하여 자신이 이미 습유 한충韓冲과 함께 상소한 적이 있고 재상도 간관들과 함께 연방하도록 요청하였으나 윤허를 받지 못하였으므로 다시 상소한다고 하였다. 그는 왕이 기

---

103 『고려사절요』권7, 예종 7년 8월;『고려사』권97, 韓安仁; 같은 책 권97, 李永.
104 『補閑集』卷上, 崔譽肅公頭…"其子文肅公惟清 … 因自注 曰君尊則國理 國理則家安 家安則身安 身安則餘無所求".

생과 친밀한 것을 완곡하게 비판한 국학생 고효충高孝沖의 「감이녀感二女」라는 시를 왕에게 보여 반성을 촉구하기도 하였다.[105] 최기우는 인종 즉위 초에 이자겸파가 득세하자, 왕에게 상소를 올려 간사하고 아첨한 자를 가까이하고 학식 있는 사대부를 소원히 대하는 것을 비판하고 항상 편전에 나아가 자주 유신儒臣을 맞아 학문을 닦고 양부兩府를 인견하여 국사를 자문하라고 건의하였다.[106] 정극영과 최기우는 '왕이 친압하는 무리와 복례의 무리' 또는 권귀가 득세하는 것을 배격하고 사대부·유신들을 가까이하여 정치를 바로 하도록 권유하였던 것이다.

이처럼 한안인파는 왕이 안일하게 정사에 임하는 것은 물론 전제專制하거나 권신이 발호하는 정치를 비판하고, 신하들의 간쟁과 보필을 받아들여 왕과 신하가 조화를 이루는 관료정치를 지향하였다. 한안인이 비록 왕의 측근세력으로 분류되지만 여섯 번이나 글을 올려 외관에 보임되기를 구하였던 것은 그런 관료정치에 대한 인식 때문일 것이다.[107]

군신연방책이 성공하려면 문벌 중시에서 벗어나 현명하고 능력 있는 신하들을 얻어야 하고, 또 그러기 위해서는 올바른 교육과 관료 선발 과정이 필요하였다. 국학 교육을 진흥하는 정책을 실시하거나 한안인이 김상제와 이유인을 천거하여 관료들의 귀감이 되도록 한 것은 그런 점에서도 의미가 있었다.

위와 같은 관료정치 형태는 기본적으로 유학에 바탕을 둔 것이다. 그렇지만 무위의 왕과 유위의 신하 사이의 관계를 강조하는 도가의 정치사상과도 통한다. 송 태종으로부터 희이선생希夷先生이라는 호를 받고 송 황실과 도

---

105 『고려사절요』 권8, 예종 15년 5월.
106 『고려사』 권98, 崔奇遇.
107 교화와 민생 안정 중심의 개혁론을 강조하였던 김인존도 內侍로서 掌奏事를 맡다가 왕의 近密에 오래 있고 싶지 않아서 외임으로 나가기를 간구하였다(『고려사』 권96, 金仁存).

교가 관계를 맺는 데 기여한 진단陳摶은 주周 세종이 연단하여 금·은을 만드는 방술을 묻자, 황제는 천하를 다스리는 군주이니 정치를 잘하려고 유의해야 마땅한데 어찌 금·은을 만드는 방술에 관심을 갖느냐고 대답하였다. 그리고 재상 송기宋琪 등이 현묵수양玄黙脩養의 도道를 묻자, 천하를 다스리는 데는 개인적 수련보다 역사상 치란治亂의 이치에 통달하고 도道와 인성仁聖을 갖춘 군주가 신하들과 협심하고 화합하여(協心同德) 교화를 일으키고 정치를 잘하는(興化致治) 것이 중요하다고 말하였다.[108] 진단의 사상은 이후 송의 신유학자들에게 자연의 도와 인간의 도 사이의 상관관계를 고찰하는 이론으로 받아들여졌다.[109]

신분·계층적 위계질서와 예禮를 정비하는 데 힘쓴 것도 공적 질서의 회복과 관련이 있다. 예종 15년(1120)에 송 사신 허립許立과 임대용林大容이 환국할 때 계단에 올라 왕에게 배사拜謝할 수 있도록 하였으나, 한충·최거린 등이 간쟁하였다. 그 사신들은 본래 상인商人으로서 고려에 와서 시정인市井人과 거래한 바 있고 관품도 낮기 때문에 조서를 전달할 때 계단 위에서 절하게 한 것도 이미 지나친 겸손이었으니 이번에는 계단 아래에서 절하게 하는 것이 옳다는 것이었다.[110] 송의 사신이라 하더라도 출신이 비천하다면 그에 맞게 대우하자는 의견이었다. 다른 사례로 이영의 경우를 보자. 그는 경군이었던 부친의 영업전을 연립받기 위하여 서리가 되려고 하였다. 그때 정조政曹의 서리에게 지원서류를 제출하면서 읍만 하고 절하지 않자 서리가 노하여 꾸짖었다. 그러자 이영이 그 서류를 찢으면서 "내가 과거에 급제하여 조정에서 벼슬할 것인데, 어찌 너희들에게 예를 표하겠느냐?"라고

108 『宋史』 권457, 列傳216 隱逸上 陳摶.
109 구스모토 마사쓰구, 앞의 책, 32쪽.
110 『고려사절요』 권8, 예종 15년 7월.

하였다.[111] 이는 사土의 신분·계층적 우위성을 강조한 말이다. 그리고 예종 8년(1113)에 예의상정소를 설치하여 의례·법식들을 정비할 때 한안인파도 간여하였던 것 같다. 정극영이 인종 때 올린 글에 따르면 자기를 "예종이 깊이 사랑하여, 문장을 서술하는 긴요한 임무와 의례를 시설하는 문제에 비록 능하지 못하지만 일찍이 그 일에 종사하도록 하였다."라고 하여, 그가 예종 때의 의례 정비에 깊이 간여하였음을 알 수 있다.[112]

그런데 한안인파는 의례를 해석할 때 절대적 기준을 고집하지는 않았던 것 같다. 인종이 즉위한 뒤 이자겸을 대우하는 의례 문제를 둘러싸고 조정에서 논란이 일어났다. 그때 정극영은 "전傳에 이르기를 천자가 신하로 삼지 못할 자가 셋이 있으니 후后의 부모가 그 하나이다. 이자겸이 표表를 올릴 때 신이라 칭하지 말 것이며, 군신 간의 연회에서는 백관과 더불어 뜰에서 하례하지 말고 바로 막차幕次에 나아가 절하고 왕이 답배答拜한 뒤에 전殿에 앉게 해야 한다."라고 주장하였다. 그런데 이에 대하여 김부식이 중국의 고사들을 들어 가며 "표문을 올릴 때는 신을 칭하는 것이 마땅하고, 왕정王廷에서는 군신의 예를 행하고 내전에서는 가인家人의 예로써 서로 대하면 공의公義와 사은私恩 두 가지가 서로 도리에 맞을 것이다."라고 반박하였다.

김부식과 달리 정극영이 그런 의견을 낸 것은 한안인파의 정치상황 판단 때문이었다. 당시 국사가 모두 수상인 이자겸을 거쳐 결정되는 상황에서 그가 태만하여 조회하지 않아 일이 많이 지체되자, 한안인이 겉으로는 그를 높여 상공上公으로 봉하여 일을 보지 못하게 하면서 권력을 빼앗으려고 승선 한주를 시켜 상소하게 하였다.[113] 또 최기우는 조선국공 이자겸이 구구하게

---

111 『고려사』 권97, 李永.
112 『東文選』 권43, 讓衛尉卿翰林學士表.
　　다만 "朴昇中 … 睿宗朝 … 與李載朴景綽金黃元崔璿李德羽等 爲詳定官 定禮儀"라고
　　한 기록에서는 한안인파의 인물이 보이지 않는다(『고려사』 권125, 간신1 朴昇中).
113 『고려사절요』 권8, 인종 즉위년 12월.

자잘한 일들을 몸소 처리하는 것은 합당하지 않다고 건의하였는데, 이 역시 겉으로는 존대하면서 속으로는 권력을 빼앗으려는 의도에서 나왔다.[114]

이런 기록들을 보면 한안인파가 이자겸을 명목적으로 신하의 예법에서 예외적 존재로 만들어 실질적으로 그의 권력을 약화시키려 하였음을 알 수 있다. 반면 김부식은 이를 비판하고 왕정의 공례公禮와 가정의 사례私禮를 구분하여 왕정에서는 왕을 정점으로 한 공적 질서를 분명히 하려고 하였다.[115] 정극영도 사가私家의 예절은 궁중에서 시행할 수 없는 것이며 군신 사이의 존비는 바꿀 수 없는 것이라는 점을 인식하였다.[116] 그렇지만 그는 이자겸의 권력을 약화시키려는 현실적 목적에서 이자겸의 특례를 인정하려 하였던 것이다. 한안인파의 인물들은 김부식과 비교하여 볼 때 의례질서를 고정적으로 해석하기보다 현실 상황의 변화에 맞추어 유연하게 해석하였던 것 같다.

그 점은 예종 사후 왕위 계승을 둘러싸고 정치적 갈등이 벌어졌을 때 한안인파와 김부식이 견해를 달리한 데에서도 살펴볼 수 있다. 한안인파는 당시 열네 살의 어린 나이였던 태자 대신에 예종의 동생인 대방공帶方公 왕보王俌를 추대하려 하였다는 혐의로 이자겸에 의해 숙청당하였다.[117] 이에 비하여 김부식은 태자가 비록 어리더라도 유교의 적장자 왕위 계승 원칙을 지켜야 한다고 보았다. 『삼국사기』의 사론에서도 중국의 고사를 인용하면서

---

114 『고려사』 권98, 崔奇遇.
115 都賢喆, 2000, 「12세기 公·私禮와 金富軾」, 『河炫綱教授定年紀念論叢: 韓國史의 構造와 展開』.
116 『東文選』 권43, 讓衛尉卿翰林學士表 (鄭克永).
117 그 혐의가 과연 사실이었는지는 확실하지 않다. 그런데 태조의 훈요십조에서 형제간의 왕위계승을 인정하였고, 예종 사후 태자의 나이가 어렸기 때문에 예종의 동생들이 자못 왕위를 엿보는 마음을 갖고 있었다고 한다(『고려사』 권15, 인종 序 "睿宗薨 諸弟以王幼 頗有覬覦心"). 그런 상황에서 이자겸파가 태자를 에워싸고 있었기 때문에 이자겸파와 경쟁관계에 있던 한안인파가 대방공을 추대하려 하였을 가능성을 배제하기는 어렵다 (남인국, 『고려중기 정치세력 연구』, 신서원, 129~134쪽).

형제간의 왕위 계승을 비판하고 부자 계승을 옹호하였다.[118] 김부식이 태자 옹립을 군신·부자의 명분을 지키는 만세불변의 규범으로 인식한 데 비하여,[119] 한안인파는 그것을 절대적인 것으로 받아들이지 않았다.

도가사상의 자연주의적 입장에서 의례나 도덕질서는 고정된 것이 아니라 방편적 도구이다. 그런 점을 고려해 본다면 김부식과 달리 한안인파가 의례질서를 현실 상황의 변화에 맞추어 유연하게 해석하거나 왕위 계승에서 적장자 우선 원칙을 절대적인 것으로 받아들이지 않은 것은 그들 중에 유학뿐만 아니라 도가사상에도 익숙한 인물들이 많았다는 특징과 관련이 있지 않을까?

예종이 재위하는 동안 김인존·김부식 등을 비롯하여 교화와 민생 안정을 중시하는 개혁론자들과 한안인파의 관계는 우호적이었다. 한안인파의 한주(한유충)와 한충의 사례에서 그 점을 잘 알 수 있다. 예종 말에 어린 태자를 걱정하는 왕에게 김인존이 태자를 도와 군국의 일을 맡을 인재로 한유충을 천거한 바가 있다.[120] 그리고 한충은 최사추의 문인으로서 그의 묘지명을 찬술하면서 그가 신법개혁을 달가워하지 않고 '조종지법' 준수를 중시한 것을 좋게 평가하였다.[121] 권신의 행태와 사리 추구에 대한 비판, 교육과 문화진흥책 지지 등에서 두 세력의 입장은 같았다. 또 당시 유학자들이 대체적으로 유·불·도 삼교의 의의를 인정하여 공존적으로 보았기 때문인지,[122] 유

---

118 都賢喆, 앞의 논문, 215~217쪽.

119 『東文選』권28, 王太子册文(金富軾).

120 金龍善 편, 앞의 책, 韓惟忠墓誌銘.

121 예종 11년에 최사추의 묘지명을 찬술한 韓忠과 그 이듬해에 최계방의 묘지명을 찬술한 韓沖은 동일인이다.

122 都賢喆, 2001,「元天錫의 顔回的 君子觀과 儒佛道 三敎一理論」,『東方學志』111; 李仁在, 2006,「高麗前期 弘慶寺 創建과 三敎共存論」,『韓國史學報』23.
　　한편 당시 도가사상이 흥기한 것은 선종이 부흥하고 거사불교居士佛敎가 유행하며 유학이 점차 고문, 심성화 경향을 띠어 가는 변화와 관련이 있다. 송 신유학의 성립에 도가의 은일사상이 영향을 미쳤으며(구스모토 마사쓰구, 앞의 책, 31~33쪽), 그러한 신유

교 교화론을 중시한 인물들이 도가사상·도교의 흥기를 비판한 사료를 찾을 수 없다.

그렇지만 위에서 보았듯이 한안인파는 예를 해석하는 문제에서 교화와 '조종지법' 준수를 강조한 개혁론자들과 차이가 있었다. 그리고 정치에서 종교행위를 어느 정도로 이용할 것인가 하는 문제를 두고 의견이 달라질 수 있었다. 예종대에는 도교 수용과 재초에 대한 문제 제기가 크지 않았지만, 뒤에 묘청세력처럼 종교적·비전적祕傳的 법술을 주요 정치수단으로 삼아 정치를 변혁하려는 세력이 등장하자 그 차이가 증폭되었다. 한안인파와의 관계는 알 수 없지만 도가사상의 영향을 많이 받은 정지상이 묘청세력에 가담하고 김부식과 대립한 사실은 잘 알려져 있다. 김부식 등은 종교적 신비주의와 상징 조작 등을 이용하여 정치를 하고 권력을 장악하려는 움직임을 강하게 비판하였다. 그런 비판 과정에서 유교이념에 충실하려는 인물들은 정치·사회이념으로서의 유교와 다른 종교·사상 간의 차이를 명확히 의식하게 되었다. 인종 12년(1134)에 임완林完이 올린 상소문에 따르면, 송 휘종을 현혹한 임영소林靈素에 비겨 묘청세력을 비판하면서, 왕이 덕을 닦아서 하늘에 응하면 복은 자연히 따르며, 만약 덕을 닦지 않고 도량道場과 재초에만 종사하면 무익할 뿐만 아니라 하늘을 모독하는 행위가 될 뿐이라고 하였다.[123] 인종 9년(1131)에 학생들에게 노장老莊의 학문을 공부하지 못하도록 금지한 조치는 그런 맥락에서 이해할 수 있을 것이다.

게다가 한안인파는 족당세력이라는 성격상 한안인과 이중약이라는 중심인물들이 인종 즉위 초에 이자겸파에게 숙청되어 죽임을 당한 뒤에 소속 인

학 흐름과 연관하여 고려중기 유학사상을 이해할 수 있다는 견해도 제시되었다(문철영, 2005, 『고려 유학사상의 새로운 모색』, 경세원, 24~89쪽).

123 『고려사절요』 권10, 인종 12년 5월.

물들 각자의 이해관계나 입장에 따라 분열할 위기에 처했다.[124] 문공미와 문
공유가 형제간이면서도 뒷날 묘청세력에 대하여 전자는 지지하고 후자는
반대편에 섰던 것이 그 대표적인 예이다.

---

124 盧明鎬, 앞의 논문, 218쪽.
　　한편 E. J. Shultz가 예종대부터 최씨집권기까지 한안인파의 정치활동을 고찰한 바 있
　　지만(앞의 논문), 예종대 이후에도 그들이 동일한 정치세력으로 지속하였다고 보기는
　　어렵다.

제3부

12세기 중반
정치 갈등과 위기

12세기 중반기에 지배층의 분열·대립이 심화되고 금을 중심으로 국제관계가 재편되는 가운데 왕의 측근세력과 외척 등이 정치 전면에 부각되었다. 그 와중에 이자겸의 난, 묘청파의 서경 반란, 무신정변 등 큰 변란들이 거듭되었다.

제3부에서는 크게 세 가지 주제를 검토한다. 첫째, 어린 태자(인종, 1122~1146)를 받들어 즉위시킨 뒤에 독점적 권력을 추구한 외척 이자겸의 위상과 역할을 다룬다. 문벌귀족제론에서는 인주 이씨가 대표적인 귀족으로서 왕권과 대립하였다고 설명하였다. 그렇지만 정치세력의 결집에 작용한 친속 간의 유대가 단위집단으로서 기능하기 어려운 양측적 친속관계에 의한 것이었고, 외척이 왕권과 대립적이라기보다 보위세력으로서 세력을 키울 수 있었다는 사실이 최근 밝혀지고 있다. 따라서 외척의 위상과 역할을 문벌의 인적 네트워크와 관련하여 파악하고, 외척 우대와 집권의 명분을 어디에서 찾았는지를 살펴볼 필요가 있다.

둘째, 인종대에 이자겸의 난과 금에 외교적 굴욕을 겪으면서 위기의식이 고조된 가운데 발생한 정치 갈등을 다룬다. 묘청파는 왕의 측근세력과 결합하여 풍수도참설에 바탕을 둔 혁신정책을 내세워 정치 주도권을 쥐려고 하였다. 그들은 개경에 도읍한 왕조의 운명이 쇠퇴하였으니 풍수도참이나 종교 등에 근거한 비상한 조치를 통하여 왕조를 부흥하자고 주장하고 칭제건원과 금국정벌 등을 내세웠다. 묘청파는 유교의 합리적 정치사상을 중시한 김부식·임완 등과 대립하다가 서경 반란으로 승부수를 던졌다. 선행 연구들에서는 양자의 대립을 사상이나 출신 기반의 차이 등에 따른 권력 다툼으로 파악하였다. 그렇지만 여기에서는 사회 변화에 대응한 개혁방안·정치방략상의 갈등이라는 관점에서 이들의 갈등을 검토한다. 그럼으로써 사회 변화기의 정치사에 대한 이해를 심화할 수 있을 것이다.

셋째, 의종대(1146~1170)의 정치 양태와 추이를 분석하여 무신정변의 배경을 고찰한다. 보통 의종대를 문치주의의 극성기로 보고, 문무 차별에 따른 대립, 왕과 문신의 실정 등이 정변을 야기하였다고 이해한다. 그런데 11세기 말부터 무신의 힘이 커지고 지위가 상승하였으며, 의종이 왕조 부흥과 왕권 강화의 의지를 갖고 있었다는 연구가 나왔다. 문무반의 차별이 의종대에 특별히 강하지 않았을뿐더러 왕과 문신들의 무능과 실정을 탓하는 것은 일면적 해석이다. 그렇기 때문에 사회 변화에 대응하여 제시한 논리를 포함하여 정치세력의 성격을 살피고, 그들이 이합집산하면서 무신정변으로 이어진 맥락을 연구할 필요가 있다. 그렇게 하면, 의종대에 측근정치가 강화되어 정치가 탄력성을 상실한 가운데 측근세력 내의 권력투쟁이 벌어져서 1170년 무신정변이 시작되었다는 점이 분명해질 것이다.

1. 문벌의 인적 네트워크와 외척

인주 이씨 외척들의 등장, 왕과 대립적이었나?

현종대 이후 후비后妃들의 출신을 조사해 보면, 왕실 근친혼 중심으로부터 벗어나 관료 가문 출신의 후비들이 등장한다. 그리고 그 외척가문들은 상호 인척관계로 얽힌 소수의 문벌들이었으며, 문종 이후에는 인주 이씨 출신의 후비들이 지속적으로 등장한다.[1]

이렇게 후비의 출신이 소수 가문 특히 인주 이씨에 집중된 까닭은 그동안 학계에서 주목해 온 문제였다. 그 문제에 대하여 왕실의 신성성神聖性, 정체성 유지라는 설명과 함께,[2] 특히 문벌귀족제론이나 문벌사회론의 관점에서

---

1 정용숙, 1992, 『고려시대의 后妃』, 民音社.
2 현종대 이후 김은부 가문에 이어 이자연 가문을 중심으로 통혼을 계속한 이유로 왕실 근친혼이 그랬던 것처럼 왕실의 神聖性, 정체성 유지를 위하여 외척가문의 수를 최소화할 필요성이 있었을 것으로 추정하는 견해도 설득력이 있다. 정용숙은 현종 이후 왕실 혼인이 이성집단에게 개방되었지만 일단 통혼권 내에 들어온 몇 개 귀족집단에만 한정하여

고찰하는 연구가 부각되었다.[3]

고려에서는 11세기 초부터 중앙 지배층 사이에 문벌화가 진행되어 12세기에는 문벌사회로서의 성격이 뚜렷하게 드러났다. 지배층이 족망族望을 숭상하는 가운데 유柳·최崔·김金·이李의 네 성씨를 귀종貴種이라고 인식하였다.[4] 그들이 왕실과 혼인관계를 통하여 위상을 강화하고, 왕실은 그들로부터 협조와 지원을 받았다.[5] 14세기 초에 왕실의 동성혼을 금지하면서 "여러 대에 걸쳐 재상을 지낸 집안의 딸과 혼인하도록 하며, 재상의 아들은 종실의 딸과 혼인하도록 허락한다. 그렇지만 가세家世가 보잘것없으면 꼭 그렇게 할 필요는 없다. … 여러 대 공신·재상의 종족이니 대대로 혼인할 만하다. 아들은 종실의 딸과 혼인하고 딸은 종실의 비妃가 될 수 있다."라는 내용으로 내린 충선왕의 교서는[6] 바로 왕실의 혼인이 문벌사회의 틀 안에서 이루어진다는 점을 법령으로 확인한 것이다.

그런데 문벌귀족제론 관점에 선 선행 연구들이 안고 있는 문제점 가운데

왕실과 혼인하도록 제한하려는 폐쇄성이 나타났으며, 이 같은 현상은 고려왕실의 족내혼적 결혼의식이 족외혼에도 적용된 결과라고 보았다(위의 책, 195~196쪽).
　　현종대부터는 왕위 계승에서 원칙적으로 태자 책봉과 부자 계승이 관철되었고 이후의 왕들은 모두 현종의 직계후손이었다. 이런 변화는 왕실과 귀족이 분리되지 않고 진골귀족으로 함께 묶였던 신라 때와는 달리 왕실과 관료가문이 확실하게 분리된 상태에서 왕위 승계의 정형화와 안정성을 이룩한 것이라고 평가된다(김기덕, 2001, 「고려시대의 왕」, 『역사비평』 54, 262~263쪽). 후비 가문이 현종계 왕실과 관계가 깊은 김은부-이자연 가문으로 집중되는 경향이 두드러진 것을 현종계 왕실의 정체성 중 하나로 파악할 수도 있을 것이다. 현종계 왕실의 권위 강화, 정체성 인식과 관련하여 승가신앙과 남경 건설을 주목한 연구도 있다(남동신, 2000, 「북한산 승가대사상(僧伽大師像)과 승가신앙(僧伽信仰)」, 『서울학연구』 14).

3 문벌귀족제론과 문벌사회론의 비교에 대해서는 劉承源, 1997, 「고려사회를 귀족사회로 보아야 할 것인가?」, 『역사비평』 36; 朴龍雲, 2003, 「高麗는 貴族社會임을 다시 논함」, 『고려사회와 문벌귀족가문』, 景仁文化社 참고.
4 『宋史』 권487, 外國3 高麗; 『宣和奉使高麗圖經』 권8, 人物.
5 정용숙, 앞의 책, 158쪽.
6 『고려사』 권33, 충선왕 복위년 11월 辛未.

하나는 문벌의 귀족적 성격을 강조한 나머지 왕권을 상대적으로 취약하게 보는 경향이 있다는 점이다. 선행 연구들은 문벌귀족들이 왕권을 능가하면서 권력을 전횡하는 상황에서 왕실이 인주 이씨와 강력한 유대를 맺지 않으면 왕권의 존립이 위태로웠기 때문에 인주 이씨 출신의 후비들을 지속적으로 맞았다고 파악하기도 하였다.[7] 그러다 보니 심지어 왕이 인주 이씨에게 혼인을 강요당한 듯한 인상을 주는 문제점이 있다고 지적될 정도였다.[8]

그렇지만 최근에는 왕과 외척이 서로 대립적이었다기보다 외척이 왕을 돕는 역할을 하였다고 파악하는 연구들이 설득력을 얻고 있다. 주지하다시피 김은부가 거란의 침략으로 곤란을 겪은 현종을 도움으로써 외척이 되었고, 이것은 뒤에 그의 처가인 이자연의 가문이 현달하는 계기가 되었다. 문종이 이자연의 세 딸을 후비로 들인 것을 시작으로 이자연 가문에서 외척이 이어졌는데, 문종은 재위하는 동안 '왕업의 부흥〔興王〕'을 강하게 의식한 정책들을 시행하였다. 그 정책들은 문벌에 위축된 왕권을 강화하기 위한 것이라기보다, 고려사회가 변화하는 가운데 왕조 기업을 중흥하고 왕의 리더십을 강화하기 위한 목적에서 시행한 것이었다.[9] 그리고 문종대부터 인종대까지 외척의 활동을 고찰한 결과, 외척이 왕의 견제세력이 아니라 비호세력이었다는 점을 밝힌 연구가 제시된 바 있다.[10]

왕이 친정하면서 리더십을 발휘하던 시기에는 외척이 특정한 직책이나 초월적 지위를 갖고 막강한 권력을 행사하지 못하였다. 비부妃父가 되면 대개 빠르게 승진하거나 높은 예우를 받았지만[11] 다른 관료들과 질적으로 구

---

7 金潤坤, 1981, 「高麗 貴族社會의 諸矛盾」, 『한국사』 7, 국사편찬위원회, 42~43쪽.
8 金塘澤, 2001, 「고려 文宗~仁宗朝 仁州李氏의 정치적 역할」, 『韓國中世社會의 諸問題』, 한국중세사학회, 180쪽.
9 채웅석, 1998, 「고려 문종대 관료의 사회적 위상과 정치운영」, 『역사와 현실』 27, 136쪽.
10 채웅석, 1993, 「12세기 전반기 정치사의 새로운 이해」, 『역사와 현실』 9; 박종기, 1993, 「예종대 정치개혁과 정치세력의 변동」, 『역사와 현실』 9; 金塘澤, 앞의 논문.
11 정용숙, 앞의 책, 198~201쪽.

분되는 권력을 차지하지는 못하였다. 외척은 관료제의 틀 안에서 왕의 신임이나 자신의 훈공勳功에 따라 승진하였다. 이자의李資義와 이자겸의 사례처럼 유약한 왕이 즉위하는 경우에 일시적으로 외척이 득세하기도 하였지만 보위해 주기를 바란 왕 또는 태후의 의사가 반영된 결과였다.

외척을 포함하여 문벌에 대한 우대는 훈공 즉 국가·왕실을 보위한 공에 대한 은사恩賜 차원의 조치로 인식되었다. 인주 이씨 출신 후비가 처음 등장한 문종 때를 보면, 즉위 초기에 태조공신 3,200명을 추증한 것을 비롯하여 역대 공신과 그의 자손들에 대한 우대정책들을 실시하였다. 왕이 훈공을 세운 인물과 그 후손들에게 은사를 내려서 우대하여 이들을 왕조의 보위세력으로 삼으려고 한 것이다.[12] 문종 6년(1052)에는 국가와 왕실의 위상을 새롭게 할 목적으로 사직단社稷壇을 신축하였는데, 그 공사의 감독을 이자연이 맡아서 그 공로로 개부의동삼사로 승진하였으며, 같은 달에 그의 딸 연덕궁주가 왕비로 책봉되었다.[13]

그보다 앞서 정종 7년(1041)에는 선군별감이 과거 준비자를 제외하고 문·무 7품 이상 관원의 자제들을 군인으로 충원하려고 하였을 때 병부가 '여러 대에 걸친 훈구의 자손은 이전부터 병역을 부과하지 않았고 선세의 공을 잊지 말아야 하기 때문에 군인으로 뽑지 말자.'고 의견을 제시하여 관철하였다.[14] 즉 특별한 공훈뿐만 아니라 여러 대에 걸쳐 벼슬한 문벌도 훈공으로 인식하였다. 음서제도도 그런 인식에 기반을 두어 시행하였다. 예를 들어 정종 6년(1040)에 내사시랑평장사 유징필劉徵弼이 공을 쌓은 문벌로서 경사를 이어받았으며〔積閥襲慶〕 문필〔文翰〕로 여러 대의 조정을 보좌하여 그 공

---

12 채웅석, 1998, 앞의 논문, 136쪽.
13 『고려사』 권7, 문종 6년 2월 戊寅; 辛巳; 金龍善 편, 2012,『高麗墓誌銘集成 (제5판)』, 李子淵墓誌銘, 한림대학교출판부.
14 『고려사』 권6, 정종 7년 9월 丁未.

을 기록할 만하다는 이유로 그의 아들에게 음직을 주었다.[15]

　문벌 출신에 대한 우대의 명분은 선대가 공을 세워서 "좋은 일을 많이 한 집안은 후손까지 복을 받으며",[16] "공후公侯의 자손은 반드시 그 처음[공후의 지위]으로 돌아간다."[17]라는 고전에서 찾았다.[18] 또 관직이 고귀한 사람은 사리를 알기 때문에 불법을 행하는 일이 드물다고도 하였다.[19] 이것은 외척가문을 선택하는 언술이기도 하였다. 즉 예종 9년(1114) 이자겸의 딸 연덕궁주를 왕비로 책봉하는 글에서 "그대의 선조가 왕가를 위해 부지런히 힘쓰고 여러 번 인친姻親이 되어 선행에 따른 경사[善慶]을 쌓았으며, 성스러운 왕후를 낳아 대대로 현명한 왕을 잇게 하고 후손에 미쳐서 이 현숙한 딸을 낳았다."라고 하였다.[20]

외척의 '가문'과 문벌 네트워크

　문벌귀족제의 시각으로 외척을 다룬 연구에서 나타나는 또 다른 문제점은 부계 친족집단의 존재를 대전제로 하였다는 점이다.[21] 물론 인주 이씨, 경주 김씨 등처럼 성씨와 본관으로 가계를 표기하는 방식은 부계 혈연을 나타낸다. 성씨는 가장 간단하게 혈연을 표기하는 방식이고, 그런 방식을 써서 문벌가문의 격 즉 망족望族임을 드러냈다. 그렇지만 당시 친속관계의 유형을 양측적이라고 파악하는 연구가 최근 설득력을 얻고 있는데, 그 견해에 따르면 동일 성씨라 하더라도 집단적 결합성이 약하였다.

　이자겸 등의 외척세력을 포함하여 정치세력의 구성양태를 보면, 특정인

---

15 『고려사』 권6, 정종 6년 3월 壬午.
16 『周易』, 坤文 卦言 "積善之家 必有餘慶".
17 『春秋左傳』, 閔公 원년 冬 "公侯之子孫 必復其始".
18 金龍善 편, 앞의 책, 崔繼芳墓誌銘.
19 『고려사』 권93, 崔承老 "大抵 官貴者識理 鮮有非法 官卑者 苟非智足以飾非".
20 『고려사』 권88, 후비1 예종 文敬太后 李氏;『동문선』 권28, 睿宗冊延德宮主爲王妃冊.
21 盧明鎬, 1987(a),「高麗時代 親族組織의 연구상황」,『中央史論』5.

을 중심으로 본족本族·외족外族·인족姻族 등 양측적 친속에서 정치적 입장, 이해관계를 같이하는 인물들이 족당을 구성하고 거기에 친속으로는 연결되지 않지만 이해관계를 같이하는 당여가 결합하여 소위 족당세력을 구성하는 양태가 일반적이었다. 원래 양측적 친속은 집단성을 갖기 힘들며, 족당세력으로 결집하였더라도 중심 역할을 한 인물의 거취나 결속의 계기가 된 이해관계의 변화에 따라 지속성을 유지하기가 어려웠다.[22] 또한 '일가一家'·'일문一門'·'일종一宗' 등으로 불리면서 사회적으로 집단성을 가진 '가문' 역시 특정 인물을 중심으로 양측적 3세대 범위의 후손들로 구성되었다는 점이 밝혀졌다.[23] '가문'의 구성원들은 일상적인 집안 대소사 모임을 갖고 긴밀한 관계를 유지하였지만, 그 최고 존속이 사망하면 '가문'의 결집력도 크게 약화되는 현상을 보였다.

이렇게 본다면 인주 이씨라는 부계 성씨는 망족으로서 격을 드러내는 역할을 하였고, 외척세력의 실제적 위상과 역할은 각 시기 외척이 된 특정 인물의 양측적 친속관계 및 '가문' 또는 족당세력의 존재와 역할을 통하여 고찰해야 할 것이다. 예종 3년(1108) 이자겸의 딸이 후비로 선택될 때 이자겸은 누이 장경궁주長慶宮主(순종비)의 간통 사건에 연좌되어 면관되었다가 복직한 뒤 종4품 급사중의 벼슬에 있었다. 그것만 보면 비부가 되기에 훌륭한 조건을 갖추었다고 보기 힘들지만, 그의 조부가 이자연이고 모친이 김정준金廷俊의 딸이며 고모부가 문종이었다. 그의 형제들은 김경용金景庸의 딸, 이자인李資仁의 딸과 결혼하고 누이들은 순종 및 김인존金仁存과 결혼하여 왕실 및 유력 문벌들과 인척으로 연결되어 있었다. 윤관尹瓘의 아들 윤언식

---

22 盧明鎬, 1987(b), 「李資謙一派와 韓安仁 一派의 族黨勢力―高麗中期 親屬들의 政治勢力化 樣態」, 『韓國史論』 17.

23 Myoung-ho Ro, 2017, The Makeup of Koryo Aristocratic Familes: Bilateral Kindred, Korean Studies, Vol. 41, The Center for Korean Studies at the University of Hawaii, p.185.

尹彦植과도 꽤 가깝게 지냈다.[24] 게다가 이자겸은 당시 관계官界에서 최고의 인물로 대우받고 문벌 네트워크의 중심에 있던 최사추崔思諏의 사위였다.

최사추는 최충의 손자로서 문종 때 과거에 급제하자 왕으로부터 명가名家의 자식이라고 하여 우대를 받았다. 최사추가 숙종대에 문하시중을 지내다가 치사하려고 하자 위계정魏繼廷이 '우리가 태산북두처럼 우러르며 군국대사를 하나같이 그 의논에 따랐는데, 은퇴한다면 국정을 어떻게 하겠는가?'라고 만류한 말에서도 알 수 있듯이, 그는 조정에서 중심적 위치에 있었다. 그는 예종 10년(1115)에 사망하여 숙종의 묘정에 배향되었으며, "문벌이 융성하여 한때 비교할 사람이 없었다."라고 평가받았다.[25] 부인은 인주 이씨 출신이었고 최원崔源·최주崔湊 등의 아들과 이자겸, 유홍柳洪(공예태후의 부친)의 아들 유인저柳仁著, 문익文翼의 아들 문공미文公美, 송염宋琰 등의 사위를 두었다. 문공미는 가세가 비교적 한미하였지만 '귀족貴族'과 혼인하여 호사하였다고 평가받았는데,[26] 그 '귀족'이 바로 최사추의 '가문'을 가리켰다.

예종은 최사추의 사위 이자겸의 딸을 후비로 맞아 예종 4년(1109)에 태자를 낳자 왕비로 책봉하였다. 그 은恩으로 왕비의 외조 최사추를 봉작하였는데, 정작 비부妃父인 이자겸을 봉작한 시기는 그보다 한참 뒤인 예종 16년(1121)이었다. 왕은 최사추가 알현할 때 절하지 말게 하고 "한 가족[家人]"의 예로 대우하였다.[27] 왕이 왕비의 외조 최사추를 어떻게 대하였는지를 잘 보여 주는 사례들이다.

외척이 왕을 보위하는 역할은 왕권 강화에 도움을 주는 구체적인 정치행

---

24 『宣和奉使高麗圖經』 권8, 人物 接伴 正奉大夫刑部尚書柱國賜紫金魚袋 尹彦植.
25 『고려사』 권96, 崔思諏; 金龍善 편, 앞의 책, 崔思諏墓誌銘.
26 『고려사』 권125, 간신1 文公仁 "公仁雅麗柔曼 侍中崔思諏以女妻之 中第 直史館 家世單寒 以連姻貴族 恣爲豪奢".
27 『고려사』 권96, 崔思諏.

위로 나타나지만, 이처럼 당대 최고의 '가문', 넓게는 문벌 사이의 인적 네트워크와 관련해서도 주목된다. 선행 연구들이 잘 밝힌 것처럼 문벌들은 계급내혼의 경향 속에서 인척관계로 얽혀 있었다. 문벌사회가 강화되는 가운데, 왕은 외척에게 문벌 간의 인적 네트워크의 중심에 있으면서 문벌들을 견인·견제하여 왕권을 돕는 역할을 기대하였다.

양측적 친속관계와 계급내혼을 기반으로 한 당대의 문벌 네트워크는, 비록 특정 족당세력이나 '가문'으로서 결속하지 않더라도, 최고지배층 사이의 연결망으로서 기득권을 보호하고 상호 비호하면서 문벌사회를 유지하고 강화하는 기능을 하였다.[28] 이자연의 가문은 자손이 번창하여 많은 고위관료들을 배출하였고 다른 고위관료들과 본족, 외족, 인족 등으로 연결되었다. 그 결과 문벌 간 인적 네트워크에 폭넓게 연결되었고, 여러 대에 걸쳐 후비들을 배출하여 왕실과 문벌 간의 인적 네트워크를 접속하는 중심 구실을 하였다. 왕의 입장에서 보면 외척가문을 소수로 제한하면서도 문벌 사이의 네트워크를 이용하여 보위력을 높이려고 한 결과가 이자연 가문 출신의 후비가 지속적으로 이어지는 현상으로 나타났다고 볼 수 있다.

이렇게 파악한다면, 이자연 가문이 여러 대에 걸쳐 외척의 지위를 계승함으로써 특별히 위세가 강화되는 문제를 초래하였지만, 다른 문벌들이 그 점을 꺼리거나 비판한 사실이 확인되지 않는 것도 이해된다. 인주 이씨 출신의 후비가 연이어 나오는 것을 특정 성씨집단의 일로 생각한 것이 아니라 그 후비가 포함된 양측적 친속관계상 이자연의 '가문'과 연결된 문벌 전체의 일로 여긴 것은 아닐까?

당시 후비와 양측적 친속관계에 있던 여러 인물들이 외척으로 예우받았

---

28 족당세력으로 결집되지 않더라도 친속 간에는 관행적인 권리, 의무관계들이 존재하여 정치 사회적으로 친속 상호 간에 비호와 도움을 주었다(노명호, 1987(b), 앞의 논문, 195쪽).

다. 이를테면 김의광金義光에 대하여 "왕의 외척으로 태어났으나 항상 높은 지위를 하찮게 여겼으며 … 비록 연안궁주延安宮主 덕분에 '구〔舅〕'의 예로 섬김을 받았지만 마음에 개의하지 않았다."라고 하였는데,[29] 그는 예종의 이종사촌이었다. 즉 김의광은 김고金沽의 아들로서, 그의 어머니가 숙종비 연안궁주〔延德宮主로 추정. 柳洪의 딸〕와 자매간이었는데, 외척으로 간주되고 왕으로부터 '구舅'로 예우받았던 것이다. 공예태후恭睿太后의 매서妹婿인 정서鄭叙도 외척이라고 표현되었다.[30]

한편 문벌 사이의 통혼 네트워크는 상호 비호 역할을 하면서도 족당세력 구성의 특성상 문벌 내에서 견제가 가능하였다는 점을 주목할 필요가 있다. 이 점은 족당세력을 고찰한 선행 연구에서 밝혀진 바 있다. 양측적 친속관계에 있는 인물들이 족당세력의 중심을 구성하였지만, 같은 친속관계에 있는 인물 가운데 일부는 정치적으로 입장을 달리하기도 하였다. 이자겸의 6촌 이공수李公壽, 외사촌 김약온金若溫, 매부 김인존, 사돈 김향金珦 등이 이자겸의 족당에 가담하지 않고 그들을 비판 또는 견제하였던 것은 잘 알려진 사례이다.

문벌 사이의 네트워크는 신진인사를 참여시키는 유연성도 갖추었다. 비록 문벌 중심으로 족적 배경을 중시하고 지위 유지에 유리한 조건을 많이 지녀서 폐쇄성이 나타났지만, 법제상 능력주의와 경쟁원리를 포함하였고 신흥가문의 부상이 가능한 개방성을 갖추었다.

문벌은 족적 관계로써만 유지되는 것이 아니라 고위관직 획득이 중요하고 또 유학·도덕의 소양과 실천을 중시하는 경향이 있었다.[31] 최사추 가문에서도 그런 점이 잘 드러났다. 최충이 자식들에게 훈계하기를 "사士는 세

---

29 金龍善 편, 앞의 책, (僧)金義光墓誌銘.
30 『고려사』 권71, 악2 속악 鄭瓜亭; 같은 책 권90, 종실1 大寧侯暻.
31 劉承源, 앞의 논문, 200~206쪽.

력勢力으로 나아가면 유종의 미를 거두기 어렵고 문행文行으로 영달해야 경사가 있다."라고 하면서 자신은 문행과 청렴·근신으로써 처세하였다고 강조하였다.[32] 그의 손자 최사추는 "근면하고 삼가며, 공정하고 청렴하며, 문지門地로써 남에게 교만하지 않았다."라고 평가받았고, 증손인 최약崔瀹은 집안 내력인 충성과 청렴을 계승하고 추락시키지 않기 위해 노력하였다.[33] 이자연 가문이 외척으로서 성세를 유지한 것도 자손이 번창하여 문벌 사이의 인적 네트워크에 폭넓게 연결되었을 뿐만 아니라 학문과 도덕적 소양을 갖춘 인물이 많이 나왔기 때문이었다.[34]

이상의 고찰을 정리해 보면, 현종대 이후 문벌사회의 면모가 나타나면서 계급내혼과 양측적 친속관계로 뒤얽힌 문벌 간의 인적 네트워크가 형성되었고, 외척은 그 중심적 위치에서 왕을 보위하는 역할을 하였다. 이자연 가문에서 연이어 나온 외척들은 인주 이씨라는 부계집단 차원이라기보다 넓게는 문벌 간의 인적 네트워크, 좁게는 당대 정치·사회에서 중심 역할을 하던 인물의 '가문' 차원에서 선택되었을 가능성이 컸다.

2. 외척 우대와 집권의 명분

외척 우대의 명분, '목친睦親'의 논리

유학을 정치사상으로 삼은 고려는 족적 유대를 강조하는 효孝와 목친[親親]을 개인윤리뿐만 아니라 정치의 근본으로 삼았다. 왕이 교화하는 근본으로 효보다 앞선 것이 없고 자식의 직분은 마땅히 어버이를 현양하는 것이

---

32 『補閑集』 권上, "崔文憲公沖有二子 常戒之曰 士以勢力進 鮮克有終 以文行達 乃爾有慶 吾幸以文行顯哲 以淸愼終于世".
33 『고려사』 권96, 崔思諏 "勤謹公廉 不以門地驕人"; 같은 책 권95, 崔冲 附 崔瀹 "吾家世受聖朝恩 欲繼忠淸不墜門".
34 정용숙, 앞의 책, 204~205쪽.

라고 하였다.[35] 그에 따라 족적 질서와 유대를 위한 여러 가지 제도적 장치를 마련하였는데, 문종대에 대대적으로 보완 확대한 관료 급가給暇제도 등이 그 예이다. 문벌사회로서 면모가 강화되면서 공적 질서라도 경우에 따라 목친의 논리에 양보할 수 있다고 인식되기도 하였다. 예를 들어 문종 14년(1060)에 내사문하는 문벌 출신의 최유부崔有孚가 기제忌祭와 시향례時享禮를 행할 수 있도록 그를 외관에 보임하지 말자는 건의를 올렸다.[36] 또한 예종 7년(1112) 김인존은 송에 사행 갔다가 귀국할 때 중도에서 부친의 사망 소식을 듣자 왕에게 복명復命하지 않은 채 분상하였다.[37]

목친의 논리는 왕이 외척을 우대하는 명분이기도 하였다. 고려시대에는 외족과의 관계가 특히 친밀하였는데, 왕이라도 예외가 아니었다. 인종이 외조인 이자겸에게 보정輔政 역할을 인정할 때나 그 뒤 사이가 벌어져 이자겸을 숙청·사면할 때에 모두 목친에서 행위의 명분을 찾았다.[38] 인종 원년(1123)에 이자겸이 모친상 이후에 기복起復하는 문제에 대하여 박승중朴昇中이 올린 차자箚子를 보면, 이자겸은 왕실의 높은 항렬〔尊行〕이니 제후가 상복을 벗는 제도에 따라서 길복을 입고 일을 보는 것이 좋음에도 불구하고 사양하는 표문을 올린 것은 왕이 사람을 알아보는 슬기와 이자겸이 어버이를 생각하는 효성에서 비롯한 것이라고 하였다. 그러면서, 기복하도록 명한 왕의 조서와 이자겸이 사양하는 표문을 역사책에 올려서 왕이 '친족을 친애하고 어진 사람을 존경하는〔親親賢賢〕' 뜻과 이자겸이 지성으로 효도를 행한 절조 등을 드러내게 하자고 하였다.[39] 그 이듬해에 이자겸 부부를 '책명策

---

35 『고려사』 권89, 후비2 충숙왕 明德太后 洪氏.
36 『고려사절요』 권5, 문종 14년 3월.
37 『고려사절요』 권7, 예종 7년 6월.
38 이 글에서 사용하는 '輔政'은 "宣薨而太子嗣 是爲獻宗 國人智熟見聞 乃謂宣有五弟而立 孺子 以是歸非 何不思之甚也 唯不得周公於親 博陸於臣 委任而輔政 其危且亂 可翹足而 待也"(『고려사』 권10, 헌종 원년 10월 李齊賢 贊)라는 글에서 차용하였다.
39 『고려사』 권125, 姦臣1 朴昇中.

命'하고 아들과 사위들을 서용하라는 교서에서는 이자겸이 왕을 받들어 보필한 공로가 크다는 점과 함께 선왕 왕후[先后]의 영혼을 위로하기 위하여 외가의 장長을 추존推尊한다고 하였다.[40]

인종과 이자겸의 사이가 벌어졌을 때에도 김인존과 이수李壽(李公壽)는 이자겸의 권세를 빼앗아 한산한 지위에 두는 것이 쉽지 않다고 왕에게 충고하면서, 그 이유로 이자겸의 족당세력이 강성하다는 점과 함께 왕이 외가에서 생장하였으므로 은혜를 끊을 수 없다는 점을 들었다.[41] 인종 4년(1126)에 이자겸의 숙청을 준비하면서도 "비록 참람하기는 하지만 반란을 일으켰다는 형적은 아직 나타나지 않았다. 만약 짐이 먼저 거사한다면 친족을 친애하는 뜻에 어떻다 하겠는가? 천천히 그 변하는 상황을 기다려서 대응하여도 늦지 않다."라고 하였다.[42] 인종 10년(1132)에 이자겸을 사면하면서 내린 제서에서는 "대의를 위해서 친親을 멸하는 것은 옛날에도 있었다지만 친족을 친애하는 은恩은 자연스러운 천성天性이다."라고 하였다. 그러면서 그동안 사면하라는 왕지를 여러 차례 내렸지만 담당 관리들이 시행하지 않은 것은 신하가 왕명을 행하지 않고 경시한 것이라고 하면서 사면을 시행하도록 강력하게 지시하였다.[43]

이처럼 목친의 논리로 외척을 우대하면서도 왕이 친정하면서 리더십을 발휘하던 시기에는 외척이 관료정치를 벗어난 권력을 행사하지 못하였다.[44] 그러다가 유약한 왕이 즉위하였을 때 외척이 권력을 장악하였는데, 그렇게

---

40 『고려사』 권15, 인종 2년 8월 庚午.
41 『고려사』 권96, 金仁存. 왕족이 외가에서 생장한 또 다른 사례로 선종의 딸인 敬和王后 李氏가 있다.
42 『고려사절요』 권9, 인종 4년 5월.
43 『고려사』 권16, 인종 10년 11월 庚辰.
44 원간섭기 이전의 封爵制를 보더라도, 同姓妃父와 달리 異姓妃父의 경우에는 비부일 뿐만 아니라 공훈이라는 명분이 있어야 봉작될 수 있었다(김기덕, 1999, 『高麗時代 封爵制 研究』, 청년사, 122~124쪽).

할 수 있는 명분을 어디에서 구하였을까?

그 명분 또한 목친의 논리에서 우선적으로 찾을 수 있다. 예종 10년(1115) 태자를 책봉한 뒤에 이자겸이 태자의 보도輔導를 맡아 왕에게 우대받으면서 태자의 보위세력으로서 힘을 키웠다. 인종은 자신이 어린 몸으로 즉위하였기 때문에 외가外家에 의지하고자 하여 이자겸에게 국정 일체를 '위임'하였다고〔事無大小 一切委任〕 말하였다.[45] 유약한 왕이 자신을 보위해 줄 인물을 왕실 내의 존장 가운데에서 찾을 수도 있겠지만, 인종처럼 숙부들이 왕위 계승을 둘러싸고 경쟁하는 관계에 있는 경우에는 친밀한 외척 존장에게 의지하였다.

그런데 외척으로서의 권력은 왕비 쪽보다 태후太后 쪽에서 나왔다. 왕비는 유교 정치사상에서 왕과 일체가 되어 내조하면서 종묘를 받들고 왕실을 만세에 전하는 존재로서 인식되었으며[46] 고려왕조에서도 그렇게 인식하였다. 예종 9년(1114)에 연덕궁주를 왕비로 책봉하는 글에서 "왕비는 위로는 종묘를 받들고 아래로는 인륜人倫을 두텁게 한다. 그러니 언제나 흥성과 쇠퇴의 근본이 이에 말미암지 않음이 없다."라고 하였다.[47] 고려말인 공양왕 3년(1391) 도평의사사에서 순비順妃의 책봉례를 거행하자고 건의하는 글에서도 "왕비는〔종묘의〕제사를 돕고, 태자는 나라의 근본을 중히 하는 것"이

---

45 『고려사』권15, 인종 4년 5월 丁亥.

46 『白虎通義』(班固 撰.『文淵閣四庫全書』所收) 권下, 王者不臣條 "王者所以不臣三 何也 謂二王之後 妻之父母 夷狄也 … 不臣妻父母何 妻者與己一體 恭承宗廟 欲得其歡心 上承先祖 下繼萬世 傳於無窮 故不臣也".

　　鄭克永과 崔濡는 이자겸에 대한 처우를 논의하면서 이 내용의 일부를 인용하였다. "寶文閣學士鄭克永 御史雜端崔濡 議曰 傳云 天子有所不臣者三 后之父母居其一 今資謙當上書表不稱臣 及君臣大宴會 不與百官庭賀 徑詣幕次拜 上荅拜而後坐殿 衆議雷同"(『고려사절요』권8, 인종 즉위년 7월).

47 『고려사』권88, 후비1 예종 文敬太后 李氏 "理國齊家 必崇坤極之位 上以承宗廟 下以厚人倫 永惟興替之本 靡不由此焉".

라고 하였다.[48] 그런 위상에 있는 왕비는 태자가 왕위를 계승한 뒤에 태후가
되었다. 선종 3년(1086)에 태후를 존숭하기 위하여 생신을 비롯하여 설날과
동지·하지 및 팔관회 때에 관료들이 표表를 올려 하례하는 법제를 시행하였
다.[49] 이렇듯 태후는 왕실의 최고 어른으로 대우받았다.[50] 그리고 종사宗社가
편안한 것이 태후의 덕이며, 신민들이 함께 그 공에 의지한다고 여겼다.[51]

이처럼 왕비 시절에 이어 태후의 위상을 종사의 안위에 관계된 것으로 인
식하는 한편, 왕이 태후를 존숭하는 또 하나의 명분으로서 이른바 "어미는
아들로 인하여 귀하게 된다〔母以子貴〕"라는 언술을 이용하였다. 이 언술은
『춘추공양전春秋公羊傳』에서 인용한 것으로서,[52] 고려시대에 모후를 생전에
태후로 책봉하거나 사후에 추존할 때 근거 명분으로 이용되었다. 예를 들어
예종 3년(1108)에 모후 유씨를 왕태후로 책봉하는 글에 "황태후라고 칭하는
것은 진秦·한漢의 통규通規이고, 아들로 인하여 귀하게 된다는 것은 『춘추
春秋』의 격언이니, 후사가 된 자는 마땅히 전례를 본받아야 합니다."라고 밝
혔다.[53] 강종이 즉위하여 모후를 태후로 추존하는 책문에서도 "아들 때문에
귀하게 되는 것은 『춘추』에서 정한 법식"이라고 하였다.[54]

왕은 태후에 대하여 효도를 다하고 가르침을 받들어야 하는데,[55] 특히 전

---

48 『고려사』 권89, 후비2 공양왕 順妃 盧氏 "殿下受命中興以正大位 奉承宗廟社稷之祀 中宮
　　所以助祭祀 東宮所以重國本".

49 『고려사』 권10, 선종 3년 10월 甲辰.

50 이정란은 고려가 황제와 태후를 둘러싼 중국 예론을 수용한 결과 태후가 왕으로부터 稱
　　臣을 받았을 뿐 왕에게 稱臣이나 稱妾하지 않는 상위자에 위치하였다는 점을 밝혔다
　　(2013,「고려 전기 太后의 이념적 지위와 太后權의 근거」,『사학연구』 111).

51 『고려사』 권89, 후비2 충숙왕 明德太后 洪氏.

52 『春秋公羊傳』, 隱公 원년 "桓何以貴 母貴也 母貴則子何以貴 子以母貴 母以子貴".

53 『고려사』 권88, 후비1 숙종 明懿太后 柳氏.

54 『고려사』 권88, 후비1 명종 光靖太后 金氏.

55 『고려사』 권88, 후비1 숙종 明懿太后 柳氏 "三年正月 册日 … 臣叨膺顯命 嗣守宗祧 自承
　　鞠育之恩 誓奉慈嚴之敎 … 薨 王率百官 上謚明懿王太后 册日 … 顧惟沖昧 仰荷勤勞 洎襲
　　丕圖 動煩慈訓".

왕이 전위하지 못한 채 사망하여 후사를 결정할 때와 유약한 왕이 즉위한 경우에 섭정攝政할 수 있는 데에서 태후의 정치적 역할이 최고에 달하였다. 왕을 폐립하는 비상시에는 태후의 뜻을 받아서 시행하는 형식을 갖추기도 하였다.[56] 태후가 여성이고 또 이성異姓의 혈통이더라도 조정朝廷에 임하여 섭정할 수 있었던 이유는 왕의 모후라는 위상과 함께 선왕과 일체가 되어 종묘를 받든 존재라는 위상에서 기인하였다.

태후의 섭정과 외척의 정치 관여

태후가 섭정한 시기에는 외척의 권력과 정치 관여가 부각될 수 있었다. 목종이 18세에 즉위하자 모후 천추태후千秋太后가 섭정하였는데,[57] 그 시기에 김치양金致陽이 태후의 외족으로서 총애를 받아 "백관의 여탈與奪이 다 그 손에서 나오고 친당이 포열하여" 권세를 잡았다.[58] 헌종이 11세의 어린 나이에다 병약한 상태로 즉위하였을 때는 모후 사숙태후思肅太后가 조정에 임하여 정령政令을 행하면서[臨朝稱制] 국정의 대소사를 모두 처결하였다.[59] 그때 태후의 사촌이자 선왕의 또 다른 후비 원신궁주와 남매간인 이자의가

---

56 고려 말에 공민왕이 갑자기 사망한 후 후사를 결정할 때 명덕태후가 영향력을 행사하였다. 태후는 10세의 어린 우왕을 추대한 이인임 등과 의견을 달리하여 능력을 갖춘 종친을 세우려고 하다가 비록 자신의 의사를 관철하지는 못하였지만 우왕 즉위 후 국정 운영에 영향력을 행사하였고 명에 태후가 보내는 表를 따로 보내는 등 외교 현안을 다루는 데에도 간여하였다.

위화도 회군 이후 우왕을 폐위하였을 때는 백관들이 國璽를 공민왕비인 定妃에게 바치고 妃의 敎로써 창왕을 세웠다. 또 창왕을 폐위하고 공양왕을 세울 때도 定妃의 敎를 받아서 행하였다. 정비는 우왕이나 공양왕의 친모는 아니었지만 "후계자가 된 자는 아들이 되는 것이니 마땅히 효도하고 공경하는 마음을 다해야 한다."라고 하였다(『고려사』 권89, 후비2 공민왕 定妃 安氏).

57 『고려사』 권88, 후비1 경종 獻哀王太后 皇甫氏 "穆宗年已十八 太后攝政 居千秋殿 世號千秋太后".

58 『고려사』 권127, 반역1 金致陽.

59 『고려사』 권88, 후비1 선종 思肅太后 李氏 "王幼弱 不能聽決機務 太后稱制 凡軍國大小事 咸取決焉 … 思肅 自嬪公府以至踐祚 內助居多 及太子繼統 臨朝稱制者三年".

외척으로서 세력을 규합하여 후사 문제를 둘러싸고 계림공과 대립하였다.

이처럼 유약한 왕이 즉위하면 태후가 왕위의 원활한 계승과 유지를 보장하기 위하여 섭정할 수 있었고, 그때 외척세력이 부각되었다. 그리고 예종이 어린 태자(인종)에게 승계할 때처럼 태후 부재 시에는 태후를 대신하여 그 친정 외척이 보정輔政 역할을 수행할 수도 있었다. 태자가 유약하다면 태조가 「훈요」에서 제시한 원칙에 따라 전왕의 동생을 포함한 왕실의 인물들이 왕위 경쟁자로 인식되지만, 외척은 종실과 달리 왕위 계승 자격이 없기 때문에 보정 역할을 맡기는 데 상대적으로 부담이 덜하였다.

유학자들도 적장자 계승을 원칙으로 인식하였기 때문에 외척이 유약한 왕을 보위하는 역할을 하는 것을 비판하지 못하였다. 김부식은 고구려 차대왕次大王이 전왕 태조왕太祖王의 아들을 살해한 사실을 비평하여,『춘추』의 정치이념을 제시하면서 "태조왕이 의義를 알지 못하고 왕위를 가볍게 여겨 어질지 못한 아우에게 주어서 충신 한 명과 사랑하는 두 아들에게 화가 미쳤으니 얼마나 한탄스러운가."라고 하였다.[60] 적자 계승의 원칙을 따라야 하기 때문에 유약한 왕이 즉위할 경우에 태후의 섭정이나 외척의 보정輔政을 비판하기가 어려웠다. 다시 말하여 고려시대에 외척의 정치력은 유약한 왕이 즉위한 시기에 목친의 논리에 따라 행사될 수 있었으며, 왕비보다는 태후가 그 배경이 되었다.

한편 외척을 우대하는 조치는 목친의 논리에 따르더라도 왕의 은사 차원에서 시행되었기 때문에, 외척에 대한 대우는 왕과의 관계에 따라 가변적이었다. 대개의 경우 왕은 외척을 우대하였지만, 의종 때는 달랐다. 공예태후가 인종의 후사로 차자인 왕경王曔을 선호하면서 외척이 장자인 의종을 보위하지 못하고 모호한 위치에 있었기 때문에, 의종은 즉위한 뒤에 줄곧 외

---

60 『삼국사기』 권15, 고구려본기3 次大王 3년 4월 論.

척세력에게 의구심을 품고 정치적으로 탄압하였다.[61]

또한 태후가 섭정할 경우에 그 권위의 원천은 왕의 모후 내지 선왕의 배우자라는 데에 있기 때문에, 태후의 위상에 기댄 외척정치는 선대의 정치 운영을 계승 유지하는 보수적인 성격을 띠기 쉬웠다. 더구나 태후와 외척이 권력을 행사하게 되는 때는 왕이 정상적으로 리더십을 발휘하며 관료정치를 운영하는 시기가 아니었기 때문에, 태후와 외척의 국정 운영과 권력 행사가 자의적이고 사적인 성격을 띠기 쉬웠다. 그렇게 되면 개혁을 추진하거나 유교 관료정치를 지향하는 관료들과 마찰을 빚기 마련이었다.

천추태후가 섭정하고 외척 김치양이 득세하던 시기에 '태후가 충신과 의사義士를 꺼려서 죄 없는 신하를 많이 모함하여도 목종이 금할 수 없었다.'고 한다.[62] 심지어 태후와 김치양이 그들 사이의 소생을 왕으로 삼으려는 책동을 벌이자, 강조康兆의 정변이 일어났다. 그리고 과거 급제 출신의 문신들이 주도하여 현종을 옹립하고 유교 관료정치를 강화하는 방향으로 지배체제를 정비하였다.[63]

사숙태후가 섭정하였던 헌종 때를 보면, 왕의 숙부로서 왕위를 노리는 계림공 왕옹과 대립하여 외척 이자의파가 왕제인 한산후 왕윤을 후사로 보위하려 하였다.[64] 계림공이 선종대 말부터 왕위 계승에 뜻을 두고 왕을 중심으

---

61 『고려사절요』 권11, 의종 10년 9월 "任元厚 … 及王卽位 以太后父 令朝會上殿行禮 諫官論駁 遂封定安公 自是居閑頤養";『고려사』 권95, 任懿 附 溥 "元厚卒 毅宗抑外戚 待太后甚薄 故年二十猶未補官".
　　의종 때의 외척 억압에 대해서는 채웅석, 1993, 「의종대 정국의 추이와 정치운영」, 『역사와 현실』 9 참고.
62 『고려사』 권88, 후비1 경종 獻哀王太后 皇甫氏.
63 金塘澤, 1980, 「高麗 穆宗 12年의 政變에 대한 一考」, 『韓國學報』 18; 2008, 「고려 顯宗代 과거 출신 관리의 정치적 주도권 장악」, 『歷史學報』 200.
64 남인국은 사숙태후의 수렴정치가 행해지는 상황에서 헌종을 기준으로 한산후가 왕위 계승권을 가졌다고 생각한 이자의와 선종을 기준으로 자신이 왕위 계승권을 가졌다고 생각한 계림공이 대립하였으며, 계림공의 그런 입장은 헌종을 고려 역대왕의 대수에 포함하지 않았던 사실로 짐작할 수 있다고 보았다(1999, 『고려중기 정치세력연구』, 신서원, 71쪽).

로 한 강력한 공리주의적 개혁정치를 지향한 데 비하여, 이자의는 막대한 재산을 축적하고 사병을 길렀으며 정치적으로 반개혁적이고 보수적이었다. 그런 와중에 관리들이 소임을 제대로 하지 못하고 정치 운영에 장애가 초래되자, 집권적 관료제의 정상적인 운영을 바라면서도 공리주의적 개혁에는 비판적이었던 최사추·위계정 등의 관료들도 계림공의 즉위를 묵인 내지 동조하였다.[65]

유교 관료들은 유약한 왕이 즉위할 경우에 태후의 섭정과 외척의 보정 역할을 인정하더라도 국정 운영과 권력 행사가 자의적, 사적으로 이루어지고 국가의 통치력이 이완되는 것까지 용인하지는 않았다. 이제현은, 비록 왕건의 정변을 합리화하면서 나온 말이지만, 후주後周 공제恭帝의 신하 조광윤趙匡胤이 정변을 일으켜 선양되는 형식으로 송을 건국한 사실을 거론하면서 "공제가 어려서 정사가 태후에게서 나오게 되자〔조광윤이〕 여러 사람들의 뜻을 이기지 못하여 왕위를 물려받으니, 대개 부득이하게 이루어진 것이다."라고 평가하였다.[66] 즉 공제가 7세의 어린 나이에 즉위하여 태후 부씨符氏가 섭정하면서 군대의 장수들을 통제하지 못하는 상황에서 조광윤이 선양을 받은 사실을 합리화한 것이다. 또 이제현은 헌종 때의 정치를 비평하면서 "나라 사람들이 보고 들은 바에 익숙하여 생각하기를 '선종에게 다섯 명의 아우들이 있는데도 어린 아들을 세웠다.'라고 하면서 옳은 것을 잘못으로 여기니, 생각하지 못함이 어찌 그리 심할까? 단지 친척 중에서 주공周公과 같은 인물과 신하 중에서 박륙博陸(霍光)과 같은 인물을 얻어서 위임하여 보정輔政하도록 하지 못하면, 위태롭고 어지러워지는 결과가 금방 다가올 것이다."라고 하였다.[67] 즉 이제현과 같은 유학자들은 적장자 계승에 따

---

65 채웅석, 2001,「12세기 초 고려의 개혁 추진과 정치적 갈등」,『韓國史硏究』112, 35~40쪽.
66 『고려사』 권2, 태조 26년 5월 李齊賢 贊.
67 『고려사』 권10, 헌종 원년 10월 李齊賢 贊.

라 왕위를 계승하되 왕이 유약할 때는 왕친의 섭정이나 신하의 보정을 받아야 할 필요성을 인정하였으며, 다만 유교이념에 따라 국정이 정상적으로 운영되어야 한다고 보았다.

3. 이자겸의 정치활동과 독점적 권력 추구

인종 옹립과 보위

앞에서 살폈듯이, 왕이 외척을 우대하면서도 국정 운영에서 리더십을 발휘하던 시기에는 외척이 권력을 특별히 행사하지 못하였지만 유약한 왕이 즉위하였을 때는 보위하는 역할을 맡아 권력을 잡을 수 있었다. 이자겸의 사례를 중심으로 외척의 정치활동과 역할을 좀 더 살펴보기로 한다.

예종은 즉위 후에 재상들이 후비를 맞아들이도록 청하였으나 아직 상제喪制를 마치지 못하였다고 윤허하지 않다가, 원년(1106) 6월에 연화궁주를 왕비로 맞아들였다.[68] 비의 부친은 선종이고 모친은 이자연의 조카 이예李預의 딸로서, 이 혼인은 왕실 근친혼이었다. 왕비는 예종 4년(1109)에 소생이 없이 사망하였다.

이어 예종은 3년(1108) 정월에 이자겸의 딸을 맞아들여 연덕궁주延德宮主라고 하였다. 그 혼인에 대하여 이자겸의 장인 최사추와 매부 김인존이 여진 정벌에 반대하는 입장이었다는 점에 주목하여 여진 정벌에 대한 반대 여론을 무마하기 위한 방법의 하나였다고 보는 견해가 있다.[69] 그렇지만 그때는 동북9성을 축성하고 공험진에 경계비를 세웠던 무렵이었으며, 윤관과 오연총이 개경으로 개선하기 전이었다.[70] 비록 여진족이 반격하고는 있었

---

68 『고려사』 권12, 예종 원년 2월 乙丑; 6월 壬戌.
69 金塘澤, 2001, 앞의 논문, 190쪽.
70 『고려사절요』 권7, 예종 2년 12월; 3년 2월; 3년 4월.

지만 큰 전공을 거두고 승리한 것으로 인정하는 시기였기 때문에, 정벌 반대론을 의식하여 무마하려고 한 일종의 정략결혼이라고 보기에는 무리가 있다. 그보다는 이자겸이 당대 문벌 사이의 인적 네트워크에서 중심적 위치를 차지하였다는 점, 정계 최고의 인물로 인정받던 최사추의 '가문'에 속한 인물이라는 점 등을 고려하여, 왕과 후사를 보위할 수 있을 것으로 기대하였던 것이 아닌가 한다.[71]

이자겸은 그때부터 예종의 우대를 받아 '갑작스럽게 벼슬이 뛰어올라 귀하게 되어〔驟貴〕'[72] 재추의 반열에 올랐다. 예종 4년(1109)에 연덕궁주가 원자를 출산하였다. 이어 9년(1114)에 궁주를 왕비로 책봉하고, 이자겸을 수사도 중서시랑 동중서문하평장사 겸 서경유수사로 임명하였다. 예종 10년(1115)에 원자를 왕태자로 책봉하고, 곧 이자겸을 익성공신翼聖功臣 수태위守太尉, 이자겸의 모친 김씨와 부인 최씨를 각각 통의국대부인通義國大夫人, 조선국대부인朝鮮國大夫人으로 삼았다. 예종 때 이자겸은 대간과 상서직, 중추원과 중서문하성의 재추직 등을 역임하면서 관력을 쌓았다. 정치 업적이 뚜렷하지는 않았지만, 사촌 이자의가 숙청당한 일을 경계 삼아 늘 스스로 조심하였으므로 왕이 깊이 신임하고 중히 여겼다.[73] 예종 17년(1122)에 왕의 병환이 위독해지자 이자겸은 문하시랑평장사로서 백관들을 인솔하여

---

71 예종과 연덕궁주의 혼인에 대하여 E. J. Shultz는 예종이 어리고 인주 이씨의 모든 요구에 대항할 힘이 없어서 한 것이라고 보았지만(1983,「韓安仁派의 登場과 그 役割─12世紀 高麗 政治史의 展開에 나타나는 몇 가지 特徵─」,『歷史學報』99·100, 149쪽), 남인국은 예종이 숙종대 정치에서 영향력이 강화된 세력을 견제하고 자신이 정국을 주도하기 위하여 숙종대 정계에서 배제되었던 세력의 정치적 입장을 강화하는 방법으로 이 혼인을 하였다고 파악하였다(앞의 책, 108~109쪽). 박종기와 金秉仁은 예종이 왕위 계승 문제와 왕실의 안정을 도모하기 위하여 인주 이씨 외척세력의 도움이 필요하였다고 파악하였다(박종기, 앞의 논문, 56쪽; 金秉仁, 2003,『高麗 睿宗代 政治勢力 研究』, 景仁文化社, 127~128쪽).
72 『고려사』 권127, 반역1 李資謙 "睿宗納資謙第二女爲妃 由是驟貴".
73 『宣和奉使高麗圖經』 권8, 人物 守太師尙書令 李資謙.

궁중 도관道觀인 순복전純福殿에서 하늘에 치유를 기도하였다. 이렇듯이 현재 남아 있는 기록으로 보면 이자겸은 예종의 장인이 된 이후 우대를 받아 갑자기 현달하였지만 특별한 정치활동을 한 기록은 별로 없다.

그런데 예종 때 이자겸의 역할에서 무엇보다 중요한 것은 태자의 보도輔導였다. 이자겸 부부의 말에 따르면, 딸이 입궁하면서부터 태자 출산을 기원하였고 출산한 뒤에는 장수를 빌어 마지않아서 천지신명이 그 지성을 알 것이라고 하였다.[74] 이자겸은 예종으로부터 태자의 스승이자 벗[傅友]과 같은 역할을 부탁받았다. 그는 박식하고 견문이 많은 사인士人 8명을 선발하여 태자를 지도하게 하였으며, 김단金端 등이 송에서 유학하고 귀국하자 바로 그 직임에 선발하였다.[75] 이 사실은 고려의 기록에서는 확인되지 않지만, 인종이 외가에서 생장하였다는 기록을 보면[76] 그의 교육에 이자겸이 큰 역할을 담당하였다고 보아도 좋을 것이다.

연덕궁주는 예종이 매우 총애하였는데, 예종 13년(1118)에 사망하였다. 궁주의 병이 위독하자 왕이 근심하여 직접 약을 조제하였고, 궁주가 사망하자 여러 번 곡하고 몸소 신봉문 밖에서 영결하여 보냈다. 이후에도 왕이 왕후의 혼당魂堂에 여러 차례 행차하였다. 초상 때 왕이 과도하게 슬퍼하고 영결하는 제사에 몸소 절하고 잔을 올린 것이 예법을 벗어났으며, 지존으로서 몸을 굽혀 혼당에 행차하는 것은 대체를 손상한다고 하여 간관이 반대하는 상소를 올렸지만, 왕은 혼당 행차가 의리에 해로울 것이 없다고 강행하였다.[77] 안화사에 영전을 둔 뒤에도 그곳에 여러 번 행차하여 슬픔을 나타내고, 왕이 사망하기 한 해 전에는 미복으로 왕후의 능묘에 갔다. 그때도 왕이

---

74 『고려사절요』 권9, 예종 4년 3월.
75 『宣和奉使高麗圖經』 권8, 人物 守太師尙書令 李資謙.
76 註 41과 같음.
77 『고려사절요』 권8, 예종 13년 10월.

몸소 후비의 능묘에 간 전례나 그런 예식에 관한 기록이 없으며 지존으로서 그런 곳에 행차하는 것은 마땅하지 않으니 예법으로써 억제하라고 간관이 건의하였으나 예종은 듣지 않았다.[78]

이처럼 대간들의 만류에도 불구하고 연덕궁주에 대한 추모 표시를 여러 차례 적극적으로 한 것을 정치적으로 해석한다면, 왕후에 대한 추모 의지를 강하게 보여 줌으로써 태자와 외척의 위상을 강화해 주려고 한 것은 아닐까? 예종 15년(1120) 말에 왕후의 상(喪)이 끝나자 태자와 이자겸 그리고 이자겸의 아우 이자량 등을 불러서 주연을 베풀어 환락을 다하고 후하게 은사를 내렸다.[79]

주지하다시피 예종 때 왕의 측근세력으로서 활동한 한안인파韓安仁派가 있다. 개혁 성향을 지닌 그들은 외척세력인 이자겸파와 대립하였다. 이자겸파가 기득권을 유지 확대하려는 문벌적 속성을 지니고 부의 축적에 힘쓴 것과 달리, 한안인파는 신진관료들이 많았고 수탈을 일삼는 권귀와 그들에 빌붙어 청탁하는 관리들의 행태를 비판하였다. 그 두 세력은 예종과의 특수 관계를 바탕으로 형성되었기 때문에, 예종의 리더십이 유지되는 한 갈등이 심각한 정쟁으로 번지지는 않았다.[80]

1122년, 예종이 사망하고 인종이 14세의 어린 나이에 왕위를 계승하자 외척세력이 주도하여 한안인파를 숙청하였다. 인종이 즉위한 지 6개월 만에 발생한 이 숙청 사건은, 기록에 따르면 어린 왕의 즉위 과정에서 전왕의 아우 대방공帶方公 왕보王俌와 대원공大原公 왕효王俲 등이 왕위 계승에 나서고 한안인파가 대방공을 추대하려 하자 신왕에 대한 보위 차원에서 외척

---

78 『고려사』 권14, 예종 16년 3월 戊戌.
79 『고려사』 권14, 예종 15년 12월 丁卯. 金秉仁도 왕후의 죽음에 대한 왕의 파격적인 애도와 추모는 결국 이자겸에 대한 특별한 정치적 배려라고 파악하였다(앞의 책, 125쪽).
80 채웅석, 2008, 「고려 예종대 道家思想·道敎 흥기의 정치적 성격」, 『韓國史硏究』 142, 126~142쪽.

세력이 벌인 것이었다고 전한다. 뒷날 이자겸이 숙청된 뒤에도 대방공 등이 곧바로 유배에서 풀리지 못하였고 대방공이 인종 6년(1128)에 유배지에서 사망한 것을 보면 왕위 계승 경쟁은 당시 사실로 인정되었던 듯하다.[81]

예종은 병석에서 후사를 걱정하였다. 병이 위독해지자 이자겸을 불러 후사에 대한 일을 의논하였다.[82] 또한 김인존이 간병할 때 왕은 태자가 어린데 군국軍國의 큰일을 다스리게 한다면 누구에게 의지할 만한지 물었고, 김인존은 한주韓柱(韓惟忠)를 천거하였다.[83] 한주는 한안인파에 속한 인물이었으니, 서로 대립적인 두 세력의 인물들이 후사의 보좌를 부탁받은 셈이었다.

예종이 사망하자 이자겸이 태자를 받들어 즉위시키고 한안인파를 숙청하면서 보위하였다. 만약 왕위 계승 경쟁이 사실이 아니라 조작이었다면 잠재적 위험세력을 미연에 숙청하거나 또는 외척의 득세에 비판적인 경쟁세력을 역모로 몰아 숙청함으로써 자신들의 권력을 강화하려고 한 것일 터이다. 그 뒤 이자겸은 인종을 보위하고 보정輔政 역할을 하면서 권력을 장악하였다. 인종은 이자겸에 대하여 "선왕이 부탁한 사람이자 어린 내가 존경하는 친親"으로서 책임이 크며 공덕功德이 높고 중하다고 표현하였다.[84]

그런 이자겸에 대한 예우 문제를 놓고 인종 즉위 직후에 조정에서 벌어진 논의를 살펴보자. 한안인파는 천자라도 왕후의 부모는 신하로 삼지 못한다는 유교정치론을 전거 삼아 이자겸이 표문을 올릴 때는 신臣이라 칭하지 말고 군신 간의 연회에서는 백관들과 달리 바로 막차幕次에 나아가 절하고 왕이 답배答拜한 뒤에 전전殿에 앉도록 해야 한다고 주장하였다. 이에 대하여 김

---

81 이자겸파의 대방공 숙청 사건에 대한 선행 연구사는 남인국, 앞의 책, 130~134쪽 참고.

82 『宣和奉使高麗圖經』 권2, 世次 高麗國王 王楷 "壬寅春三月 俁病革 召李資謙入 議嗣事 夏四月 俁薨 資謙等乃立楷爲王".

83 金龍善 편, 앞의 책, 韓惟忠墓誌銘 "睿宗不豫 仁宗爲太子 年尙幼少 侍中金緣入內侍疾 上顧曰 太子年少 若撫軍國大事則誰可倚賴 侍中奏曰 韓柱爲可".

84 『고려사절요』 권9, 인종 2년 5월.

부식은 중국의 고사들을 근거로 반박하면서 표를 올릴 때 신이라고 칭해야 하며, 왕정王庭에서는 군신의 예법을 따르고 내궁內宮에서는 가인家人의 예법으로써 왕과 서로 대해야 한다고 주장하였다.[85]

　이 논쟁은 공의公義와 사은私恩에 따른 예禮의 문제와 관련된 것이면서, 한편으로는 이자겸의 권력 행사와 관련된 것이기도 하였다. 한안인파가 이자겸에게 군신관계를 초월한 예우를 하자고 주장한 것은 겉으로는 이자겸을 높여서 상공上公으로 봉함으로써 그를 조정의 일에서 배제하려는 속셈이었다. 또 한안인파는 이자겸이 국공國公으로서 구구하게 잔일들을 몸소 처리하는 것은 합당하지 않다고 건의하였는데, 이 역시 존대하는 척하면서 속으로는 권력을 빼앗으려는 것이었다.[86] 즉 한안인파는 이자겸을 명목상 군신 간의 예법에서 예외적 존재로 만들어 실질적으로는 외척 권력을 약화하려고 하였던 것이다. 반면 김부식은 공례公禮와 사례私禮를 구분하여 왕정의 공적 질서와 내궁의 사적 질서를 분명하게 나누었다.[87] 왕이 두 견해를 놓고 이자겸에게 묻자 그가 김부식의 의견에 찬동하여 그 방식을 따르기로 하였다. 비록 김부식이 한안인파의 주장에 반대하였지만 이자겸을 두둔한 것은 아니었고, 그는 군신 간의 명분을 넘어서는 전횡은 비판하였다.

권력 독점의 추구와 '이자겸의 난'

　인종은 자기를 보위하여 즉위에 공을 세운 외조 이자겸에 대하여, 선왕의 부탁을 받은 사람이자 존친으로서 책임과 공덕이 크기 때문에 다른 신하들과 달리 그에게 조서를 내릴 때 이름을 부르거나 경卿이라 칭하지 않겠다

---

85 『고려사절요』 권8, 인종 즉위년 7월.
86 『고려사절요』 권8, 인종 즉위년 12월;『고려사』 권98, 崔奇遇.
87 都賢喆, 2000, 「12세기 公·私禮와 金富軾」『河炫綱教授定年紀念論叢:韓國史의 構造와 展開』.

고 하였다.[88] 그리고 국공으로 예우하여 부府를 설치하고 예법 등급을 태자와 동일하게 하였으며 관리들이 하례하는 글을 전箋이라고 하였다. 그런데 고려시대에 봉작된 비부妃父에게 그런 예우가 그리 참월한 것은 아니었던 듯하다.[89] 그의 생일을 인수절仁壽節이라고 칭하였다지만, 이것은 박승중이 이자겸에게 아첨하려고 예사禮司를 시켜 명호를 정하게 하였다가 김부식·김약온 등이 반대하고 예사가 따르지 않았기 때문에 박승중이 스스로 그렇게 이름 지은 것이었다.[90]

이처럼 이자겸이 봉작되고 태자와 동일한 예우를 받았더라도 공의公義의 명분에서 벗어나지 못하였고, 또 그런 예우만으로는 막강한 권력이 보장되지 않았다. 그 사실은 한안인파가 이자겸의 예우만 높이고 실질적인 권력은 약화시키려 한 데에서 잘 알 수 있다.

이자겸의 비상한 권력은 지군국사知軍國事의 직임을 맡든지 보정輔政처럼 국사를 총섭總攝해 달라는 왕명이 있어야 공식화될 수 있었다. 지군국사는 예종 3년(1108)에 여진을 징벌하고 9성을 개척한 직후에 그 공훈으로 윤관尹瓘에게 문하시중 판상서이부사라는 관직과 함께 부여한 지군국중사知軍國重事와 같은 직임이었던 듯하다.[91] 뒤에 이성계李成桂가 공양왕으로부터 선양 받고 나서 명明에 인정받기 위하여 보낸 표문에 자신이 나라사람들로부터 권지군국사權知軍國事로 추대받았다고 한 것에서 알 수 있듯이, 지

88 『고려사절요』권9, 인종 2년 5월.
89 왕비와 왕자가 府를 세웠고, 고려후기 충선왕 즉위년에는 妃父도 부를 세우게 하였다(『고려사』권77, 백관2 諸妃主府; 諸王子府). 箋은 태자에게 올리는 문서 양식이었다(『고려사』권84, 형법1 公牒相通式 예종 9년 6월). 당시 이자겸의 생일을 인수절이라고 부르자는 주장과 달리, 예법 등급을 태자와 동일하게 하자는 주장에 대해서는 반대론을 찾을 수 없다.
90 『고려사』권98, 金富軾; 같은 책 권125, 간신1 朴昇中.
91 『고려사』권12, 예종 3년 4월 壬午.

군국사는 국정을 통솔하고 스스로 외교할 수 있는 직임이었다.[92]

이자겸은 지군국사의 직임을 맡음으로써 비상한 권력을 공식화하였다. 그는 권력을 잡은 뒤 그 부府의 주부注簿 소세청蘇世淸을 송에 보내 황제에게 표문을 올리고 토산물을 진상할 때 스스로 지군국사라고 칭하였다. 그것은 이성계가 왕위에 오른 뒤 명에 표문을 보낼 때 자신을 권지군국사라고 칭한 사실과 유사하다. 이자겸은 스스로 칭한 지군국사의 직임을 공식화하기 위하여 왕에게 자신의 집에 행차하여 임명해 주도록 요청하였다. 그러나 그 요청은 성사되지 못하였고, 왕이 이자겸과 거리를 두는 계기가 되었다.[93] 국내 정치뿐 아니라 스스로 외교까지 할 수 있는 지군국사의 위상은 왕권에 심각한 위협이 될 수 있었다.

이자겸은 지군국사의 직임을 공식화하지는 못하였지만, 인종 2년(1124)에 중서령 영문하상서도성사領門下尙書都省事 판이병부서경유수사判吏兵部西京留守事 조선국공朝鮮國公이라는 막강한 지위까지 올랐다. 왕은 나라의 중요한 일들을 이자겸에게 자문한 뒤에 행하였으며, 이자겸은 국명國命을 전제專制하였다.[94] 그것이 섭정이나 보정輔政의 형식이었다는 직접적 근거는 찾을 수 없지만, 인종이 선지宣旨에서 '내가 어린 나이로 왕업을 이어받아서 외가에 의지하려고 하여 국사國事의 크고 작음을 막론하고 모두 위임하였다.'라고 한 것을 보면,[95] 왕으로부터 권력을 위임받아 정치에 임하는 보정 형태였다고 파악할 수 있다.

이자겸의 권력 행사는 왕의 신임과 족당세력 강화를 바탕으로 하였다. 그

---

92 『태조실록』 권1, 원년 8월 戊寅.

93 『고려사』 권127, 반역1 李資謙 "資謙私遣其府注簿蘇世淸 入宋 上表進土物 自稱知軍國事 … 又欲知軍國事 請王幸其第授策 勒定時日 事雖未就 王頗惡之".

94 『고려사』 권15, 인종 4년 5월 丁亥 "朕以幼沖承襲祖業 意欲倚賴外家 事無大小 一切委任"; 같은 책 권125, 간신1 朴昇中 "陛下 凡軍國重事 皆咨問然後行之 爰命有司稽古制以聞"; 같은 책 권98, 崔奇遇 "仁宗卽位 資謙專制國命".

95 『고려사』 권15, 인종 4년 5월 丁亥.

리고 비록 외척세력이 권세를 잡았지만 정치가 관료제 운영의 틀에서 벗어나지는 않았다. 이자겸에 대한 예우를 둘러싼 논의에서 왕정王庭에서는 왕의 외조라도 군신의 예를 따라야 한다는 김부식의 주장에 이자겸이 따랐고, 또 이자겸이 조상에게 분황焚黃하는 날에 교방악敎坊樂을 하사하자거나 이자겸 생일의 명호를 정하자는 박승중의 건의를 김부식 등이 비판하고 예사에서도 거부하였다. 인종 4년(1126) 왕의 측근세력이 주도한 외척 숙청 시도가 실패한 뒤에 왕이 이자겸에게 선위할 것을 요청하였을 때도 이자겸은 양부兩府의 비난이 있을까 염려하여 감히 발언하지 못하였다. 그때 이자겸의 육촌 이수李壽(李公壽)가 "비록 왕이 조서를 내렸더라도, 이공李公이 어찌 감히 이렇게 할 수 있겠는가?"라고 반대하고 이자겸의 사촌 이자덕李資德 역시 그 말에 동조하니,[96] 이자겸이 뜻이 꺾여 울면서 자신은 두 마음이 없다는 것을 알아 달라고 왕에게 말하였다.[97]

흔히 이자겸파가 독단적으로 정책을 결정한 사례로서 인종 4년(1126) 금과 사대관계를 맺은 것을 든다. 『고려사』에도 당시 가부를 의논할 때 이자겸과 척준경만이 금에 사대가 불가피하다고 주장하여 그대로 결정되었다고 기록되었다. 보통 그 이유를 강대국을 거스르고 싶지 않은 집권자의 사심으로 해석한다. 그렇지만 실제로는 백관회의를 열어 의논하였고 그 자리에서 김부식을 비롯한 여러 관료들이 사대에 찬성하였으며, "사신을 보내 강화하는 것이 좋을지〔遣使講和〕, 군대를 양성하여 변란에 대비하는 것이 좋을지〔養兵待變〕"를 놓고 태묘에 신탁을 묻는 등의 절차를 거쳤다. 외척세력이 외교정책을 일방적으로 결정한 것은 아니었다.[98]

---

96 『고려사』 권127, 반역1 李資謙; 金龍善 편, 앞의 책, 李公壽墓誌銘.
97 『고려사절요』 권9, 인종 4년 2월.
98 『고려사』 권15, 인종 4년 3월 辛卯; 乙未.
　　그 백관회의에 대해서는 朴漢男, 1992, 「12세기 高麗의 對金政策論議에 대하여」, 『水邨朴永錫敎授華甲紀念 韓國史學論叢』(上) 참고.

병권兵權의 경우에는 이자겸의 족당세력이 장악하여 권력을 뒷받침했음이 확인된다. 인종 2년(1124)에 이자겸이 판병부사를 맡았다. 그리고 인종 4년(1126) 2월 척준경의 아우 척준신拓俊臣이 병부상서가 되었으며, 그해 4월에 척준경이 판병부사로 임명되었다. 척준경은 이자겸과 사돈관계로서 척준신과 함께 권세를 마음대로 휘둘렀고, 척준신이 하위에서부터 병부상서로 발탁되자 이를 싫어하는 사람들이 생겼다. 물론 이자겸이 집권한 시기라도 외척세력이 병권을 오로지한 것은 아니었던 듯하다.[99] 하지만 최사전 崔思全의 말에 따르면 "이자겸이 발호한 까닭은 단지 척준경을 믿기 때문이다. 만약 척준경을 얻으면 병권이 내속할 것이니 이자겸은 다만 고립된 한 사람일 따름이다."라고 하였다.[100]

이자겸은 또 다른 외척이 등장하여 경쟁하는 상황을 피하고자 하였다. 그는 왕의 외조이면서 또다시 인종 2년(1124)과 이듬해에 자기 딸들을 후비로 들이게 하였다.[101] 그 후 임원애任元皚(任元厚)의 딸이 국모國母가 될 것이라는 점쟁이의 말을 듣고 임원애를 좌천시켰다.[102] 그리고 족당세력을 강화하면서 권력을 자의적, 사적으로 운영하고 부를 축적하는 과정에서 개혁을 주장하는 관료들과 마찰을 빚었다. 이제 외척은 문벌사회에서 통합적 역할을 하지 못하고 족당세력을 강화하면서 권력 독점을 추구하는 행태를 보였다.[103]

---

99 인종 즉위년에 병부상서가 된 李英闡이나 인종 원년에 판병부사가 된 金至和 등의 경우에는 외척세력과의 연계가 확인되지 않는다. 인종 4년 왕의 측근세력이 외척세력을 숙청하려고 할 때 상장군 崔卓·吳卓, 대장군 權秀, 장군 高碩 등이 가담하였다.

100 『고려사』 권98, 崔思全.

101 『고려사』 권88, 후비1 인종 廢妃 李氏; 같은 책 권15, 인종 2년 8월 戊午; 같은 책 권15, 인종 3년 정원 庚寅.

102 『고려사』 권88, 후비1 인종 恭睿太后 任氏.

103 『고려사절요』 권9, 인종 4년 2월 "資謙欲固其權寵 納兩女于王 有不附己者 百計中傷 以其族屬布列要職 多樹黨與".

게다가 외척 권력의 정당성은 유약한 왕에 대한 보정 역할에 있었기 때문에 왕과 대립하거나 왕이 정치적 리더십을 강화하면 약화될 운명이었다. 이자겸은 보정 역할에 그치지 않고 비상한 권력을 지군국사로서 공식화하려다가 인종의 뜻을 거슬렀다.[104] 그의 행태는 외척이 사적으로 당黨을 만들어 왕권을 약화시키는 것으로 인식되었다.[105]

주지하다시피 왕권을 위협하는 수준까지 강화된 외척세력을 숙청하려고 한 것은 인종과 측근세력이었다. 인종의 측근세력에는 동궁 시절부터 시학하고 내시內侍에 속한 김안金安(金燦)·안보린安甫鱗, 추신 지록연智祿延 등을 중심으로 하여 무신 최탁崔卓·오탁吳卓·권수權秀 등이 참여하였다. 나중에 이자겸이 자기가 미워한 내시 25명을 숙청한 것을 보면[106] 내시 중에 이자겸파와 대립한 인물이 많았던 듯하다.

장성한 인종은 이자겸파의 행태를 비판적으로 인식하고 측근세력의 지지를 바탕으로 인종 4년(1126)에 숙청을 시도하였다. 최탁 등이 군사를 이끌고 궁궐에 들어가 척준경의 아우 병부상서 척준신과 아들 내시 척순拓純 등을 제거하였으나, 척준경을 중심으로 이자겸파가 반격하면서 궁궐을 포위하고 방화하였다. 결과적으로 이자겸에 대한 숙청 시도는 실패로 돌아가고, 인종은 두려운 나머지 왕위를 그에게 물려주려고까지 하였다. 그 변란이 이른바 이자겸의 난이다.

당시 유학에 조예가 깊은 관료들은 외척이 문벌사회의 중추가 되는 상황이나 그들의 보정 역할은 인정하였다. 그렇지만 권력을 사적으로 운영하고

---

104 『고려사절요』권9, 인종 4년 2월 "資謙又欲知軍國事 請王幸其第授冊 勒定時日 事雖未就 王頗惡之 粲及甫鱗常侍左右 揣知王意 乃與祿延謀 請除之".

105 『고려사』권125, 간신1 朴昇中 "李資謙當國用事 勢傾朝野 昇中與許載崔湜朋比"; 같은 책 권98, 許載 "李資謙拓俊京用事 載傾心附之 … 王惡其朋比 累與左右言之"; 같은 책 권127, 반역1 李資謙 "王自居西院 左右皆資謙黨 國事不自聽斷 動止飲食皆不自由";『고려사절요』권9, 인종 6년 8월 "宣旨曰 … 寡人至於孤立 自是多樹朋黨 禍將不測".

106 『고려사절요』권9, 인종 4년 4월.

독주하는 것을 배격하고 정치 운영에서 견제와 비판을 용인하는 형태가 바람직하다고 여겼다. 김인존·이공수李公壽·김약온金若溫 등은 이자겸과 가까운 족적 관계에 있는 인물들이었지만 이자겸 족당세력의 행태에 대해서는 비판적이었다. 그들은 이자겸파가 독주하면서 왕권을 약화하는 것을 막아 보려고 하였다. 그렇지만 어쩔 수 없는 상황이 되자 은퇴하거나 침묵한 듯하다. 김인존은 이자겸이 득세하자 자신에게 화가 미칠까 두려워하여 물러가기를 청하였으나 왕의 허락을 받지 못하다가, 동요童謠를 듣고 결심하여 일부러 낙마한 후 병석에 누운 상태에서 왕에게 면직해 달라고 간절하게 요청하였다. 그와 이공수는 외척세력 숙청에 대한 의견을 왕이 구하자, 왕은 외가에서 생장하였으므로 은혜를 끊을 수 없을 뿐 아니라 그 족당세력이 조정에 꽉 찼기 때문에 경솔하게 움직이지 말라고 조언하였다.[107] 숙청할 수 있는 상황이 무르익지 않았다는 판단뿐 아니라 목친의 논리 때문에 숙청을 만류하였던 것이다. 김부식도 이자겸을 견제하였으나 숙청에 적극적으로 기여한 흔적은 찾아볼 수 없다.

인종과 측근세력이 숙청을 시도한 이후 이자겸은 왕을 원망하고 자신이 왕이 되려는 생각까지 가졌던 듯하다. 외척이 왕위에 도전할 경우, 애초에 외척 권력의 성립 기반이 된 보정의 정당성은 허물어지게 된다. 왕위 도전을 정당화하려면 다른 수명론受命論을 제시해야 하였다. 이자겸은 '십팔자十八子'가 왕이 된다는 도참에 따라 반역을 도모하려고 왕에게 독을 넣은 떡과 독약을 보냈다. 그렇지만 그런 시도들은 왕비인 딸의 방해로 실패하였다.[108]

이후 변란의 와중에서 왕이 있는 곳에 활을 쏘고 궁궐에 방화한 책임을 둘러싸고 외척세력에 균열이 생겼다.[109] 비록 외척세력이 극성하여 왕권이

107 『고려사』 권96, 金仁存.
108 『고려사절요』 권9, 인종 4년 5월.
109 남인국, 앞의 책, 138~139쪽; 김정권, 2007, 『묘청란, 묘청란 연구』, 충남대학교출판부,

추락하였다고는 하지만 왕조체제에서 왕의 거소에 활을 쏘고 궁궐에 방화한 행위는 처벌을 피할 수 없는 막중한 범죄였다. 외척세력이 숙청되기 전에 이미 그 책임을 묻고자 하는 움직임이 대간 사이에 있었다.[110] 그 무렵 인종 측의 이간책이 작용하기도 하였지만, 왕을 위협하고 궁궐을 불태웠다는 혐의를 의식한 이자겸 측이 척준경에게 책임을 돌릴 가능성을 보여 준 것이었다. 이후 왕이 그 균열을 이용하여 척준경을 포섭해서 외척세력의 숙청에 성공하였다.

이른바 이자겸의 난은 고려중기에 변화의 소용돌이 속에 있던 고려왕조의 전망을 더욱 어둡게 하였다. 이자겸은 '십팔자'가 왕이 된다는 도참을 동원함으로써 개경의 지기가 쇠퇴하였다는 풍수도참설과 마찬가지로 왕조교체의 운명론까지 내세웠던 것이다. 이후 왕의 권위와 정치력을 회복·강화하고 왕조의 존엄과 연기延基를 위한 수습방안 마련이 시급한 과제로 떠올랐다.[111]

96~99쪽.

110 金龍善 편, 앞의 책, 金義元墓誌銘 "丙午年宮闕火 公職在憚糾 與侍御史宋觀殿中侍御史李仲等議 欲斥發火意者 用事者聞而惡之 欲加害焉 公杜門告假 累旬不出 及外戚敗 以族籍出爲梁州使 其所欲憚者得肆意也".

김의원은 이자겸의 친족이며 족당에 속하였다가, 이자겸이 숙청될 때 탄핵 받아 폄직당하였다. 그는 방화의 책임을 척준경에게 돌리기 위하여 궁궐 방화 규탄에 참여한 것 같다.

111 蔡雄錫, 2013, 「고려 인종대 '惟新'정국과 정치갈등」, 『韓國史研究』161, 3~5쪽.

금의 흥기와
국제관계의 재편

1. 금의 흥기에 따른 국제정세 변화

금의 흥기와 동아시아 정세

11세기 후반에 고려와 송이 외교를 재개하면서도 국제정세는 비교적 평화를 유지하였다. 그러다가 12세기에 접어들 무렵 완안부를 중심으로 여진이 강성해지면서 정세가 요동치기 시작하였다.

점차 강성해지는 여진에 대응하기 위하여 거란과 고려는 서로를 이용하려 하였다. 고려는 숙종 때 여진 정벌을 시도하였다가 실패한 직후 김고金沽를 밀진사密進使로 거란에 파견하였다.[1] 사료상으로 그 사행의 목적은 알 수 없지만 여진의 강성함을 알리면서 협공을 제의하였던 것은 아닐까 추측된다. 예종대 초기에 동북9성을 개척할 때와 환부할 때에도 거란에 통보하였으며, 이에 대하여 거란에서는 고려가 변방 오랑캐〔邊夷〕를 토벌한 것이

---

1 『고려사』 권12, 숙종 9년 11월.

라고 공식적으로 승인하였다.[2] 9성을 축성한 뒤 거란에 보낸 외교문서에서 고려는 여진의 궁한리弓漢里를 고려의 옛 땅이라 하고 그곳에 사는 사람들을 고려 호적에 편입된 민[編氓]이라고 하면서 수복하고 축성하였다고 기재하였다. 9성 반환을 주장한 김인존金仁存(金緣)은 이에 대하여 궁한리의 추장 중에 거란의 관직을 받은 자들이 많기 때문에 거란이 반드시 문책할 것이라고 주장하였다.[3] 그러나 김인존의 우려와 달리 거란은 고려의 군사행동을 승인하였다. 아직 여진이 거란에 반기를 들기 전이었지만 거란은 고려 동북변의 여진 지역에 대해 영향력을 행사하기 어려웠던 듯하며, 고려를 통하여 여진을 견제하려 한 것 같다.

완안부는 갈라전曷懶甸을 확보한 뒤 1114년 거란에 반기를 들고 군사행동을 시작하였다. 그에 대응하여 거란은 고려에 협공 내지 군사 지원을 요청하였지만, 고려는 원칙적으로는 호응하는 듯하면서도 실제적인 군사행동으로 나아가지는 않다.[4] 예종 10년(1115) 벽두에 아골타阿骨打가 황제에 올라 국호를 금金이라고 칭하였다. 그해에도 거란이 병력 지원을 요정해 왔는데, 고려 조정에서는 많은 관료들이 찬성하였지만 반대론도 만만치 않아 파병 여부를 결정하지 못하였다.[5] 척준경拓俊京·김부일金富佾·한충韓冲·김부식金富軾·민수閔修 등이 우리나라가 여진 정벌과 9성 개척, 환부 과정에서의 후유증을 막 회복하는 단계이고, 다른 나라에 출병하면 또 빌미를 만들게 되므로 장래의 이해득실을 헤아리기 어렵다고 반대하였다.

예종 11년(1116)에는 거란의 운명이 위태롭다는 것을 고려 조정에서 파악하고 거란의 연호를 쓰지 않기로 결정하였다.[6] 예종 14년(1119)에 거란은

---

2 『고려사』 권13, 예종 4년 2월 癸卯; 4년 2월 12월; 5년 정월 壬寅; 5년 정월 己酉.
3 『고려사』 권96, 金仁存.
4 金在滿, 1999, 『契丹·高麗關係史研究』, 國學資料院, 359~360쪽.
5 『고려사절요』 권8, 예종 10년 8월.
6 『고려사절요』 권8, 예종 11년 4월.

수년 만에 어렵사리 고려에 사신을 파견하여 연결을 시도하였으나, 이미 대세는 기울어져 있었다.[7]

한편 휘종을 중심으로 한 송의 집권세력은 금과 연합해서 거란을 협공하여 연운16주를 회복하려고 생각하였다. 그리하여 말〔馬〕 무역을 내걸고 해로를 이용하여 사신을 아골타에게 보내 의사를 타진하였다. 마침내 1120년 송과 금은 협공하여 거란을 멸망시킨 뒤에 금이 연경지방을 송에 양도하고 대신 송은 거란에 바치던 세폐를 제공한다는 내용으로 이른바 '해상海上의 맹약'을 체결하였다.

그전에 송은 고려의 중개를 통해서 여진과 연결하여 거란을 견제, 협공할 계획이었다.[8] 하지만 고려는 여러 경로로 송 측에 우려를 전달하였다. 1117년 이자량李資諒이 송에 사신으로 갔을 때 휘종은 여진과 연결해 달라고 부탁하였지만, 이자량은 여진이 인면수심人面獸心이고 오랑캐 중에서도 가장 탐욕스럽고 못됐기 때문에 중국과 통하는 것은 좋지 않다고 반대하였다. 이에 대하여 휘종의 측근 신하는 고려가 여진과의 교역을 독점하기 위해서 반대하는 것이라고 여겼다.[9] 고려는 1119년에도 송에 요청하여 파견된 의원醫員들이 귀국하는 편에 반대 의견을 전달하였다. 즉 거란은 형제의 나라로서 변방의 방패〔邊扞〕 역할을 할 수 있지만 여진은 이리나 범과 같아서 교린交隣하기가 마땅하지 않다고 우려하는 의견을 전달하였으나, 휘종은 수용하지

---

7 『고려사』 권14, 예종 14년 8월 癸卯. 이때 거란의 사행도 고려에 군사적 협조를 요청하기 위한 것이었던 듯하다. 이듬해 2월 금이 거란에 사신을 파견하여 고려에 乞兵한 것을 문책한 사실과(『遼史』 권28) 7월에 거란이 고려에 보낸 조서에서 "이렇게 의분을 가진 바에는 적을 소탕하기 위해 노력해야 할 것이며 원래 공동의 원수이니 이는 당연한 일이다." 라고 기록된 사실(『고려사절요』 권8) 등을 고려하여 그렇게 추측할 수 있다.

8 李燾, 『續資治通鑑長編』 권322, 元豊 5년 정월 丙午; 같은 책 권322, 元豊 7년 12월 丁亥 (張東翼, 2000, 『宋代麗史資料集成』, 서울대학교출판부, 157쪽).

9 『고려사절요』 권8, 예종 12년 5월.

않았다.[10] 고려 조정은 거란이 송과 평화관계를 맺은 이후 북방에서 송을 사실상 외호外護하는 역할을 해 왔다는 사실을 직시하고 세력 균형에 입각한 기존 국제정세를 유지하는 것이 바람직하다는 입장을 송에 알렸던 것이다.

이후 금과 협공작전을 펴는 과정에서 송의 전략적 오류와 군대의 부실함이 드러났다. 내부 역량이 충분하지 못한 채 외세를 끌어들임으로써 약점을 드러냈을 뿐만 아니라 세폐 지불을 미루고 거란과 연락하여 금의 서부를 공격하는 등 약속을 위반하여 금이 송을 공격하는 상황으로까지 이어졌다. 금은 1124년에 서하를 신속臣屬시키고 이듬해에 거란을 멸망시킨 다음 송을 정벌하는 군대를 일으켰다. 이전에 거란과 서하가 제휴하여 송을 견제하던 단계에서 이제 금과 서하가 제휴하여 송을 치는 상황으로 바뀐 것이다. 금은 적극적으로 중원 진출을 도모하여 송을 남방으로 밀어내고, 서하는 청해靑海 방면으로 진출하였다. 금은 송의 변경汴京을 공격하여 1127년 휘종·흠종 이하 중앙지배층들을 대거 사로잡아 갔으며, 이에 양자강 남쪽에서 남송南宋이 건립되어 고종이 즉위하였다. 이후 송과 금은 공방전을 이어가다가 1142년 회수淮水를 국경으로 정하고 송이 금에게 칭신稱臣하는 등의 조건으로 일단 화의가 성립하였다. 1153년 금은 연경燕京으로 천도하고 거란의 뒤를 이은 북방 정복국가로 자리 잡았다.

이처럼 고려의 경고에도 불구하고 송은 금과 동맹하여 실지의 회복을 도모하다가 오히려 금에게 화북 지역을 내어 주는 결과를 초래하였다. 그리하여 북방 정복국가가 거란 때보다도 더욱 남진한 상태가 되었을 뿐만 아니라 금과 송이 각각 군君, 신臣이 되어 과거에 송이 형, 거란이 아우였던 남북의

---

10 陳均, 『皇朝編年綱目備要』3-28, 宣和 원년 정월(張東翼, 앞의 책, 176~177쪽); 張端義, 『貴耳集』下(張東翼, 같은 책, 180~181쪽); 『朱子語類』 권133, 本朝7 夷狄(張東翼, 같은 책, 332~334쪽); 『宋史』 권246, 외국3 高麗.

형식상 관계가 역전되었다.[11]

고려와 금의 초기 교섭

거란에 이어 송과 대결하게 된 금으로서는 군사적 위협이 없는 한 고려와 새로운 전선戰線을 만들기보다는 화평을 유지하면서 국제적 위상을 확보하는 것이 중요하였다. 과거 거란이 그랬던 것처럼, 금은 고려와 군사적 긴장 없이 안정된 관계를 맺고 자국을 중심으로 한 국제질서를 인정받기를 원하였다.

금은 건국 이전에 고려의 여진 정벌로 인하여 군사적으로 대결하였지만 이후 적대보다는 화친관계를 원하였다.[12] 아골타는 거란에 반기를 들면서 고려에 사신을 파견하였다.[13] 1116년(예종 11) 거란이 금의 공격을 받아 위축되자 고려는 압록강 하류의 내원성來遠城과 포주성抱州(保州)城이 우리의 옛 땅이라며 영유권을 요구하여, 금으로부터 스스로 취하라는 답변을 받음으로써 사실상 영유권을 인정받았다. 그리하여 고려는 포주를 의주방어사 義州防禦使로 고치고 압록강을 경계로 삼아 관방關防을 설치하였다.[14] 예종 14년(1119)에는 고려가 북방의 정세 변화에 대응하여 장성長城을 증축하였는데, 금의 변방 관리가 중지를 요구하였으나 오래된 성을 보수한다는 구실을 내세워 따르지 않았다. 이에 대하여 아골타는 금의 관리들에게 고려를 침범하여 사달을 만들지 말고 단지 보루를 견고히 하고 정보를 널리 수집하기만 하라고 지시하였다.[15]

---

11 금과 송의 형식적 관계는 1165년 숙질관계로, 1206년 백질관계로 변화하였다.
12 『고려사』 권12, 숙종 9년 6월 甲寅; 같은 책 권12, 예종 원년 3월 丁酉.
13 『고려사』 권14, 예종 11년 4월 庚午.
14 『고려사』 권14, 예종 12년 3월 辛卯; 김용선 편, 2016, 『(속) 고려묘지명집성』 최홍재묘지명.
15 『고려사』 권14, 예종 14년 12월; 『金史』 권2, 太祖 阿骨打 天輔 3년 11월.

인종 원년(1123)에는 금의 사신이 고려 국경에서 박대당했는데, 금의 태종은 고려가 거란의 사신을 맞는 예로써 자기 나라 사신을 맞는 것이 옳지만 금에 국상國喪이 있고 거란의 군주가 아직 잡히지 않은 상태이니 억지로 요구하지 말고 귀환하라고 지시하였다. 이듬해에는 고려 국경 근처에서 물개·해동청海東靑 등을 잡던 금나라 사람들이 고려의 공격을 받아 무기를 빼앗기고 모두 살해당하는 사건이 벌어졌다. 그러나 그 사실을 보고받은 금 태종은 작은 사건으로 전쟁을 일으킬 수는 없다고 하면서 이후로는 명령을 받든 경우가 아니면 함부로 가지 말라고 지시하였다. 또한 금에 반대하여 망명한 여진인들을 고려가 받아들이고 변방 경비를 강화하고 있는 것은 다른 계획이 있기 때문일 거라는 보고에 대해서도, 태종은 망명한 사람들을 받아들이고 돌려보내지 않는 것에 대해서 통문通問하되 상식常式을 벗어나지 않게 하며, 침범해 오면 대응하되 먼저 고려를 범하지 말도록 하고, 만약 이 명령을 어기면 비록 승리를 거두더라도 처벌하겠다고 지시하였다.[16] 이런 정황들을 통해 금이 고려를 신중하게 내한 태도를 엿볼 수 있다.

한편 금은 자국 중심의 국제질서를 인정받기 위하여 외교적으로 고려를 압박하였다. 예종 12년(1117) 금은 자신들이 과거에는 거란을 대국大國으로, 고려를 부모의 나라로 섬겨 왔지만, 현실적으로 거란을 거의 섬멸한 힘을 인정하여 금이 형, 고려가 아우가 되는 화친을 맺자고 요구하였다. 그런 요구에 대하여 고려 조정은 논의 끝에 회답하지 않았다.[17] 2년 뒤 금은 다시 사신을 파견하여 북쪽 상경上京으로부터 남쪽 바다에 이르기까지 부족과 인민을 위무하고 안정시켰다고 통보하였다.[18] 그것은 자신의 힘을 과시

---

16 『金史』 권3, 太宗 吳乞買 天會 2년 5월 乙巳; 7월 壬辰.
17 『고려사절요』 권8, 예종 12년 3월.
18 『고려사』 권14, 예종 14년 2월 丁酉.

하여 고려에 자기의 뜻을 따르라고 알리는 의미이기도 하였다.[19] 그해 고려가 금에 사신을 파견하였으나 국서國書에 금의 근원이 고려에서 나왔다는 말이 들어 있다고 하여 금이 수령을 거부하였고,[20] 이어 칭신稱臣과 서표誓表를 제출할 것을 요구하였다. 인종 3년(1125)에는 고려가 국서를 보냈으나 표문이 아닐뿐더러 신臣이라고 쓰지 않았다는 이유로 금이 수령을 거부하였다. 이듬해에 고려가 마침내 칭신하고 표문을 보내기까지 금과 외교적 위상을 놓고 마찰이 지속되었지만, 군사적 적대관계로까지 번지지는 않았다.

물론 금이 고려에 대하여 군사적 방비를 하지 않거나 공격할 의사가 전혀 없었던 것은 아니었다. 1124년 거란의 멸망을 눈앞에 둔 시점에 금은 남로군수南路軍帥 도모闍母를 시켜 갑사甲士 1천 명을 합소관로合蘇館路 발근勃菫 완안아실재完顔阿實賫에게 더 붙여 주어 고려를 방비하게 하였다.[21] 1132년 금은 남경로평주군수사南京路平州軍帥司를 동남로도통사東南路都統司로 고치고 치소를 동경에 두어 고려를 진무하게 하였다.[22] 그 전해에는 금의 황제가 3만 병력을 거느리고 동경에 도착하였는데 그 뜻을 알 수 없다는 첩보를 변경의 관리가 보내옴에 따라 고려 조정에서 대책에 부심하기도 하였다.[23] 또한 해릉왕海陵王은 금을 중화풍의 국가로 바꾸려는 계획 아래 물산이 풍부한 송을 정벌하려 하면서, 자신의 목표는 송을 멸망시킨 후 곧이어 고려와 서하를 공격하여 천하를 통일하는 것이라고 언명하였다.[24]

---

19 금은 1118년에 거란을 압박하여 거란과 고려·송·서하 사이에 오고간 書詔表牒들을 받아 냈는데, 그 의도는 거란을 중심으로 한 국제 외교질서를 파악하여 금 중심으로 바꾸려는 것이었다(『遼史』권28, 天慶 8년 2월).
20 『고려사』권14, 예종 14년 8월 丁丑.
21 『金史』권3, 太宗 天會 2년 10월 丙寅.
22 『金史』권24, 地理上 東京路.
23 『고려사』권16, 인종 9년 8월 乙酉.
24 『金史』권129, 佞幸 張仲軻 "海陵與仲軻論漢書 謂仲軻曰 漢地封疆 不過七八千里 今吾國幅員萬里 可謂大矣 仲軻曰 本朝疆土雖大 以天下有四主 南有宋 東有高麗 西有夏 若能一之 乃爲大耳 海陵曰 彼且何罪而伐之 仲軻曰 臣聞宋人買馬修器械 招納山東叛亡 豈得爲

2. 금에 대한 강경론과 온건론

'상표칭신上表稱臣'을 둘러싼 논의

앞에서 금이 흥기한 이후 고려 주변의 국제정세가 크게 변화하는 모습을 개략적으로 살펴보았다. 거란과 금의 대결 과정과 송과 금의 대결 과정에서 각국은 자국에 유리한 상황을 만들기 위하여 치열한 외교전을 벌였다. 대외관계를 어떻게 수립할 것인가라는 문제는 당시 각국에서 중요한 정치적 이슈였다.

따지고 보면 한 세기가량 안정적이던 국제관계가 변한 것은 각국의 내적 정세 변화에 기인한 것이기도 하였다. 국제관계는 외교관계 차원에만 영향을 끼치는 것이 아니라 국내 정치상황과 밀접한 관계를 맺으면서 정치사를 규정한다. 당시 각국의 정치세력은 변화된 정세 속에서 외교관계 설정은 물론 대내적 개혁이라는 이중의 과제를 놓고 분화, 대립하였으며, 그 과제들을 상호 연동적으로 인식하였다.

숙종~예종 초에 윤관尹瓘 등이 중심이 된 공리주의적 신법개혁론자들과 최사추崔思諏·김인존金仁存 등 교화와 '조종지법' 준수를 앞세운 관료들이 대립하였고, 전자가 중심이 되어 여진 정벌과 9성 개척을 추진하였다. 그러나 그 경략책이 실패하여 왕의 리더십이 약화되자, 예종은 대송 관계의 개선을 주도하고 선진문물을 적극적으로 수용하면서 구세군주·문예군주로서의 면모를 세워 만회하려 하였다.[25] 송에서도 신법파가 재집권한 뒤 고려와의 관계를 개선하는 데 적극적이었다. 예종 11년(1116) 무렵에는 거란이

無罪 … (海陵)旣而曰 朕擧兵滅宋 遠不過二三年後 討平高麗夏國 一統之後 論功遷秩 分賞將士 彼必忘勞矣'.

25 박종기, 1993, 「예종대 정치개혁과 정치세력의 변동」, 『역사와 현실』 9, 48~51쪽; 채웅석, 2008, 「고려 예종대 道家思想·道敎 흥기의 정치적 성격」, 『韓國史硏究』 142, 107~117쪽.

여진의 공격을 받아 위태로운 상황이라는 것을 고려 조정에서도 파악하고 그 연호를 쓰지 않기로 결정한 상태였기 때문에[26] 대송외교에서 거란의 눈치를 볼 필요가 없었다. 예종이 사망하자 송은 사신을 보내 치전致奠하면서 황제가 친제한 조위조서와 제문을 보내고, 거란이 거의 멸망하였으니 송으로부터 책봉을 받으라고 권하였다.[27]

당시에 거란의 힘이 약화되었기 때문에, 송과 긴밀하게 접촉하면서 선진 문화를 받아들이는 것에 대하여 고려의 지배층 사이에서 이견이 없었다. 그렇지만 신흥 강국으로 등장한 금에 대한 외교 문제를 놓고 의견이 대립하였다. 인종 4년(1126) 금이 신하의 예를 요구해 오자 조정에서 격론이 벌어졌는데, 당시 권력을 잡은 이자겸과 척준경이 중심이 되어 금의 강성한 형세를 고려하여 상표칭신上表稱臣하기로 결정하였다. 금에 대한 사대를 반대하는 관료들이 다수였으나, 예종 초의 여진 정벌 때와 마찬가지로 태묘太廟에 고하고 점을 쳐서 결정하였다고 한다.[28] 금은 고려가 상표칭신하자 보주保州의 영유권을 인정해 주는 것으로 화답하였다.[29]

대금 강경론은 숙종~예종 초의 여진 정벌론과 같은 맥락에 있는 것으로 보인다. 앞에서 살펴보았듯이, 당시 동여진을 무력을 동원하여 경략한 것은 무력시위나 응징 차원에 그치지 않고 고토故土 회복 내지 영토 개척 차원에서 추진한 것이었다. 고려는 영주·웅주·길주 등 동북9성을 쌓고 남쪽 지방의 인민들을 사민徙民하였다. 즉 정책상 여진족이 투속해 오면 기미주를 만드는 수준에 그치지 않고 그들의 거주 지역을 무력으로 점령한 다음 내지와 같이 직접 통치하려는 적극적 통합·정복 의지를 보인 것이다. 그것은 여진

---

26 註 6과 같음.
27 『고려사』 권15, 인종 원년 6월 庚子.
28 『고려사』 권15, 인종 4년 3월 辛卯; 乙未.
29 『金史』 권60, 交聘表上 太宗 天會 4년 6월 "高麗使奉表稱藩 優詔答之 仍以保州地賜".

은 비록 기질이 다른 부류〔異類〕이지만 귀화하여 판적版籍에 오르면 내국민과 동일하게 국법〔邦憲〕을 적용하여야 한다는 인식과[30] 통하였다.

대금 강경론자들은 자국 중심의 천하관 또는 다원적 천하관의 견지에서 고려 왕이 진정한 천자天子라면 주변 오랑캐〔四夷〕에게 왕도王道를 행사할 수 있어야 한다고 인식하였다.[31] 이것은 권력관계에서 왕권 중심의 논리가 될 수 있었고, 풍수도참설을 이용한 36국조공설 주장과도 통하였다.[32] 그런 맥락에서 그들은 금이 칭신을 요구해 왔을 때, 이전까지 정치적으로 복속되고 문화적으로 열세에 있던 오랑캐에게 도리어 신례를 하고 조공을 바치는 것은 국가적 수치라고 인식하였다. "여진은 본래 우리나라 사람들의 자손이기 때문에 신복臣僕이 되어 차례로 임금〔天〕에게 조공을 바쳐 왔고 국경 근처에 사는 사람들도 모두 우리의 호적에 오른 지 오래되었는데, 어떻게 거꾸로 신하가 될 수 있는가?"라고 한 윤언이尹彦頤의 발언에서 그런 인식을 읽을 수 있다.[33] 그리고 그간의 역사적 경험으로 보았을 때, 주변의 강국이 등상할 때마다 거의 관행적으로 우리를 침략해 왔기 때문에 새로 흥기한 금이 침략할 가능성에 대비해야 한다는 주장은 설득력이 있었다. 위에 든 윤언이의 발언을 기록한 그의 묘지명에는 그 문단에 이어 "〔금의 요구에 굴복하여 약함을 보인 다음에는〕바로 그 뒤 금의 군대가 우리를 침범하려 하였다."라고 기술되어 있다. 이렇듯 대금 강경론자들은 국제정세가 변하는 상황을 이용하여 스스로 굴복할 것이 아니라 왕조의 존엄성을 지키고 국제관계에서 위상을 격상할 수 있는 조치를 강구해야 한다고 주장하였다.

그에 비하여 내치內治(內守)를 강조한 논자들은 대외적으로 평화관계를

---

30 『고려사』 권84, 형법1 살상 靖宗 4년 5월.
31 金龍善 편, 2012, 『高麗墓誌銘集成 (제5판)』, 尹彦頤墓誌銘 "於是 坐而論道 燮理陰陽 庶幾內則董正百官 外則鎭撫四夷 使王道復行 以致萬世無彊之休".
32 『고려사절요』 권9, 인종 6년 8월; 같은 책 권10, 인종 10년 3월.
33 金龍善 편, 2012, 앞의 책, 尹彦頤墓誌銘.

강조하였다. 그들은 여진이 강성하기 전에는 그들이 투속해 오는 것에 방기적放棄的 태도를 취하여 복속하면 받고 떠나가면 내버려 두자는 소극적인 모습을 보였다.[34] 여진은 인면수심人面獸心이라서 사리事理를 알지 못하고 교화에 익숙하지 않기 때문에 내국인과 동일하게 취급할 수 없다고 인식하였다.[35] 또한 인仁·의義 유무를 기준으로 한 화·이華夷의 구별을 강조하고[36] 대외적 무력 사용을 피하였다. 그렇기 때문에 여진에 대하여 군사적 강공책을 쓰는 것에 반대하고 9성 개척 같은 식민정책은 더더욱 반대하였다. 그들은 주변에 강력한 국가가 등장하여 압력을 가해 왔을 때 평화를 지키기 위해서 필요하다면 형세를 고려하여 사대하더라도 괜찮다고 하였다. 예종 12년(1117) 금이 형제관계를 요구해 왔을 때 김부철金富轍(金富儀)은 수용하자고 주장하면서, 한漢과 흉노, 당唐과 돌궐, 송과 거란의 관계처럼 중국도 공주를 하가下嫁하고 칭신하거나 형제관계를 맺는 등 형세에 따라 주변 오랑캐에게 양보하였다는 점을 지적하였다.[37] 금과의 관계 이전에 고려는 이미 거란에 사대외교를 함으로써 국제적 평화·안정 상태를 이룬 경험이 있었다. 그리고 바로 전에는 여진을 무력으로 정벌하다가 실패하였고 거란이 금의 공격으로 위태로운 지경에 빠진 것도 잘 알고 있었기 때문에 금을 형세상 대국으로 파악하는 것이 어렵지만은 않았을 것이다.

현실적으로 본다면, 금이 강성하기 이전에 여진이 자주 국경과 동해안 지역에 출몰하면서 약탈을 자행한 것이 큰 골칫거리였기 때문에, 분립적인 여진사회를 제어할 수 있는 세력이 등장하는 것이 고려로서는 반드시 불리한 상황만은 아니었다. 만약 그 세력과 관계를 개선할 수 있다면 약탈로 인한

---

34 『補閑集』卷上, "睿王乾統七年丁亥 欲伐東蕃 … 諫議大夫金緣 奏曰人主之愛土地 將以養民 豈宜爭地 使赤子肝腦塗地 願陛下許其地以禽獸畜之 服則撫 否則舍 吾民可得休息矣".
35 『고려사』 권84, 형법1 살상 靖宗 4년 5월.
36 『고려사』 권95, 崔冲 "夷狄人面獸心 不可以刑法懲 不可以仁義敎".
37 『고려사절요』 권8, 예종 12년 3월.

피해가 줄어드는 것은 물론, 비정규전 상황에 대비하는 비용도 줄일 수 있기 때문이다. 금이 강성한 이후에 여진부족들을 통제하자 고려의 국경과 동해안에서 여진이 출몰하고 약탈하는 현상이 없어진 것은 금과 평화관계를 맺은 데 따른 부수적 효과였다.[38]

이렇듯이 내치를 우선시한 인물들은 대외관계에서 무력 대결을 피하고 민생 안정을 통하여 국내적 번영과 평화를 확보하는 것이 무엇보다 중요하다고 주장하였다.[39] 이는 권력관계에서 덕德을 매개로 하여 군君–신臣–민民의 상하 질서가 유지되어야 한다는 것과 통하여, 대외경략론자들이 왕권 중심의 논리를 가졌던 것과는 달리 사족士族 중심의 논리가 될 수 있었다. 물론 그들이 무력 사용에 반대하고 형세에 따라 사대를 주장하였다고 하여 국방력을 소홀하게 취급하였던 것은 아니다. 김부의는 인종과 국방 문제를 논의하면서 군사행동을 삼가되 방어를 위한 성곽시설의 정비, 무기 증강 등의 필요성을 역설하였다.[40]

결과적으로 고려는 금과 군사적 대결을 피하고 사대외교를 하여 평화를 지키게 되었다. 형세론을 내세워 조공·책봉관계라는 동아시아의 전통적 국제관계 형식을 받아들임으로써 금과 공존을 모색하자는 것이 이자겸을 중

---

38 거란이 그랬던 것처럼 금은 고려와 서로 각종 사신을 빈번히 왕래하며 교역하였다. 고려는 거란과 관계할 때와 달리 금과는 保州·靜州·定州 등지에서 權場貿易을 허용하였다(朴漢男, 1993, 「高麗의 對金外交政策研究」 성균관대 박사학위논문, 159~192쪽). 따라서 이전에 여진족이 개별적으로 고려로부터 사여받거나 해적 행위로 조달하던 교역품들을 공식적인 교역을 통하여 조달하게 되었다고 파악할 수 있다.

39 息民의 논리는 예종 4년 김인존이 9성을 여진에 환부하자고 주장한 건의(『고려사절요』 권7, 예종 4년 5월), 예종 10년 거란의 청병에 대하여 김부일·김부식·한충 등이 제기한 반대론(註 5와 같음) 등에서 찾아볼 수 있다. 『孟子』에 따르면, 息民을 증진할 수 있다면 외부에서 온 군주에게도 복종할 수 있으며, 이것은 수단과 방법을 가리지 않는 것도 아니요, 비굴하거나 절의를 지키지 않는 행위로도 볼 수 없다고 하였다(梁惠王章句 下). 그런 논리에 따라 현재의 화평 상태를 유지할 수 있는 방식은 국가의 수치가 아니라 상책이라고 보았다.

40 『고려사』 권97, 金富佾 附 金富儀.

심으로 한 집권세력의 전략적 선택이었다. 그렇지만 한편으로는 이제 여진이 해동천자인 고려 왕이 주재하는 해동천하의 영역에서 벗어날 뿐 아니라 과거에 번으로 신속했던 여진에게 거꾸로 사대하게 되어 고려의 해동천하 질서는 실질적으로나 명분적으로나 타격을 받지 않을 수 없었다.

대금 사대관계의 정착 과정

인종 4년(1126) 고려가 금에 사신을 보내서 상표칭신하여 화평하기로 한 뒤에도, 인종 20년(1142)에 금이 인종을 책봉하고 고려도 금의 연호를 사용하기까지 10여 년이 넘게 걸렸다. 금은 1126~1127년 무렵에 송을 공격하여 멸망시켰지만 하북·하동 지역에서 강력한 항금 투쟁에 부닥쳤으며, 이어 건국한 남송과 대결해야 하였다. 고려로서도 몇 가지 해결해야 할 문제들이 대두하였다.

첫째, 상표칭신한 뒤에 고려는 금과 과거 고려-거란 관계와 동일한 외교 형식을 적용하기로 하였는데, 금은 이전과 다른 외교 형식으로 서표誓表를 요구하고 고려에 유입된 여진 인구를 송환하라는 조건을 걸었다.[41] 서표 요구는, 송과 서하가 그랬던 것처럼 고려도 금 황제에게 칭신의 맹세를 하고 그 맹약을 어기면 나라가 위태로워지고 자손이 끊어질 것이며 천지신명이 죄를 주어 왕위를 보전하지 못할 것이라는 서약을 하라는 것이었다. 금이 주변국에 서표 제출을 요구한 이유는 자기가 주도하는 질서에 주변국들의 확실한 복속을 확인받으려는 것이었다.[42] 또한 여기에는 고려 조정이 금에 대하여 강경론과 온건론으로 갈려 있다는 사정을 알고 관계를 분명히 할 것을 요구하는 의도가 개재된 것으로 보인다. 고려는 최초로 요구받은 때부터

---

41 『고려사』 권15, 인종 4년 9월 辛未; 인종 6년 12월 壬申.
　　금의 서표 제출과 인구 송환 요구 문제에 대해서는 朴漢男, 앞의 논문, 43~95쪽 참고.
42 鄭東勳, 2016, 「高麗時代 外交文書 硏究」, 서울대 박사학위논문, 200쪽.

3년 이상 서표 제출을 지체하였다. 그렇지만 금이 만약 요구가 관철되지 않으면 친조親朝를 요구하겠다고 위협하자, 인종 7년(1129)에 충성과 신의의 마음이 청천백일과 같으니 만약 어기면 신명이 죄를 줄 것이라는 내용을 담은 서표를 보내어 사태가 일단락되었다.[43]

또한 금은 보주로保州路와 고려 영내로 유입된 여진 인구를 돌려보내야만 보주에 대한 고려의 영유권을 온전히 인정해 주겠다고 하였다. 이에 대하여 고려가 난색을 표시하였을 뿐만 아니라, 금의 일부 관료들도 송환 대상 인구들이 이미 수십 년간 그 땅에 안착해 살고 있기 때문에 무리하게 송환하면 그들의 원망을 살 것이고 또 고려가 번蕃을 칭하면서 직공職貢을 잘하고 있는데 무리하게 송환하도록 강요할 필요가 없다고 이의를 제기하였다. 그에 따라 이 문제는 인종 8년(1130)에 해소되었다. 서표와 인구 송환 문제가 양국 간에 심각한 갈등으로 커지지 않고 원만하게 해결된 데에는 금에서 유교정치를 지향한 완안욱完顏勗·한방韓昉 등의 활동도 작용하였다.[44]

둘째, 송이 금의 공격을 받으면서 고려에 지원을 요청해 온 것이다. 송은 과거에 연려제요책을 쓰려고 하였듯이 연려제금책聯麗制金策을 쓰려고 하였다. 고려가 금에 상표칭신한 1126년에 송은 고려에 사신을 파견하여 금의 침략과 휘종의 양위를 알리면서 금을 정벌하는 군사를 일으켜 줄 것을 요청하였다.[45] 이에 대하여 고려는 송의 군사가 금을 제압하기를 기다려 다소나마 위력으로 돕겠다고 원칙적인 대답만을 하였다.

---

43 『金史』 권125, 文藝上 韓昉;『고려사』 권16, 인종 7년 11월 丙辰.
44 『金史』 권66, 始祖以下諸子 完顏勗; 같은 책 권125, 文藝 上 韓昉.
　　인종 6년 한방이 서표 문제를 갖고 사신으로 왔을 때 고려의 관반은 金富儀였다. 두 사람 사이에 唱和한 시가 수십 편에 이르고 한방이 본국에 귀국해서도 김부의를 異人이라고 말하는 등 관계가 돈독하였다(『고려사』 권97, 金富佾).
45 『고려사』 권15, 인종 4년 7월 丁卯.
　　송의 請兵과 假道 요구에 대해서는 안병우, 2002, 「고려와 송의 상호 인식과 교섭—11세기 후반 12세기 전반」,『역사와 현실』 43 참고.

인종 6년(1128)에는 송이 양응성楊應誠 등을 파견하여 금에 붙잡혀 간 휘
종·흠종을 구출하기 위하여 금에 갈 수 있도록 길을 빌려 달라는, 이른바
가도假道를 요구하였다.[46] 그 요구는 고려와 송 사이가 밀착되었다고 금이
의심하게 만드는 계기로 작용할 수 있고, 사신 통행을 위한 가도에 그치지
않고 군사행동으로 이어질 가능성도 있으며, 당시 고려의 불안정한 국내 사
정상 일부 세력이 가도를 이용하여 모반을 꾀할 수도 있기 때문에 들어 주
기 어려운 것이었다.[47] 그리하여 김부일·김부식·최홍재崔弘宰·문공인文公
仁 등이 나서서 불가함을 설명하였다.

이런 과정을 거치면서 송은 대금 관계에서 고려를 이용하기가 어려움
을 알게 되었고, 이후로는 외교관계에 소극적인 모습을 보였다. 인종 4년
(1126) 고려가 송의 군사동맹 제의에 응하지 않고 흠종의 즉위를 축하하는
사신을 보냈을 때, 송 조정에서는 고려가 금에 사대하면서 송의 허실을 탐
지하여 알려 줄 수 있기 때문에 오지 못하게 막아야 한다는 주장이 제기되
었다. 마침 금군이 변경汴京을 압박하던 때라서 그 사행은 명주에서 중도
귀환하였다.[48] 인종 8년(1130)에는 송이 왕정충王政忠을 파견하여, 그 무렵
금과 대결하느라 변고가 많아서 고려 사신의 안전을 보장하기 어려우므로
당분간 사신 왕래를 중지하겠다고 통보하였다.[49] 고려도 왕정충의 귀국 편
에 사신 왕래 중단에 동의하는 표문을 보냈다.[50] 인종 10년(1132)에 고려에
서 최유청·심기沈起 등을 송에 파견하여 그간의 사정을 설명하고 관계 복

---

46 『고려사』 권15, 인종 6년 6월 丁卯.
47 의종 2년 李深·智之用 등이 송나라 사람 張喆과 동모하여, 송이 금을 정벌한다는 명목으
로 고려에 假道를 하면 내응하겠다는 모반 계획을 담은 글과 고려 지도 등을 秦檜에게 보
냈다가 발각되어 처벌당하였다(『고려사』 권17, 의종 2년 10월 丁卯).
48 『고려사』 권15, 인종 4년 9월 乙丑; 5년 5월; 『宋史』 권487, 외국3 고려 欽宗.
49 『고려사』 권16, 인종 8년 4월 甲戌; 『宋史』 권487, 외국3 고려 建炎 3년 8월.
50 『고려사』 권16, 인종 8년 7월 己巳.

구를 요청하였으나, 송에서는 상황을 보자며 복구를 미루었다.[51]

더구나 금이 후기에는 남송과의 대결에서 우위를 차지하지 못하자, 남송으로서는 연려제금책의 필요성이 줄었다. 오히려 가도假道 거부에 분노하여 수군을 보내 고려를 공격하자는 주장이 나오기도 하고, 고려가 사행 때 송의 상황을 정탐하여 금에 알릴 수 있다는 우려의 목소리가 많아졌다.[52] 고려로서도 대금 관계의 안정에 외교의 중점을 두었고, 특히 무신정변 이후 남송과 통교할 필요를 크게 느끼지 못하였다.

셋째, 대금 평화 노선을 이자겸의 외척세력이 나서서 실현하였는데, 외척이 인종을 보위하면서 장악하였던 권력을 왕에게 이양하려는 움직임이 벌어지는 등 국내 정치 상황이 변하였다. 인종 4년(1126)에 김안金安·안보린安甫鱗 등이 주동하여 이자겸파를 타도하고 왕을 중심으로 권력관계를 개편하려고 시도하였다가 실패하고 왕의 권위가 추락하였다. 가까스로 외척세력을 숙청한 뒤에는 왕권 강화와 금과의 대결 노선을 주장하는 관료들이 강력한 세력을 형성하였다.

승려 묘청妙淸과 일자日者(日官) 백수한白壽翰 등 대내외적 위기의 해결방법을 종교와 풍수도참설, 음양비술陰陽祕術 등에서 찾는 일단의 인물이 등장하여 인종의 측근세력과 결합하였다. 묘청 등은 서경의 임원역林原驛 땅은 음양가陰陽家들이 말하는 대화세大花勢에 해당하기 때문에 그곳에 궁궐을 세워 왕이 거처하면 천하를 아우를 수 있고 금이 항복하며 주변 36국이 모두 복속할 것이라고 주장하였다. 또한 대동강에 상서로운 기운이 서렸으니 천심天心과 인망人望에 순응하여 금을 제압하자고 건의하였다.[53] 그들은 칭제건원과 서경 천도 등을 통하여 왕을 중심으로 체제 개편을 획기적으로

---

51 『고려사』 권16, 인종 10년 2월 辛巳; 5월 癸未.
52 『宋史』 권487, 외국3 고려 建炎 2년; 紹興 원년 10월; 紹興 2년 12월; 紹興 6년.
53 『고려사』 권127, 반역1 妙淸.

추진하려 하였으며, 36국조공설과 금국정벌론을 제시하여 대외적으로 강경론을 주장하였다.[54] 윤언이처럼 칭제건원을 주장하더라도 서경천도론이나 금국정벌론에는 동의하지 않았다고 변명하는 경우도 있었다.[55] 그렇지만 그 역시 사방의 오랑캐[四夷]에 대한 진무鎭撫를 왕도王道의 행사로 간주하여,[56] 금에 사대한 이후 금을 오랑캐로 부르기를 꺼리면서 대외적으로 평화주의를 택한 김부식[57] 등과 대립하였다.

그동안 고구려의 계승자를 자임하면서 북방정책을 펴 왔고 동·서번, 곧 여진의 진헌이 포함된 팔관회적 질서로써 해동천하의 중심이라는 자존적 위상을 유지해 왔는데, 금에 신복臣服하게 되면 그런 인식이 크게 손상될 수밖에 없었다.[58] 이에 묘청세력은 대금 강경론을 주장하고 대내적으로 혁신

---

54 36국 조공설은 숙종 원년 金謂磾가 남경 천도를 주장할 때도 제기되었다(『고려사절요』 권6, 숙종 원년 8월). 또 의종 12년에도 劉元度 등이 풍수도참설을 이용하여 白州 兎山에 궁궐을 짓자고 주장하면서, 그렇게 하면 나라가 中興할 뿐만 아니라 7년 이내에 北虜, 즉 금을 정복할 수 있다고 하였다(「고려사」 권18, 의종 12년 8월 甲寅).
　　한편 36국조공설과 금국정벌론을 보면 그것을 주장한 묘청파는 독존적 천하관을 갖고 있는 듯하지만, 다음 사료를 보면 중화왕조를 인정하는 자세를 보였다. "初邊報傳言 金人侵宋敗北 宋師乘勝深入金境 於是 鄭知常金安奏曰 時不可失 請出兵應接宋師 以成大功 使主上功德載中國史 傳之萬歲"(『고려사절요』 권9, 인종 5년 5월).
55 금이 송을 치는 과정에서 괴뢰정권을 세울 때, 1127년 張邦昌을 楚國의 황제로 내세웠으며, 1130년에는 劉豫를 大齊皇帝로 삼고 阜昌이라는 연호를 사용하게 하였다. 이때 金帝와 齊帝의 관계는 父子관계로 정해졌다(外山軍治, 1964, 「金朝の華北支配と傀儡國家」, 『金朝史研究』, 同朋舍). 그리고 금이 고려에 보낸 詔書에서 高麗國皇帝라고 칭한 것을 보면(『帝王韻紀』 卷上 "臣嘗爲式目執事 閱都監文書 偶得金國詔書二通 其序皆云 大金國皇帝寄書于高麗國皇帝云云 此結兄弟之訂也") 당시 고려의 칭제건원이 대금 관계의 악화를 불러올 것이라는 김부식 등의 주장은 지나친 기우였을 가능성도 있다.
56 註 31과 같음.
　　윤언이의 묘지명에 따르면, 그는 부친 尹瓘이 여진 정벌에서 소기의 성과를 거두지 못한 것을 한스럽게 여겼다.
57 『고려사』 권17, 인종 24년 김부식의 仁宗史贊.
58 금이 건국하고 고려가 금에 사대하게 된 이후 여진이 고려의 통제 밖으로 사라지면서 해동천하는 그 실질성을 상실하고 이후 관념과 역사의식 속에만 남게 되었다(노명호, 2000, 『고려국가와 집단의식』, 서울대학교출판문화원, 177쪽).

개혁을 통한 왕조의 중흥을 내걸었다.

다음 장章에서 자세히 살펴보겠지만, 묘청세력은 여러 가지 종교적·신비주의적 상징 조작을 통하여 인심을 끌려고 하였으나, 점차 속임수가 드러나고 재해가 빈번하게 일어나자 설득력을 잃어 갔다. 또한 금과 전쟁하게 되면 승패는 알 수 없다 하더라도 국력 동원 과정에서 서경을 비롯한 북방 지역이 당연히 전쟁의 피해를 가장 많이 입을 것이라는 점이 예견되었다.[59] 그러므로 뒤에 그들이 권력 장악에 실패하고 서경에서 반란을 일으켰을 때, 성주成州와 연주漣州 등지의 지역민들이 오히려 반란군 진영에서 파견한 인물들을 공격한 것처럼[60] 북방 지역민들도 그들의 주장에 찬성하지만은 않았다.

금국정벌론자들은 정세 파악에도 어두웠다. 인종 5년(1127)에 금군이 패하여 송의 군대가 금의 경내로 깊숙이 진공하였다는 정보가 전해지자 정지상과 김안 등은 때를 놓치지 말고 출병하자고 주장하였으나 이는 정보의 진위를 따지지 않은 섣부른 주장이라는 것이 금방 드러났다.[61] 금국정벌론자들은 제齊와 동맹하여 금을 협공하자고 건의하기도 하였는데,[62] 당시 제는 금이 유예劉豫를 내세워 세운 괴뢰국에 불과하였다. 또 묘청파의 최봉심崔逢深이라는 무장은 금을 얕보고 자기에게 장사 1천 명만 주면 금에 들어가 황제를 잡아다 바칠 수 있다고 큰소리를 치고 다니다가 매우 망령되고 이치에 맞지 않는다고 비판받기도 하였다.[63]

---

59 이와 달리, 姜聲媛은 대금 외교관계상 使行行路에서 서경인들이 받는 고충과 피해 때문에 서경인들의 불만과 반발이 컸고, 이와 같은 상황에서 묘청 등의 자주적 외교 노선은 지역민들의 전폭적인 지지를 받을 수밖에 없었다고 파악하였다(1990,「妙淸의 再檢討」,『國史館論叢』13).

60 『고려사절요』권10, 인종 13년 정월 癸丑.

61 『고려사절요』권9, 인종 5년 5월; 같은 책 권96, 金仁存.

62 『고려사절요』권9, 인종 7년 2월.

63 『고려사절요』권9, 인종 9년 9월.
    인종 9년에 최봉심이 狂妄된 말을 한다는 이유로 그를 금에 서장관으로 파견하는 것을 반대한 林存은 그 이듬해에 찬술한 선봉사 대각국사비문에서 "지금 사방에 병란이 일어

또한 군사적 대비 태세가 필요한 상황에서 묘청세력은 대금관계와 관련하여 북방의 병장兵仗을 점검하고 군사적 승리를 기원하는 몇 차례 종교행사를 연 것 외에는 뚜렷한 전쟁 대비책을 제시하지 못하였다.[64] 오히려 막대한 국력을 소요하는 천도 문제에 매달렸는데, 어쩌면 그들은 금국 정벌을 실천적 차원에서 제기하였다기보다는 그것을 내세워 국내의 긴장관계 조성을 의도하였는지도 모른다. 즉 실제 군사행동을 벌이려고 하였다기보다 권력 장악을 위하여 전략적으로 금국정벌론을 제기하였을 가능성이 있다.[65]

인종 12년(1134) 무렵에는 묘청파의 주장이 설득력을 잃고 김부식을 비롯하여 유교적 합리주의와 관료정치를 지향한 세력의 논리가 힘을 얻어 갔다. 그리고 두 세력 사이의 대립이 첨예화되어 이듬해에 묘청파의 서경 반란이 일어났다.

그 반란을 진압한 이후 김부식을 중심으로 한 세력이 유교 관료정치를 도모하면서 정국을 주도하고, 대외적 평화주의를 견지하면서 대금 사대관계를 주축으로 한 외교정책을 폈다. 김부식은 인종에 대한 사찬史贊에서 "금이 갑자기 흥기하자 군신들의 의견을 물리치고 상표칭신하였으며 금의 사

나서 창생이 도탄에 빠졌지만 오직 이 海內[고려]는 걱정 없이 편안하여 닭의 울음, 개 짖는 소리가 사방에서 들리며 남자들은 들에서 농사짓고 여자들은 집안에서 베 짜면서 富·壽를 잃지 않고 있다."라며 대외 평화정책을 옹호하였다. 임존은 인종 초기에 한안인파로서 유배당하였다가 인종 5년에 복직하였다.

64 『고려사절요』 권9, 인종 7년 10월; 8년 9월; 8년 10월.
65 묘청파의 서경 반란이 일어난 인종 13년 송에서는 고려 정부에 사신을 보내어 10만 군대를 동원하여 반란 진압을 돕겠다는 뜻을 전해 왔다(『고려사절요』 권10, 인종 13년 6월). 당시 송은 금과 1차 화의를 맺기 전이었는데, 송에는 묘청파의 금국정벌론이 알려지지 않았거나 또는 송 정부가 인지하였으면서도 그 가능성을 회의적으로 보았기 때문에 그런 태도를 취하였을 것이다.
　　한편 李貞信은 인종이 묘청파를 중용한 것은 궁극적으로 금을 공격할 의사가 없으면서도 금의 압력이 가중된다면 송과 제휴하여 금을 공격할 수도 있다는 점을 나타냄으로써 금의 압력을 배제하려고 한 조치였다고 파악하였다(2000, 「고려의 대외관계와 묘청난」, 『史叢』 45, 78쪽).

신을 예를 다하여 접대하였기 때문에 금나라 사람들이 애경愛敬하지 않음이 없었다. 문한文翰을 담당한 관료들이 응제應制하면서 북조北朝를 오랑캐〔胡狄〕라고 하면 놀라는 태도로 '대국에 신하로서 섬기면서 어찌 이렇게 무례하게 말할 수 있는가?'라고 하면서 대대로 우호동맹을 맺어 변경에 근심이 생기지 않았다."라고 인종의 대금 외교 자세를 높이 평가하였다.[66]

고려의 외교 자세가 이렇게 변화하고 송의 소극적 대고려정책이 겹치면서 고려의 능동적이고 다변적인 외교 자세는 더 이상 보이지 않게 되었다. 인종 20년(1142)에 금과 송 사이에 소흥화의가 성립하였으며, 곧이어 금이 고려의 인종을 정식으로 책봉하고 고려는 금의 황통皇統 연호를 사용하기 시작하였다. 이후 고려와 송 사이의 공식적인 통교가 끊어지지는 않았지만 매우 소원하게 이루어졌다.

---

66 註 57과 같음.

유신정국의 갈등과 서경 반란:
묘청파의 종교·풍수도참적 혁신책과
김부식파의 유교정치론

1. 이자겸의 난 직후의 정국과 수습방안

유신惟新 표방

이자겸의 난은 인종의 즉위 과정에서 보위세력으로서 역할한 외척이 그 뒤 독점적 권력 추구에 나서서 문벌사회에서 통합적 역할을 하지 못하고 또 왕권이 위축되면서 갈등을 빚은 결과 초래되었다. 인종 4년(1126) 2월 인종의 측근이었던 내시 김안·안보린, 동지추밀원사 지록연 등이 주도하여 일으킨 1차 숙청 시도는 이자겸의 족당이던 척준경이 무력을 동원하여 반격함으로써 실패하였다. 그 결과 왕궁이 불타고 많은 인원이 피살·축출되었으며, 인종도 신변의 위협을 느껴서 스스로 왕위를 이자겸에게 넘기려 하는 지경이 되었다.

그러나 약 석 달 뒤에 인종 측이 척준경을 포섭하여 외척세력을 분열시켜서 마침내 그들을 숙청하는 데 성공하였다. 그리고 이듬해 3월 서경에 행차하였을 때 묘청파에 속한 정지상의 주장에 따라 척준경마저 숙청하였다.

이자겸의 난은 고려중기에 왕조의 발전 전망에 대하여 개경의 지기地氣가 쇠퇴하였다는 풍수도참설 형태로 표현되던 회의를 더욱 심화하였다. 특히 '십팔자十八子가 왕이 된다.'는 도참은 공공연히 왕조 교체의 운명론까지 내세운 것이었다.[1] 그렇기 때문에 난 후의 수습 과정에서, 훼손된 왕권과 지배질서를 회복하고 인민의 동요를 막는 것이 정치 현안이 되었다.

이자겸의 난 직후의 정치상황을 '유신惟新(維新)' 정국이라는 용어로 표현할 수 있다.[2] 유신은 구폐를 일소하고 새롭게 바꾼다는 의미인데, 유학에서는 덕德에 의한 혁신정치를 가리키는 말로 사용되었다.[3] 고려시대에 혁신정치와 관련하여 사료에서 그 용어가 태조 때 처음 사용되었고 이후로는 인종 때부터 다시 사용이 늘었다. 이자겸세력을 숙청한 직후 인종 5년(1127) 3월에 왕이 허물을 자책하면서 서경 행차를 계기로 기왕의 잘못을 반성하고 새롭게 할 수 있는 가르침[惟新之敎]이 있기를 기대하여 전국에 조서를 반포하였다.[4] 인종 10년(1132) 11월에는 서경 대화궁大華宮 창건과 동지冬至 야반夜半 갑자甲子의 때를 만난 것을 계기로 하여 옛것을 고치고 새롭게 하려고 유신의 정치[惟新之政]를 도모한다는 왕언을 내렸다.[5] 그리고 인종 14년(1136) 5월에 서경 반란 진압 후 수습 조치의 일환으로 내린 사면 조서에서 "더불어

---

1 고려중기에 十八子爲王說 등의 도참적 왕조 교체 운명론을 내세운 것은 이자겸의 사례에 국한되지 않았다. 신라부흥운동과 연계되었다고 의심받은 李義旼의 사례와 원종 12년 삼별초의 난에서도 十八子爲王說, 龍孫12代盡說 등이 이용되었다(金成煥, 2000, 「고려시대 '中古'의 인식과 도참」, 『史學研究』 61).

2 朴性鳳의 연구(1986, 「高麗仁宗期의 兩亂과 貴族社會의 推移」, 『高麗史의 諸問題』, 三英社)와 김정권의 연구(2007, 『묘청란, 묘청란 연구』, 충남대학교출판부)에서 인종대의 개혁정치를 維新政治라고 이름 붙였다.

3 유신이라는 말은 『詩經』 大雅 文王篇에서 "周雖舊邦 其命維新"이라고 하여 문왕의 덕과 혁신정치를 칭송한 데에서 나왔다. 이 구절은 『大學』 新民章과 『孟子』 滕文公章句上에서도 인용되었다. 또 『書經』 夏書 胤征篇에 "舊染汚俗 咸與維新"이라 하여 성인의 덕에 의거하여 구폐를 일소하고 다 함께 혁신하자는 구절에서도 유신이라는 말이 사용되었다.

4 『고려사』 권15, 인종 5년 3월 戊午.

5 『고려사』 권16, 인종 10년 11월 己卯.

새롭게 하여[咸與惟新] 상서로움에 이르게 하려고 한다."라고 하였다.[6]

고려중기에 사회 변화에 대응하여 개혁을 지속적으로 추구하는 가운데, 인종대에는 외척이 발호하여 정치 소용돌이를 겪고 대외적으로도 번藩으로 신속하던 여진이 흥기하여 거꾸로 신속을 요구하는 형세가 되었다. 그리고 그런 위기를 극복하기 위하여 이전보다 고강도의 개혁을 해야 한다는 요구가 커졌다. 개혁의 필요성에 대한 공감대가 넓어진 가운데 유신을 왕명으로 표방하기에 이르렀던 것이다.

인종 5년(1127) 개혁 조서의 성격

유신정국에 발표된 개혁안 가운데 최초이며 자세한 내용을 보여 주는 것이 인종 5년(1127) 유신을 위한 조서이다.[7] 모두 15개 조항으로 된 그 조서의 내용은 지신地神에 제사 지내어 왕조의 명운을 진작하라는 것을 필두로 하여 권농과 진휼, 수취와 관련된 법질서, 지배층의 탐학 금지 등을 강조하여 애민정치를 내세웠다. 그리고 외관에 대한 포폄, 지방 학교의 확대 설치, 관리임용제도의 합리적 운영과 관직 구조 조정 등을 중시하여 관료제의 기강을 강조하였다. 그러한 내용들을 보면 유신을 위한 조서치고는 혁신적인 제도 개혁을 담지 못하였기 때문에 긴박함이 느껴지지 않는다고 평가되기도 한다.[8]

그런데 당시 정치 상황을 살펴보면 그런 내용으로 채웠던 사정이 이해가 된다. 바로 전대에 이미 비판받고 실패로 간주된 공리주의적 신법개혁 방안을 정치권에서 다시 제기하기는 부담스러웠을 것이다. 그렇기 때문에 여

6 『고려사』 권16, 인종 14년 5월 己卯.
7 『고려사절요』 권9, 인종 5년 3월.
8 오영선, 1993, 「인종대 정치세력의 변동과 정책의 성격」, 『역사와 현실』 9, 86~94쪽; 남인국, 1999, 『고려중기 정치세력 연구』, 신서원, 144~146쪽.

진 정벌이 실패로 끝난 뒤에 대안적 개혁 방안으로 추구하였던 민생을 안정시키는 구세군주상, 풍속 교정과 교육 진흥 등을 중시하는 문예군주상을 따르고,[9] 관료제와 예제의 기강을 강조하여 지배질서를 바로잡는 편이 무난하였다. 그런데 애민정치와 관료제의 기강 강조 등은 태조가 「훈요」 등을 통해 제시한 정책과 동일한 맥락에 있으며,[10] 『서경書經』에서 제시한 정치 이념에 바탕을 둔 것이었다.[11] 결국 새로운 법제를 시행하는 개혁을 실시하기보다 기존의 정치 이념을 재확인, 재인식하여 현실 사회의 문제점을 해결하려고 한 것이 이자겸파 숙청 직후 유신정국에 참여한 관료들이 합의한 방안이었다.[12]

선행 연구에서는 대체로 이 유신을 위한 조서를 인종의 측근세력과 묘청 등 소위 서경파가 주도하여 작성하였다고 파악하고 내용상 혁신성이 떨어지는 것은 개혁세력으로서 그들이 지닌 한계라고 이해하였다.[13] 이 조서는 이자겸에 이어 척준경까지 숙청한 직후에 발표되었다. 척준경이 이자겸

---

9 채웅석, 2008, 「고려 예종대 道家思想·道敎 흥기의 정치적 성격」, 『韓國史硏究』 142, 107~117쪽.

10 강옥엽, 1998, 「인종대 서경천도론의 대두와 서경세력의 역할」, 『사학연구』 55·56, 121~122쪽.
    태조의 유훈은 유신정국에서 중요하게 취급되었다. 인종 7년에 왕은 검약과 예제의 준수를 지시하면서 「훈요」를 인용하였고, 9년에는 백관들에게 태조의 『誡百寮書』를 베껴 집에 두고 자손들을 훈계하라고 지시하였다(『고려사』 권15, 인종 7년 5월 甲辰; 인종 9년 5월 丙午). 인종 12년에 임완은 개혁의 방식을 태조의 유훈에 따라야 한다고 건의하였다(같은 책 권98, 林完).

11 문철영은 왕권의 회복과 정치기강 확립, 기층 사회의 안정 도모 등을 위하여 유교적 인정 내지 합리주의에 입각한 정치개혁을 추진한 것이라고 보았으며(2005, 『고려 유학사상의 새로운 모색』, 경세원, 75~77쪽), 金槇權은 『書經』의 정치사상에 입각한 것이라고 보았다(2004, 「高麗 仁宗 5年 詔書에 보이는 '維新之敎'」, 『湖西史學』 38, 20~28쪽).

12 김정권은 인종 5년 무렵의 정치 동향에서 범왕권파의 통합성과 연합성이 특징이었다고 파악하였다(앞의 책, 249~250쪽).

13 李丙燾, 1980, 『高麗時代의 硏究(改訂版)』, 亞細亞文化社, 198~201쪽; 姜聲媛, 1990, 「妙淸의 再檢討」, 『國史館論叢』 13; 오영선, 앞의 논문; 李貞信, 2004, 『고려시대의 정치 변동과 대외정책』, 景仁文化社, 107~109쪽; 남인국, 앞의 책, 144~146쪽.

제거에 공을 세웠다고 하지만 그가 권력을 잡는 것을 왕이 꺼리는 상황에서 서경파에 속한 정지상이 그의 숙청에 결정적인 역할을 하였을 뿐만 아니라,[14] 척준경을 제거하고 개혁 조서를 발표한 장소가 서경이었다는 점이 왕의 측근세력과 서경파가 그 조서 작성을 주도하였다고 파악하는 데 중요한 근거가 되었다.

그런데 그 조서의 정책 기조가 유교 정치이념을 반영하여 서경 반란 이후에도 유지되었으며,[15] 서경에서 개혁 조서를 발표하는 것이 관행이었다는 점을 고려해야 한다. 당시는 인종의 측근세력이 정국을 일방적으로 주도하기도 어려웠다. 그 측근세력은 외척 숙청에 실패하고 유배당하였다가 복귀한 김안을 비롯하여 홍이서·이중부 등의 근신과 임경청·문공인 등의 대신으로 구성되었고,[16] 여기에 정지상·묘청·백수한 등이 결합하였다. 그들은, 선행 연구에서 밝힌 것처럼, 문벌사회에서 소외된 한문寒門이나 지방 출신의 신진관료, 비유교지식인들이었다. 그들이 외척세력에 대한 숙청을 주도하면서 신진세력으로서 정치적 선명성을 부각하고 발언권을 강화한 것은 사실이다.

그렇지만 측근세력은 외척세력 숙청의 첫 시도에서 반격을 받아 많은 인원이 해를 입었기 때문에 유신정국 벽두에 곧바로 정국을 주도할 수 없었다. 그들과 결합한 묘청파가 역사 기록에 처음 등장한 것도 유신을 위한 조서를 반포한 날부터 불과 보름 남짓 앞선 시점이었다.

문벌사회의 인적 네트워크에 속하여 외척의 득세를 묵인한 다수의 관료

---

14 『고려사절요』 권9, 인종 5년 3월 "俊京旣去資謙 恃功跋扈 左正言鄭知常知王忌俊京 乃上疏…".

15 朴性鳳, 앞의 논문, 173~178쪽; 오영선, 앞의 논문, 86~97쪽; 문철영, 2005, 『고려 유학사상의 새로운 모색』, 경세원, 78쪽.

16 김안은 인종 4년 10월에 유배에서 풀려 복직하였고, 문공인은 한안인세력으로서 이자겸세력에 의해 숙청되었다가 유신을 위한 조서를 반포한 뒤인 인종 5년 4월에 소환, 복직되었다.

들은 물론 그 외척세력의 일부도 여전히 정계에 남아 있었다.[17] 김인존·김부식을 비롯하여 교화론적 개혁을 중시한 인물들은 외척세력의 독주를 견제하였지만 적극적으로 저항하지 못하였다는 약점을 안고 있었다. 그리고 외척세력과 맞서다가 숙청당한 한안인파의 인물들이 정계에 복귀하였지만, 인종 즉위에 반대하였다는 약점을 갖고 있었다. 그들은 복권 후에 하나의 정파를 구성하지 못하고 분열되었는데, 문공인·문공유 형제의 경우에 전자가 측근세력이 된 반면 후자는 그 반대편에 섰다. 유신을 위한 조서를 반포할 즈음 인종 측근세력의 발언권이 강화되었다고는 하지만, 이와 같은 정계 구성상 특정 정치세력이 자기 의지만으로 정책을 주도하기가 어려웠다.[18]

그런 점들을 고려해 볼 때, 유신을 위한 조서는 유신정국 초기에 참여한 관료들이 합의할 수 있는 수준에서 작성된 것이라고 볼 수 있다. 제도 개혁을 담지 못하고 기존 정치이념을 재인식하여 강조하는 차원이라서 혁신성과 긴박성이 떨어졌지만, 예종대 후반 이후 정치의 중심에 있으면서 공리주의적 신법개혁에 비판적인 인물들의 의견을 반영하지 않을 수 없었고, 애민정치와 관료사회의 기강 확립 등은 당시 상황을 볼 때 개혁의 전제가 되어야 할 사항이기도 하였다.

그런데 문제는 유신정국의 초기 상황에서 태조의 「훈요」와 『서경』의 정치사상을 계승한 개혁안에 합의하였다고 하더라도 이후 종교적·신비주의적 인식과 유학의 합리주의적 인식 사이에 갈등이 야기될 가능성이 있었다는 것이다. 「훈요」 자체가 이미 불교 존숭과 연등회·팔관회의 국가적 개최, 풍수지리설에 의한 서경 중시 등을 강조하는 한편, 유학 정치이념에서 강조하는 왕의 덕목과 함께 『서경』 무일편無逸篇의 정치론을 따르도록 하였다.

---

17 『고려사』 권98, 高兆基 "資謙之亂 朝臣皆脅從失節 其支黨夤緣苟免 至宰輔者多".
18 남인국은 인종 10년 8월 묘청세력에 대한 공세가 있기 전까지 정치세력 간에 균형이 이루어졌다고 파악하였다(앞의 책, 142쪽~144쪽).

그 점은 『서경』의 정치론에 대한 이해에서도 마찬가지였다. 『서경』의 무일편 등에서 제시한 정치론은 왕을 중심으로 한 정치 질서를 강조하면서 왕이 향락을 멀리하고 민생에 관심을 기울이며 능력 위주로 인재를 등용하도록 촉구하였다. 그렇지만 홍범편洪範篇에 수록된 오행五行·황극皇極·서징庶徵 등 홍범구주洪範九疇가 천인감응설의 근거가 되어 한대 이후 유학자들이 그것을 재이론의 관점에서 재구성하였고, 신비주의적 비기도참사상으로도 발전하였다고 평가된다. 즉 『서경』을 바탕으로 하여, 천인감응설에 따라 재이를 하늘의 견고譴告로 해석하여 왕이 덕을 닦고 여론을 청취하여 대책을 세워야 한다는 정치론, 그리고 재이와 서상瑞祥을 정치적 예언으로 해석하여 참위讖緯와 부명符命을 중시한 정치론이 함께 발전하였다.[19]

『서경』의 홍범편과 무일편은 예종과 인종대에 경연에서 여러 차례 강론되었다. 한대 유학자들이 음양오행설을 정치사상에 접목하는 이론적 근거로 삼은 『예기禮記』 월령편月令篇과 『주역周易』도 경연에서 진강되었고, 유교적 덕목과 천의天意의 조화를 시도한 『중용中庸』도 진강되었다. 숙종 원년(1096)에 냉해가 발생하자 그것이 이자의의 난에 연루되어 처벌당한 자들의 원억 때문이라고 해석하고 이를 시정할 것을 건의한 중서성의 상소문에 『홍범오행전洪範五行傳』이 인용되었는데,[20] 그 책은 『서경』의 경문과 음양오행설을 결합하여 재이와 참위를 체계적으로 기술한 것으로서 한대 이후 음양과 재이의 변화를 정치적으로 추론하는 데 막대한 영향을 주었다.[21] 그런 점들을 보면 고려중기에 유학자들이 음양재이와 천인감응을 설명하는 이론에 익숙하였다고 생각되고, 실제로 임완林完이 묘청 등의 정치행태를

---

19 蕭公權, 崔明·孫文鎬 譯, 1998, 『中國政治思想史』, 서울대학교출판문화원, 503~557쪽; 김일권, 2011, 『《고려사》의 자연과학과 오행지 역주』, 한국학중앙연구원출판부, 111~145쪽.
20 『고려사』 권11, 숙종 원년 4월 癸酉.
21 정병섭, 2009, 「한대 상서학의 성립과 정치적 의의」, 『동양사학연구』 57, 269~270쪽.

비판하는 상서에서 동중서董仲舒의 재이론을 이용하였다.

그렇지만 재이와 천인감응설을 정치적으로 이용하는 방식에 있어 군주수덕론 또는 비기도참설이라는 차이가 있고, 또 왕권을 둘러싼 정치적 견해도 다를 수 있었다. 재이는 비기도참설에 따르면 운명론으로 설명될 수 있지만, 군주수덕론에 따르면 실정失政에 의해서 초래되는 것이다. 그리고 도참설은 왕권의 천수성天授性·신성성神聖性을 강조하여 왕권의 절대성을 강조하는 편이지만, 군주수덕론은 왕권에 대한 도덕적 비판을 용인하여 강력한 왕권을 견제하는 수단으로 작용할 수 있었다.

당시 정계에서는 국내 정치적 사안뿐만 아니라, 금에 사대외교를 함에 따라 훼손된 국가적 자존심과 천하관을 재정립하는 방안을 둘러싸고도 대립하였다. 군주수덕론을 중시하는 쪽에서는 금에 대한 사대외교를 형세론적으로 수긍하면서 역사에서 전거를 구하여 그 정당성을 주장한 반면,[22] 왕권의 절대성·신성성을 강조하는 쪽에서는 이제까지 신복하던 여진에게 거꾸로 신하가 되는 것은 용납할 수 없는 치욕이라고 여겼다.[23]

요컨대 유신정국 초기에 참여한 여러 정치세력들이 「훈요」와 『서경』에 바탕을 둔 종래 정치이념을 재인식하여 강조하는 수준에서 현실의 문제점을 해결한다는 데 합의하여 유신을 위한 개혁 조서를 반포할 수 있었다. 그렇지만 그 조서를 반포한 이후에 인종과 그의 측근세력이 묘청파와 결합하여 풍수도참적 혁신책에 적극 동조하면서 마침내 관료사회의 분열·대립이 가시화되었다.

---

22 『고려사』 권97, 金富佾 附 金富儀.
23 『고려사』 권127, 반역1 妙淸; 金龍善 편, 2012, 『高麗墓誌銘集成 (제5판)』, 尹彦頤墓誌銘.

2. 묘청파의 혁신책: 운명과 법술法術, 그리고 공업功業

종교적·비전적秘傳的 법술과 혁신 방략

이자겸의 난과 금에 대한 굴욕적 사대 등으로 왕조의 위기 상황이 고조되자, 이를 왕조의 운세가 쇠퇴함을 보여 주는 징조라고 해석하여 연기延基와 부흥을 위한 비상한 조치가 필요하다는 주장의 설득력이 높아지는 현실적, 구체적 조건이 성숙되었다. 이미 12세기에 접어들 무렵부터 개경의 지기가 쇠퇴하였다는 풍수도참설에 따라 남경 건도, 용언궁 건설 등이 실행되어 온 터였다.

풍수도참설은 대개 사회적 위기와 미래의 불확실성이 고조된 상황에서 그것을 극복하는 방법으로서 정치적 호소력을 지녔다.[24] 신비주의적 담론의 정치적 이용에 대하여 비판이 제기되기도 하였지만, 풍수도참설은 고려 초기부터 공인되어 사람들의 의식과 행위에 영향력이 컸다. 특히 중기에는 도선이 풍수도참설로 건국에 공로를 세웠다고 하여 왕사, 국사로 추봉됨으로써 그 권위가 한층 높아졌다.[25] 예종 때는 유신과 태사관들을 시켜 음양지리서들을 논변하여 『해동비록海東秘錄』을 편찬하게 하였는데,[26] 그런 일은 풍수지리 지식을 국가가 관리한다는 의미이자 국가적으로 공인된 지식으

---

24 金基德은 풍수와 도참의 구분 기준으로 논리적 근거 유무와 사회발전에 대한 긍정적 역할 여부 등을 제시하였으며, 묘청의 담론은 풍수논리와 국토재편안을 제시하여 풍수사상의 전성기를 보여 준다고 파악하였다(2006, 「韓國 中世社會에 있어 風水·圖讖思想의 전개과정」, 『한국중세사연구』 21, 143~149쪽). 馬宗樂은 풍수지리설이 권력 담론으로 발전하는 과정에서 도참설과 결부되어 그러한 경향이 더욱 강화되었다고 파악하였다(2006, 「고려시대 風水圖讖과 儒敎의 교섭」, 『한국중세사연구』 21, 296쪽).

　　본고에서는 묘청파가 스스로 "圖讖의 秘說을 고려하여 대화궁을 창건"하였다고 공언한 점을 감안하여, 풍수도참설을 '天意와 地氣를 살펴 운명, 길흉회복을 설명히고 예언히는 사상'이라는 뜻으로 사용한다.

25 馬宗樂, 위의 논문, 298~299쪽.

26 『고려사』 권12, 예종 원년 3월 丁酉.

로서 풍수지리설의 권위를 확인하는 것이기도 하였다.

주지하다시피, 묘청과 백수한 등은 풍수도참설과 음양비술, 불교와 도교 및 산악신앙 등이 복합된 종교적·신비주의적 힘에 의지하여 왕조의 위기 상황을 비상한 방식으로 해결하는 방안을 제시하였다. 개경에 기반을 둔 왕조의 운명이 쇠퇴하였다는 담론이 많은 사람들의 공감을 받는 것은 집권세력에게 불리하다. 그런데 풍수도참설에 따르면, 왕조의 쇠퇴가 왕이나 지배층의 책임만은 아니고 본래 정해진 운수에 기인한 것이라고 이해하게 된다. 그리고 예정된 운명이라고 하더라도, 천시天時와 지리地理에 맞추어 적절한 조치를 취함으로써 국운을 연장하고 부흥이 가능하다고 볼 수 있게 된다.

묘청 등은 개경의 기업이 쇠퇴하였지만 서경은 왕기가 있고 그곳 대화세 大華勢 터에 궁궐을 지어 이어하면 왕조가 중흥할 수 있다고 하였다.[27] 대화 궁 창건과 때맞추어 동지冬至 야반夜半에 상원갑자上元甲子가 들었는데, 그런 천시와 지리에 부응하여 유신의 혁신정치를 하면 나라의 중흥이 가능하다고 왕도 믿었다.[28] 묘청파는 이러한 비상한 정책을 실현함으로써 왕이 칭제건원 즉 천명天命과 함께 땅이 제공하는 왕기王氣를 다시 받아 신성성을 회복하고 절대적 권위를 갖추며, 천하의 중심이 되어 금을 비롯한 주변 36

---

27 『고려사』 권127, 반역1 妙淸 "二人托陰陽秘術以惑衆 鄭知常亦西京人 深信其說 以爲上京 基業己衰 宮闕燒盡無餘 西京有王氣 宜移御爲上京 … 上京地勢衰 故天降災孼 宮闕焚蕩 須數御西京 禳災集禧以亨無窮之業".

28 『고려사』 권16, 인종 10년 11월 己卯 "制曰 朕以涼德獲承祖業 適當衰季 累更變故 夙夜勉勵 庶幾中興 訓有之 日積數萬歲必得冬至甲子 日月五星皆會于子 謂之上元 以爲曆始 開闢以來 聖人之道從此而行 今遇十一月初六日冬至 其夜半値甲子 爲三元之始 可以革舊鼎新 爰命有司 擧古賢遺訓 創西京大華闕 咨爾三事大夫百官庶事 共圖惟新之政以增永世之休". 이 사료상의 인용문과 관련하여 歐陽脩가 찬한 『新五代史』에 "使一藝之士布算積分 上求數千萬歲之前 必得甲子朔旦夜半冬至 而日月五星皆會于子 謂之上元 以爲曆始 蓋自 漢而後 其說始詳見於世"의 기록이 있다(권58, 司天考1).

冬至夜半 上元甲子는 국가적으로 중대한 일을 할 때 그 중요성을 강조하기 위해 거론 되었다. 예컨대 漢 武帝가 '受命改制'의 일환으로 기원전 104년에 11월을 甲子月로 하고 동지야반을 甲子日 甲子時로 하여 曆元을 정립하였다.

국으로부터 조하를 받을 수 있다는 국가 발전의 비전을 제시하였다.[29]

왕의 입장에서 볼 때, 심각한 정치적 난국을 정해진 운명의 탓으로 돌리고 그 운명을 바꿀 수 있는 비상한 방법이 있다는 주장은 솔깃할 만하였다. 인종의 측근세력은 그 담론을 적극 활용하여 정치의제로 만들고 그것을 주도함으로써 정치적 입지를 강화하고 유신개혁의 색깔을 바꾸어 나가려고 하였다. 그들 말고도 윤언이처럼 서경천도나 금국정벌론에는 찬동하지 않더라도 왕권의 존숭을 위하여 칭제건원이 필요하다고 인식하는 관료들도 있었다.[30]

인종 6년(1128) 묘청 등의 주장에 따라 왕이 서경에 행차하여 대화세大華勢라고 알려진 임원역 터에 궁궐을 조성하게 하였다. 김부의처럼 창건에 반대한 관료들도 있었지만, 문종대 서경에 세운 좌·우궁, 예종대 세운 용언궁 등의 전례를 따른 사업으로 받아들여질 수 있었다.

묘청 등은 상서로운 길조가 나타났다고 선전하여 대화궁 창건의 정당성과 미래에 대한 기대감을 높이려고 하였다. 이듬해 대화궁 완공 후 건룡전에서 왕이 조하를 받을 때 공중에서 음악소리가 들렸으니 이는 신궐에 대하여 하늘이 비상한 상서를 보여 준 것, 다시 말하여 왕조의 운명을 새롭게 한 것을 하늘이 축하한 것이기 때문에 하표賀表를 바쳐서 역사에 기록하게 해야 한다고 백관들에게 요청하였다. 또 수성壽星이 나타나 상서를 바쳐 신궐을 만든 왕의 뜻을 축하한다고 주장하고, 대동강에 신룡이 침을 토하여 상서로운 기운이 서렸으니 이것은 천재일우의 기회로서 천심에 응하고 인망

---

29 『고려사절요』 권9, 인종 6년 8월.
30 윤언이는 자신의 칭제건원론이 왕을 높이려는 정성에서 나온 것일 뿐 묘청파의 주장에 동조하지 않았다고 변명하였다. 그런데 금에 사대하는 문제를 논의할 때, 그는 "主憂臣辱 臣不敢愛其死 女眞本我朝人了孫 故爲臣僕 相次朝天 近境之人 皆屬我朝戶籍久矣 我朝安得反爲臣乎"(金龍善 편, 앞의 책, 尹彦頤墓誌銘)라고 하여, 여진을 이른바 海東天下에 속한 蕃으로 보는 인식을 고수하여 금에 사대하는 것을 반대하였다. 따라서 그의 변명에도 불구하고 당시 정국 구도에서는 윤언이가 묘청파의 주장에 동조하는 것으로 보였을 것이다.

을 따라 황제의 존호를 칭하고 금나라를 누르자고 건의하였다.[31] 만약 그 서상들이 조작으로 들통나지 않았더라면 천인감응설을 따르는 한 그에 대한 해석을 유학자들도 배척하기가 힘들었을 것이다.

묘청 등은 왕조의 운명을 바꾸어 부흥하기 위한 방법으로서 대화궁 건설 이외에 불교행사나 신비주의적 법술 등도 다양하게 사용하였다. 인종 8년(1130)에 재이를 물리치기 위하여 아타바구신도량阿吒波拘神道場·반야도량般若道場·무능승도량無能勝道場 등의 불교 도량을 연달아 열도록 건의하였다. 그리고 이듬해에 문수사리보살文殊師利菩薩이 실체인 호국백두악태백선인護國白頭嶽太白仙人, 석가불釋迦佛이 실체인 용위악육통존자龍圍嶽六通尊者, 대변천신大辨天神이 실체인 월성악천선月城嶽天仙, 연등불燃燈佛이 실체인 구려평양선인駒麗平壤仙人 등의 화상을 모시는 팔성당八聖堂을 대화궁 내에 설치하고, 그것을 나라를 이롭게 하고 기업을 연장하는 법술이라고 하면서 팔성에 제사지내라고 요청하였다.[32]

인종 10년(1132)에 개경의 궁궐을 수축하기 위하여 기초공사를 할 때는 관리와 장졸들을 동원하여 태일옥장보법太一玉帳步法이라는 법술을 행하면서, 이 비전의 법술은 도선이 강정화康靖和에게 전수하고 강정화가 묘청에게 전하였으며 이후 백수한에게 전수할 것이라고 하였다. 그해 2월에 왕이 묘청 등의 건의에 따라 서경에 행차할 때 비바람과 추위로 낭패를 겪자, 묘청은 "내가 오늘 바람과 비가 있을 줄 미리 알고 우사雨師와 풍백風伯에게 왕의 행차가 길에 있으니 비바람을 일으키지 말라고 하였는데, 이미 승낙해 놓고서 이처럼 약속을 어기니 매우 가증스럽다."라고 하여, 자신이 풍우를

---

31 『고려사』 권95, 李之氐; 같은 책 권127, 반역1 妙淸; 金龍善 편, 앞의 책, 文公裕墓誌銘.
32 八聖論을 검토한 김창현은 묘청이 서경 천도로 진정한 삼한 통일과 천하 지배, 이상세계 건설이 가능해진다고 인식하였다고 파악하였다(2006, 「고려시대 國王巡御와 도읍경영」, 『한국중세사연구』 21).

관장하는 신에게 부탁하는 비술을 쓸 수 있다고도 하였다. 또 11월에는 왕을 대화궁에 장기간 머물게 하기가 어려워지자 "근신을 보내서 예의를 갖추어 어좌御座를 설치하고 어의御衣를 모셔 둔 다음에 왕이 계신 것처럼 공경히 받들면 복과 경사가 친히 계신 것과 다름없으니, 이것을 법사를 행한다고 하는 것이다."라고 하면서 당여들을 시켜 어의를 받들고 가서 법사를 행하게 하였다.

묘청파는 불교, 음양설과 비전적 법술을 활용하여 양재초복禳災招福하는 일을 주도하는 데 그치지 않고[33] 국가 정책이나 사업에 광범위하게 간여하려고 하였다. 그들은 풍수도참·종교적 지식과 믿음에 바탕을 두고 지지를 얻어 권력을 확보하려고 하였다.[34] 그리고 그 지식과 믿음에 대한 절대적 권위를 인정받기 위하여 묘청·백수한·정지상을 '성인聖人'이라고 치켜세웠다. 그렇게 성인이라고 인정하는 한 모든 정치 행위를 그들의 자문을 받아 시행하는 것이 마땅하였다. 인종의 측근세력은 그 주장에 동조하여 '묘청은 성인이고 백수한도 그에 버금가는 사람이니, 국가의 일을 일일이 자문한 뒤에 행하고 그들이 요청하는 것들을 모두 들어 준다면 정사가 잘 성취되어 나라를 보존할 수 있을 것'이라고 하면서, 관리들에게 동의 서명하라고 요구하였다.[35] 그 일파에 속한 최봉심崔逢深은 '삼한을 태평하게 다스리고자

---

33 당시 풍수지리설을 "陰陽之說", 그에 따른 법술을 "陰陽秘術"이라고도 하였다(『고려사』 권17, 인종 24년 史臣 金莘夫의 贊; 같은 책 권127, 반역1 妙淸). 또 묘청을 "陰陽家"·"陰陽之人"이라고 하였고(같은 책 권16, 인종 13년 윤2월 壬戌; 인종 8년 10월 壬申), 道詵에 대하여 "益硏陰陽五行之術 雖金壇玉笈幽邃之訣 皆印在胸次"라고 하였다(許興植 편, 1984, 『韓國金石全文』(中世 下), 玉龍寺先覺國師碑, 亞細亞文化社).

34 金謂磾·陰德全 등이 제기한 연기론과 달리 묘청파는 풍수도참설에 따른 이궁 건설에 국한하지 않고 정치 전반에 대하여 자문하고 자신들의 의견을 반영하려고 하였다. 崔誠墓誌銘에 따르면 "當時 在朝者 非鉅儒大賢 無不服從 或畏懾詭隨者有之"(金龍善 편, 앞의 책)라고 하여, 묘청파의 주장이 상당한 지지를 받았음을 알 수 있다.

35 『고려사절요』권9, 인종 6년 8월. 그런데 이 사료에는 평장사 김부식, 참지정사 임원애, 승선 이지저가 서명을 거부하였다고 기록되어 있는데, 김부식은 인종 10년 12월, 임원애는 11년 4월에 해당 관직에 임명되었기 때문에 시기가 맞지 않는다는 문제가 있다.

한다면 서경의 세 성인을 버리고서는 더불어 같이할 사람이 없을 것'이라고 상언하였다. 인종 9년(1131)에는 김안이 상주하여 왕명을 받아서 백수한이 올린 천지인삼정사의장天地人三庭事宜狀을 시종관에게 전하여 보이고, 그 문서를 세 본 써서 각각 중서문하성, 어사대, 지제고 등에게 보내어 각기 논의하여 아뢰게 하였다. 이처럼 묘청파는 왕조의 성쇠, 정치의 득실 등에 관련된 문제들에 대하여 자문하거나 자신들의 의견을 반영시키려 하고, 그런 정치행위는 성인이라는 권위에 따른 당연한 것이라고 정당화하였다.

묘청파의 성격으로 볼 때 그들이 제시한 삼정사의장의 바탕은 유학·불교·도교·풍수도참설 등을 종합한 사상이었을 것으로 추정해 볼 수 있다. 천·지·인의 삼정설은 삼재사상三才思想을 연상시키는데, 천인감응설과 풍수도참설 등을 결합함으로써 일반적인 천인감응설과 달리 지地를 천天에 포괄하지 않고 독립적 위상으로 강조하였던 것으로 짐작된다. 만물을 낳는 천, 만물을 기르는 지, 사고와 행위를 통해 만물을 완성시키는 인, 즉 인간과 만물을 둘러싼 자연환경이 서로 영향을 주고받으면서 존재한다는 점에 토대를 두고 정치론을 제시한 것이 아니었을까?

정지상은 "천명天命만이 만물을 제정하고 토덕土德(지리)만이 사방의 왕이 될 수 있기 때문에" 이에 응한 인사人事로서 서경의 대화세를 골라 궁궐을 개창하였다고 기술하였다.[36] 그는 대화궁을 개창한 후에 "대동강에 상서로운 기운이 서려 있으니 이는 신룡神龍이 침을 토한 것입니다. 천재일우의 만나기 어려운 일이니 위로 천심에 응하고 아래로 인망을 따라 금나라를 누르십시오."라고 건의하였다.

이것으로 미루어 보면, 묘청파는 천시天時·천의天意를 나타내는 천도天道, 땅의 기운이 순역順逆과 강유剛柔를 보이는 지리地理, 길흉화복이 작용

---

36 『고려사절요』 권9, 인종 9년 9월.

하고 인간이 따라야 하는 도리가 존재하는 인사人事가 서로 유기적으로 연관된 통일체를 구성하고 또 그런 질서를 이끌어 가는 법칙이 존재한다고 여겼다. 그리고 그런 인식을 기반으로 작성된 삼정사의장은 천시·천의와 지리를 살펴 인간의 정치 행위에 실현해야 한다는 내용이었을 것이다.

이처럼 묘청파는 중심인물들을 '성인聖人'이라고 치켜세우면서 천인감응설과 풍수도참설 등을 결합한 논리를 제시하여 나라의 운명을 논하였으며 그 운명을 개선할 비전적 법술과 정치 방략을 제시하여 정치를 주도하려고 하였다. 고려전기의 유학자들은 유학, 종교, 풍수도참설 등이 각각 기능하는 영역을 구별하여 공존시키려 하였다. 그렇지만 묘청파는 그런 구별을 해체하고 종교와 풍수도참설 등을 정치 전반에 걸쳐 동원하려고 한 것이다.

묘청파가 주장한 혁신은 천시·천의와 지리에 부응하여 신비주의적 법술을 사용하는 것인 만큼 수위가 높을 수밖에 없었다. 명당明堂 대화궁은 천하의 주인이 되는 황제의 도읍〔鈞天之帝都〕으로 인식되었다.[37] 칭제건원은 단순히 왕의 위상을 높이기 위한 것이 아니라 이른바 해동천하관의 고양,[38] 나아가 고려가 천하의 중심으로서 주변의 오랑캐〔四夷〕들을 제압하고 36국으로부터 조공을 받는 위상임을 천명하는 것이었다. 정지상은 인종 10년(1132) 천성전에서 열린 장경도량藏經道場의 소疏에서 왕을 천자로 칭하면서 사방 이웃나라들로부터 업신여김을 당하지 않을 뿐만 아니라 호령과 기강이 온 천하를 규율할 수 있기를 기원하였다.[39] 서경 반란을 일으킬 때 칭한 국호 대위大爲와 연호 천개天開는 천명을 받아 혁신정치를 펴겠다고 표방한 것이었다. 다시 말하면 개경에 기반을 둔 왕조의 운명이 쇠하였으므로

---

37 『고려사절요』 권10, 인종 13년 정월 癸丑.
38 盧明鎬, 1999, 「高麗時代의 多元的 天下觀과 海東天子」, 『韓國史研究』 105; 秋明燁, 2005, 「高麗時期 海東 인식과 海東天下」, 『韓國史研究』 129.
39 『고려사』 권16, 인종 10년 4월 壬申; 『동문선』 권110, 又(轉大藏經道場疏, 鄭知常).

다시 천시·천의와 지리에 부응하여〔受命〕 연기하고 나아가 황제국으로서 부흥하는 데에 필요한 혁신을 도모한다고〔改制〕 내세웠다.[40]

그러한 일종의 '수명 개제'식 혁신이 지향한 목표는 강력한 왕권과 부국강병의 공리功利일 것이다. 1127년에 송이 금을 격파하여 금의 영토에 깊숙이 진격하였다는 첩보를 듣고 정지상과 김안이 "때를 놓쳐서는 안 됩니다. 출병하여 송의 군대를 도와 큰 공을 세워 주상의 공덕이 중국사에 실려서 만세에 전하게 하십시오."라고 건의하였다.[41] 서경천도론·칭제건원론·금국정벌론은 한 세트를 이루는 것이기 때문에, 그들이 서경 반란 직후 왕에게 보낸 글에서 천도반대론을 "공업功業을 방해하고 일을 그르치는 짓〔防功而害事〕"이라고 비판하였다.[42] 묘청 등은 대화궁을 세워 왕이 이어하면 천하를 합병할 수 있어서 금이 폐백을 가지고 스스로 항복할 것이며 주변 36국이 다 신첩臣妾이 될 것이라고 주장하였으니,[43] 금국 정벌은 일차적인 공리주의적 목표일 뿐이고 궁극적으로는 고려가 천하의 중심이 되어 주변의 나라들로부터 조공을 받아야 한다고 여겼던 것이다.

묘청파는 부국강병의 공리주의적 혁신 목표를 이처럼 공격적이고 낙관적으로 제시하였지만 구체적인 실행 방안은 불명확하였다. 더구나 앞 절에서 살펴보았듯이, 잘못된 정보를 믿고 송과 동맹하여 금을 공격하자고 건의하거나 금의 괴뢰정권인 유제劉齊와 약속하고 금을 협공하여 멸망시키자고 건의하는 등, 잘못된 정세 파악에 근거한 방안을 주장하였다.

---

40 왕건은 고려왕조의 운수로 水德을 표방하였다. 그런데 이자겸이 이용한 "十八子爲王"의 도참설을 木德에 대한 인식으로 본다면(崔柄憲, 1978, 「高麗時代의 五行的 歷史觀」, 『韓國學報』 13, 40쪽), 水德이 순조로워서 고려 지맥의 근본이 된다는 서경을 上京으로 삼고 칭제건원 등의 혁신을 하자는 묘청파의 주장은 목덕설에 맞서 고려왕조의 수덕을 재확인하여 '(再)受命 改制'를 주장한 것이라고 볼 수 있다.

41 『고려사절요』 권9, 인종 5년 5월.

42 『고려사절요』 권10, 인종 13년 정월 癸丑.

43 註 29와 같음.

그와 같은 한계는 그들이 주장한 '수명 개제'식의 혁신 방략이 풍수도참적 운명론과 종교적·비전적 법술에 의존한 데에서 기인하였다고 짐작된다. 인종의 측근세력 가운데 유학 소양이 있는 관료들은 신비주의적 법술만으로 나라를 부흥시킬 수 있다고 생각하지는 않았을 것이다. 아마도 그들은 유신을 위한 조서에서 제시한 방안에 공리주의 또는 자연주의적 개혁 노선을 가미한 형태의 개혁안을 구상하였을 터이지만, 사료상으로는 그 내용이나 실천이 확인되지 않고 서경세력의 주장에 대한 동조만이 부각되고 있다.

서경 반란

묘청파가 의도한 대로 서경을 상경上京으로 삼게 된다면 그들이 권력을 독점적으로 장악하게 될 것임은 뻔했다. 그래서 묘청파는 유신정국 초기부터 서경 천도를 주장하지는 않고, 대화궁을 다른 이궁離宮들처럼 때에 따라 순행하는 곳이라고 하여 개경 관료들의 지지를 받거나 강한 비판을 피할 수 있었다.[44]

정치행위로서 왕의 순행은 지방 통제, 군사 훈련, 민정 시찰, 진휼, 대사大赦 등을 동반하여 민심 수습과 국민 통합에 기여한다고 인식되었다.[45] 김부일은, "주周의 반경盤庚이 은殷으로 도읍을 옮긴 것은 만세의 이익을 도모하기 위한 것"이라는 고사처럼, 예종이 용언궁을 창건하고 이어함으로써 "기자箕子의 유풍을 일으킨 날이 바로 오늘이고, 장차 요양遼陽 지역이 다시 우리 강토로 들어오는 모습을 보게 될 것"이라고 찬양하였다.[46] 이지저는 대화궁 경영을 주공周公의 낙읍洛邑 고사에 빗대고 "천자가 사방을 순행하여 민

---

44 金南奎, 1989, 「仁宗代의 西京遷都運動과 西京叛亂」, 『高麗兩界地方史研究』, 새문社, 89
　　～90쪽.
45 성종 9년 9월에 서경에 순행하면서 내린 교서에는 순행에 대한 유교적 의미가 잘 나타나
　　있다(『고려사』 권3, 성종 9년 9월 己卯).
46 『東文選』 권104, 西京龍堰宮大宴致語 (金富佾).

정을 시찰하는『주역』과『서경』의 성방省方·순수巡狩 기록을 상고하여" 왕이 대화궁에 임하니 "우리가 다시 살아날 것"이고 "도산塗山의 모임에 옥백玉帛 예물을 갖고 오는 자가 만국임을 보겠다."라고 찬양하였다.[47] 묘청파에 맞섰던 유학자들도 이처럼 고전에 근거하여 순행의 정치적 의미를 알았으며, 특히 유신정국 초기에는 서경 행차를 순행으로 보고 그것이 개혁정책과 북방정책상으로 갖는 의미를 의식하고 인정하였던 것을 알 수 있다.

그렇지만 묘청파가 왕에게 대화궁에 오래 머물라고〔長御〕 건의하고 개경 궁궐의 재건을 방해하는 단계에 이르자 개경에 기반을 둔 다수의 관료들이 강하게 반대하게 되었다.[48] 서경을 상경으로 삼으면 권력 변동이 예견되므로 반발이 커질 수밖에 없었다. 게다가 묘청·백수한 등을 성인으로 대우하고 그들에게 국정 자문을 받도록 하자는 것은 풍수도참과 종교에 의탁한 정치론이 유교정치론을 압도하게 되는 것을 의미하였다.

인종과 그의 측근세력은 왕권 강화를 지향하여 묘청파의 주장대로 대화궁을 창건하고 자주 행차하였다. 그러나 외척세력의 발호를 경험한 인종은 권력 독점을 추구하는 당파를 전적으로 용인하기 어려웠기 때문에 서경파의 주장에 동의하는 데 한계가 있었다.[49] 금국정벌론처럼 현실 상황을 제대로 파악하지 않은 모험론을 따르기가 어렵기도 하였을 것이다. 또한 비록 이자겸의 난을 거치면서 외척을 비롯한 문벌의 사회지도력을 신뢰하기 어려워졌을지라도 문벌사회의 공멸은 피해야 하였다. 문벌에 대한 인종의 인식을 잘 보여 주는 것이 외척에 대한 태도이다. 이자겸이 왕을 위협하고 왕권을 크게 실추시켰지만, 숙청 후에 그와 족당에 대한 처벌은 유배와 외직

---

47 『東文選』 권104, 西京大花宮大宴致語 (李之氐).
48 『고려사절요』 권10, 인종 10년 4월; 11월.
49 강옥엽은 인종이 왕권 안정을 위하여 서경파를 등용하고 천도 논의를 암묵적으로 용인하거나 배후에서 지원하였지만, 그 의도가 잦은 순행 이상은 아니었다고 파악하였다(앞의 논문, 132쪽).

폄출 등에 그쳤다. 그리고 오래지 않아 문벌사회의 논리인 목친睦親과 훈공勳功의 논리로써 그들을 사면하려고 하면서, 사면령을 여러 번 내려도 담당자들이 자신의 마음을 헤아리지 못하고 비판한다고 강하게 질책하였다.[50]

사실상 서경에 재지기반을 가진 사람들에게도 서경천도론와 금국정벌론은 양날의 칼과 같았다. 천도에 따른 대규모 토목 건축공사는 서경과 그 인근 지역민의 부담을 가중할 것이고, 금국 정벌 역시 인적, 물적으로 북방 지역에 크게 부담이 될 터였다. 실제로 대화궁 건설 당시 노역으로 고통을 겪은 만큼[51] 천도가 성사되면 지역민에게 혜택이 돌아올 것이라는 점이 보장되지 않으면 바로 천도론자들에게 비난이 쏟아질 상황이었다.

인종 12년(1134) 무렵 천도가 불가능함이 분명해진 상황에서 서경민의 불만이 고조되었고,[52] 이에 서경에 있던 묘청파가 무력 대결로 승부수를 던졌다.[53] 이듬해 정월에 묘청은 서경 분사分司의 시랑 조광趙匡, 병부상서 유참柳旵 등과 함께 반기를 들어, 서경인들을 외관으로 임명하고 개경 출신 관료들을 축출하였다. 무력 대결을 주도한 사람들로서는 자신들이 전격적으로 거사하면 개경에 있던 우군들이 협력하리라고 판단하였을 것이다. 그들은 반란을 일으켜 국호를 대위大爲라고 고치고 연호를 천개天開라고 하면

---

50 『고려사』 권16, 인종 10년 11월 庚辰; 『고려사절요』 권10, 인종 14년 5월.
51 『고려사』 권15, 인종 6년 11월 戊申 "移林原驛 作新宮 命內侍郎中金安督役 時方寒沍 民甚怨咨".
52 『고려사절요』 권10, 인종 13년 정월 癸丑 "西賊遣檢校詹事崔京上表 略曰 陛下信陰陽之至言 考圖讖之秘說 創大華之宮闕 象鈞天之帝都 臣等 同婁敬之矢謀 望盤庚之遷邑 豈期臣下不體宸衷 非徒懷土以重遷 抑亦防功而害事 人心可畏 衆怒難防 車駕若臨 兵戈可戢".
53 서경 반란은 선행 연구에서 보통 양 진영의 계층 기반에 주목하여 문벌귀족세력 대 신진세력의 갈등으로 이해되지만(金潤坤, 1973, 「高麗 貴族社會의 諸矛盾」, 『한국사』 7, 국사편찬위원회), 정치 주도권에 주목하여 왕권 강화파와 왕권을 견제한 문신귀족의 대립(金塘澤, 2001, 「高麗 仁宗朝의 西京遷都·稱帝建元·金國征伐論과 金富軾의 《三國史記》 편찬」, 『歷史學報』 170), 또는 정치운영론에 주목하여 숭심석 왕권 추구파 내 징점적 왕권추구파의 갈등(김정권, 2007, 『묘청란, 묘청란 연구』, 충남대학교출판부) 등으로 파악되기도 한다.

서도, '하늘이 보낸 충의로운 군대〔天遣忠義軍〕'라 하여 충의를 내세우고 인종을 옹립한다고 표방하였다.

그러나 변란이라는 극단적 선택은 개경에 있는 인종 측근세력의 이해관계와 충돌하였다. 왕의 측근세력으로서는 왕의 권위 강화, 해동천하관의 고양이라는 정치적 의제로써 유신정국을 주도하는 것이 목표였고, 서경 반란은 오히려 자신들의 정당성을 훼손하여 몰락을 초래하는 것이었다.

반란 진압의 책임을 맡은 김부식은 묘청파로서 개경에 있는 백수한·정지상·김안 등을 숙청한 후 진압군을 거느리고 서경으로 향하여 토벌에 나섰다. 반란군은 형세가 불리해지자 묘청의 목을 베어 보내 항복의 뜻을 비쳤다. 그렇지만 개경 정부가 그 사신을 투옥하자 항전을 지속하다가, 마침내 1136년 2월에 서경성이 함락되어 변란이 종식되었다.

3. 김부식파의 유교정치론: 천견天譴과 수덕修德·인정仁政

유교적 합리주의 정치 지향

풍수도참설은 고려왕조가 초기부터 공인하고 당시 사람들에게 설득력이 있다고 인정된 담론이었다. 더구나 왕조의 위기를 절감한 유신정국이었기 때문에 연기를 내세운 인종 측근세력과 묘청파의 혁신론에 대해 처음부터 이의를 제기하기가 어려웠을 것이다. 그리고 앞에서 살폈듯이, 천인감응설을 활용한 화복예언론禍福豫言論과 정치비판론은 서로 통할 여지가 있었으며, 대화궁 창건과 순행의 경우에 주공周公의 낙읍洛邑 경영이나 제왕의 순수巡狩·성방省方 등의 고사에 비겨서 유교 정치사상으로도 정당화할 수 있는 부분이 있었다.

그렇지만 천인감응설을 받아들였다고 하더라도 군주수덕론을 지지하는 유학자들은 종교적·신비주의적 해결보다 합리주의적 해결을 강조하였다.

고려초기에 태조가 불교와 음양설을 중시하는 정책을 펴자, 최응崔凝이 그것에 의지해서는 천하를 얻을 수 없고 예악에 의한 교화[文德]를 중시해야 한다고 비판하였다.[54] 이후 정종定宗의 서경 천도에 대한 최승로의 비판, 문종의 홍왕사 창건에 대한 최유선의 비판, 예종의 용언궁 창건에 대한 오연총의 비판 등에서 종교와 풍수도참설을 정치에 이용하기보다 민생을 위하는 인정과 덕치를 펴야 한다는 주장이 이어졌다.[55] 인종의 대화궁 창건에 대한 김부의의 비판도 같은 맥락의 주장이었을 것이다.

인종 12년(1134) 재이에 따른 구언에 응하여 임완이 올린 상소문에 그런 의식이 잘 나타나 있다. 그는 동중서董仲舒의 책문을 인용하여 천견에 대응하는 군주수신론을 펼쳤다. 그리고 한漢 애제哀帝 때의 승상 왕가王嘉가 언급한 '하늘에 실질로써 응답해야지 꾸며서는 안 된다.'는 말을[56] 인용하면서, 실질이란 덕德이요 꾸밈이란 도량道場, 재초齋醮 같은 것이라고 하였다. 그리하여 임금이 덕을 닦아서 하늘에 응답하면 복은 기다리지 않아도 저절로 오며, 덕을 닦는 대신 꾸밈에만 힘쓰면 무익할 뿐만 아니라 하늘을 모독하는 것이라고 하였다.

김부식은 대각국사비를 찬술하면서 불교신앙의 신비성과 불법의 진리를 인정하였다.[57] 그러면서도『삼국사기』에서 "신라는 불법을 받들어 그 폐해를 알지 못하였다. 마을에 탑과 절이 즐비하고 민이 도망쳐 승려가 되어 병

---

54 『補閑集』권上, 孫知樞抃….
55 馬宗樂, 앞의 논문, 310~314쪽.
56 『漢書』권45, 息夫躬傳.
57 김부식은 인종 3년에 찬술한 영통사 대각국사비문에서 "師適宋時 泗上禮僧伽塔 上有光明如燈火 天竺寺禮觀音 放素光赫赫然 又在海印寺講經 堂宇忽動 有驚起者 睿考在東宮被疾 請師爲讀金剛般若經 至乙夜 光自口出 燭於戶牖 傳所謂神異感通者 豈是歟"라고 종교의 신비를 언급하고, "其道之大 如天如地 淵源之深 固不敢議 其出於時 土苴而已 如膚寸雲 澤彌萬里"라고 불법을 찬양하였다(李智冠, 1996,『校勘譯註 歷代高僧碑文 高麗篇 3』開城靈通寺大覺國師碑文).

사와 농민이 점점 줄어들고 국가가 날로 쇠약해졌으니, 어찌 어지러워지고 멸망하지 않으랴."라고 비판하였다.[58] 이런 이중적 인식은 종교로서 불교를 인정하지만 그것을 정치에 이용하고 국가 차원에서 거대한 기복 불사를 하는 것을 비판하는 입장과 통한다.

묘청파는 상서瑞祥·길응吉應을 조작하면서까지 자신들의 주장과 행위에 신빙성과 정당성을 부여하려고 하였으나 조작 사실이 발각되어 실패하였고, 오히려 재이가 대거 발생하였다. 뒤에 인종은 유신정국 초기부터 서경 반란에 이르기까지의 과정을 돌이켜보면서, 나라를 중흥하고자 묘청파를 중용하여 대화궁을 창건하고 서경에 자주 순행하였는데 길상吉祥은 적은 반면 오히려 재해가 발생하고 비판을 많이 받았다고 후회하였다.[59]

대화궁을 창건한 이듬해에 서경 중흥사탑이 불타자, 재앙을 누르기 위하여 왕의 서경 행차를 청한 것인데도 어떻게 그런 큰 재앙이 발생하였는지를 의심하는 사람들이 생겼다.[60] 인종 9년(1131)에는 대화궁 뜰의 모래흙부터 궁궐 안 깊숙이 먼지가 있는 곳까지 모두 새의 발자국이 났는데, 사람들은 대화궁이 장차 폐허가 되어 새와 짐승들이 모여들 징조라고 여겼다. 이 듬해에는 묘청을 수가복전隨駕福田으로 삼고 서경에 행차할 때 갑자기 비바람이 치고 날이 캄캄하게 어두워져서 행렬이 엉망이 되고 추위까지 닥쳐 사람과 말이 죽기까지 하였다. 인종 12년(1134)에는 대화궁 정전인 건룡전에 벼락이 쳤다. 그리고 인종 8년(1130) 무렵부터 풍우와 냉해 등의 재이가 빈번하게 발생하고 흉년이 들어 민생 문제까지 겹치면서[61] 풍수도참설에 바탕

---

58 『삼국사기』 권12, 경순왕 9년조 論贊.
59 『고려사』 권16, 인종 13년 윤2월 壬戌.
60 『고려사절요』 권9, 인종 8년 9월. 중흥사 9층탑은 신라에서 황룡사 9층탑을 세워 통일을 달성한 것을 본받아 태조가 발원하여 서경에 세운 탑으로 보인다(『고려사』 권92, 崔凝).
61 당시의 상황을 인종 12년 5월 丙寅의 求言詔書에서 "近者 天變異常 旱災亦甚 夙夜憂慮 不知所爲"라고 한 기록과 같은 달 戊辰에 행한 祈雨文의 "天降之災 三月雪 四月霜 加以雷震 人物四十餘所 彌月不雨 赤地千里 民不聊生 餓殍相枕"이라는 기록에서 함축적으로 볼

을 둔 묘청파의 주장이 설득력을 잃어 갔다. 이런 상황이 되자 그들의 주장과 행위에 대한 비판이 민생론과 천인감응설에 바탕을 두고 전면적으로 제기되었던 것이다.[62]

인종 12년(1134)에 묘청의 건의에 따라 왕이 서경에 행차하여 재이를 피하려고 하자, 김부식은 대화궁 여러 곳에 벼락이 치는 재이가 발생한 것은 묘청파의 주장과는 반대로 그곳이 길하지 않다는 증거이고, 서경 순행 때문에 추수를 망치게 되면 어진 정치에 어긋나는 일이라며 서경 행차를 반대하였다.[63] 같은 해에 임완은, 대화궁 공사가 시작되면서 민을 괴롭혀 원망을 샀고, 복을 구하려고 그 궁궐을 지었지만 왕이 행차할 때 중흥사탑이 불탔으며, 유성이 나타나고 말이 놀라 뛰는 재이가 발생한 것은 간신인 묘청 등이 왕을 미혹한 데 대한 하늘의 경고라 해석하고 묘청의 머리를 베라고 건의하였다.[64]

이처럼 대화궁 창건 이후에도 계속된 재이는 대화궁 자체와 그곳 순행의 효용성에 대한 비판의 근거가 되었을 뿐 아니라, 묘청파를 숙청하자고 주장하는 논리적 근거로서 이용되었다. 이제 천인감응설이 왕의 수덕과 인정을 강조하고 유교정치를 강화하는 논리로서 더욱 강조된 것이다.

김부식 등은 유신의 필요성을 부정하지 않았지만 지배층의 유교도덕 수양과 그것을 바탕으로 한 지도력의 확보가 근간이 되어야 한다고 강조하였다. 그리고 공리주의적 목표보다는 민생 안정을 우선시하였다. 유학을 공부한 다음에야 도리를 알게 되고 도리를 알게 된 다음에야 사물의 시종始終을 알게 되며, 학문을 하지 않은 자는 지엽적인 것에만 매달려서 더 많이 수취

수 있다.

62 朴性鳳은 한재가 거듭되는 등 허실이 드러난 인종 12년경 이후에 김부식 등의 반대가 본격화되었다고 보았다(앞의 논문, 170쪽).

63 『고려사』 권98, 金富軾; 『고려사절요』 권10, 인종 12년 9월.

64 『고려사절요』 권10, 인종 12년 5월; 『고려사』 권98, 林完.

하여 이익을 보려 하고 가혹한 정치를 높게 치니 비록 나라를 이롭게 하며 민을 편안하게 하려고〔利國安民〕하더라도 도리어 나라와 민을 모두 해치게 된다는 논리였다.[65]

유교정치론의 역사적·실증적 준거 제시

인정과 덕치는 단기간에 가시적 성과를 낼 수 없으므로 유신정국에서는 현실적이지 못한 방식이라고 치부될 수 있었다. 그렇지만 유교 정치이념에 충실한 인물들은 인정과 덕치가 궁극적으로 바른 길임이 역사를 통해서 검증될 수 있다고 보았다. 고려 초에 최승로가 역사적으로 선대왕들의 정치를 검토한 후 당시 긴급히 해결해야 할 정책 과제를 제시하였던 것처럼, 합리적 유교이념에 충실한 인물들은 종교적·신비주의적 운명론과 법술이 아니라 경전과 역사적·실증적 준거에 입각하여 정치가 이루어져야 한다고 인식하였다.

임완은 구언에 응한 상시에서 왕이 수덕하여 정치가 살된 역사적 순거 사례들을 제시하였는데,[66] 선한 마음으로 정치함으로써 천심天心에 부합하여 복을 받은 요·순·우·탕·문왕·무왕·성왕成王·강왕康王과 선하지 못한 마음으로 정치하여 끝이 좋지 못하였던 걸·주·유幽·려厲·진시황 등을 꼽았다. 그리고 본조의 역사에서 난국을 헤치고 바른 정치와 기강을 세운 태조와 태평성대를 이룬 문종대의 정치를 들어서 인종에게 귀감으로 삼으라고 건의하였다. 태조대의 정치에서는 불교·풍수도참이 아닌 유교이념의 측면을 부각하였다. 특히 문종이 몸소 검약하여 나라를 풍요롭게 하고 관리 등용과 상벌을 엄격히 처리하였으며 측근·친척을 편애하지 않고 환관·내시를 감축하여 선정을 이루어 나라와 민들이 부강해졌다고 강조하였다. 즉 왕

---

65 『삼국사기』권10, 원성왕 5년 9월조 論贊.
66 註 64와 같음.

을 중심으로 한 관료정치의 전형을 문종대에서 찾았다. 그리고 송의 휘종이 도사 임영소林靈素를 총애하여 도교를 숭상하였다가 나라를 망친 사례를 들어서 묘청파를 비판하였다. 임완은 종교나 풍수도참설 등을 정치에 이용하는 사람은 임영소처럼 이단의 올바르지 않은 길[左道]로써 왕을 현혹하는 자이기 때문에 숙청해야 한다고 주장하였다.

묘청파가 숙청된 뒤에 왕의 수덕과 인정을 강조하는 유교정치론이 주도권을 쥐게 되었다. 서경 반란이 진행되던 인종 13년(1135)에 왕이 양부 대신과 시종관들까지 부른 자리에서 정항을 시켜 『당감唐鑑』을 진강하게 하였다.[67] 그 책은 송의 범조우范祖禹가 당 고조부터 소종 때까지의 역사 대강과 그에 대한 사론을 집필하여 구법당이 집권한 1086년에 철종과 섭정 선인황태후에게 바친 것이다. 범조우는 사마광과 함께 『자치통감』을 편찬한 인물로서, 『당감』에 천의天意와 인사人事가 나라의 흥망을 결정하며 당왕조의 성패와 득실을 감계로 삼아 인정과 덕치로써 나라를 다스려야 한다는 인식을 담았다. 특히 당 태종에 대한 서술에서 무공과 같은 공리주의 추구를 비판하고 그 대신에 간언을 잘 받아들이고[納諫] 유능한 인재를 등용하며[用賢] 학문을 즐기는[好學] 군주로서의 이미지를 부각하였다.[68] 서경 반란의 와중에 인종이 대신과 시종관들까지 배석한 자리에서 그런 사론서를 진강하게 한 것은 앞으로 공리주의적 혁신 정책이 아니라 인정과 덕치를 중시하는 정치론을 따르겠다는 의지를 보인 것이다.[69]

인종 17년(1139)에는 왕이 김부식에게 송 구법당의 영수 사마광의 유표遺

---

67 『고려사』 권16, 인종 13년 8월 壬子.
68 李啓命, 2002, 「范祖禹의 生涯와 歷史觀」, 『全南史學』 19; 梁思樂, 2011, 「范祖禹對唐太宗形象的重塑」, 『中國史研究』 70.
69 金秉仁은 『唐鑑』의 강독이 관료 기강을 바로 잡으려는 의도로 이루어졌으며, 서경파의 시국관을 깨뜨리기 위한 정치적 목적 때문이었다고 파악하였다(1995, 「金富軾과 尹彦頤」, 『全南史學』 9, 78~79쪽).

表와 훈검문訓儉文을 진강하게 하고 신법당에 대하여 부정적으로 평가하였다.[70] 특히 사마광의 유표는 청묘법靑苗法·모역법募役法·보갑법保甲法·시역법市易法 등 왕안석의 신법개혁과 그것을 바탕으로 한 대외 군사경략책을 신랄하게 비판한 글이었다. 이 글을 진강하게 한 것은 그런 정치론을 정치 운영에 참고하겠다는 표현이며, 수덕과 인정을 강조하고 민생 안정을 앞세운 김부식 등의 정치론이 유신정국의 후반기를 주도하였음을 나타낸다.

김부식은 인종 23년(1145)에 『삼국사기』 편찬을 주도하여 우리 역사에 대한 지식을 환기함으로써 역사적으로 검증된 정치 방략을 제시하려 하였다.[71] 불확실성이 고조된 상황일수록 정치적 판단과 행위를 할 때 운명론이나 종교적·신비적 힘에 의지하기보다 역사에서 실증적 준거를 찾고 이를 교훈 삼아 불확실성을 극복하는 방안을 찾아야 한다는 취지였다. 『구삼국사』에 담긴 설화적, 신비주의적 요소를 극복하고 유교이념에 보다 충실한 역사서를 편찬하여,[72] 인정과 덕치가 나라의 융성을 가져오고 그렇지 않으면 쇠망한다는 사실을 중국뿐만 아니라 우리 역사에서도 확인할 수 있음을 보여 주려고 하였다.

『삼국사기』에는 천인감응설에 따라 다양한 재이들이 기록되었다. 그 재이 기록은 천의天意의 절대성, 운명론이 아니라 왕의 인정과 덕치가 천견天譴을 막고 하늘을 감동시켜 음양의 조화를 가져온다는 정치론에 따라 서술

---

70 『고려사절요』 권10, 인종 17년 3월.

　　『傳家集』(司馬光 撰. 文淵閣四庫全書版) 권17, 遺表; 같은 책 권67, 訓儉示康.

　　사마광은 신법개혁이 한창 추진되던 1082년에 질병을 앓으면서 사망에 대비하여 유표를 썼다. 그 표문을 신종에게 올리려고 하였으나 신종이 사망하여 불발되고 말았지만, 자손들에게 자신의 생각을 전하기 위하여 남겼다. 훈검문은 사마광이 아들 司馬康에게 사치를 경계하고 검소한 생활을 하도록 훈계한 글이다.

71 이강래는 『삼국사기』가 12세기 중엽 고려왕조의 위기에 대해 김부식이 제안한 하나의 '대안'이었다고 평가하였다(2001, 「《삼국사기》의 성격」, 『정신문화연구』 82, 42쪽).

72 李基白, 1976, 「三國史記論」, 『文學과 知性』 26; 鄭求福, 1999, 『한국중세사학사』 (1), 集文堂.

한 것이다. 유신정국에서 그런 정치를 강조한 것은 보수성의 발로라기보다
교화론적 개혁을 지향하여 실천적·능동적 행위를 강조한 것으로 보아야 한
다. "옛날 거룩하고 슬기로운 왕들도 재이를 면할 수 없었으나 오직 덕德을
닦고 정치를 잘하여 재해를 복으로 바꾸었다."는 언설과[73] 같은 맥락의 인식
이었다. 『삼국사기』 김유신전에서 별이 월성에 떨어진 변괴에 대하여 "지극
한 덕德이 요망한 것을 이김을 알 수 있으니 별의 이변 같은 것은 두려워할
만한 일이 아니다."라는 말을 특기하였다. 덕德에 대하여 김부식은 인仁과
의義일 뿐이라고 단언하였다.[74] 그리고 고구려 멸망에 대하여 논평하면서
『맹자』와 『춘추좌씨전』의 "천시天時와 지리地利는 인화人和만 못하다.", "나
라가 흥하는 데는 자기 상처 보듯이 민을 보살피니 이것이 복福이고, 망하
는 데는 민을 흙먼지처럼 여기니 이것이 화禍이다."라는 말을 인용하였다.[75]
나라의 화복禍福은 초자연적인 힘 또는 운명에 달린 것이 아니라 백성을 위
하는 정치를 하는가, 하찮게 여기는가에 달려 있다는 것이다.

덕치 즉 김부식에 따르면 인·의를 중시하는 정치는 지배층의 도덕적 각
성과 민본주의를 우선시하며, 『맹자』에 제시되었듯이 공리주의를 추구하는
정치와 반대된다.[76] 더 나아가 그는 『맹자』의 혁명론을 인용하여 "인·의로
써 인·의가 아닌 것을 치는 것은 옛날부터 당연한 일이다."라고도 하였다.[77]

천명론에 의탁한 공리주의적 정치론과 인·의를 강조한 정치론 사이의 간
극과 우열에 대한 김부식의 인식은 『삼국사기』에 수록된 신라 멸망에 대한
사론에 잘 나타난다. 그 글에서 그는 "국가의 존망은 반드시 천명天命에 달
려 있으니 충신·의사와 함께 민심을 수합하여 스스로 굳게 지키다가 힘이

73 『고려사』 권6, 靖宗 2년 6월 丙寅.
74 『삼국사기』 권25, 개로왕 21년조 論贊.
75 『삼국사기』 권22, 보장왕 27년조 論贊.
76 『孟子』, 梁惠王章句上 "王何必曰利 亦有仁義而已矣".
77 『삼국사기』 권50, 弓裔.

다한 후에 말 것"이라는 주장과 "형세상 무고한 백성으로 하여금 간뇌肝腦를 땅에 쏟게 하는 것은 참을 수 없다."라는 주장을 수록한 다음 "죽음을 무릅쓰고 힘써 싸워 왕의 군대[王師]에 항거하다가 힘이 굴하고 형세가 궁해졌다면 그 종족이 모두 멸망하고 피해가 무고한 백성에게 미쳤을 것이며 … [귀부하였기 때문에] 백성들에게 덕을 크게 미쳤다."라고 평가하였다.[78]

김부식이 "형세상 무고한 백성으로 하여금 간뇌를 땅에 쏟게 하는 것은 참을 수 없다."라는 주장의 편을 든 것은, 금국정벌론에 맞서서 금에 형세상 사대하여 평화를 추구해야 한다고 주장하였던 인식과 통한다고 볼 수 있다. 김부식은 "삼대三代 시기에 정삭正朔을 고치고 후세에 연호를 쓴 것은 통일을 크게 하고 백성의 이목을 새롭게 하는 것"이라고 하여 유신정국에서 칭제건원이 갖는 혁신적 의미를 인식하면서도, "때를 타고 나란히 일어나 서로 마주 서서 천하를 다툰다든지 간교한 사람이 틈을 타서 일어나 왕위를 노리는 경우가 아니면 천자국에 신하로 속한 변두리의 소국은 사사로이 연호를 써서는 안 된다."라고 하였다.[79] 칭제건원은 명분론으로든지 형세론으로든지 대국에 사대하는 현실적 조건을 고려해야 하는 것이기 때문에, 법흥왕 때 천자국에 사대하면서도 독자적으로 연호를 사용한 것을 잘못이라고 비판하였다. 더구나 고려중기처럼 민생 안정이 필요한 때에 칭제건원하여 금을 자극하는 짓은 피해야 한다고 보았다.

『삼국사기』에서는 신이한 사실에 대한 기록을 가능한 한 생략하였고, 국가의 보물은 신라의 삼보三寶 같은 것이 아니라 『맹자』를 인용하여 토지·인민·정치라고 하였다.[80] 역사 서술에서 신이한 사실들을 빼고 인정과 덕치의 실현을 강조하면 왕의 신성성은 상대적으로 약화된다. 그런 분위기에서 인

---

78 『삼국사기』 권12, 경순왕 9년 10월.
79 『삼국사기』 권5, 진덕여왕 4년조 論贊.
80 『삼국사기』 권12, 경명왕 23년조 論贊.

종 16년(1138) 왕이 조서를 내려 "제왕의 덕은 겸손을 앞세운다. … 지금 신하가 임금을 높이고 찬미할 때 호칭이 과도하여 이치에 맞지 않는다. 이제부터 올리는 장소章疏 및 공행안독公行案牘에서 신성제왕神聖帝王이라고 칭하지 말라."라고 지시하였다고 보인다.[81]

성종대 최승로가 중앙집권체제를 갖추되 왕과 관료들이 상호 보완 관계를 맺으며 유교이념을 구현하는 정치상을 제시한 이래,[82] 중기 문벌사회에서 김부식 등도 이를 이상적인 정치형태로 추구하였다. 김부식은 그런 정치를 하려면 인재 등용, 간언諫言 청납聽納이 필수 조건이라고 여겼으며,『삼국사기』사론에서 현명한 왕이 갖추어야 할 태도로 그 점을 강조하였다.[83] 고구려 고국천왕 때 을파소를 초야에서 발탁, 신임하여 정치가 잘된 사실을 논평하여, 현명하고 재능 있는 인재를 선발하고 등용할 때에는 상례에 매이지 않는 법이라고 하면서 그런 사람들이 관직을 맡아야 정치와 교화가 밝게 닦여서 나라를 보전할 수 있다고 하였다. 그리고 백제 동성왕이 간언을 막은 사실을 논평하여, 현명한 왕은 겸허한 자세로 정사를 남에게 묻고 적극적으로 간언을 수용하려고 노력하였다고 강조하였다.

서경 반란이 일어난 뒤 인종 13년(1135) 윤2월에 왕은 그간의 정치적 과오를 반성하는 조서를 발표하였다. 이자겸의 난과 서경 반란이라는 심각한 정치 갈등을 경험하고 나서 앞으로는 외척과 측근세력의 득세를 용인하지 않겠다고 천명하는 조서였다.

후반기에는 김부식을 중심으로 한 세력이 정국을 주도하였지만 일방적으로 독주한 것은 아니었다. 그런 상황을 보여 주는 사례가 인종 18년(1140)의 상서 사건이다. 재신 김부식·임원애 등과 성랑省郎 최재崔梓·정습명 등이

---

81 『고려사』권16, 인종 16년 2월 壬午.
82 李基白, 1993,「崔承老와 그의 政治思想」,『崔承老上書文研究』, 一潮閣, 169~174쪽.
83 金駿錫, 1984,「金富軾의 儒教思想」,『漢南大學論文集』14, 10~13쪽.

상서하여 열 가지 시폐를 말하고 삼 일 동안 합문 밖에 엎드려서 왕이 들어 주기를 청하였으나, 왕이 모두 답하지 않자 최자 등이 파직을 청하고 업무를 보지 않았다.[84] 그 다음 달에 왕이 낭관들의 말에 따라 집주관執奏官을 파면하고 각처의 내시별감內侍別監과 내시원內侍院의 별고別庫를 줄인 후 최자 등을 불러내 일을 보게 하였다는 조치를 내린 것으로 짐작해 보면,[85] 김부식 등이 상서한 내용은 내시를 비롯한 왕의 측근을 감축하고 관료정치를 강화하라는 것 등이었을 것이다. 왕이 들어 주지 않다가 결국 부분적으로 양보하였지만, 정습명은 상서 내용을 다 들어 주지 않았다는 이유로 업무에 나오지 않았다.

인종 20년(1142)에는 기거주 정습명이 김부식의 별장에 살겠다고 간청하여 간관의 체통을 잃었다고 탄핵당하고 관직에서 파면되었다.[86] 정습명은 김부식의 정치 노선을 충실히 따른 인물이었지만 대간의 위신과 관련된 사안으로 동료 간관들에게 탄핵당한 것이다. 또 김부식과 대립한 윤언이와 한유충이 서경 반란 진압 직후에 김부식의 고발에 따라 외관으로 좌천되었다가 중앙정계에 복귀하였다.[87] 특히 윤언이는 복귀하면서 자신을 변호하는 표문을 올렸다.

이처럼 인종대 후반기에 김부식 등의 정치적 영향력이 컸으나 이들이 독주하지는 않았으며, 나라 안팎의 정세가 상대적으로 안정되었다. 유교 관료 정치론에 따라 특정 세력의 독주가 경계되었고,[88] 김부식이 인종 사찬史贊

---

84 『고려사절요』 권10, 인종 18년 윤6월.
85 『고려사절요』 권10, 인종 18년 7월.
86 『고려사절요』 권10, 인종 20년 정월.
87 서경 반란 진압 직후 인종 14년 5월 김부식은 한유충과 윤언이가 각각 국가의 안위를 고려하지 않고 군사기무를 방해하였으며 정지상과 깊이 결탁하였다고 고발하여 그들을 외관으로 폄출하였다. 그렇지만 한유충은 얼마 뒤에 복귀하여 인종 20년에 좌복야 추밀원사 판삼사사에 올랐으며, 윤언이는 인종 18년에 사면받고 23년에 동지공거를 맡았다.
88 E. J. Shultz, 1983, 「韓安仁派의 登場과 그 役割―12世紀 高麗 政治史의 展開에 나타나는

에 "(금과) 친선관계를 맺어 변경에 우환이 없었다."라고 썼듯이 대외적으로도 안정되었다.

그렇지만 그들과 대립한 정치운영론이 서경 반란이라는 변란을 통하여 패퇴함으로써 사상적 다양성이 위축되는 결과를 초래하였다. 공리주의적 개혁 방향을 배제한 나머지 적극적으로 사회 변화에 대응하는 제도 개혁에 나서기가 어려웠고, 민본주의를 강조하였지만 결과적으로 지배층 중심의 보수성에서 벗어날 수 없었다. 당시 사회 변화를 인정하고 혁신에 대한 열망과 합리주의적 정치론이 결합되는 것이 바람직한 방향이었으나 혁신파가 숙청되고 교화에 중점을 둔 개혁론이 정국을 주도하면서 지배질서의 안정을 강조한 나머지 사회경제적 현안에 효과적인 대책을 마련하지 못하였던 것이다.

또한 풍수도참설이 효과가 없고 폐해만 나타났다는 점에 비판의 초점을 맞추면서, 종교나 풍수도참설을 이용한 정치론을 사상적으로 극복하지 못하였다. 따라서 이후에도 국가적 위기의식이 고조될 때마다 종교적·신비주의적 연기론·혁신론이 다시 제기되고 지지를 받았다.

몇 가지 特徵—」, 『歷史學報』 99·100, 171~172쪽; 오영선, 앞의 논문, 82~85쪽; 남인국, 앞의 책, 160쪽.

파국으로 치달은 정치:
의종대의 정치 파행과 무신정변

1. 왕의 측근세력 강화와 정치적 갈등

이 장에서는 의종(1146~1170)이 즉위한 뒤부터 무신정변이 일어나기까지 정치의 쟁점과 정국 주도권을 둘러싸고 권력 중심부에서 진행된 변화에 따라 시기를 나누어 전개 과정을 살펴보려고 한다. 그럼으로써 각 시기별로 정치적 사건들의 의미와 맥락을 짚어 보고, 그와 관련된 정치세력들의 구성과 성격을 검토할 것이다.

초반기(의종 즉위~4년) **유교 관료정치의 계승과 왕의 측근세력 육성 의지**

의종대 초기에 중앙 정계는 여러 부류의 관료들로 구성되어 있었다. 그 중심은 묘청파의 서경 반란을 진압한 뒤에 인종대 후반기에 권력을 잡고 유교적 관료정치를 도모하면서 특정 세력의 독주를 경계한 관료들이었다. 김부식金富軾을 구심점으로 하여 정습명鄭襲明·최우보崔祐甫·이공승李公升 등이 중심이었으며, 많은 일반관료들이 그에 동조하였다.[1]

그들은 전대에 이어 유교 정치이념과 예제禮制에 입각하여 정치를 운영
하려고 하였다. 김부식은 인종이 유학 공부를 좋아하고 검약하게 생활하며,
환관과 내료들을 감축한 것을 칭송하였다.[2] 『삼국사기』에 반영된 정치론에
서도 대의명분과 예禮, 도덕주의를 강조하였다. 김부식파는 서경 반란을 진
압하면서 반대편의 주장을 정치적으로 수렴하지 못하고 축출하는 데 급급
한 결과 당시 사회의 문제점들을 해결하지 못하고 오히려 정치를 경색시켰
다는 평가를 받기도 한다.[3] 그렇지만 유교 정치이념에 입각한 관료제를 추
구하면서 왕이나 측근관료의 독주를 견제하였다. 이를 어기면 그들과 세력
을 같이하거나 추종하는 관료라도 비판하였다.[4]

김부식은 인종 20년(1142)에 문하시중으로 치사致仕하였지만 의종 2년
(1148)에 수태보 낙랑군개국후로 봉작되었다. 게다가 정습명이 의종이 즉위
하는 데 결정적 공로를 세우면서 정치에 영향력을 행사할 수 있었다. 인종과
공예태후恭睿太后는 의종이 태자였을 때 왕으로서의 역량을 의심하여 차자
인 대령후大寧侯 왕경王曔을 태자로 삼으려 하였다. 그러나 태자 시독侍讀인
정습명이 적극적으로 도와서 의종이 즉위할 수 있었으며, 인종은 의종에게

---

1 인종 때 정습명은 起居注의 직에 있으면서 한때 김부식의 別第에서 우거하다가 간관의
체통을 잃었다고 탄핵 받았다(『고려사절요』 권10, 인종 20년 정월). 그는 김부식과 함께
『삼국사기』의 편찬에 참여하기도 하였다. 정습명은 이공승이 器識이 넓고 깊어서 宰輔로
서의 덕망을 갖추었다고 왕에게 아뢰었다(金龍善 편, 2012, 『高麗墓誌銘集成 (제5판)』,
李公升墓誌銘). 의종대 후반기의 대표적인 비판적 관료인 文克謙은 이공승의 門生으로서
긴밀한 관계를 맺고 있었다(『고려사』 권99, 李公升). 최우보도 『삼국사기』 편찬에 참여하
였으며, 김부식은 그를 왕에게 여러 번 추천하였다(金龍善 편, 같은 책, 崔祐甫墓誌銘). 이
들은 다 같이 의종의 측근정치 지향에 비판적이었다.
2 『고려사』 권17, 金富軾의 仁宗 史贊.
3 朴性鳳, 앞의 논문, 172쪽.
4 김부식과 정치적 견해를 같이한 임원후는 의종의 외조로서 즉위년에 문하시중 定安侯로
임명되고 조회할 때 殿에 올라가 行禮하도록 허락받았는데, 간관들이 이에 대하여 논박
하였다(『고려사』 권95, 任懿 附 任元厚). 정습명도 註 1에서 살핀 것처럼 간관의 체통을
잃었다고 탄핵 받았다.

나라를 다스리는 데 마땅히 정습명의 말을 들어야 한다고 유언하였다. 선왕의 고탁顧托을 받은 정습명은 이후 의종에게 기탄없이 직언하였다.[5]

의종대에는 공예태후를 매개로 연결된 관료들, 즉 임원후任元厚(任元敳)를 비롯하여 임극충任克忠·임극정任克正·정서鄭敍 등을 외척세력으로 분류할 수 있다.[6] 임원후는 인종대 후반 이래 김부식과 정치적 입장을 같이하였으며, 의종 즉위 초에 문하시중이 되었다. 그의 아들 임극충은 지속적으로 재추의 지위를 누렸으며, 사위 최단崔端의 딸이 의종 2년(1148)에 왕과 결혼하였다. 그의 가계는 당시 최고의 문벌을 이루었다.[7]

외척세력은 전대의 정치 질서를 계승하는 성격을 지녔다. 그렇지만 그들이 의종의 즉위 과정에서 보위하지 못하고 모호한 위치에 있었기 때문에 이후 정국에서 별다른 역할을 하지 못하였다. 오히려 의종은 외척세력에 대해 의구심을 품고 있었다. 왕이 외척을 억압하고 공예태후를 박하게 대우함에

5 『고려사』 권88, 후비1 仁宗 恭睿太后 任氏; 같은 책 권98, 鄭襲明.

6 의종의 처족으로 江陵公 王溫의 가문이 있으나 그는 문종의 손자로 종실이었다. 또 다른 처족 崔端의 가문(직산 최씨)에서는 그의 부친 崔弘宰가 이자겸의 당여로서 활동하다가 뒤에 이자겸에게 배척당하였고, 소환된 뒤에 비록 평장사의 지위를 누렸으나 매관매직을 일삼다가 대간의 탄핵을 받아 좌천되었다. 최단은 인종 2년 최홍재가 이자겸에게 숙청되었을 때 유배당하였다가 복귀하였고, 의종 2년 8월 납비할 당시에는 사망한 상태였다 ("納故奉御崔端女爲妃").

　최단의 딸을 왕비로 삼은 데 대하여 E. J. Shultz는 의종이 왕비를 비교적 새로운 가문에서 맞음으로써 구귀족의 지나친 간섭을 배제하고 동시에 신지배층과도 일정한 거리를 두려고 하였다고 파악하였다(1983, 「韓安仁派의 登場과 그 役割―12世紀 高麗 政治史의 展開에 나타나는 몇 가지 特徵―」, 『歷史學報』 99·100, 177~178쪽). 이에 대하여 정용숙은 통혼권 문제를 도외시한 해석이라고 비판하고, 납비 당시 최단이 이미 사망하였고 관직도 정6품에 불과하였기 때문에 그의 딸을 왕비로 삼은 것은 제1비가 종실의 딸이었다는 점과 더불어 외척의 정치 참여를 배제하려는 노력으로 볼 수 있다고 하였다(앞의 책, 184~186쪽).

　최단의 가문은 의종대에 별다른 정치활동을 하지 못하였는데, 최단이 임원후의 사위였기 때문에(朴龍雲, 1979, 「高麗前期 文班과 武班의 身分問題―高麗貴族家門 硏究(3)」, 『韓國史硏究』 21·22합, 48쪽) 그와 같은 범주로 파악해도 될 것이다.

7 朴龍雲, 2003, 「고려시대 定安任氏·鐵原崔氏·孔巖許氏 家門 분석」, 『高麗社會와 門閥貴族家門』, 景仁文化社, 225~236쪽.

따라 임원후는 정치적으로 큰 비중을 차지하지 못하였다. 태후와 동기간인 임부任溥는 20세가 될 때까지 견제를 받아 관직을 얻지 못하였다.[8] 그리고 의종대 중반기부터 오히려 임극정·정서 등은 대령후와 교제하였다는 빌미로 왕의 측근세력에 의해 정치적 희생양으로 이용되었다.[9]

일반관료 가운데 윤언이尹彦頤와 한유충韓惟忠처럼 김부식 계열이나 외척세력과 정치적 성격을 달리한 관료들도 있었다. 그들은 서경 반란을 진압하는 과정에서 김부식과 마찰을 일으켜 밀려났다. 윤언이는 그 뒤 재기용되어 인종 말년에 호부상서의 직에 올랐지만, 죄명이 정안政案에 올라 있다가 의종이 즉위한 뒤에 삭제되었다. 그러나 의종 3년(1149)에 사망함으로써 의종대에는 별다른 정치적 역할을 하지 못하였다.[10] 한유충은 좌천된 지 3년 만에 중앙정계에 다시 진출하였다. 의종이 즉위하였을 때 재추의 지위에 있었지만 "논의가 정직하고 굴하지 않아 인심을 많이 거슬렸기 때문에" 금방 재추의 직에서 축출되었으며, 그 뒤에 재기하지 못하였다.[11]

위에서 살핀 세 계열은 정치적 성향 차이에도 불구하고 이 시기에 이미 문벌적 성향을 갖추었거나 그와 연결되었다는 점이 공통된다. 그리고 정치적 성격을 달리하면서도 외척인 임원후의 가계를 매개로 하여 각 중심인물들이 통혼관계나 좌주-문생관계로 연결되었다는 점이 주목된다.[12]

---

8 『고려사절요』 권11, 의종 10년 9월 "(任元厚) 及王卽位 以太后父 令朝會上殿行禮 諫官論駁 遂封定安公 自是居閑頤養"; 『고려사』 권95, 任懿 附 任溥 "元厚卒 毅宗抑外戚 待太后甚薄 故年二十猶未補官".

9 외척이라 하더라도 모두 동일한 세력에 속하지는 않았다. 예컨대 대령후의 족당인 임극정 등이 의종대를 일관되게 탄압받은 데 비하여, 그의 형 임극충은 오히려 출세 가도를 유지하였다.

10 金龍善 편, 앞의 책, 尹彦頤墓誌銘.

11 金龍善 편, 위의 책, 韓惟忠墓誌銘.

12 공예태후의 부친이자 의종의 외조인 임원후는 尹瓘·李軾[인주 이씨]·李瑋[樹州 이씨. 李軾의 장인이며 金景庸의 사위]의 딸과 결혼하였으며, 鄭敍에게 딸을 출가시켰다. 그의 아들 임극정은 한유충의 딸을 아내로 맞았으며 윤언이의 아들 윤인첨과 동서 관계였다. 임원후 가문의 통혼관계에 대해서는 朴龍雲, 앞의 책, 225~236쪽 참고.

그런데 즉위 초부터 안정적인 정국 운영을 저해하는 일들이 발생하였다. 의종 원년(1147)과 이듬해에 각각 서경과 개경에서 외세와 연결하여 모반을 기도한 사건이 터졌다.[13] 서경사람 이숙李淑·유혁柳赫·숭황崇晃 등이 금의 사신 편에 글을 부쳐 금의 군대가 서경에 진주하면 내응하겠다고 하였다가, 발각되어 처벌당하였다. 전통적으로 고려 왕실의 복심이었던 서경에서 인종 때 묘청파가 반란을 일으킨 뒤 비록 진압되었지만, 의종 즉위 초기에 일어난 이 사건에서 서경 반란을 진압하고 권력을 잡은 집권세력에 대항하는 움직임이 표면화되었던 것이다. 이듬해에는 이심李深·지지용智之用[14] 등이 송나라 사람 장철張喆과 공모하여 송의 집권자 진회秦檜에게 금을 정벌한다는 명목으로 고려에 길을 빌리면[假道] 자기들이 내응하여 고려를 차지할 수 있을 것이라는 글과 함께 고려의 지도를 보냈다. 그 사건 역시 발각되었지만, 즉위 초기의 왕과 집권세력에게 위기의식을 심어 주기에 충분하였다.

게다가 의종은 순조롭게 왕위를 계승하지 못하고 동생과 경쟁해야 하였다. 그는 잠저 시에 보좌 임무를 맡은 정습명 등의 도움을 받아 즉위할 수 있었지만 즉위한 뒤에 친위세력을 강화할 필요성을 느꼈다.

정습명은 의종 즉위에 공을 세우고 인종의 고탁을 받은 것을 배경으로 정상적인 유교적 관료제 운영의 기조를 유지하기 위해 노력하였다. 그러나 김존중金存中과 환관 정함鄭諴이 왕에게 우대받아 측근세력으로 성장하였다. 의종은 즉위 초부터 유모의 남편이자 그때까지 자신을 도와준 정함을 전폭적으로 밀어 주고 옹호하였다. 즉위하자마자 그에게 갑제甲第를 하사하고 승진시켰다. 그리고 내시內侍와 환관들을 육성하여 측근세력으로 삼으려

한편 인종 22년 김부식의 아들 김돈중이 급제할 때 지공거는 한유충, 동지공거는 최유청이었다.

13 『고려사』 권17, 의종 원년 11월 丙子; 2년 10월 丁卯.

14 智之用은 인종의 측근으로서 이자겸과 척준경을 제거하려다가 실패하여 처벌된 智祿延의 아들이다(『고려사』 권94, 智蔡文 附 祿延).

하였다.[15] 김존중은 춘방시학과 첨사부 녹사를 역임하고 정함과 서로 친하게 지냈으며, 의종이 즉위하자 옛 은혜[舊恩]를 인연으로 내시에 소속되어 총애를 받았다. 김존중의 족당인 이원응李元膺·왕식王軾 등은[16] 성랑省郎이나 승선承宣 같은 관직에 있으면서 왕의 측근이 되었다. 그들의 출신기반에서 중소귀족이나 신진관료의 면모를 찾을 수 있지만 이념적 특징을 찾기는 어렵다.

한편 금위군禁衛軍을 강화하려는 의종의 의도에 따라 하급 무신들이 측근적 지향을 보이는 부류에 덧붙여졌다. 격구를 잘하며 무예에 관심이 컸던 의종은 즉위 초부터 격구와 승마를 즐기면서 함께하는 무신들을 비호하였다. 사직재史直哉·정중부鄭仲夫·송유인宋有仁·기탁성奇卓誠 등의 무신들이 초기부터 왕의 측근에서 활동하였다. 의종 원년(1147)에 어사대에서 산원 사직재와 교위 정중부 등이 출입이 금지된 궁문으로 무단출입하였다고 처벌하라고 건의하였는데, 왕은 듣지 않았다.[17] 송유인은 왕이 태자였을 때부터 편애를 받았으며, 기탁성은 승마와 격구를 좋아하는 왕의 눈에 들어 견룡牽龍으로 뽑힌 뒤 왕의 측근에 있으면서 출세하였다.[18]

이렇게 의종의 측근세력이 구축되어 가자, 인종대 후반 이래 유교 관료정치를 추구해 온 일반관료들과 왕 사이에 마찰이 빚어졌다. 양자 사이의 갈등은 환관과 내시의 감축, 격구와 말 달리기의 중지를 요구하는 대간臺諫의

---

15 洪承基은 寵臣制라는 개념을 사용하여 이를 설명하였다(1981, 「高麗前期 奴婢政策에 관한 一考察—國王과 貴族의 政治的 利害와 이에 따른 노비에 대한 입장의 차이」, 『震檀學報』 51, 22~26쪽). 그는 공노비 출신 宦者들을 중심으로 왕의 총애에 의지하면서 왕의 이익을 대변하여 왕의 권력을 대행하는 부류를 총신이라 하고, 그들에 의해 주도된 정치 운영 방식을 총신제라고 정의하였다. 의종이 귀족들에 대항하여 왕권 강화 수단으로 총신제를 채택하였다고 파악하였다.

16 『고려사절요』 권11, 의종 5년 5월 "諫議王軾起居注李元膺等上疏 論鄭敍等罪 金存中贊之 軾元膺皆存中族也".

17 『고려사』 권17, 의종 원년 12월 甲辰.

18 『고려사』 권100, 奇卓誠; 같은 책 권128, 반역2 鄭仲夫 附 宋有仁.

격렬한 간쟁활동으로 나타났다. 왕은 여러 번 자신의 뜻을 굽힐 수밖에 없었지만 측근세력을 키우려는 의지를 결코 포기하지 않았다. 그에 따라 의종대 초·중반기는 무신정변 전에 왕권에 대한 대간의 간쟁이 가장 격렬하게 벌어진 시기였다.[19]

의종 원년(1147)에 대간들은 왕이 격구와 말 달리기를 지나치게 즐기는 것을 기화로 군소群小들이 왕의 측근에서 마음대로 행동하고 있으니 이를 중지해야 한다고 상소하였다. 이 간언에 대하여 왕은 미온적인 태도를 취하였을 뿐만 아니라 극언하는 관리들을 좌천시키기까지 하였다.[20] 잠시 대간이 승리한 듯 보였으나, 의종 3년(1149)에 왕은 무예가 출중한 기사騎士 18명을 뽑아 대궐 안에서 격구 경기를 열어 관람하였으며, 5년(1151)에는 대간들과 대립하는 가운데 기사들을 대궐 안에 끌어들여 격구를 즐겼다.[21] 마침내 6년(1152)에 원년(1147)과 똑같은 대립이 재연되었다.[22]

의종 2년(1148)에는 간관들이 내시 김거공金巨公과 환관 지숙之淑·김참金뭅 등 7명을 내치라고 요청하였다. 왕은 이를 거부하다가 간관들이 3일 내내 힘껏 간쟁하자 마침내 허락하였다.[23] 4년(1150)에는 측근세력이 강화되면서 중서시랑평장사의 지위에 있던 고조기高兆基가 김존중과 영합하였다는 이유로 탄핵 받고 좌천되었는데, 곧 김존중의 도움을 받아 복귀하였다.[24] 왕과 대간의 갈등이 이어지면서 5년(1151)에는 왕이 매일 조정에 나아가 정무를 보겠다는(視朝) 핑계로 대간들의 정쟁廷爭을 막는 사태로까지 발전하였다.[25]

---

19 朴龍雲, 1980, 『高麗時代 臺諫制度 硏究』, 一志社, 183쪽.
20 『고려사절요』 권11, 의종 원년 5월; 金龍善 편, 앞의 책, 金永夫墓誌銘.
21 『고려사』 권17, 의종 3년 2월 庚午; 5년 8월 丙戌.
22 『고려사』 권17, 의종 6년 4월 辛巳.
23 『고려사절요』 권11, 의종 2년 3월; 『고려사』 권99, 金巨公.
24 『고려사』 권98, 高兆基; 『고려사절요』 권11, 의종 4년 10월.
25 『고려사』 권17, 의종 5년 4월 甲辰.

대간들의 격렬한 반대에도 불구하고 격구와 말 달리기를 계속하면서 측근 무신들을 비호한 의종의 태도를 단순히 개인적 취미 때문으로만 설명하기는 어렵다. 그보다는 금위군을 강화하려는 의지가 반영된 것은 아닐까?

12세기 전반기에 여러 차례의 역모와 반란 사건을 거치면서 왕은 병권 내지 금위군을 장악하고 강화할 필요가 있었다.[26] 각 역모와 반란 사건에는 상당수의 무신들이 개입해 있었다. 그리고 인종대 말기에는 금위군의 동향이 심상치 않아 그들을 회유할 필요성이 있었다. 군수軍需 물자 조달을 담당한 관리의 부정으로 인하여 금위군들이 불온한 움직임을 보였으며, 왕이 그것을 알고 담당 관리를 교체함으로써 사태가 진정되었다.[27] 비슷한 시기에 견룡군 대정 정중부가 김부식의 아들인 내시 김돈중金敦中과 싸워 김부식의 요구로 처벌당하게 되었을 때, 인종이 그를 비호하여 비밀리에 도망시켰다가 다시 근시하도록 하였다.[28]

더욱이 의종은 즉위 과정에서 야기된 불안한 위상을 강화해야 하였고, 즉위 초기부터 반역 사건을 겪으면서 그 필요성을 절실히 느꼈을 것이다.[29] 즉위한 다음에도 경쟁자였던 동생을 계속 의심하였으며, 신하들에 대해서도 의심하고 참소가 많았다.[30] 의종대 후반에는 용맹이 뛰어난 자들로 내순검內巡檢을 조직하여 금위를 더욱 강화하였으며, 틈나는 대로 활쏘기 대회와 수박회 등을 벌이면서 금위군을 위무하였다. 의종 때 측근 무신들은 정치적

---

26 金塘澤은 12세기 무렵 금위군이 강화되고 특히 牽龍, 控鶴, 巡檢 등이 시위의 주역을 맡으면서부터는 일반군인 가운데서 용력을 가진 자들을 금위군으로 선발하는 예가 일반화되었다고 하였다(1983, 「武臣政權時代의 軍制」, 『高麗軍制史』, 陸軍本部, 273~285쪽).

27 金龍善 편, 앞의 책, 咸有一墓誌銘.

28 『고려사』 권128, 반역2 鄭仲夫.

29 의종 3년에 『周禮』를 인용하여 禮制를 지킨다는 차원에서 출정군 편제를 5軍에서 3軍으로 개편하였다(『고려사』 권81, 병1 병제 의종 3년 8월). 그 조치를 억무정책으로 해석한 견해도 있지만(黃秉晟, 1987, 「高麗 毅宗代의 政治實態와 武人亂」, 『朴性鳳教授回甲紀念論叢』, 244쪽), 금위군 강화에 영향을 주지는 않았다.

30 『고려사절요』 권11, 의종 11년 2월; 3월.

역할을 별로 수행하지 못하였지만, 1170년에 정변을 주동하여 권력을 장악하게 된다.

중반기(의종 5~15년) 왕 측근세력의 득세와 정책방향의 변화

의종대 초기에 벌어진 정치적 대립의 양상은 의종 5년(1151)을 전후하여 서서히 측근 관료·환관들의 우위로 변화하였다.[31] 그해에 김부식이 사망하였고, 정습명은 김존중과 정함의 모함을 받아 정치적 운신의 폭이 좁아지자 마침내 자살하고 말았다. 그때부터 김존중이 정함의 추천을 받아 정습명의 뒤를 이어 우승선이 되어 권력을 잡았다.[32]

국왕 측근세력이 득세하자 대간들이 간쟁을 계속하기는 하였다. 의종 5년(1151)~6년 그리고 11년(1157)~12년에 걸쳐 두 차례 집중적으로 간쟁이 벌어졌다.

의종 5년(1151) 궁중에서 열린 한 연회에서 정함이 착용한 서대犀帶를 어사대 관리가 규정에 어긋난다고 뺏으면서 내시를 중심으로 한 왕의 측근세력과 대간이 충돌하였다. 정함은 서대가 왕의 하사품이라고 불복하고 왕에게 아뢰자 왕이 노하여 내시를 보내 어사대 관리를 체포하고 처벌하려 하였다. 대간들은 왕이 노한 것을 알고 서대를 돌려주려 하였지만 내시원內侍院이 거절하는 바람에 서너 차례 왕래한 끝에 돌려주었다. 대간들이 관련 내

---

31 왕의 측근세력으로 분류되더라도 그 정치 양태가 의종대에 일관되지는 않았다. 의종 2년 왕의 측근세력을 견제할 목적으로 간관들이 탄핵한 내시 金臣公은 그 뒤 의종 17년에 지문하성사로 있다가 다른 측근 崔褒偁과 틈이 벌어져 울분을 품고 사망하였다. 의종 2년에 김거공과 같이 탄핵 받았던 宦者 金旵은 의종 5년에 대령후 주변의 인물들이 축출될 때 연루되었다. 또한 측근 무신들도 무신정변 참여 여부를 놓고 갈라졌다.
32 『고려사절요』 권11, 의종 5년 3월; 윤4월.
　『고려사』와 『고려사절요』에는 정습명이 의종 5년 3월에 사망하였다고 기록되어 있으나, 정습명의 묘지명에는 의종 4년 3월에 사망한 것으로 기록되어 있다(김용선 편, 2016, 『(속)고려묘지명집성』, 정습명묘지명, 한림대학교출판부).

시들을 탄핵하였으나 왕이 받아들이지 않다가 대간들이 두문불출하는 사태를 빚은 끝에 내시 5명을 내쳤다.[33]

그런데 바로 이어 대령후 왕경의 처벌을 둘러싼 정치적 사태가 벌어지면서 정국이 변화하였다. 앞서의 간쟁 결과, 특히 서대 착용 문제와 함께 정함을 권지합문지후權知閣門祗候로 임명하는 문제를 둘러싸고 왕의 비호에도 불구하고 정함이 정치적 위기에 몰리게 되었다.[34] 정함은 탈출구로 의종과 왕위를 두고 경쟁하였던 대령후를 고소하여 정치적 희생양으로 삼고 자신의 정치적 입지를 회복·강화하려고 하였다. 정함은 먼저 자신을 비판하는 대간들을 원망하여 역공하기 위하여, 그들이 왕을 원망하여 대령후를 왕으로 추대하려 한다고 무고하였다. 그런데 김존중파의 일부가 대간에 들어가 있었기 때문에 김존중이 간쟁하여 무고를 밝혔다.[35] 정함은 다시 임극정·정서와 같은 외척들이 대령후와 사적으로 교제하고 있다고 고발하였다.[36] 여기에 그들과 평소 사이가 좋지 않았던 김존중이 가세하였고, 왕도 몰래 도

---

33 『고려사절요』 권11, 의종 5년 윤4월.

34 위와 같은 조. 당시 정함을 通禮門 소속의 정7품직인 權知閣門祗候로 임명하였는데, 어사대에서 宦者를 朝官에 참여시킨 예가 없다고 반대하였다.

35 위와 같은 조 "鄭諴謀陷臺諫 密誘散員鄭壽開 誣告臺省及李份等怨大家 謀推曝爲主 王惑之 欲去諫臣 金存中諫止之 請令有司按問 果不驗".

　　당시 諫議 王軾과 起居注 李元膺이 김존중의 族이었다(註 16 참조). 이처럼 의종 측근 세력을 구성한 정함 계열과 김존중 계열은 각각 환관과 관료라는 출신 차이로 인하여 부분적으로는 이해를 달리하였으나 기본적으로 공조하였다. 곧이어 정함이 外戚朝臣들과 대령후가 결탁하였다고 화살을 돌렸을 때 김존중 계열이 적극적으로 밀어 주었다.

36 대령후 왕경은 도량이 있어서 衆心을 얻었다. 대령후와 어울리다가 사건에 연루된 인물들은 족당세력의 면모를 보이는데, 승선 任克正은 공예태후의 오빠로서 대령후의 외숙이고, 내시낭중 鄭敍는 공예태후의 妹婿로서 대령후의 이모부이다. 그리고 평장사 최유청, 어사잡단 李綽升, 金貽永 등은 모두 정서의 妹胥이다. 그 밖에 족적 연고가 확인되지 않는 戎器色 관관 金義練, 환관 金毛, 秘書正字 梁碧, 대녕부 전섬 劉遇, 녹사 李施 등은 당여로 볼 수 있다.

　　고려중기 족당세력의 결집양태에 대해서는 盧明鎬, 1987(b), 「李資謙一派와 韓安仁 一派의 族黨勢力—高麗中期 親屬들의 政治勢力化 樣態」, 『韓國史論』 17 참고.

와 그 처벌을 둘러싸고 큰 정치적 사건으로 번졌다. 이 문제에 대해서 대간들도 처벌에 동조하는 입장을 보였다.[37]

결국 그 사건으로 김존중과 정함 등 의종 측근의 정치적 입지가 강화되었다.[38] 비록 대간들의 반대로 정함이 권지합문지후로 임명되지 못하였지만, 김존중파가 대간에 참여한 상황에서 대간의 활동이 전과 같을 수 없었다. 그리고 그 사건을 계기로 재추宰樞급 대신들이 왕의 측근들과 타협하는 자세를 보이게 되었다. 의종 6년(1152)에 내시 윤언문尹彦文, 술인術人 한취韓就, 이대유李大有, 영의榮儀 등을 축출하고 내시와 환관의 규모를 축소하며 격구를 하지 말라는 대간의 간쟁이 몇 차례 있었으나 문공원文公元, 유필庾弼, 최자영崔子英, 최윤의崔允儀, 김영석金永錫 등의 대신들은 간쟁에 참여하기를 기피하였다.[39] 그 과정에서 환관 이균李鈞이 투신자살하자 왕이 몹시 슬퍼하며 눈물을 흘렸다는 기록으로 미루어 보아 의종과 측근세력의 친밀도를 짐작할 수 있다.[40]

의종 11년(1157)에 또다시 비슷한 상황이 벌어졌다. 2월에 대령후와 인극정·정서·최유청崔惟淸·김이영金貽永·이작승李綽升 등의 관료들이 재차 처벌되었다. 그들에 대한 고발이 무고임이 드러났지만, 왕이 도참설을 믿어 아우들과 우애하지 못하고 의심을 품고 있었기 때문에 간관들을 부추겨 그들의 죄를 탄핵하게 하였다.[41]

이어서 그해 말과 이듬해에 걸쳐 왕이 정함을 권지합문지후로 다시 임명

---

37 『고려사절요』 권11, 의종 5년 윤4월; 5월.
38 『고려사절요』 권11, 의종 5년 5월 "敍等旣流 金存中益寵幸".
39 『고려절요』 권11, 의종 6년 3월; 4월; 7월.
40 『고려사』 권17, 의종 6년 4월 丙申.
41 『고려사절요』 권11, 의종 11년 2월.
　　대령후 왕경과 그 주변의 관료들은 그 뒤에도 여러 번 정치적 희생양으로 이용되었다. 의종 15년 感陰縣人 子和와 義章 등의 무고 사건, 21년 流矢 사건 등이 그것이다.

하려고 하자 왕과 관료들이 몇 차례 공방을 벌였다.[42] 왕은 관료들이 정함의 고신告身에 서명하지 않는 것은 신하가 왕을 사랑하는 마음이 없기 때문이라며 서명하지 않으면 죽여버리겠다고 위협하였다. 좌승선 직문하성直門下省 이원응은 물론 평장사 최윤의와 몇몇 대간들은 복종하였으나, 벼슬을 버리고 떠남으로써 저항하거나 자기의 말이 그르다면 죽음을 달라며 불복하는 관료들도 있었다. 그러나 저항한 많은 대간들이 좌천되었고,[43] 결과적으로 왕의 의지가 관철되었다. 그러자 정함은 입지를 더욱 굳혀서 관노 출신의 환관 왕광취王光就·백자단白子端 등을 자기편으로 끌어들여 세력을 강화하였다.

그보다 앞서 의종 6년(1152)에 김존중의 건의에 따라 태자의 보도輔導를 강화하는 조치가 있었다. 김존중은 태자가 어린데도 종친들이 성하여 왕위 계승을 둘러싼 문제가 발생할 소지가 있기 때문에 주공周公과 곽광霍光의 고사를 본받아 재추宰樞를 동궁사부東宮師傅로 삼아 보위하게 하자고 건의하였으며, 이에 측근세력과 타협적인 성향을 보이던 유필과 최윤의에게 그임무를 맡겨 각각 태사太師와 태부太傅로 삼았다. 그 후 유필이 사망하자 10년(1156)에 김존중 자신이 그 직임을 계승하였다. 이때 왕이 백관들에게 명하여 그의 집에 가서 축하하게 하였다. 당시 그의 위세가 대단하여 인사 청탁을 하려는 자들이 문을 메웠으며, 재산을 많이 축적하고 형제·친척들이

---

42 『고려사절요』 권11, 의종 11년 11월; 12년 6월; 7월; 9월.
43 예를 들면 우정언 許勢修는 벼슬을 버리고 떠났으며(『고려사절요』 권11, 의종 12년 6월), 지문하성사 申淑이 상서우복야로 좌천되고(8월), 전중시어사 김돈중이 호부원외랑으로 좌천되었다(9월).
　　의종은 12년 7월 制를 내려 정함의 직을 뺏고 중외에 포고하였으나, 두 달 뒤에 다시 권지합문지후에 복귀시켰다. 이듬해 정월에 정함은 왕을 위해 연회를 베풀고 衣對를 바쳤는데 최윤의·이원응 등이 侍宴하였으며, 당시 이를 안 사람들은 권력이 內竪에게 있다고 한탄하였다.

세력에 기대어 교만 방자하였다.[44] 그가 10년(1156)에 사망하자 이원응이 그 세력을 이었으며, 최유칭崔褎偁·오중정吳中正 같은 관료들이 왕의 측근 세력에 가세하였다.[45]

의종 9년(1155) 말에는 종실인 사공司空 왕장王璋의 역모 사건이 터졌다. 내시 박회준朴懷俊이 고발하였고, 왕장과 직장동정直長同正 이구수李龜壽가 처벌을 받았다.[46] 규모로 보아 역모의 현실성이 없어 보이지만, 대령후 관련 사건과 마찬가지로 그 사건을 계기로 왕을 보위하는 세력으로서 의종 측근 의 정치적 입지가 한층 강화되었다.[47]

그런 가운데 의종 10년(1156) 왕의 측근들이 세력을 타서 권력을 마음대 로 한다고 여겨 낭장 최숙청崔淑淸이 환관 정함과 승선 이원응을 제거하려 고 모의한 사건이 발생하였다.[48] 모의가 누설되어 미수에 그치고 말았지만, 이 사건은 특정 세력이 동의를 얻지 못한 채 독주할 때 그들을 제거한다는 명분으로 정변이 일어날 가능성이 있음을 보여 주었다. 그 무렵 어떤 관료 의 부인이 신하로서 못할 말을 하였다는 이유로 처벌되었으며, 이후 모함이

---

44 『고려사절요』 권11, 의종 10년 3월.
　　『고려사』 권17, 의종 6년 12월조에 유필을 태자태사, 최윤의를 태부로 삼았다고 기록 되었는데 金龍善 편, 2012, 앞의 책, 崔允儀墓誌銘에는 그가 의종 7년에 태자태부가 되었 다고 기록되어 있다.
45 의종대 중반에 최유칭·오중정 등의 관료가 省郞이었을 때부터 세력을 얻어 자신들에게 붙지 않은 관리들을 중상하고 子壻들이 권세가와 연결되었는데, 그들도 왕의 측근세력과 같은 면모를 보였다(『고려사』 권125, 간신1 崔褎偁). 오중정은 곧 사망하였지만 최유칭 은 宰樞의 지위에까지 올라 전횡하다가 뒤에 문극겸에게 비리를 비판당하였다. 최유칭을 인종 때 재추의 지위에까지 오른 崔滋盛의 아들로 추정하는 견해도 있는데(李樹健, 1984, 『韓國中世社會史研究』, 一潮閣, 175쪽), 그럴 경우 그의 외가는 인주 이씨 李資禮이며 문 벌 기반을 가졌던 셈이 된다.
46 『고려사절요』 권11, 의종 9년 12월.
47 내시 박회준은 의종의 측근세력으로서 의종 12년에 백악궁 건설을 감독하는 임무를 맡아 공사 기간을 단축하기 위하여 민들을 동원해 혹사하였다.
48 『고려사절요』 권11, 의종 10년 12월.

많아지고 왕이 신하들을 많이 의심하게 되었다고 전한다.[49]

즉위 초기에 불안정함을 느낀 왕이 환관을 포함하여 측근세력을 적극적으로 육성한 결과 측근세력이 독주하였고, 그 결과 관료들 사이에 분열이 심화되고 소외되거나 반대하는 세력이 생겨났다. 그렇게 되면서 측근세력을 더욱 강화하지 않을 수 없는 상황이 되었다.

그처럼 집권세력은 권력의 정당성에 대하여 동의를 얻지 못하면서 관념적으로 사회 통합을 시도하였다. 의종 11년(1157) 무렵부터 연기延基와 기복祈福을 위해 이궁離宮을 많이 건설하고 종교행사를 자주 열기 시작하였다. 그러면서 그것을 추진하는 내시, 환관, 술인 등의 비중이 더욱 커졌다. 술인〔卜者〕 영의, 환관 백선연白善淵·백자단·왕광취, 내시 진득문秦得文 등이 그들이었다. 그 밖에 의종대 말기에 환관들과 함께 복심이 되어 왕의 측근에서 기복행사를 담당한 내시로서 유방의劉邦義·이송李竦·김응화金應和·김존위金存偉·정중호鄭仲壺·희윤希胤·위작연魏綽然 등이 있었다. 특히 영의는 내시사령內侍使令으로 있으면서 국가의 기업과 왕의 수명을 연장하려면 재앙을 물리치고 복리를 비는 종교행사를 근실하게 하며 순어巡御를 자주 해야 한다고 왕에게 건의하여 승낙을 받아 관련 행사들을 주관하였다.[50]

의종 12년(1158)에 풍수도참설에 근거하여 백주白州 토산兔山의 반월강半月岡에 궁궐을 건설하였다. 태사감후 유원도劉元度의 건의에 따르면, 그곳은 고려가 중흥할 땅으로서 궁궐을 지으면 7년 안에 북쪽 오랑캐를 정복할 수 있다고 하였다. 궁궐의 명칭은 중흥中興이며 전액殿額은 대화大化라고 하였다.[51] 그 공사에는 지주사知奏事 이원응, 내시 박회준 등의 측근세력

49 『고려사절요』 권11, 의종 11년 3월.
50 『고려사』 권123, 폐행1 榮儀.
51 『고려사』 권18, 의종 12년 8월 甲寅; 9월 庚申.
　　이보다 앞서 8년 9월에는 서경에 中興寺를 창건하였다.

과 함께 재상 최윤의가 참여하였다.

그 무렵 재추의 직에 있던 김영부金永夫의 후원으로 김관의金寬毅가 『편년통록編年通錄』을 찬진하였다. 그 책은 인종대 김부식이 유교적 합리주의 사관에 입각하여 쓴 『삼국사기』와 달리, 신이사관神異史觀에 따라 고려 왕실의 신이한 사실들을 수록하여 결과적으로 왕실을 신성화하고 왕의 권위를 높이려 하였다.[52]

이처럼 비유교적 방법을 사용하여 국왕의 권위를 높이면서 관념적으로 사회 통합을 이루려는 시도들은 당시 국제 환경의 변화와도 관련이 있었다. 고려에서는 당시 금의 내분을 대외적 팽창의 계기로 삼으려는 움직임이 있었다. 정풍正豊 연간(1156~1161)에 금에서 초적이 봉기하자 고려 장수들 사이에서 그 내란을 틈타 만주 지역을 얻자는 논의가 제기되었으며, 이에 따라 수년간 신사信使를 파견하지 않았다.[53] 앞서 보았듯이 유원도가 백주 반월강에 궁궐을 지으면 7년 안에 북쪽 오랑캐를 정벌할 수 있다고 건의하고, 그에 따라 중흥궐을 세운 시기가 바로 그때였다.[54]

당시 남송은 고려를 금과의 전쟁에 끌어들이려고 시도하였다. 금의 해릉왕海陵王은 1161년 변경汴京으로 천도하고 남송을 공격하였다. 그렇지만 내분이 일어나 세종이 즉위하고 해릉왕은 살해되었다. 남송은 금의 내란을 기화로 삼아 실지를 회복하려고 하면서 자기들이 금의 군대를 격파하고 해릉왕을 사로잡았다는 거짓 정보를 고려에 보내서 자기들에게 협력하도록 유도하기도 하였다.[55] 그 시도는 고려가 금의 내분이 진정되었음을 알게 됨으로써 무위로 돌아갔다. 또 송에서 1162년에 효종이 즉위한 뒤 주전

52　河炫綱, 1988, 「《編年通錄》과 高麗王室世系의 性格」, 『韓國中世史研究』, 一潮閣, 6~24쪽.
53　金龍善 편, 2012, 앞의 책, 李文鐸墓誌銘.
54　註 51과 같음.
55　『고려사』 권18, 의종 16년 3월 戊午.

파가 지지를 받아 금에 공세를 취하였다. 송은 국지적으로 승리하기도 하였지만, 금의 반격을 받아 패배하고 1165년에 융흥화의隆興和議를 맺었다. 그 과정에서 1163년 송은 송상 서덕영徐德榮 등을 시켜서 금은합金銀合 두 벌에 침향을 담아 고려에 보냈다. 그것이 효종의 밀지密旨에 따른 헌상이었던 것으로 보아 아마도 송이 금과 대결하면서 고려의 협조를 바라고 보냈을 것이다.[56] 그러한 국제 정세의 변화는 당시 국내 정계에서 정함의 고신 서명을 둘러싸고 갈등이 고조되었던 분위기를 돌리기에 충분하였다.[57]

위와 같은 사상적 동향은 이전과 달라진 것이다. 중반 무렵까지만 해도 인종대를 이어 국학國學을 강화하고 과거제도를 개혁하며, 예제禮制를 정비하는 등 유교 정치이념의 강화를 추진하고 있었기 때문이다. 기복 행위를 통하여 위기를 극복해 보려는 조치들은 그 경비와 노동력을 마련하기 위하여 오히려 수탈을 가중하게 됨으로써 사회 모순을 악화시켰다. 외관에 대한 인사 고과에서 취렴을 얼마나 많이 하여 왕에게 방물로 바치느냐가 기준이 될 정도였다.[58]

후반기(의종 16~24년) 왕의 잦은 유행遊幸과 파행적 정치

중반기 이후에도 재추의 구성은 여전히 문벌적 성향이 강하였다. 이지무李之茂, 김영부, 최윤의 집안의 통혼관계에서 볼 수 있는 것처럼 문벌 가문

---

56 『고려사』 권18, 의종 17년 7월 乙巳.
57 김영부가 『破閑集』 권中에 수록된 다음과 같은 시를 지은 것이 그 무렵일 것이다. "近聞隣國勢將危 拓地開疆在此時 素髮飄飄霜雪落 丹心耿耿鬼神知".
그런 분위기 속에서 변경 지역에서 금과 영토 분쟁이 잦았다(『金史』 권135, 外國下 高麗 大定 4년; 5년). 의종 19년경 북방 경계의 한 섬에서 살고 있던 금나라 사람들을 축출하고 방수를 설치하였다. 금에서 반환을 요구하였으나 당시 서북면 병마부사 尹鱗瞻 등은 국토를 남에게 넘기는 것을 수치스럽게 생각하고 따르지 않았다가 금의 공격을 받기도 하였다(『고려사』 권96, 尹瓘 附 尹鱗瞻).
58 『고려사절요』 권11, 의종 17년 8월.

들은 연혼을 하고 있었다.[59] 그들은 정치적으로 왕의 측근세력과 타협적인 태도를 유지하였고, 왕의 권위를 높이기 위한 작업에도 참여하였다. 의종대 초반기부터 왕의 측근에서 성장해 온 관료들 중에 후반기에 재추의 반열에 오른 자가 나타났다.

의종의 측근세력들이 전횡하고 재추급 대신들도 그에 타협적인 태도를 보이는 분위기 속에서 이제 중앙 정계에서는 대간에 의한 간쟁활동도 침체되었다. 의종 16년(1162) 왕이 총애하는 궁인宮人 무비無比의 사위 최광균崔光鈞의 고신에 서명하는 문제를 둘러싸고 간관들과 왕이 대립하였으나 왕의 재촉에 금방 간관들이 굴복하고 말았다. 당시 이를 조롱하여 "사간司諫이 되었다고 말하지 말라. 말이 없는 자가 정언正言이 되고 말더듬이가 간의諫議가 되니 우물쭈물 무엇을 논하겠는가."라고 하였다.[60] 같은 해 간관들이 음양비축陰陽秘祝 행사와 관련된 별궁공헌別宮貢獻을 없애자고 건의하였으나 허락하지 않았다.[61] 그리고 왕이 폐행들과 어울려 놀러 다니면서 정사를 돌보지 않자, 간관들이 유행 장소의 하나인 인지재仁智齋를 헐어 버리기를 청하였다. 그러나 왕은 꿈의 계시〔夢報〕를 구실로 거부하였으며, 그 지경이 되자 그때부터 간쟁이 없어졌다.[62]

의종 17년(1163)에 대간 문극겸이 상소하여 환관 백선연, 궁인 무비, 술인 영의 등이 복을 비는 종교행사를 위해 수취를 많이 하고 최유칭은 권력을

---

59 이지무〔인주 이씨. 金永錫(강릉 김씨)의 처남〕의 아들 李世延은 광양 김씨 김영부의 아들 金甫當의 妹胥이며, 金至當은 최윤의〔해주 최씨. 강릉 김씨 김영석의 조부인 金上琦의 외손이며 광양 김씨 金義元의 사위〕의 딸과 결혼하였다. 최윤의의 아들 崔寬은 김영석의 아들 金闈의 딸과 결혼하였다.

60 『고려사절요』 권11, 의종 16년 6월.
　　최광균은 의종의 측근으로서 24년 4월 충주목 부사로 있으면서 왕의 신성화 작업과 관련하여 老人星이 나타났다고 상주하였다.

61 『고려사』 권18, 의종 16년 3월 丙寅.

62 『고려사절요』 권11, 의종 16년 12월.

잡고 탐욕스러우며 자기편이 아니면 중상하고 있다는 등 측근세력의 비리에 대하여 간쟁하였다. 그러나 이지심李知深·박육화朴育和·윤인첨 등 동료 간관들의 지원을 얻지 못하였고, 마침내 좌천되고 말았다. 그에 비하여 오히려 영의는 그때까지 반역민의 후예라고 하여 승진이 제한되다가〔限品〕왕의 복을 축원한 공로를 세웠다는 이유로 의종이 호적과 정안政案의 기록〔注脚〕을 고쳐 시행하도록 해 주었다.[63] 의종 19년(1165)에도 대간 조문귀趙文貴가 왕이 밖으로 이어移御하는 데 대해 간쟁하였으나 왕은 듣지 않았다.[64] 상황이 그러하자 정계에서 활동하는 관료들 사이에서 표면적으로 반대하는 세력이 없어졌다.

한편 이 시기부터 왕의 유행遊幸이 잦아졌다.[65] 당시의 유행은 단순히 지배층의 취미라기보다 정치적 위기를 느끼면서도 그것을 현실 도피적으로 꿈의 계시나 종교에 의지하여 관념적으로 해소하려는 행동이었다.[66] 그러자 왕을 시종하면서 시문을 화답하는 문신들의 존재가 두드러졌다. 그런 활동을 통해서 좌부승선 임종식林宗植, 기거주 한뢰韓賴, 지어사대사 이복기李復基 등 아직 재추의 지위에 오르지 못한 관료들이 왕의 측근으로 행세하였다.[67]

사실상 간쟁조차 어려워진 그 무렵에는 이전에 대간으로서 정함의 승진

---

63 『고려사절요』 권11, 의종 17년 8월;『고려사』 권123, 폐행1 榮儀.
64 『고려사』 권18, 의종 19년 정월 丙子.
65 의종의 遊幸·移御에 대해서는 김창현, 2004,「고려 의종의 이어(移御)와 그에 담긴 관념」,『역사와 현실』53 참고.
66 註 62와 같음. 본고와 달리 하현강은 왕과 집권귀족 사이의 대립구도로 당시 정치사를 조망하였다. 의종은 귀족들이 주도하던 정치구조 속에서 정치적 실의를 맛볼 수밖에 없었기 때문에 유락에 빠졌으며, 왕이 정치에 관심을 갖는 것이 귀족들의 이익에 장애가 되었기 때문에 당시 집권귀족세력이 유락을 조장하고 유도하였을 가능성이 있다고 하였다(1991,「무신정변은 왜 일어났는가」,『한국사시민강좌』8). 한편 김당택은 의종의 왕권 강화 기도가 문신들의 반발에 부딪히자 그들과 타협을 모색하여 빈번하게 遊幸하면서 함께 唱和를 즐겼다고 보았다(1993,「高麗 毅宗代의 정치적 상황과 武臣亂」,『震檀學報』75).
67 李復基는 김존중의 사위였다(金龍善 편, 2012, 앞의 책, 金存中墓誌銘).

문제 등에 대하여 비판적 입장에 있던 김돈중·한정韓靖 같은 관료들조차도 왕의 총애를 받기 위해 노력하는 형편이 되었다. 의종 19년(1165)에 이부시 랑 한정은 인제원仁濟院에 절을 지어 의종의 복을 비는 장소[祝釐所]로 삼 고, 내시낭중 김돈중과 대제待制 김돈시金敦時 형제는 해란사海瀾寺를 중수 한 다음 그곳을 복을 비는 장소로 삼아 왕의 마음에 들려고 노력하였다.[68]

의종 22년(1168)에는 인종 때 서경 반란 이후 중지되었던 서경 행차를 다 시 시작하였다. 그리고 서경에서 개혁교서를 발표하였다.[69] 이는 고려 왕실 의 전통적 의식을 강조하고 음양도참사상과 불교를 받들고 후원하는 존재 로서 왕의 위상을 높이려는 조치였다고 보인다. 그리고 한편으로는 왕의 초 월적인 신성성神聖性의 강조가 두드러졌다. 의종을 성인聖人이나 태평호문 太平好文의 군주라고 지칭하고, 이를 뒷받침하기 위해 상서로운 동·식물[瑞 獸, 瑞草]이나 노인성老人星의 출현, 하늘에서 금거북을 내려 주었다[天降金 龜]는 등의 상징 조작이 자주 행해졌다. 왕과 측근세력은 실제가 없이 관념 적으로만 태평성대를 내세우며 자위하였다.

의종 21년(1167) 장단현에 있는 응덕정應德亭에 행차하여 궁술대회를 열 었을 때 내시 노영순盧永醇이 왕을 성인이라고 지칭하였다.[70] 24년(1170)에 는 화평재和平齋에서 문신들과 시문을 화답하였을 때 신하들이 '태평호문 지주'라고 일컬으면서 성덕聖德을 찬미하였다.[71] 의종은 자주 꿈속에서 지 은 시라며 시를 지어 신하들에게 보였다. 22년(1168)에 지은 시에는 "정치 를 하니 어짐[仁]과 은덕[恩]이 흡족하여 삼한三韓이 태평을 이루었네."라는 구절이 있었으며, 이에 대하여 신하들이 하례하였다.[72] 23년(1169) 금나라

---

68 『고려사』 권98, 金富軾 附 金敦中;『고려사절요』 권11, 의종 19년 4월 庚辰.
69 『고려사』 권18, 의종 22년 3월 戊子.
70 『고려사』 권18, 의종 21년 5월 癸丑.
71 『고려사』 권19, 의종 24년 5월 辛亥.
72 『고려사』 권18, 의종 22년 정월 癸巳.

에서 사신을 파견하면서 양 2천 마리를 보내왔다. 그런데 그 속에 뿔이 네 개인 양이 끼어 있자, 이공승이 상서로운 짐승이 나타났다고 하표賀表를 올리는 소동을 벌였다.[73] 이듬해 연복정延福亭에 왕이 행차하였을 때는 신하들이 모두 눈에 띈 물건들을 상서로운 물건이라고 하다가, 쑥 세 줄기가 정자에 난 것을 보고 서초瑞草라고 하고, 내시 황문장黃文莊은 물새를 보고 현학玄鶴이라고 하여 시를 지어 바쳤다.[74] 그리고 그해에 수주水州에서 거북 모양의 금덩이를 발견하여 바쳤는데, 하늘에서 성스러운 덕에 감응하여 금 거북을 내려 준 것이라고 신하들이 하례하였다.[75] 또한 노인성이 나타났다고 하여 신하들이 하례를 올리고 각지에서 왕의 복과 수명을 비는 초제醮祭를 지냈다.[76]

이러한 모습들은 유교적 정치이념을 강조하고 왕 스스로 신성화를 부정하던 인종대 후반의 분위기와는 아주 대조적인 것이었다. 인종 16년(1138)에 왕은 제왕의 덕은 겸손을 우선하는 것이라고 하며, 한나라 광무제가 조詔에 성聖자를 쓰지 못하게 한 것이나 공자가 인仁과 성聖으로 자처하지 않았던 것 등을 그 예로 들었다. 그러면서 이후 신하들이 올리는 상소문〔章疏〕과 공문서〔公行案牘〕에서 신성제왕神聖帝王이라고 칭하지 못하게 한 바 있다.[77]

의종대의 파행적인 정치 행태는 지배층 내부에서 중앙권력을 장악한 왕의 측근세력과 그에 타협한 관료들을 중심으로 이루어지고, 많은 관료들이 방관적 입장에 있거나 배제되었다. 정치가 탄력성을 상실한 가운데 위기로 치달을 가능성은 집권세력의 내부와 외부 양쪽에 늘 있었다. 그리고 마침내 그 위기가 의종 24년(1170) 무신정변으로 현실화되었다.

---

73 『고려사절요』 권11, 의종 23년 7월.
74 『고려사』 권19, 의종 24년 윤5월 壬辰.
75 『고려사』 권19, 의종 24년 8월 戊午.
76 『고려사』 권19, 의종 24년 2월 甲申; 3월 己巳; 4월 辛巳; 甲申; 乙巳; 윤5월 丁亥.
77 『고려사』 권16, 인종 16년 2월 壬午.

2. 국정 인식과 정책의 한계

12세기 초부터 현저하게 드러난 사회 변화의 모습은 의종대에도 지속되었다. 사회경제적 모순이 격화되고 그에 따라 위기의식이 심화되었다. 그때까지 정치권에서는 몇 가지 방향에서 대응책을 논의하고 시행하였지만 성과를 거두지는 못하였다. 이미 살펴본 것처럼 의종대에도 개혁을 효과적으로 수행하기에는 정치적 대립이 심각하였고 당시 권력을 장악한 세력에게서 개혁을 기대하기도 어려운 형편이었다.

그렇다고 하더라도 각 시기마다 정치를 주도한 세력이 현실을 어떻게 인식하였으며 그에 따라 어떤 정책 기조를 택하였는지를 살펴보면, 그 정치세력의 성격을 분명하게 드러낼 수 있을 뿐 아니라 향후의 정국 동향으로 이어지는 계기를 확인할 수 있을 것이다. 정치세력의 전반적 동향과 성격은 앞에서 살폈기 때문에 여기에서는 사회개혁책들을 중심으로 하여 시기별로 국정 인식과 정책에 대하여 살펴보기로 한다.

초·중반기 유교 정치이념의 구현 노력

의종대 중반까지는 주로 유교 정치이념에 충실하려는 관료들의 활동이 돋보였다. 그들은 관료제의 운영과 그에 기반을 둔 정치가 원활하게 이루어지기를 바라면서 주로 대간 활동을 통해 현실정치를 비판하였다. 정함과 같은 천예 출신 환관과 내시들이 득세하고 왕이 무예에 관심을 갖고 몰두하는 탓에 정치가 올바로 이루어지지 않을 뿐 아니라 지배질서의 기간인 신분제가 이완되는 결과를 초래한다고 비판하였다.

의종 5년(1151)~6년(1152)과 11년(1157)~12년(1158) 두 차례에 걸쳐 천예 출신 환관인 정함을 권지합문지후에 임명하는 문제를 둘러싸고 공방이 벌어졌을 때, 대간은 태조가 고려를 건국할 즈음 복종하지 않은 무리들을 대상으로 벼슬을 막아 노예로 삼고 종류를 구별하였는데, 그 후예인 정함을 조정의 현임顯任에 임명하면 태조공신의 후예들이 오히려 그들에게 종노릇을 하게 되는 결과를 초래한다고 비판하였다.[78] 같은 맥락에서 의종 5년 (1151)에 정함이 서대를 착용한 것을 공격하였으며, 10년(1156)에는 내관이 금복禁服을 입은 것을 어사대가 지적하고 뺏었다가 왕의 노여움을 샀다.[79]

유교 정치이념을 구현하고 신분제를 확립하기 위해서는 교육과 과거제도를 개혁할 필요가 있었다. 관학官學 육성책으로서 의종 원년(1147)에 승보시升補試를 실시하여 시詩·부賦·경의經義로 시험을 보아 재생齋生 즉 상사上舍 진급생을 선발하였다.[80] 이미 예종 4년(1109) 국학 안에 7재를 설치하였을 때 생도들을 시험으로 선발하는 제도가 있었는데, 이때 와서 정식으로 제도화하였다.[81] 2년(1148)에는 국자감시의 고시과목을 바꿨다. 문종 25년 (1071)부터 6운시, 10운시만 부과하였는데, 난이도 조정을 위하여 6운시를 선택한 사람에게 부를 첨가하였다.[82] 시문을 시험 보는 평가 기준도 달라졌다. 인종 21년(1143) 국자감시의 시험관이었던 박경산朴景山의 묘지명에 따르면, 당시 문장들이 용렬졸망하여 옛 사람들의 글귀나 본떠 짓기를 일삼는 것을 싫어하여, 율을 숭상하는 근체近體를 배격하고, 소방疎放하면서 기세가 큰 문장들을 뽑았다. 당시에는 그런 처사가 크게 공감을 얻지는 못하였으나 몇 년 뒤에 문생 중에서 문장으로 과거에 급제하는 자가 끊이지 않자 사람들이 모두 탄복하여 사람을 볼 줄 안다고 평하였다.[83] 점차 평가 기준이

---

78 『고려사』 권122, 宦者 鄭諴.
79 『고려사』 권18, 의종 10년 9월 乙巳.
80 『고려사절요』 권11, 의종 원년 8월.
81 朴龍雲, 1990, 『高麗時代 蔭敍制와 科擧制硏究』, 一志社, 175~183쪽.
82 『고려사』 권74, 선거2 과목2 國子監試.
     박용운, 위의 책, 248~249쪽.
83 金龍善 편, 2012, 앞의 책, 朴景山墓誌銘. 묘지명의 기록에 따르면 박경산이 南省試를 관장한 시기가 癸酉年(의종 7)이지만 『고려사』 권74, 선거2 과목2 國子監試條의 기록에 따

그쪽으로 바뀌던 것으로 보인다.

의종 8년(1154)에는 예부시의 시험 과정을 개정하였다. 초장初場에서 논論·책策을 교대로 시험하고, 중장中場에서 경의를, 종장終場에서 시·부를 시험 보도록 하였다. 국학생은 6행行으로 살펴서 14분分 이상 되면 종장에 바로 나아가도록 하고, 3장을 모두 차례로 합격해야 급제하는 법〔三場連卷法〕을 면제해 주었다.[84] 이 조치들은 인종 14년(1136)과 17년(1139)에 이루어진 과거제도 개혁의 연장이자 북송대의 개혁을 본받은 것이었다. 북송대 신유학자 범중엄范仲淹·구양수歐陽修 등이 관학을 육성하고 정책 실무능력을 강조하여 과거제도를 논·책 중심으로 바꾸었는데, 인종 17년(1139) 이를 본받아서 종래의 시·부 중심에서 벗어나 논·책을 중시하는 방향으로 고쳤다. 그래서 초장에서 경의를, 중장에서 논·책을 교대로 보고 종장에서 시·부를 시험 보게 하였고[85] 의종 8년(1154)에는 초장에서 논·책, 중장에서 경의, 종장에서 시·부를 시험보도록 개정하여 논·책의 중요성을 한층 높였다. 국학생 우대 조치도 인종 14년(1136)에 이미 내려진 것을 재확인하는 것이었으며 삼장연권법조차 적용받지 않도록 혜택을 주었다. 또한 남삼藍衫으로서 과거시험을 보는 자에게는 종래 세 번만 주던 응시 기회를 다섯 번까지 허용하였다. 이 조치는 문극겸의 건의에 따른 것으로서, 그가 의종대

라 癸亥年(인종 21)으로 바로잡는다.

84 『고려사』 권73, 선거1 과목1 의종 8년 5월.

85 『고려사』 권73, 선거1 과목1 인종 17년 10월. 이 사료에 인용된 범중엄의 말은 『范文正公集』 권8, 上執政書에 실려 있다.

　　종래의 연구에서는 종장에 시·부로 시험 보도록 개정한 조치를 고려중기 문벌이 형성되고 詞章 중심의 학풍이 유행하면서 그에 맞춘 것으로 이해하였다. 그러나 문철영은 申採湜의 연구(1970,「宋 范仲淹의 文教改革策」,『역사교육』 13)에서 다룬 북송대 신유학자들의 과거제도 개혁 논의와 逐場去留之法의 의미를 참조하면서, 시·부보다 실용적인 책·논을 중시하는 방향으로 개혁된 것이라고 파악하였다(1992,「고려중기 사상계의 동향과 新儒學」,『國史館論叢』 37, 69~71쪽).

후반의 대표적인 비판적 정치인이었다는 점과 관련하여 주목된다.[86]

이러한 정책 시행과 더불어 유학 전적을 교감 편찬하고 예제禮制를 정비하였다. 의종 5년(1151)에 보문각에 문첩소文牒所를 설치하고 문사 14명과 보문각 교감敎勘이 그 일을 전담하도록 하였다.[87] 그해 6월에 보문각학사 대제待制와 한림학사들에게 명하여 정의당精義堂에 모여 중국 역대 정치행적의 기록인『책부원구册府元龜』를 교감하도록 하였는데, 아마 문첩소의 업무도 그런 일이었을 것이다.[88] 또 평장사 직에 있던 최윤의가 주도하여『상정고금례詳定古今禮』를 편찬하였다. 이 책은 역대의 헌장들과 당제唐制를 수집하여, 위로는 왕의 일상생활용품부터 의장儀仗, 아래로는 백관들의 복식까지 예제를 상정함으로써 일대의 제도를 갖추었다는 평가를 받았다.[89] 이 책이 편찬된 시기는 분명하지 않으나, 최윤의가 평장사 직에 있던 시기는 의종 9년(1155)에서 16년(1162) 사이였다.[90]

예제를 확립하려는 의지는 의종대 초반에 한직限職 규정들이 마련된 데에서도 살필 수 있다. 즉위년(1146)에 당고堂姑, 종자매從姉妹, 당질녀堂姪女, 형의 손녀〔兄孫女〕와 결혼하는 것을 금지하였다.[91] 이듬해에는 그때까지 대·소공친에서 4촌 이내와 결혼하는 것만을 금지하였기 때문에 5~6촌 친척과 혼인하는 풍조가 있다고 하여, 그것을 막기 위하여 이후 그 자식들을 금고시켰다. 그리고 의종 6년(1152)에는 자녀안姿女案에 오른 여자의 자식들을 한품 내지 금고하는 규정을 마련하였으며, 승려의 자손들도 무반과 남

---

86 『고려사』권99, 文克謙.
87 『고려사』권76, 백관1 寶文閣.
88 『고려사』권17, 의종 5년 6월 壬申.
89 『고려사』권72, 輿服志 서문.
90 金塘澤, 1992,「祥定古今禮文의 편찬시기와 그 의도」,『湖南文化研究』21, 3~8쪽 참고. 김당택은『고금상정례』의 편찬 의도가 국왕의 권위를 높이는 것이었다고 보았다.
91 『고려사』권84, 형법 1 간비 의종 즉위년.

276 제3부 12세기 중반 정치 갈등과 위기

반南班의 7품에 한품하였다.[92]

후반기 종교와 법술 등에 의지한 왕권 강화와 기복 추구

위와 같이 유교 정치이념을 강화하고자 한 일련의 정책들은 인종대 후반
에 역점을 두고 실시하였던 정책 방향이 이어진 것으로 볼 수 있다. 그런데
그 시기가 의종대 중반 무렵까지였다는 점이 주목된다. 이후에는 앞에서 살
핀 것처럼 환관·술인과 같은 측근세력들이 주도하여 기복을 위한 불교, 도
교, 음양설, 선풍仙風의 강조가 두드러졌다.[93] 후반기에 비록 측근 문신들이
부각되었지만, 그들은 유교이념에 따른 정치를 구현하기보다는 관념적인
문제 해결과 현실도피적인 정치행태를 보였다. 왕을 시종하여 놀러 다니면
서 음풍농월의 시문을 짓고 허구적인 태평성대를 내세웠다. 그리고 말기로
가면서 왕의 신성화에 적극적으로 동조하면서 그것을 추진하는 자신들의
위상을 높이려고 하였다.[94]

의종 22년(1168)에 서경에 행차하였다가 내린 신령新令 아홉 조항은 그
가운데 다섯 조항이 음양설과 선풍仙風, 불교를 존숭함으로써 국가적 위기
상황을 극복해 보려는 내용으로 채워졌다.[95] 음양의 이치에 순응하여 월령
月令에 따라 정무를 보고, 선풍을 존중하며, 팔관회가 옛 격식을 잃고 있기

---

92 『고려사』 권75, 선거3 한직 의종 원년 12월; 6년 2월; 3월.
93 黃秉晟, 앞의 논문에서도 그런 변화를 지적하면서 환관과 술인 등이 측근정치를 꾀하여
   佛·神 신봉을 주도하였음을 살폈다.
94 金鎔坤, 1986, 「高麗 忠肅王 6年 安珦의 文廟從祀」, 『李元淳教授華甲記念史學論叢』, 77
   ~78쪽에서는 고려중기에 유교·불교·도교·전통신앙이 國家體制와 儀式 속에 수용되어
   國難을 해결하는 역할을 수행하는 방향으로 진행되었다고 하였다. 그러면서 의종대에는
   국가라는 큰 차원에서 점차 국왕 개인의 보호라는 차원으로 협소해지는 경향을 보였으
   며, 그것은 곧 지배층의 보수화 경향을 보여 준다고 파악하였다.
95 『고려사』 권18, 의종 22년 3월 戊子. 여기에는 新令 9개 조항 가운데 6개 조항만 전해지
   며, 나머지는 여러 志에 같은 달의 기록으로 분산되어 있다(『고려사』 권74, 선거2 학교;
   같은 책 권75, 선거3 薦舉之制; 같은 책 권85, 형법2 금령).

때문에 양반 가운데 재산이 풍족한 자를 선가仙家로 택하여 옛 풍습에 따라 시행하도록 강조하였다. 불교와 관련해서는 불사佛事를 받들고 비보裨補사원, 법석法席사원, 별기은別祈恩사원들 가운데 훼손된 것을 수리하며, 내시원이나 각 관청에서 사원의 재산을 침탈하지 못하도록 하였다. 그리고 승려를 존경하며, 이익을 추구하는 승려는 제거하고 덕이 높고 맑은 승려들을 찾아 천거하도록 하였다. 나머지 네 조항에서 관리들의 자질을 바르게 갖출 것과 사치 금지, 진휼 등을 언급하였지만, 사회의 폐단을 제거하고 왕의 덕화[王化]를 부흥한다는 취지에서 만들어진 개혁교서치고는 구체성이 떨어진다. 그리고 유교 정치이념의 강조는 보이지 않고 대신 음양도참설, 선풍, 불교의 존중이 두드러진다. 의종 17년(1163)~18년(1164) 무렵에는 남방에 도적이 크게 일어나자 1만 명의 승려를 모아 재를 올려 진압되기를 기원하였다.[96] 이러한 대응양식도 위와 같은 인식에 토대를 두었을 것이다.

의종 중·후반기에 자연재해를 줄이고 국가와 왕실의 연기延基를 위해 불교와 도교의 재초齋醮, 음양도참설에 입각한 이궁離宮 건설 등을 자주 하면서 초월적인 힘에 의지하고자 하였다. 그러나 당시 정치가 그런 식으로 위기의식을 해소하려 하는 한 현실 문제가 해결될 수 없었다. 오히려 각종 기복을 위한 건축공사와 행사를 지속적으로 벌이면서 민의 부담이 늘어나서 상황이 악화되었다.[97]

민의 부세와 역역 부담이 늘어났을 뿐 아니라 일반군인들도 건축공사에 동원되었다. 의종 21년(1167) 중미정衆美亭을 지을 때 동원된 가난한 역졸

---

96 許興植 편, 1984, 『韓國金石全文(中世 下)』, 龍門寺重修碑, 亞細亞文化社.

97 金良鏡은 의종세가의 史贊에서, 唐의 康澄이 명종에게 군주는 자연재해인 다섯 가지 경우(五懼)를 두려워할 필요가 없으나 여섯 가지의 人治 문제(六畏)는 깊이 두려워해야 한다고 건의하고 歐陽修가 이를 칭송한 내용을 제시하면서 의종대 중·후반기의 정치 양태를 비판하였다(『고려사』 권19, 의종 24년 9월). 김양경의 견해는 국가 통치에서 덕행과 인정에 바탕을 둔 왕의 修己治人을 강조한 것이며(김인호, 1993, 「이규보의 현실 이해와 정치경제 개선론」, 『學林』 15, 31~32쪽) 인종 후반~의종 초기의 사상 조류와 통한다.

役卒과 머리카락을 잘라 팔아 그에게 점심을 내려 한 그의 부인의 이야기는 당시 현실을 대변해 준다. 의종 말기에 노인성이 보였다고 하여 진관사 남쪽에 절을 창건할 때 병부낭중 진윤승陳允升이 감독하면서 군졸들에게 돌을 나르게 하고 무게를 달아서 받는 등 가혹하게 부렸다. 뒤에 무신정변이 일어나자 어떤 군졸이 그를 살해하고 시신에 큰 돌을 안겨 보복하였다. 이러한 실정이었기 때문에 무신정변이 일어났을 때 군졸들이 적극적으로 가담하여 정변이 성공할 수 있었다.

관리 기강과 민생에 대한 대책

물론 중반 이후의 정국에서 다른 개혁책이 시도되지 않은 것은 아니다. 사회 변화에 대응하여 의종대 내내 관료의 자질과 관련된 부문과 민생에 관련된 부문에서 개혁의 필요성이 제기되었다.

12세기 무렵 권귀가 득세하면서 외관들이 권귀와 결탁하여 민을 침탈하였다. 그렇게 된 까닭에는 구조적 배경이 있다. 인종 초기의 상황을 전하는 『선화봉사고려도경』에 의하면 그때 현임관이 3천여 명이었으며 산관 동정직자同正職者는 1만 4천여 명에 달하였다.[98] 예비관료층이 이렇게 확대되면 인사가 적체되어 실직을 얻기까지 오랫동안 대기해야 하였다. 과거에 합격하고도 천거하고 후원해 주는 배경이 없으면 실직에 보임되지 못하였다. 연줄을 찾거나 인사 청탁을 해야만 하였다. 승진을 하거나 요직을 얻는 데도 마찬가지였다.

오인정吳仁正은 급제한 뒤 지방 관직에 보직되어 임기를 채웠으나 이어 다른 보직을 받지 못하고 10년간이나 불우한 처지에서 생활하였다. 그는 좌주座主였던 김부식이 권력을 잡고 있을 때 시를 지어 바쳤다. 김부식은

---

98 『宣和奉使高麗圖經』 권16, 官府 倉廩.

그 사실을 알고 자기 문생門生이면서 왜 일찍 오지 않았느냐고 하면서 탁라도毛羅島 구당사句當使로 임명해 주었다. 오인정은 경관京官을 받고 싶어 하였으나, 김부식은 탁라도가 물산이 풍부하여 생활에 도움을 받을 수 있기 때문에 가난한 그를 위해 그곳으로 발령하였다고 설명하였다.[99] 최척경崔陟卿·왕세경王世慶 등의 사례에서도 후원자를 만날 때까지 관직에 나아가기가 어려웠음을 볼 수 있다.[100]

상황이 그러하자 인사 청탁이 많아질 수밖에 없었다. 능력이 없는 관리들이 연줄 청탁으로 관직을 갖게 되자 관리들의 기강이 문제가 될 수밖에 없었다. 의종 18년(1164)에 관리들이 임무에 소홀하고 녹봉만 축내고 있으니 고과를 엄격하게 하라고 왕명을 내렸다.[101] 그 전해에 문극겸이 상소를 올려, 환관과 술인들이 복을 빌기 위한 종교행사를 주관하면서 병마사와 안찰사들이 왕에게 부임인사를 하는 날에 궁에서 잔치를 베풀고 각각 방물을 바치게 하여 그 다소를 가지고 고과를 평정하였으며, 그에 따라 수취가 많아져서 민원을 일으키고 있다고 지적하였다. 또한 당시 권력을 잡은 최유칭이 탐욕스러워 재산을 축적하였으며 자기에게 아부하지 않는 자들을 중상하였다고 탄핵하였다.[102] 의종 23년(1169)에 어사대에서 올린 상소에서도 안찰사와 찰방察訪이 법을 굽혀 사리를 도모하고 있음을 지적하였다.[103] 12~13세기 농민항쟁의 효시가 된 의종 22년(1168) 제주민의 항쟁도 관리의 불법 때문에 일어났다.[104]

그런 상황에서 자질을 갖춘 인재를 등용하기 위하여 고과를 엄격하게 하

---

99 金龍善 편, 2012, 앞의 책, 吳仁正墓誌銘.
100 『고려사』 권99, 崔陟卿; 王世慶.
      이러한 현상은 무신정변 이후 극심해졌다(『고려사』 권75, 선거3 전주 명종 11년 정월).
101 『고려사절요』 권11, 의종 18년 7월.
102 註 63과 같음.
103 『고려사』 권19, 의종 23년 7월 辛酉.
104 『고려사』 권18, 의종 22년 11월 丁丑.

고 자질을 갖춘 자를 천거하라는 조치가 자주 내려졌다. 의종대 전반기에 유교 정치이념을 강조하고 관학을 진흥하며 과거제도를 개혁하였는데, 그를 통해 실력을 갖춘 인재를 등용할 목적이었다. 후기에는 전기와 같은 개혁이 이루어지지 않았지만, 의종 16년(1162)에 청렴결백하고 절의를 지킬 수 있는 인물을 천거하도록 조서를 내려 촉구하였다.[105] 의종 22년(1168)의 신령 9조에서도 천거가 중단되어 능력 있는 자와 불초한 자가 섞여 있으므로 관리들에게 문필로써 나라를 빛낼 수 있는 자들을 천거하라고 하였다. 그리고 외관들이 모리를 일삼고 권학勸學의 임무를 게을리하고 있기 때문에 학문에 뜻을 둔 선비들이 알려지지 않으니 각 지역에서 문사文師와 학사學事를 관장하면서 임무에 충실한 자들을 병마사와 안찰사들이 아뢰어 승진 임용할 수 있게 하라고 하였다.[106]

다음으로 민생에 대한 인식과 대책을 살펴보자.

의종대 전반기에는 민생에 대한 대책이 별로 보이지 않는다. 그것은 당시 측근세력과 대립하면서 개혁을 추진한 관료들의 기본 입장이 유교 윤리의 강조와 예제의 정비를 통하여 변화하는 사회질서를 바로잡을 수 있다고 본 것과 관련이 있을 것이다. 전반기에 거론된 민생 대책으로는 의종 원년(1147)에 제기된 대납代納 금지 정도가 있을 뿐이다. 그해에 어사대에서 아뢰기를, 양계兩界의 군자軍資를 운송할 때 궁원과 권세가가 품질이 나쁜 비단이나 포布, 은銀 등을 가지고 양계에 가서 당도별상當道別常에게 부탁하여 고가로 납부하고 서남西南 지역에 가서 대가를 받고 있어 피해가 크니 대납을 금지하자고 하였다.[107] 지배층의 대납을 모리행위로 보고 금지하고자 한 것이다.

---

105 『고려사』 권18, 의종 16년 5월 丁巳.
106 註 95와 같음.
107 『고려사』 권85, 형법2 금령 의종 원년.

후반기로 갈수록 모순이 심화되고 왕 측근의 비행이 많아지면서 그와 관련된 문제점을 지적하고 개혁을 요구하는 목소리가 높아졌다. 의종 16년(1162)에 간관들이 별궁 공헌을 혁파하도록 건의하였다. 당시 왕이 음양비축설陰陽秘祝說을 혹신하여 매번 행재소에 승려와 도사를 수백 명씩 모아 재초齋醮를 열었는데 그 비용을 대느라고 창고가 비었으며, 별궁을 건축하고 별공사別貢使를 파견하여 재화를 수취하였다. 여기에 그것을 주관하는 환관들이 사리를 추구하여 민의 부담이 극심하였다.[108] 이듬해 문극겸의 상소에서도 그 점이 지적되었다. 그러나 그러한 요구들은 관철되지 못하였다.

의종 18년(1164)에 공·사公私의 토목역사로 인하여 민들의 생활이 어려운데도 환관들이 집을 지으면서 다투어 사치하고 화려하게 하니 금지하라는 조서를 내리기도 하였지만, 다분히 실효성이 의심스러웠다.[109] 그리고 의종 23년(1169)에는 어사대에서 복합하여, 이궁離宮 유행遊幸이 너무 잦고 안찰사와 찰방이 법을 굽혀 사리를 도모하는 일들을 지적하였다.[110] 그러나 그 건의는 모두 기각되었다.

그 밖에 민생안정책으로 진휼을 강조하였다. 의종 16년(1162)에 가뭄이 들자 그에 대한 대책으로서 문·무 4품 이상 관리들에게 시정 득실과 민간의 이해利害에 대하여 의견을 내도록 하고, 그것을 종합하여 몇 가지 정책을 실시하였다. 그중에 지방에서 연체된 조세를 덜어 주고, 창고를 열어 빈민들을 진휼하도록 하는 조치가 있었다.[111] 22년(1168)에 반포된 신령 9개 조항 가운데에는 절약과 검소한 생활을 강조하고 동·서대비원東西大悲院과 제위보濟危寶를 제대로 운영하라는 내용이 들어 있었다.

---

108 『고려사』 권18, 의종 16년 3월 丙寅.
109 『고려사절요』 권11, 의종 17년 7월.
110 註 103과 같음.
111 『고려사』 권18, 의종 16년 4월 甲申; 5월 丁巳.

이상의 내용들을 정리해 보면, 지배이념 측면에서 의종대 전반기에는 인종대 후반기를 이어 유교 정치이념을 구현하려는 정책들을 실시하여 관학 진흥, 과거제도 개혁, 예제 정비, 신분제와 관료제의 정상화 등을 추구하였다. 그런데 중반부터는 이러한 방향이 크게 바뀌어 불교·도교·음양설·선풍을 강조하였으며, 그에 입각하여 기복 행사와 토목공사 등을 많이 벌였다. 그리고 지배층이 분열·대립하고 정치가 파행적으로 운영되는 가운데 관리들의 자질을 강조하였다. 민의 하강 분해가 심화되면서 진휼이 강조되기도 하였다.

그러나 관리의 자질 강조와 민에 대한 진휼은 당시 정치 현실에서 제대로 시행되기가 어려웠다. 혹자는 지방교육진흥책을 강구하지 않는 등 중앙 권력과 지방 간의 접촉을 증대하려는 새로운 노력이 전혀 없었다고 지적한다.[112] 그런 점을 포함하여 그 무렵 도병마사都兵馬使의 직능을 확대하여 진휼을 논의할 만큼 민생 문제가 심각해지고 있었지만[113] 사회경제적 모순을 개혁하려는 노력이 너무 빈약하였다. 격화되는 계급문제 즉 토지 탈점과 대토지 소유의 확대, 고리대와 강제적 교역행위의 성행 등에 대한 인식이 부족하고 그에 대한 대책이 결여되었다.

전반기에는 유교 도덕과 예제의 강화를 통해서나마 문제를 해결하려 하였지만, 후반기에는 비합리적인 방법에 의존하여 종교행사 등을 벌어서 위기에서 벗어나려고 하였다. 그리고 말기에는 관념적으로 왕의 신성화를 통해 권력을 유지하려고 하였다. 그런 가운데 사회 모순이 더욱 격화되어, 이전부터 유망과 도적화 등으로 계속되어 온 민의 저항은 의종 22년(1168) 제주민의 항쟁을 시발로 무력 항쟁 형태로 발전하게 되었다.

---

112 E. J. Shultz, 앞의 논문, 178쪽.
113 邊太燮, 1977,「高麗都堂考」,『高麗政治制度史硏究』, 一潮閣, 92~93쪽.

3. 무신정변의 원인과 성격

왕 측근세력의 분열·대립과 정변의 발발

의종대 후반기 측근세력의 전횡은 그에 끼지 못하고 배제되거나 그들에게 비판적인 관리들의 소외를 심화하였다. 서경세력의 반란 이후 처음으로 의종 22년(1168) 왕이 서경에 행차하고 개혁교서를 반포하였다.[114] 그런데 그렇게 한 배경에는 동생인 익양후翼陽侯 왕호王晧와 평량후平凉侯 왕민王旼(뒤에 王晫으로 개칭)이 사람들의 마음[衆心]을 얻어 변이 일어날까 두려워 피하고자 한 의도가 있었다.[115] 실제로 왕호는 왕위에 도전할 생각이 있었으며, 최여해崔汝諧와 민영모閔令謨 등 추종세력도 있었다. 그들은 태조가 현몽하여 왕호에게 홀笏을 주었으며, 왕호가 용상에 앉아 백관들의 조하를 받는 꿈을 꾸었다고 자부하였다.[116] 이를 통해서 보면 비록 당시 외면적으로는 중앙 정계에서 정치적 반대가 격하게 표출되지는 않고 왕을 신성화하기까지 하였으나, 이는 왕과 측근세력들 사이에 국한되었을 뿐, 소외되거나 반대하는 세력들의 동향이 이미 심상치 않은 단계에 도달해 있었으며, 의종 자신도 그것을 감지하고 있었음을 알 수 있다.[117]

한편 의종 측근세력의 복잡한 구성은 왕의 총애를 둘러싸고 내부 분열이

---

114 『고려사』 권18, 의종 22년 3월 戊子; 4월 己亥.
115 익양후 왕호는 무신정변 뒤에 왕으로 추대되어 명종이 되고, 평량후 왕민은 최충헌이 옹립하여 신종이 된다.
116 『고려사절요』 권11, 의종 22년 3월; 『고려사』 권19, 명종 즉위년; 같은 책 권101, 閔令謨.
117 의종 21년 왕이 遊幸을 하면서도 "정습명이 있었으면 내가 어찌 이 지경에 이르렀으랴?"라고 술회한 것을 보면, 정치가 파국으로 가고 있음을 깨달았을지도 모른다. 의종은 비상한 조치를 통하여 상황을 돌파할 생각을 가졌거나, 비상한 상황이 벌어졌을 때 그것을 막기보다는 이용하려고 하였을 가능성도 있다. 무신정변이 일어났을 때 왕이 보인 모호한 태도를 지적한 연구는 이 같은 추측에 상당한 시사점을 던져 준다(河炫綱, 1981, 「高麗 毅宗代의 性格」, 『東方學志』 26, 25~26쪽). 왕을 제거한 깃은 정변을 일으킨 측근 무신들이 애초에 의도하였던 바가 아니고 왕광취 등의 측근 환관과 내시들이 중심이 된 반격을 받은 후 그렇게 바뀌었을 가능성이 있다(하현강, 1991, 앞의 논문, 17~18쪽).

일어날 가능성을 내포하였다. 측근세력이 내시, 환관, 술인 및 무신 등 여러 계층 출신으로 구성되었을 뿐 아니라, 후반기에 최유칭 같은 이는 이미 재추의 지위에 올라 있었고, 왕의 시문적 취향에 맞추는 소장문신들도 있었다. 비대해진 측근세력 내부에서 이해관계가 갈려 알력이 발생하였다. 의종 19년(1165) 문벌 자제로 구성된 내시 우번右番과 신진관료인 유사儒士로 구성된 내시 좌번左番이 왕의 총애를 다투기 위해 공헌貢獻을 경쟁한 끝에 좌번이 부채로 시달리게 되어 웃음거리가 되었다.[118] 16년(1162)에는 화계畵鷄 사건이 벌어졌고, 21년(1167)에는 유시流矢 사건이 일어났다.[119]

화계 사건은 환관과 내시 등 폐행들이 총애를 다투는 과정에서 누군가가 주술을 이용하려고 어상御床의 요 가운데 닭을 그린 그림을 집어넣었다가 발각된 사건이었다. 결국 서로 통모하여 일을 꾸몄다고 무고를 받은 주부동정 김의보金義輔와 내시 윤지원尹至元이 처벌당하였다.

유시 사건은 왕이 봉은사에 갔다가 돌아오는 길에 수행한 좌승선 김돈중의 실수로 말이 놀라 뛰는 바람에 호위군사가 찬 화살이 왕의 가마 옆에 떨어진 사소한 사건에서 시작되었다. 실수한 김돈중이 자수하지 않아 일이 커져 궁성에 계엄이 내려지고 역모 사건으로까지 번졌다. 결국 대령후 집안의 노비들에게 혐의가 씌워지고 또 금위를 제대로 하지 못했다는 이유로 견룡과 순검군의 지유指諭 등 측근 무신들의 일부가 숙청되었다. 그 후 금위를 강화하면서 용력을 가진 자들을 뽑아 내순검內巡檢을 조직하였다. 내순검은 양 번番으로 나뉘어 무장을 갖추고 밤낮으로 시위하였다.

환관과 술사들은 종교나 풍수도참설을 이용하여 기복 행사를 벌이고 왕이 자주 이어移御하도록 권유하였다. 의종 말기에는 유행遊幸과 창화唱和를

---

118 『고려사』 권18, 의종 19년 4월 甲申.
119 『고려사절요』 권11, 의종 16년 9월; 21년 정월. 화계·유시 사건으로 유배당한 인물들은 무신정변 직후에 사면받았다(『고려사절요』 권11, 의종 24년 10월).

자주 벌였다. 측근 문신들은 왕을 신성화하여 자신들의 입지를 강화하고, 왕의 행차에 시종하여 시문을 창화하면서 태평성대라고 선전하였다. 태평 호문의 군주, 성덕을 갖춘 왕으로 왕의 권위를 높이는 것은 한편으로는 그 러한 왕을 보좌하고 받드는 문신들의 위상을 강조하는 것이다. 그들은 환 관들의 정치행태를 비판하였지만,[120] 유교 정치이념보다는 사장詞章과 왕에 대한 신성화 작업에 참여하여 총애를 받았기 때문에 환관들과의 대립이 심 하지는 않았다.

그런데 현실도피적인 유락행위가 계속되면서, 의종의 측근에서 시문을 화답하고 재초齋醮를 담당한 문신들과 호위 임무를 맡은 무신들 사이에 총 애 다툼이 심화되었다. 의종 18년(1164) 왕이 나령원懶嶺院에 행차하여 풍 경을 감상하면서 학사學士들과 시문을 화답하면서 오랫동안 즐겼다. 그러 나 정중부 등의 수행 무신들은 왕의 잦은 행차를 호위하느라 피곤하고 원망 하여 그때부터 그들을 제거할 생각을 품었다.[121] 불만이 누적된 측근 무신들 의 동향은 이미 여러 사람들에게 감지되었던 듯하다. 유자량庾資諒이 유가 儒家(그의 묘지명에는 貴門으로 기록됨) 자제들과 교유하는 모임을 만들 때 무 신들을 참여시키지 않으면 뒤에 반드시 후회하게 될 것이라고 하면서 견룡 행수牽龍行首 오광척吳光陟과 이광정李光挺 등을 참여시킨 것이 그 무렵인 의종 20년(1166)경으로 추정된다.[122]

---

120 의종 17년 이후 개혁교서가 한정적으로 나타나기 시작하고, 특히 18년에 환관들의 사치 를 금지하는 조치가 내려진 것은 위와 같은 정치 과정에서 나온 것이었다고 보인다. 그 리고 같은 해에 왕의 出入起居가 무상하고 관리 인사에서 적임자를 임명하지 못하고 있 다고 비판한 太史의 상주는 환관 측의 역공으로 보인다. 당시 태사와 환관의 밀착관계 를 보여 주는 증거로 환관들이 주도한 기복 행위가 의종 11년 태사의 상주로부터 시작 되었다는 사실에 주목할 필요가 있다.

121 『고려사절요』 권11, 의종 18년 3월.

122 『고려사』 권99, 庾應圭 附 庾資諒; 金龍善 篇, 2012, 앞의 책, 庾資諒墓誌銘.
　　유자량(1150~1129)은 16세 때 儒家[貴門]의 자제들과 交契를 조직하려고 하였다.

앞에서 살핀 것처럼 의종대 초기부터 금위군 강화의 필요성과 무예에 대한 왕의 취미 등에 따라 정중부·송유인·기탁성 등의 무신이 왕의 측근에서 활동하였다. 후반기에도 내순검이 조직되면서 백임지白任至 같은 인물들이 공로로 성장하고, 이의민李義旼은 수박을 잘하여 의종의 마음에 들어 성장하였다.[123] 그럼에도 불구하고 측근 문신들은 측근 무신들과 총애를 경쟁하면서 하대하였다. 김부식의 아들 김돈중이 정중부의 수염을 촛불로 태웠다든가, 젊은 문신 기거주 한뢰韓賴가 무신들이 왕의 총애를 얻을까 시기하여 수박희에 참가한 대장군 이소응李紹膺의 뺨을 때리고 왕과 신하들이 손뼉을 치고 크게 웃었던 사건은 그런 면모를 보여 준다.

측근세력 중에서 문신과 무신의 대립이 격화되어도, 사회 모순을 해결하지 못하고 관념적으로 신성성만을 강조하는 왕으로서는 관료들의 갈등을 조절할 능력이 없었다. 놀러다니는 도중에 시종하던 장졸들에게 활쏘기를 시켜 명중시킨 사람에게 포상한다든지 수박희 등을 베풀어 그들을 위무하는 정도였다. 무신정변의 직접적 계기가 된 보현원寶賢院 사건도 왕이 시종한 무신들이 서운해하는 것을 알고 후사厚賜하여 위무하기 위해서 연 오병수박희五兵手搏戲에서 문신 한뢰가 대장군 이소응의 뺨을 때리는 모습을 본 무신들이 격분한 데에서 시작되었다.[124]

의종 24년(1170) 8월에 발생한 보현원 사건으로 무신정변의 도화선에 불이 붙었다. 이고와 이의방이 왕명을 꾸며 순검군巡檢軍을 집합시켜, 임종식·이복기·한뢰 등을 비롯하여 승선 이세통李世通, 내시 이당주李唐柱, 어사

---

123 의종의 측근 무신과 일반 무신 특히 문벌 기반을 가진 무신은 서로 정치적 이해관계가 일치하지 않았다. 측근 무신들이 총애를 받는 계기가 된 手搏에 대해 賤技라고 무시한 상장군 文儒實와 그의 사위 杜景升의 태도, 그리고 정변 주동세력들이 우두머리로 삼으려 할 때 문무 차별에도 불구하고 문반과 무반을 공동운명체로 생각하고 거절한 于學儒의 태도에서 그 점을 알 수 있다.

124 『고려사절요』 권11, 의종 24년 8월 丁丑.

잡단 김기신金起莘, 지후祗候 유익겸柳益謙 등 왕을 호종하던 문신과 환관들을 살해하였다. 그러자 왕이 놀라서 그들의 뜻을 위로하고 안심시키려고 장수들에게 칼을 하사하였더니, 무신들은 더욱 방자해졌다.

이고·이의방·이소응 등이 바로 개경으로 돌아와 궁궐에 들어가서 다시 추밀원부사 양순정梁純精, 사천감 음중인陰仲寅, 태부소경 박보균朴甫均, 감찰어사 최동식崔東軾, 내시지후 김광金光 등의 많은 관료들을 살해하였다. 이어서 사람들을 시켜 거리에서 외치기를 "문신의 관冠을 머리에 쓴 사람들은 서리胥吏일지라도 죽여서 씨를 남겨 두지 말라."라고 하였다. 그러자 군졸들이 봉기하여, 판이부사 허홍재許洪材, 동지추밀원사 서순徐醇, 지추밀원사 최온崔溫, 상서우승 김돈시金敦時, 국자감 대사성 이지심李知深을 비롯한 수많은 문신들에게 해를 입혔다. 이고·이의방 등의 과격파가 그처럼 문신 타도를 선동하며 정변을 확대한 이유는 정변의 원인을 문신들에게 돌려서 자기들의 행위를 정당화하는 한편, 온건파를 제치고 정변의 주도권을 잡으려고 한 것일 가능성이 있다.

곧이어 환관 왕광취 등이 정변을 진압하려던 계획을 적발하고 내시와 환관 수십 명을 살해하였다. 그리고 왕을 폐위하여 거제도로 추방하고 왕의 아우 익양후 왕호를 왕으로 세워 권력을 장악하였다. 이후 무신들이 득세하는 가운데 명종의 측근이 형성되고, 의종대에 정치적 희생양이 되어 불우한 처지에 있던 최유청·임극정·김이영 등이 중앙 정계에 재복귀하는 등 정치 세력의 재편이 이루어졌다.[125]

무신정변의 발생과 확대를 어떻게 볼 것인가?

통설에서는 무신정변이 무신에 대한 차별과 의종의 실정에 반발하여 일

---

125 E. J. Shultz, 앞의 논문, 180쪽.
　　　최유청은 의종 15년에 일시 복직되었으나 저해하는 자가 있어서 곧 치사하고 말았다.

어났다고 설명한다. 즉 이른바 문벌귀족사회에서 문신을 높이고 무신을 차별한 것에 대한 무신들의 반발이 배경이 되었고, 의종의 향락생활과 실정에 따른 무신들의 불만과 민심 이반 등이 계기가 되어 정변이 일어났다는 것이다. 한편 무신 차별이 정변의 배경이 되었다고 하더라도, 그전부터 무신이 내란과 외침에 대응해 역할하고 양반의 일원으로서 꾸준히 지위를 상승시켰던 점을 고려하여, 무신의 현실적 세력 성장이 전통적인 억무정책과 충돌하여 정변이 발생하였다고 보는 견해도 있다.[126] 그 견해는 여진 정벌, 이자겸의 난, 묘청의 난 등을 거치면서 군사력이 여러 차례 동원되고 무신의 위상이 높아진 것에 주목하였다. 또한 의종이 실정하였다기보다는 오히려 그에게 왕권을 강화하려는 의지가 있었고 그것을 막는 문신에 대한 반감에서 의종이 무신을 두둔하였다고 보는 견해도 있다.[127] 문신에 대한 왕의 반감이 유교적 가치관에 대한 반감으로 이어져 무신을 두둔함으로써 무신들이 정변을 일으키게 되는 분위기가 조성되었다는 것이다.

그동안 유교 정치이념과 문벌이 강화되면서 무신이 문신과 대등한 대우를 받지 못한 것은 사실이다. 그렇지만 정치 변란이 거듭된 와중에 무신의 역할이 커진 고려 중기의 정치 과정과 의종이 총애한 측근 무신들이 무신정변을 주동하였던 점 등을 고려해 보면 무신 차별을 정변의 핵심 원인이라고 지목하기는 어렵다. 왕과 문신이 대립관계였기 때문에 의종이 문신에게 반감을 가졌다는 견해도 유교 관료정치를 지향한 문신이 왕과 대립관계였을지 의문이고, 의종의 측근세력에 문신들이 있었기 때문에 수긍하기가 어렵다.

무신정변이 발생한 직접적 원인은 의종 때 왕의 측근세력이 독주하여 정치가 탄력을 잃은 가운데 측근세력 내부에서 발생한 갈등이었다. 정변을 주

---

126 邊太燮, 1971, 「高麗武班研究—武臣亂 전의 武班을 중심으로」, 『高麗政治制度史研究』, 一潮閣.
127 河炫綱, 1981, 앞의 논문; 1991, 앞의 논문.

동한 정중부·이의방 등은 왕에게 총애를 받던 무신들이었다. 그들은 의종대 후반에 왕의 시위 강화 의지와 잦은 유행의 호위로 어려움을 겪으면서 불만을 품다가, 유행을 조장하면서 왕과 연회·창화를 즐기는 측근 문신, 환관 등과 갈등을 빚었다. 그들은 대우를 제대로 받지 못한 채 노역에 동원되던 군인들의 불만을 이용하여 정변에 성공하였다. 그리고 문신들의 실정을 부각해서 자기들이 일으킨 정변을 정당화하였다.

그런데 문신 타도를 전면에 내세운 것은 정변 과정에서 과격파가 온건파를 제치고 주도권을 잡기 위하여 정변을 확대시키려고 한 것일 수도 있다. 무신정변에 참여한 무신들 중에서 이의방·이고·채원·이영진李英搢·조원정曺元正 등을 과격파, 정중부·양숙梁淑·진준陳俊 등을 온건파로 분류할 수 있다.[128] 살해당한 문신들의 집을 헐어 버리려고 할 때 진준 같은 온건파 무신은 "우리가 미워하고 원망한 사람은 이복기와 한뢰 등 네다섯 명이다. 지금 무고한 사람들을 죽인 것도 이미 과한데, 만약 그들의 집마저 모두 헐어 버리면 그 처자식들은 어디에 의지하여 살겠는가."라고 하면서 만류하였다. 그렇지만 이의방 등은 듣지 않고 군인들을 풀어서 집을 헐어 버렸다.[129] 의종 때 측근세력이 주도한 정치 행태가 파행적이었기 때문에 그런 선동이 먹힐 수 있었다. 그 결과 무신정권의 수립 초기에 과격파인 이고와 이의방이 권력을 장악하였다.

그렇게 본다면 무신정변은 12세기 초부터 시작된 사회 변화 속에서 지배층이 대립·갈등하는 가운데 나타난 정치 변란들의 연장선에 있다고 볼 수 있다. 지배층 사이에 대립·갈등이 심화되어도 왕이 리더십을 발휘하지 못하고 정치가 탄력성을 상실할 때 이자의의 난, 이자겸의 난, 서경 반란, 무신정변처럼 비상한 사태가 발생할 가능성이 늘 존재하였던 것이다.

---

128 金塘澤, 1987, 『高麗武人政權研究』, 새문社, 13~30쪽 참고.
129 『고려사절요』 권11, 의종 24 9월 乙卯.

제4부

무신집권, 불안한 왕정의 한 세기

무신들이 집권하기 시작한 명종대(1170~1197)에는 그들끼리 권력을 다투어 정변이 반복되다가, 최충헌이 집권한 뒤부터 60여 년 동안 최씨정권(1196~1258)이 지속되었다. 그 뒤에도 10여 년간 무신정권이 더 이어졌지만 세력기반이 취약하였다.

선행 연구에서는 무신정변 가담 여부와 역할, 출신 기반 등을 따져서 무신들을 분류하고, 집권자의 교체를 각 집단 간의 연합과 대립 과정으로 설명하였다. 문신의 동향에 대해서는 무신정권 참여 여부, 능문능리能文能吏의 새로운 관인상 등장 등이 중요한 연구 소재였다. 그리고 왕이 무력화되었지만 왕조를 대표하는 상징성과 함께 인사·과거제 등의 운영 책임자로서 위상이 유지되었다고 보았다.

이제 여기에서 더 나아가 무신집권기에 정치적으로 분열 또는 통합된 양상과 그 추이에 주목하여 정치를 재조명할 필요가 있다. 그러기 위해서는 출신 기반의 차이뿐만 아니라 세력 결집 양상과 권력 접근 계기, 사회 변화기의 상황에 대응한 개혁방안 등을 함께 고려해야 한다. 그리고 문객과 사병, 호협豪俠의 논리, 농장 등을 이용함으로써 사적 지배 방식이 부각되고 그것이 관료제와 예제禮制, 토지분급제 등을 통한 공적 지배방식과 공존하였던 점에 주목할 필요가 있다. 그 두 지배방식이 공존하면서 정치세력의 구성, 정치기구의 운영, 권력의 정당화 등에서 특징적 양상이 나타났기 때문이다.

특히 최씨집권기에는 집권자의 사적 지배가 공식화하고 기존의 관료제에서 볼 수 없었던 독특한 권력이 행사되었다. 최씨집권자들이 대를 이어 그렇게 할 수 있었던 배경은 강력한 사적 권력기반 구축만으로는 충분하게 설명되지 않는다. 당시 고조된 위기의식을 바탕으로 최씨정권의 정치형태를 용인한 이념적·제도적 근거를 확인하여 그 양상을 밝힐 필요가 있다.

제4부에서는 그러한 점들에 주목하여 무신집권기 정치사의 면모를 살핀다. 그리고 왕의 폐립을 국제적으로 인정받기 위하여 벌인 외교, '거란유종契丹遺種'과 몽골의 침입에 대응하는 과정에서 정권 보위에 부심한 모습, 대몽 강화를 둘러싼 정치세력들의 동향 등을 고찰하여 국내정치와 국제관계의 연계성을 밝히려고 한다.

정치 불안의 심화: 무신집권 초기 무신들의 권력 다툼과 왕정의 위기

1. 명종대 정치의 양상과 추이

정치세력의 구성

1170년에 일어난 무신정변은 의종대 후반 왕 측근의 문신·환관 등이 독주하면서 정치가 파행적으로 이루어지는 가운데 소외감을 느낀 측근 무신들이 주도하여 일으킨 권력 투쟁이었다.[1] 그들은 열악한 처지에 불만을 품은 일반군인들을 포섭하여 정변에 성공하고 명종(1170~1197)을 세웠다.

정변에 참여한 무신들의 구성을 보면, 정변 전에 고위직에 있던 인물들과 하위직이었던 인물들이 섞여 있기 때문에 정변에 함께 참여하였다고 하더라도 정치적 이해관계가 일치하지는 않았다. 하급 무신들 중에서 미천한 출신의 인물들이 고위 무신들보다 정변에 적극적이었다.[2] 또한 정변에 성공한

---

1 채웅석, 1993, 「의종대 정국의 추이와 정치운영」, 『역사와 현실』 9, 113~119쪽.
2 金塘澤, 1979, 「李義旼政權의 性格」, 『歷史學報』 83(1987, 『高麗武人政權硏究』, 새문社에 재수록). 그는 초기 무신정권에 참여한 무신들을 다음과 같이 유형화하였다(같은 책,

뒤 구성한 정권에서 정변을 주도하거나 가담하였던 무신과 그렇지 않은 무신들이 혼재하였다. 그리고 무신들이 비록 문·무의 대립을 이용하여 정변과 집권의 명분을 찾았지만, 그들 사이에서도 문신에 대한 태도가 동일하지 않았다.[3] 일례로 경대승慶大升은 다른 집권자들과 달리 복고復古를 명분으로 자신의 집권을 정당화하였으며, 그 때문에 문신들이 그에게 의지하였다고 한다.[4]

정변에서 큰 역할을 한 하급 무신과 일반군인들의 요구를 무시할 수 없다는 압박도 크게 작용하였다. 의종의 측근세력이 주도한 풍수도참설 기반의 국가 기업基業 연장책이나 잦은 이어移御와 유행遊幸 등 파행적인 국정 운영 과정에서 노역이나 호위 등에 동원되어 시달리던 군인들은, 정변 주도세력이 고통의 원인을 문·무 차별과 문신의 탓으로 돌리고 그들의 숙청을 표방하자 호응하였다. 그처럼 주도세력이 문·무의 대립을 이용하여 집권의 정당성을 주장한 이상, 호응한 사람들의 기대를 어느 정도 수용해야 하였다. 하급 무신들이 상급 무신들의 통제에 고분고분하지도 않아서, 중방重房이 핵심 권력기구가 되었음에도 불구하고 중방의 결정을 하급의 장군방將軍房이 견제하고, 장군방이 의견을 내면 낭장방郎將房이 이의를 제기하는

29쪽의 표 2).

非加擔集團		于學儒·宋有仁·吳光陟·文章弼·杜景升
加擔集團	穩健集團	鄭仲夫·梁淑·陳俊·慶珍·奇卓誠·李紹膺·洪仲方·李光挺
	主動集團	李義方·李高·蔡元
	行動集團	曹元正·李英搢·石隣·朴純弼·白任至·鄭邦佑·崔世輔

이어서 그는 명종대 이의방-정중부-경대승-이의민-최충헌으로 이어진 무신 집권자들의 교체 과정과 각 정권의 성격에 대하여, 그들 사이에 출신 배경의 차이와 정변 이전의 지위 등에 따라 이해관계가 달랐던 것에 주목하여 연구하였다.

3 金塘澤, 위의 책, 12~30쪽.

4 『고려사절요』 권12, 명종 13년 7월 "將軍 慶大升 … 常憤武人不法 慨然有復古之志 文官 倚以爲重".

상황이었다.[5]

문신들도 하나의 정치세력으로 존재하지 않았다. 무신정변으로 직접적 타격을 받은 이들은 의종대 후반에 독주하던 측근 문신들이었다. 정변 과정에서 그들을 포함하여 많은 문신들이 희생되었지만 다수의 문신들이 여전히 남아 있었고, 의종 때 소외되었던 문신들이 정변 뒤에 복귀하였다.[6] 의종 때 파행적인 정치행태를 비판하다가 좌천된 문극겸文克謙이 중용되었고, 의종 측근세력의 정치적 희생양이 되어 불우한 처지에 있던 최유청崔惟淸·임극정任克正·김이영金貽永 등이 중앙정계에 복귀하였다.

문신의 활동이 완전히 억눌린 것도 아니었다. 무신정권 초기에 문신 대간들이 주축이 되어, 비록 뒤에 보복당하기는 하였지만, 집권세력의 잘못을 탄핵하기도 하였다. 이의방李義方 집권기에 전왕 의종의 측근세력에 대한 처벌을 주장하는 한편, 이의방의 형 이준의李俊儀와 사돈 문극겸이 승선과 대간을 겸직하여 궁중에서 권세를 부리는 행태를 비판하였다. 정중부鄭仲夫 집권기에도 병부의 인사행정이 정당하지 못하다고 어사대가 탄핵하였으며, 금령을 어긴 정중부의 가노를 대간이 포박하여 문초하다가 정중부와 갈등을 빚었다.[7]

이러한 상황에서 특정 무신이 독주하기 어려웠다. 더욱이 당시 권세 있는 무신들은 각기 사적 세력기반을 마련하고 있었다. 대규모로 농장을 집적하고 문객과 사병을 거느렸다. 그리고 그것을 보장하기 위하여 권력 확보를 노리고 분열하여 각축을 벌였다. 그 결과 정변이라는 비상한 수단을 통하여

---

5 『고려사』 권101, 宋詝 "識者曰 晋政多門 魯分三家 以至敗滅 春秋譏之 今重房制事 將軍房 沮之 將軍出議 郎將房沮之 互相矛盾 政令之發 民不適從".

6 金毅圭, 1981, 「高麗 武臣執權期 文士의 政治的 活動」, 『韓沽劤博士停年紀念論叢』; 張淑卿, 1981, 「高麗武人政權下의 文士의 動態와 性格」, 『韓國史研究』 34; E. J. Shultz, 1983, 「韓安仁派의 登場과 그 役割」, 『歷史學報』 99·100합집; 南仁國, 1983, 「崔氏政權下 文臣 地位의 變化」, 『大邱史學』 22.

7 『고려사』 권19, 명종 원년 9월 戊子; 『고려사절요』 권12, 명종 8년 6월; 7월.

권력을 장악하는 현상이 되풀이되었다.

더구나 정치적 안목을 갖지 못한 채 정변을 통하여 집권한 무신이 지배층 내부의 분열된 이해관계를 조정하고 그들을 통합하여 권력을 안정시키기가 쉽지 않았다. 그런 가운데 정치적 통합책으로서 주로 이용된 것은 문·무의 대립을 이용하여 무신들을 결속시키는 방식이었다.

무신 집권자들의 세력 결집 양태는 족당세력族黨勢力의 면모를 보였다.[8] 특정 인물을 중심으로 하여 이해관계나 입장을 같이하는 양측적 친속들이 족당을 구성하고, 문객·추종자들이 그 당여黨與를 이루었다. 특히 당시 문객과 사병이 본격적으로 이용되면서 호협豪俠의 논리에 입각한 도당 결합이 현저하였다.[9]

이의방의 족당은 형 이준의, 동생 이린李隣, 종형 이춘부李椿夫가 핵심이었다. 그리고 고위 무반가문 출신인 우학유于學儒는 무신정변에 거리를 두었다가 정변 직후에 이의방의 누이와 결혼하여 권세를 유지하였다. 문극겸은 이의방과 친한 문신이며 이린의 장인이기도 하였다. 그는 이의방의 추천으로 무신정권에 참여한 다음 이의방 집권기에 이준의와 함께 승선과 대간직을 겸직하였으며, 문신과 무신을 연결할 수 있는 위치에 있었다. 정중부는 이의방 형제와 부자관계를 맺었으며, 두경승杜景升은 이춘부와 생사를 같이한다는 친교를 맺었다. 당여로는 이의방이 제거될 때 함께 살해된 고득원高得元·유윤원柳允元 등과 나중에 이의방의 원수를 갚기 위해 정중부 살해를 모의한 장군 이영령李永齡, 별장 고득시高得時, 대정 돈장敦章 등이 있었다.[10] 이의방은 오광척吳光陟·차중규車仲規 등의 무신과도 사이가 좋았

---

8 盧明鎬, 1991,「高麗後期의 族黨勢力」,『李載龒博士還曆紀念韓國史學論叢』, 205∼206쪽.
9 채웅석, 1992,「고려 중·후기 무뢰(無賴)와 호협(豪俠)의 행태와 성격」,『역사와 현실』 8, 264∼266쪽.
10 『고려사』 권128, 반역2 李義方.

다.[11] 이처럼 이의방은 비교적 다양한 경향의 인물들을 포섭하여 세력을 결집하였다.

정중부는 아들 정균鄭筠, 사위 송유인宋有仁과 그의 아들 송군수宋群秀, 사위 왕규王珪[12] 등을 중심으로 족당을 구성하였다. 정균은 정항鄭沆의 딸과 김이영金貽永 사이에서 난 딸과 결혼하였는데, 그들은 의종 때 정치적으로 소외되고 핍박받았다. 당여로는 이의방 제거에 참여한 승려 종참宗旵, 정중부에게 궤장을 주어 권력을 유지할 수 있도록 건의한 장충의張忠義,[13] 정중부가 제거될 때 함께 제거된 장군 김광영金光英, 지유 석화石和·습련襲連, 중랑장 송득수宋得秀·기세정奇世貞 등이 있다. 송유인이 살해된 뒤 복수하려고 난을 모의하다가 발각되어 처벌받은 송유인의 가신 석구石球도 당여로 볼 수 있다.[14]

경대승은 부친이 정중부 집권기에 재추를 지낸 경진慶珍이며, 매부 김준金俊(金晙)은 최씨집권기에 득세하였다. 족형인 장군 손석孫碩, 동생의 장인인 이소응李紹膺[15]도 그와 친척관계를 맺은 유력자였다. 경대승의 가문 배경은 다른 무신 집권자들보다 우월하였다. 그런 탓인지 그는 복고를 집권의 명분으로 내세웠기 때문에 문신들이 지지하였으며, 그가 사망하자 장례식에서 통곡하지 않은 사람이 없었다고 한다. 그렇지만 지지세력의 결집이나

11 『고려사』 권100, 慶大升 "光陽與李義方有素 拜千牛衛將軍"; 같은 책 권128, 반역2 李義方 "惟仲規素與義方親".

12 王珪는 의종 때 시중을 지낸 王沖의 아들이다.

13 장충의는 吏部員外郎 知制誥였을 때 오랫동안 敍用에서 침체된 인물들을 많이 선발하였다. 이는 정중부세력의 확대와 관련된 행위였다고 보인다〔金龍善 편, 2012, 『高麗墓誌銘集成 (제5판)』, 張忠義墓誌銘, 한림대학교출판부〕.

14 『고려사』 권128, 반역2 鄭仲夫 附 宋有仁. 그 밖에 "鄭侍中首唱大義 摧抑文臣 雪吾曹累年之憤"이라고 생각한 자들도 정중부세력의 외곽 지원세력이었다고 볼 수 있다.

15 이소응은 보현원 사건의 당사자로서 무신정변에 참여하였다. 그는 명종 원년 9월 대간들이 이의방세력의 전횡을 제어하기 위하여 이준의와 문극겸을 탄핵할 때 좌산기상시로서 참여하였다.

활약상은 눈에 띄지 않는다. 정변을 일으킬 때 견룡 허승許升, 대정 김광립 金光立·준익俊翼 등의 도움을 받았지만 곧 숙청해 버렸다. 따라서 경대승의 권력을 뒷받침하는 데에는 도방에 소속된 무신들의 역할이 컸다.

그는 도방을 제외하고는 뚜렷하게 세력을 결집하지 못한 상태에서 권력을 유지하기 위하여 공포정치를 지향하였다.[16] 비밀정찰을 써서 큰 옥사를 여러 번 일으키고 가혹하게 형벌을 가하였으며, 유언비어나 궁성투석 사건 등을 기화로 경비를 엄하게 하였다.[17] 집권하던 해에는 연말에 변란이 있을 것이라는 요언 때문에 중방이 금군으로 하여금 무기를 들고 왕을 호위하게 하여 근시近侍와 환관이 반수 이상이나 도망쳤다.[18]

이의민의 족당세력은 아들 이지순李至純·이지영李至榮·이지광李至光, 사위 이현필李賢弼과 그의 아들 이진옥李晉玉 등이 핵심이었다. 그리고 이의민이 전횡할 때 당여들이 연결되어 조정의 신하들이 감히 어쩌지 못하였다고 하는데,[19] 뒤에 최충헌崔忠獻이 이의민을 숙청할 때 살해되거나 축출된 자들 가운데 상당수가 그의 족당세력에 속한 당여로 보인다.

위와 같은 세력 결집 양태에서 당여 결합은 이념이나 정책에 바탕을 둔 것이라기보다 정치적 이해관계에 바탕을 둔 도당의 성격을 지닌 사적 결합이었다. 중심인물과 문객·사병들은 호협의 논리로 결합되었다. 호협의 행태는 위세나 기개를 앞세우면서 예법禮法이나 사회질서에 구애받지 않고 행동한다는 점이 특징이었다. 그리고 도당 결합에서 의리가 강조되었다.[20] 그렇지만 그 결합은 상황이 변하면 쉽게 와해될 수도 있었다. 예컨대 이의

---

16 金塘澤, 1993,「慶大升의 집권을 통해서 본 武臣亂」,『韓國史轉換期의 문제들』, 지식산업 사, 121∼122쪽.

17 『고려사』권20, 명종 9년 12월 壬子; 명종 11년 7월 己卯.

18 『고려사』권20, 명종 9년 12월 壬子.

19 『고려사』권128, 반역2 李義旼 "義旼擅銓注 政以貨成 支黨連結 廷臣莫敢誰何".

20 채웅석, 1992, 앞의 논문, 253∼258쪽.

방은 형 이준의가 그에게 반기를 든 사찰들에 대한 탄압을 만류하고 또 왕실을 능멸하였다고 비판하자 형을 살해하려고까지 하였다. 정중부는 부자관계를 맺었던 이의방을 살해하였고, 경대승의 도방에 속한 김자격金子格은 경대승 사후에 도방의 집회를 밀고하였다.

무신 집권자의 족당세력은 뚜렷한 존재 명분을 갖지도 못하였다. 각 세력들은 출신기반이나 무신정변 가담 정도에 차이가 있었지만, 복고를 명분으로 내세운 경대승을 제외하고는, 세력 교체 과정에서 정치이념이나 정책대결 양상을 찾기가 어렵다. 12세기 전반기의 정치세력이 족당세력 양태를 보이면서도 정치이념이나 정책상의 차이가 있었던 것에서 후퇴한 것이다.[21] 더구나 관료제도도 정상적으로 운영되지 못하였기 때문에 집권세력의 명분과 정당성이 그만큼 상대적으로 취약하였다. 정변을 일으켜 집권하였다 하더라도 정치가 일종의 무신 집단지도 체제처럼 운영되었기 때문에 전임 집권자의 족당세력에 속하였던 인물들을 완전히 제거하기도 어려웠다.[22]

한편 무신들이 권력을 잡고 정치 운영 방식이 변화하였음에도 불구하고 왕을 정점으로 한 기존의 정치체제가 유지되었다. 명종은 집권세력과 타협하면서 나름대로 기반을 확보하려고 하였다. 그리고 문신들 가운데 유공권柳公權·민영모閔令謨·염신약廉信若·임민비林民庇 등이 잠저시의 인연 등을 계기로 하여 왕의 신임을 받으면서 활동하였다.

왕과 집권세력이 타협하는 모습은 정중부 집권기부터 나타나기 시작하여 이의민 집권기에 상대적으로 두드러졌다. 명종 10년(1180)의 기록에, 왕이

---

21 12세기 전반기 정치세력의 구성과 성격에 대해서는 공동연구「12세기 전반기 정치세력과 정치운영」(1993,『역사와 현실』9)에 참여한 서성호, 박종기, 오영선, 채웅석의 논문참고.

22 盧明鎬는 명종대 집권 무신의 족당세력 결집이 작은 규모에 그쳤는데, 그것은 초기의 무신정권들이 단명하였고 과두체제적 성격이 강하여 어느 한 인물을 중심으로 한 세력 형성이 어려웠기 때문이라고 하였다. 또한 그들의 권력 장악이 급격하게 이루어졌기 때문에 그들의 친속들이 조정에서 기반을 갖기 어려웠을 것으로 보았다(앞의 논문, 205~206쪽).

군국기무軍國機務를 모두 무신들에게 견제당하여 음악과 여색까지 마음대로 하지 못하다가 이의방과 정중부가 죽임을 당한 뒤에 비로소 즐길 수 있었다고 하였다.[23]

그 뒤 소군小君·환관들을 주축으로 한 왕의 측근세력이 부각되었다. 명종 11년(1181)에 이원목李元牧이 지어 올린 기우소祈雨疏를 본 왕은 자신의 허물을 거론하였다고 꾸짖으면서 수정하라고 지시하였다. 이는 재이가 있을 때 왕이 스스로를 반성하던 관례와 달라진 모습인데, 군소群小들이 그렇게 유도하였기 때문이다.[24] 왕의 측근세력은 인사문제에도 간여하였다. 특히 명종 14~15년 무렵에는 왕이 인사문제를 처리하면서 오로지 측근〔嬖臣宦竪〕과 함께 의논하였고 참상관 이상의 경우 왕이 직접 서명하고 밀봉하여 인사 담당 관청〔政曹〕에 바로 보냈다. 그러면 그 관청에서는 그에 따라 등사謄寫하고, 다시 아뢰어 논의하지 못하였다.[25] 이런 가운데 명종대 후반에는 소위 5얼孼(小君) 7폐嬖라는 측근세력의 실체가 분명하게 드러나 권세를 부리기도 하였다.[26] 명종은 의종대의 경험을 거울삼아 왕실이 분열하지 않도록 단속하려고 힘썼다. 그러나 그들의 잘못을 덮어 주다가 정치가 파행을 겪는 형국이었다.

명종의 측근세력은 무신과 이해가 상충될 때 무신의 견제를 받았으나 권세 있는 무신들의 자제는 출세를 보장받는 근시직近侍職이나 금군에 속하여 왕의 측근에서 활동하였고, 왕도 그들과 타협하였다. 집권 무신들은 이해관계에 지장이 없는 한 왕의 측근세력을 배척하지 않고 어느 정도 인정해

---

23 『고려사』 권20, 명종 10년 6월 庚戌.
24 『고려사』 권20, 명종 11년 4월 丁未.
　　명종 때 왕의 責躬 사례는 같은 책 권19, 명종 2년 7월 乙亥; 명종 7년 7월 丁未; 같은 책 권 20, 명종 24년 6월 庚寅條 등에서 찾을 수 있다.
25 『고려사』 권20, 명종 14년 12월 甲申.
26 『고려사절요』 권13, 명종 16년 윤7월 權敬中의 史評; 명종 22년 10월.

준 듯하다. 의종을 살해하였다는 약점이 정치적 반대세력에게 이용되기도 하고 집권 무신의 지위가 확고하지 못하였기 때문에 왕조를 대표하는 왕의 지지를 받기 위해서는 타협이 필요하였다. 명종으로서도 자신을 왕으로 추대한 세력을 인정하지 않을 수 없었으며, 권귀들의 자제를 측근에 두어 그들의 협조를 받기도 하였다. 명종 18년(1188) 근신近臣의 숫자를 줄여 다른 관서에 충당하라고 어사대가 건의하자, 왕은 대신大臣의 자제는 비록 부지런하게 근무하지는 않지만 가볍게 쫓아낼 수 없고 권세가 없는 자들은 힘써 근무하여 그들이 없으면 일을 할 수 없기 때문에 불가하다고 대답하였다.[27]

명종 때는 중방을 중심으로 정치가 이루어지면서 특정 세력이 독주하려고 하면 견제를 받았다. 정변 시도가 이어지는 가운데, 집권 무신과 그의 족당세력이 정변을 통하여 교체되었다. 잠시 동안 정치적 소강 상태가 있기도 하였지만, 그것은 정상적인 관료제 운영에 기반을 둔 것이 아니라 지배층이 분열하는 가운데 서로의 이익을 위하여 타협한 차원이었다.

정치기구의 운영

무신집권 초기인 명종대에는 최고 무신 집권자의 위상이 확고하지 못하고 무신들의 집단적 지도체제에 의하여 권력이 운영되었다. 그에 따라 정치기구 사이의 상호견제 원칙이 지켜지지 못하고 기구 사이의 권력관계가 변하였다. 그렇지만 기존의 기구들이 유지되고 그 기구들을 통하여 정치가 운영되었으므로, 무신들은 기존 관료제와 관직의 권위를 이용하였다.[28] 권세를 잡은 사람들은 중요한 관직을 차지한 후 가능하면 치사致仕를 늦추려고

---

27 『고려사』 권20, 명종 18년 11월 辛酉.
28 邊太燮, 1977, 「高麗後期의 武班에 대하여」, 『高麗政治制度史硏究』, 一潮閣, 401~405
쪽. 그런데 무신 집권자의 특수한 위치는 그의 관직이 곧 그의 권력을 표시하는 것이 아니었기 때문에 이들이 점차 관직을 무시하게 되었다고 파악하였다(405쪽).

하였다. 집권 무신의 권력이 기존의 관료체제를 초월하지 못한 만큼 그의 정치적 역할과 지배체제 내에서의 위상은 관직으로 형식화되었기 때문에, 그들이 역임한 관직을 면밀하게 조사할 필요가 있다.

주지하다시피 중방이 명종대에 최고 권력기구로 기능하였다. 불안한 국방과 치안 문제에 대처하기 위하여 군사와 경찰 업무를 장악한 고위 무신들의 중방이 권력기구화하였고, 인사·형벌 등 중요 사안의 결정에도 간여하였다.[29] 중방은 무신들의 집단적 이해를 대변하는 기구로서 적격이었다. 거세게 분출하고 무시할 수 없는 하급무신들의 요구에 대하여 고위 무신들이 공동대응하기 위해서도 중방의 논의가 필요하였다. 중방의 군사력은 정규군에 토대를 두었다. 개별 무신들은 사적으로 동원하는 무력 즉 사병도 거느렸다. 특히 경대승처럼 중방의 군사력에 의지하는 데 문제가 있는 경우에는 사적 무력이 정권 안보에 매우 중요하였다.

무신 집권자의 족당세력은 이부와 병부의 전주銓注 관련 관직을 장악하였다. 상벌과 인사문제에 중방이 간여하기도 하였지만, 그 업무를 공식적으로 담당하는 관직은 정치적으로 여전히 중요하였다. 무신 집권자가 상벌과 인사권을 잡고 자기 세력을 키웠다. 당시 이부의 관리들이 임관 후보자의 이름에 점을 찍어 왕에게 보고하였는데, 그것을 점주點奏라고 불렀다. 그 때문에 벼슬을 구하는 사람들이 이부의 관리들에게 뇌물을 주는 것이 상습화되었으며, 이부의 관리들은 서로 다투어 점을 찍고는 누구누구는 모두 내가 추천한 사람이라고 하였다.[30] 관료제 운영이 파행적이었을 뿐만 아니라 그처럼 인사가 정실에 휘둘리고 뇌물이 성행하여 관료조직의 건강성을 해쳤다.

그렇지만 집권세력이 인사권을 항상 오로지한 것은 아니었다. 인사권을

---

29 정중부는 70세가 되어 치사해야 하였지만 几杖을 하사받고 계속 중방에서 집무하면서 상벌권을 장악하였다.

30 『고려사』 권101, 安劉勃.

무신 집권자가 장악하지 못하고 스스로 반납하는 사례도 있었다. 명종 11년(1181) 시정時政이 권문權門에서 나와서 인사 청탁과 뇌물이 극심하였는데, 중방의 상장군과 숙위하는 신하로 기세가 있는 자들이 각기 사람을 추천하여 만약 뜻대로 되지 않으면 인사를 담당한 사람의 집에 가서 주먹을 휘두르면서 다투고 따졌기 때문에 집정執政이 위축되어 요구를 들어주고 만다고 하였다.[31] 상황이 그랬기 때문에 정균은 오랫동안 지병부知兵部로서 무신의 전주를 맡다가 청탁이 몰려들자 염증을 내고 여러 번 그만두기를 청하였다. 그러나 허락받지 못하자 단신으로 천신사天神寺로 피하였는데 왕이 돌아오라고 설득하여 정균을 지도성사知都省事로 전임시켜 주었다.[32]

한편 왕의 위상이 나름대로 유지되면서 후설직喉舌職이 부각되었다. 무신 집권자 자신이나 그의 족당세력이 재추가 되거나, 관력상 그럴 수 없는 경우에는 중추원의 승선이나 지주사知奏事·집주執奏를 맡아서[33] 권력을 장악하고 세력을 확대하였다. 위위시衛尉寺의 관직을 맡은 경우도 눈에 많이 띄는데, 위위시는 국초의 내군內軍(掌衛部)을 이은 관청으로서 의장기물〔儀物器械〕을 담당하면서 궁중 시위에 간여하였다.

집권세력이 근시직近侍職을 맡은 것은 그 직임이 정치의 중심부에 있었기 때문이다. 명종 즉위 직후의 인사에서 이의방은 대장군 전중감 겸 집주, 이준의는 좌승선, 이고李高는 대장군 위위경 겸 집주, 채원蔡元은 내시장군이었다.[34] 이의방 집권기에 이준의와 문극겸이 계속하여 승선의 직에 있었고

---

31 『고려사』 권75, 선거3 전주 명종 11년 정월.

32 『고려사』 권128, 반역2 鄭仲夫;『고려사절요』 권12, 명종 9년 5월.

33 執奏는 인종 18년 왕의 측근세력이 육성되는 것을 우려한 관료들의 반대로 혁파되었다가, 이때 와서 다시 사료에서 나타난다. 그리고 崔忠粹가 맡다가 사망한 뒤 폐지되었다가 충렬왕 초에 다시 설치되었다(『고려사절요』 권10, 인종 18년 7월;『고려사』 권76, 백관1 密直司).

34 『고려사』 권19, 명종 즉위년 9월 己卯.
명종 원년 9월 대간들이 상소하여 이준의가 대간과 승선을 겸직하는 것을 반대하자 이

이린도 집주를 맡았다. 이의방은 공상供上과 왕실 보첩 등의 업무를 다루던 전중성殿中省의 관직에 이어 위위시의 관직을 거쳐 승선을 맡으면서 왕의 측근에 있었다. 정중부 집권기에는 정균이 승선의 직에 있었다. 정균은 종참의 제안을 받아들여 왕과 친밀하게 지내고 승선을 맡아 정치기반을 닦음으로써 이의방을 제거할 수 있었다.

반면 경대승은 집권 초기에 왕이 정균을 대신하여 그에게 승선을 맡기려 하자 그는 승선은 왕명을 출납하기 때문에 문자를 아는 유자儒者가 아니면 맡을 수 없다며 직을 사양하였다. 다른 집권자들과 달리 그가 장군이라는 것 외에 다른 관력이 확인되지 않지만, 사직하였을 때도 국가의 대사가 있으면 나아가 결정하였다고 전한다. 그럴 수 있었던 까닭은 왕이 그를 꺼렸지만 밖으로는 은총을 두텁게 하고 요청을 모두 들어주어 사람들이 그에게 많이 붙었기 때문이다. 왕은 경대승이 무신정변의 참여자들을 제거한 것에 의구심을 가졌지만, 경대승이 권세 있는 무신들을 견제해 줌으로써 자신의 입지를 넓힐 수 있었다.

명종이 신임한 유공권과 임민비도 승선과 지주사를 한동안 역임하였다. 이의민이 권력을 천단할 때는 그의 사위 이현필이 승선을 맡았다. 최충헌이 정권을 잡은 초기에는 최충헌·최우崔瑀·정숙첨鄭叔瞻 등이 승선이나 추밀원 지주사의 직을 맡고, 최충수崔忠粹가 위위경이었다.

이렇듯 재추, 근시직 또는 전주 담당 관직 등을 집권 무신의 족당세력이나 왕의 측근세력이 차지하여 그들의 위상을 강화하였다. 물론 집권 무신은 관직과 상관없이 권력을 발휘하기도 하였다. 정중부는 70세가 넘어 치사致仕해야 하였지만 한漢 공광孔光의 옛일에 빗대어 궤장을 받아 나랏일에 모두 관여하여 결정〔關決〕하고 중방에 앉아 상벌권을 행사하였다. 경대승은

준의를 衛尉少卿에 임명한 적도 있다.

사직한 채 집에서 거처하면서도 큰일이 있으면 반드시 관여하여 결정하였다. 그리고 그 같은 행동의 정당성은 정변을 합리화할 때와 마찬가지로 사직을 보위한다는 명분에서 구하였을 것이다.

언관言官으로서 대간臺諫의 견제 역할은 크게 약화되었다. 명종대는 공적公的인 관료제 운영과 문객·족당 결합에 의한 사적私的 운영이 공존하는 상태였다. 사적 지배방식은 아직 최씨집권기처럼 공식화되지는 못하고 관직을 가진 채 문객으로서 사적으로 도당화된 경우가 많았다. 사적 권력 운영에는 왕의 측근 환관과 종실 등의 발호도 포함된다. 사적 운영과 공적 운영의 충돌을 막으려면 대간이 무력화되어야 하였다. 왕은 대간의 임명 조건으로 성격이 화평하고 말이 없어 강개하지 않을 것을 들었으며, 그가 강직한 신하〔直臣〕라고 부른 왕세경王世慶은 9년이나 대간으로 있으면서도 건의한 것이 하나도 없었다.[35]

상황이 그러하니 대간의 활동이 침체될 수밖에 없었다. 명종 원년(1171)에 이준의와 문극겸이 승선과 대간직을 겸직하면서 궁중에서 권세를 부리는 행태를 간관들이 비판하자, 이준의가 순검군을 시켜 간관들을 욕보이고 왕도 간관들을 구금하고 전직시켜 버렸다.[36] 그 뒤에도 비슷한 일들을 겪으면서 대간이 위축되고 무력해져서 집권 무신의 세력이나 왕의 측근세력이 관련된 비리를 제대로 탄핵할 수 없었다.[37]

---

35 『고려사』 권99, 林民庇; 王世慶.
36 『고려사』 권19, 명종 원년 9월 戊子; 庚寅.
37 명종 8년 정중부의 가노가 금령을 범하자 대간 宋訏와 晉光仁이 체포하여 심문하다가 정중부와 충돌하였다. 이때 왕은 정중부의 비위를 맞추기 위해 그들을 좌천시켰다(『고려사절요』 권12, 명종 8년 7월). 10년에는 왕의 동생인 冲曦의 추문에 대하여 대간 崔詵이 풍諷諫하자 왕은 형제간을 이간질한다고 그를 파면하였으며, 그 일이 있은 뒤로 감히 곧은 말을 하는 대간이 없었다고 하였다(같은 책 권12, 명종 10년 6월). 11년에는 몇 년 전에 전국적으로 察訪使를 파견하여 외관을 출척하였을 때 독직죄로 해직당한 자들이 권세가에 뇌물을 주어 사면받으려고 하다가 이때 와서 집권자들의 도움으로 사면되었지만, 대간들이 이에 대하여 한마디도 하지 못하였다(같은 책 권12, 명종 11년 9월). 15년에는 宮人의

무신 집권자의 위상과 권력의 추이

정변이라는 비상한 방식으로 집권 무신들이 여러 번 교체되는 가운데, 그들의 지위와 권력기반이 확고하지 못하였다. 더구나 권력을 장악한 세력의 정치적 명분에 흠이 있어 도전의 구실이 되고 민의 항쟁이 지속적으로 일어나는 등 상황이 불안정하였기 때문에 책임 있고 안정적인 정치가 어려웠다.

당시 집권 무신들의 권력을 왕 및 지배층과의 관계를 중심으로 살펴보자. 이의방은 무신정변을 함께 주동한 이고李高·채원蔡元과 틈이 벌어져서 그들을 살해한 뒤 왕실과 혼인하고 독주하려다가 피살되었다. 앞에서 살핀 것처럼 집권 무신이 정치 기반이 약할 때 왕실과 인척관계를 맺는 것은 정치적 위상을 확실하게 굳히는 방편이었다. 이의방은 명종 4년(1174) 딸을 태자비로 들인 이후 더욱 권세를 휘둘렀다. 그가 태후의 여동생을 위협하여 간음하였다고도 하는데, 그 일은 실제로는 당시 최고 문벌이자 왕의 외척인 정안 임씨定安 任氏 가문과 통혼하려 한 모종의 행위가 아니었을까? 뒤에 정균도 공주와 결혼하려고 하였다.

그런데 만약 안정적으로 집권하지 못하고 경쟁상대가 강할 경우에는 그들끼리 왕실과의 통혼을 서로 견제할 것이다.[38] 이의방이나 정균의 행위는 도전 세력이 정변을 일으키고 그것을 정당화하는 빌미가 되었다.

정중부는 이의방이 이고와 채원을 제거하자 화가 자기에게도 닥칠 것을 염려하여 두문불출하였다. 그렇지만 이의방 형제가 불안을 느끼고 찾아가 부자관계를 맺으면서 타협할 정도로 강한 세력을 갖고 있었으며, 마침내 명

자손으로서 限品制에 걸린 李俊昌을 3품에 임명하여도 대간들이 위축되어 잘못을 지적하지 못하였다(같은 책 권13, 명종 15년 12월). 20년 추밀원사 白任至가 사적인 일로 왕을 찾아보았는데, 원래 대신이 국가 대사가 아닌 일에 왕을 찾아보는 것은 금지되었으나 대간들이 탄핵하지 못하였다(같은 책 권13, 명종 20년 10월).

朴龍雲은 무신집권기를 대간 기능의 마비기라고 불렀다(1981, 『高麗時代 臺諫制度 研究』, 一志社, 188~194쪽).

38 金塘澤, 앞의 책, 141쪽.

종 4년(1174) 12월 조위총趙位寵의 난을 진압하는 와중에 이의방을 숙청하고 집권하였다.

이의방의 지지세력이 막강한 상태에서 정중부의 세력이 그것을 극복하려면 왕과 밀착할 필요가 있었다. 정변을 준비할 때 정균은 왕에게 친밀하게 접근하여 후정後庭 출입을 마음대로 할 수 있었고 또 승선의 직을 맡아 기반을 닦았다.[39] 이의방을 숙청한 뒤에, 권신에게 넘어갔던 상벌권을 왕에게 돌린다는 교서가 내려질 수 있었던 것은 그러한 사정에 따른 것이었다.[40] 정중부의 사위로서 족당의 핵심이었던 송유인은 정중부가 총재冢宰로서 중서성에 있었을 때 친혐親嫌으로 재상의 지위에 오르지 못하다가 왕과 가까운 내인內人에게 부탁하여 수사공 상서복야로 임명받을 수 있었다.

그러나 정균이 세력을 부리면서 태후 세행歲行의 기방忌方을 범하여 집을 건축하거나 공주와 결혼하려고 하여 왕이 질시하게 되었고, 왕의 신임을 받고 있던 문신 문극겸과 한문준韓文俊을 송유인이 누르고 독주하려다가 인심을 크게 잃었다.[41] 문극겸은 문신들의 중심 격이면서 명종·무신들과 긴밀한 관계를 유지한 인물이었다. 송유인이 그들을 탄핵하자 조정의 신료들이 모두 위세에 눌렸지만 질시하게 되었다. 그리고 그것을 기화로 명종 9년(1179) 9월 경대승이 정변에 성공하였다.

경대승은 집권을 정당화하는 명분으로 복고를 내세우고 '학식이나 용략이 있는 자'가 아니면 물리쳤기 때문에, '무관들이 모두 두려워하고 감히 방자하지 못하였다.'고 하였다.[42] 예컨대 이영진李英搢 같은 무신은 무신정변에 적극 가담하여 권력을 얻고 흉포한 짓을 자행하다가 경대승이 집권하여

---

39 『고려사』 권128, 반역2 鄭仲夫.
40 『고려사』 권19, 명종 5년 4월 丙寅.
41 『고려사절요』 권12, 명종 9년 7월; 9월.
42 『고려사』 권100, 慶大升.

'흥당'을 숙청하자 위축되었으며, 경대승이 죽자 다시 횡포하고 방자해졌다고 하였다.[43] 그처럼 경대승이 무신들의 행태를 어느 정도 눌렀지만 절대적 권력을 행사하지는 못하였고 국가의 중대사는 중방에서 협의하여 결정하였다.[44] 그리고 앞에서 살핀 것처럼 반대세력으로부터 위협을 느껴 도방을 조직하고 비밀정찰을 시켜 정권을 유지해야 하였다.

명종 13년(1183) 7월 경대승이 사망한 뒤에 왕은 도방을 철저하게 해체하였다.[45] 그 후 세력 균형을 통한 정국의 안정을 도모하였다. 그에 따라 경대승세력이었던 손석이 여전히 지위를 누리는가 하면, 이영진처럼 경대승 집권기에 억압당한 인물들이 다시 권력을 잡았다. 명종은 경대승을 피하여 경주에 낙향하였던 이의민도 불러 올렸다.[46] 이의민은 왕이 세력 균형을 위하여 지원해 줌으로써 집권할 수 있었고, 뒤에 권력을 천단하기 전까지 왕과 협조하였다.

그런 가운데 이의민 집권기의 전반기에는 상대적으로 특정 세력이 독주하지 못하고 소강상태를 유지하였으며, 인사문제도 비교적 공정하게 이루어졌다. 한문준이 판병부사와 판이부사를 역임하는 동안 전주가 공평하였다고 평가받았는데, 그 시기는 명종 14년(1184) 무렵이다.[47] 이듬해에는 문

---

43 『고려사』 권100, 李英搢.
44 金塘澤은 경대승 집권기에도 중방이 최고 권력기구로 존재하였음을 지적하면서, 경대승이 정변에 성공할 수 있었던 것은 중방 무신들의 협조 내지 묵인이 있었기 때문이라고 추정하였다(1993, 앞의 논문, 113~114쪽).
45 명종은 경대승을 꺼렸기 때문에 중방에 명령하여 도방 인물들을 모두 체포하여 치죄하게 하였으며, 형벌을 가혹하게 가하도록 內宦을 시켜 압력을 넣었다(『고려사절요』 권12, 명종 13년 8월).
46 金塘澤은 경대승 사후 명종이 이의민을 부른 이유에 대하여, 경대승과 같은 복고적 성향의 무신이 또다시 집권함으로써 그에게 가해질지도 모르는 압력을 무신정변의 적극 가담자였던 이의민을 내세워 사전에 막아 보려는 의도가 있었을 것으로 이해하였다(앞의 책, 42쪽).
47 『고려사』 권99, 韓文俊. 한문준은 명종 13년 12월에 판병부사에 임명되고 다음해 12월에 판이부사가 되었다.

극겸과 최세보崔世輔가 서로 지위를 사양하여 그 행실이 미덕으로 일컬어졌다. 그 시기가 이의민이 분에 넘치는 소망〔非望〕을 품어 탐욕을 억제하고 명사名士들을 수용하여 헛된 명예를 낚았다고 묘사되는 시기였다고 보인다. 그리고 앞에서 살핀 것처럼, 명종 15년(1185) 즈음에 왕도 인사권을 어느 정도 행사할 수 있었다.

그런 정치적 소강상태를 깬 것이 명종 17년(1187) 조원정曹元正에 대한 탄핵이었다.[48] 조원정은 중서성 공해전의 조租를 탈취하고 아들과 사위들이 근밀近密에 있으면서 횡포를 부리다가 문극겸과 두경승 등에 의해서 숙청당하였다. 그러자 조원정은 석린石隣 등과 함께 반란을 일으켰다가 실패하였다.[49] 그 뒤 왕의 측근세력과 이의민파가 벌인 정치행태가 정치적 갈등요소로 부각되었다. 왕의 측근세력이 두드러지게 발호하자, 명종 18년(1188) 11월 어사대에서 근신의 숫자를 줄이자고 건의하였으나 왕이 거부하였다. 왕의 측근세력과 이의민파는 서로 여전히 우호적이었지만,[50] 이제 왕과 우호적이거나 원만한 관계를 맺었던 일반관료들이 이의민파뿐만 아니라 왕 측근세력의 발호를 경계하는 자세를 보이게 되었다.[51]

---

48 장상주는 이의민이 상경한 명종 14년경부터 조원정이 숙청된 명종 17년까지 왕과 이의민, 조원정의 세력이 공존하는 '限時的인 과도기적 寡頭制'로 국정이 운영되었다고 파악하였다(2019,「曹元正의 반란을 통해본 명종대의 재조명」,『大丘史學』135, 32~38쪽).

49 『고려사』 권128, 반역2 曹元正;『고려사절요』 권13, 명종 17년 7월. 이에 앞서 조원정은 명종 15년 2월 아들을 東宮 牽龍指諭에 넣으려다가 뜻대로 되지 않자 中官들을 욕하는 등 물의를 빚었으며, 석린은 16년 10월 왕에게 청탁하였다가 잘 안 되자 역시 무례한 행위를 자행하여 물의를 빚었다. 이러한 일들은 당시 추구되던 세력 균형을 통한 소강상태를 위협하는 행위로 인식되었을 것이다.

50 명종의 측근세력과 이의민파 사이에서는 갈등을 찾아보기가 어렵다. 金塘澤은 이의민 집권기에 왕권이 어느 무신집권기보다 안정된 상태를 유지하였다고 여겨지는데, 그것은 명종과 이의민의 정치노선이 동일하였기 때문이라고 추정하였다(앞의 책, 43~44쪽). 金晧東은 명종의 측근 小君들과 이의민은 良賤交婚의 소생이라는 공통점에서 비롯된 동질감을 갖고 결합하였으며, 소군들은 궁중에서 이의민의 비호세력으로서 이의민과 명종을 연결하는 고리였다고 설명하였다(1994,「李義旼政權의 재조명」,『慶大史論』7, 39쪽).

51 명종의 신임을 받았던 閔令謨의 아들 閔湜은 왕의 孽子 小君들이 권력을 갖는 데에 비판

명종 18년(1188) 무렵부터 이의민의 권력 장악 의도가 노골화하고 권력 천단 행위가 심해졌다. 조원정파가 숙청되는 모습을 보면서 무신정변 주역으로서 위기의식을 느꼈던 것은 아닐까?[52] 무신의 권력 장악 행태에 비판적이고 비교적 관료정치를 지향하는 성향을 지닌 두경승杜景升에 대하여 이의민은 그가 무슨 공이 있어서 자기보다 지위가 높으냐고 비판하고 자주 부딪쳤다. 또 이의민은 신망을 받던 어사대부 왕탁王度을 탄핵하여 조야의 실망을 샀다. 명종 24년(1194) 무렵 그가 전주를 천단할 때에는 당여들이 연결되어 있어 다른 관료들이 감히 어쩌지 못하였다.

한편 그 무렵 피지배층의 동향은 지배층의 위기감을 고조시키고 있었다. 무신집권기에 신분질서가 이완되어 이의민을 비롯한 천인 출신들이 고위 관직에 진출하는 사례가 많아졌다. 그리고 기득권층이 하극상이라고 여길 만한 일들이 속출하였다. 예컨대 사노 평량平亮은 농사에 힘써 치부하고 권귀에게 뇌물을 써서 벼슬을 얻은 다음, 노비였던 부인의 주인 가족이 몰락한 나머지 자기들에게 의지하러 오자 그들을 살해하여 영구히 양인 신분을 확보하려다가 발각되었다. 그 같은 사건들은 관료들을 포함하여 지배층 전체에 큰 충격을 주었다.[53]

더구나 민의 항쟁이 전국에서 큰 규모로 격렬하게 일어났다. 명종 6년(1176) 명학소민이 중심이 된 항쟁군은 3천 명의 관군을 격파할 정도였고, 정부에서 명학소를 충순현忠順縣으로 승격하여 현령과 현위를 파견하여 달래야 할 정도로 기세를 떨쳤다. 또 김사미金沙彌와 효심孝心이 이끈 항쟁군

적 입장을 취하였다(『고려사』 권101, 閔令謨 附 閔湜).
　이하 명종대 후반기의 정치 동향에 대한 설명은 뒤의 '항쟁에 대한 대응과 개혁시책' 부분에서 보완 서술한다.
52　이의민은 미천한 출신으로서 무신정변에 적극 가담하여 출세하였다는 점이 조원정·석린 등과 공통적이다.
53　『고려사』 권20, 명종 18년 5월 癸丑.

은 명종 24년(1194)에 밀성에서 관군과 전투를 벌이다가 7천 명이 희생될 정도로 규모가 컸다.

특히 김사미와 효심이 주동한 항쟁에 이의민이 연루되었다는 혐의를 받았다. 그 혐의의 사실 여부는 알 수 없지만, 이의민의 재지기반이 경주에 있었기 때문에 그 기반을 파괴할 수도 있는 무력 진압을 피하여 사태를 해결하려고 하였을 것이다.[54] 왕도 그 무렵 농민항쟁에 대한 무력 진압에 소극적인 태도를 취하였다. 대표적인 예로 명종 24년(1194) 좌도병마사 최인崔仁이 전투를 하지 않았다고 탄핵당하였을 때, 왕은 적적賊도 민民인데 죽이는 것만이 능사가 아니고 은혜로 굴복시키는 것이 좋다고 대답하였다.[55] 명종 26년(1196) 팔관회에 북계의 도령都領들이 초청되었을 때 인주麟州 도령 자충子冲이 상급자에게 고의로 무례를 범하여 탄핵되었지만 왕은 사건을 덮어두려고 하였다. 자충은 초청받자 본주의 도령들에게 말하기를, 나라에서 자기들을 초청한 것은 어떤 의도가 있을 터인데 자기가 조그만 일로 시험해보아 자기를 처벌하면 정부에 인재가 있는 것이고 그렇지 못하면 자기들을 무서워하는 것이라고 말하였다.[56]

상황이 그런데도 소극적으로 대응하는 왕과 이의민의 태도는 지배층에게 불만 요인이 되었다.[57] 그리고 그것을 기화로 명종 26년(1196) 4월 최충헌이

---

54 당시 최고 권력자였던 이의민이 김사미 등이 주동한 항쟁에 가담하였을 가능성은 크지 않다. 선행 연구에서 지적하였듯이 아마 온건한 해결방안을 택하였다가 반대파에게 결탁하였다는 빌미를 주어 공격받았을 가능성이 높다(金塘澤, 앞의 책, 44~45쪽; 金晧東, 1982,「高麗 武臣政權下에서의 慶州民의 動態와 新羅復興運動」,『民族文化論叢』2·3합, 258~259쪽).

55 『고려사』권20, 명종 24년 윤10월 乙亥.

56 『고려사』권20, 명종 26년 11월 己丑.

57 李奎報는 명종 23~26년 몇 편의 시를 써서 민란을 강력하게 진압해야 한다고 촉구하였다(『東國李相國集』全集 권2, 聞江南賊起; 같은 책 권6, 八月五日聞群盜漸熾).
　　한편 이정신은 명종에 대하여 "한때 이의민정권기에는 왕권을 강화하기에 노력하였지만, 그는 대체로 소극적인 자세로 왕실의 명맥만 이어갔을 뿐 자기만의 색깔로써 고려 사회를 적극적으로 운영하고자 하는 의지는 없었던 인물이었다."라고 평가하였다(2006,

정변에 성공할 수 있었다.

2. 정치 현안에 대한 대응과 한계

무신정변 이후 집권한 무신들은 정치기반이 취약하였고 정변이라는 비상한 방법으로 권력을 잡았기 때문에 이를 무마할 수 있는 정당화가 필요하였다. 그것은 국내용으로 그치는 것이 아니라 국제관계에서 금金으로부터 권력의 정통성을 인정받을 수 있는가 하는 문제와도 관련되었다.[58]

권력의 정당화 문제는 지배층의 위기의식과 관련하여 종묘사직을 보위하는 무신 집권자의 역할, 분열된 지배층을 통합하는 한편 개혁정책을 추진하면서 아래로부터 올라오는 압력을 해결하는 역할 등을 고려해야 한다. 만약 그런 역할을 제대로 수행하지 못하면, 정변을 일으켜서 집권하여 권세를 부린다는 비판을 면하지 못하고 반대세력의 도전에 노출되게 된다. 여기에서는 당시 핵심적이었던 정치 현안을 몇 가지 추려내어 각 정권의 대응을 논의하면서 성격을 살펴보기로 한다.

의종 시해弑害의 책임

왕을 강제적으로 폐위하고 시해한 짓은 유교의 예禮적 질서에서 중대한 일탈이었다. 명종 3년(1173) 김보당金甫當 그리고 그 이듬해에 조위총이 주도하여 일으킨 반무신항쟁은 의종의 복위를 내세우거나 또는 그를 시해한 책임을 묻는 것을 기치로 삼았다.[59] 경주 지역에서는 몰래 의종의 화상을 그

「고려시대 명종 연구」, 『韓國人物史硏究』 6, 184쪽).

58 명종 3년 9월 무신정변의 주역들 스스로가 정변 뒤에 금과 외교관계가 원만하게 해결되지 않으면 정권이 위태로워진다는 인식을 표명하였다. 명종 27년에 최충헌파가 왕을 폐립하려고 할 때도 금과의 외교관계가 중요한 변수로 고려되었다.

59 金塘澤은 명종이 존재하는데도 의종의 폐위나 시해가 정치적으로 민감한 사안이 된 이

려 놓고 조석으로 예禮를 올리는 사람들도 있었고, 그렇기 때문에 김보당세력은 의종 복위를 꿈꾸며 의종을 거제에서 경주로 옮길 수 있었다.[60]

무신들 내부에서 권력투쟁이 벌어질 때에도 의종을 시해한 죄는 상대방에게 명분이 되었다. 이의방 형제 사이에 틈이 벌어졌을 때 이준의는 이의방의 죄악 중에 왕을 시해한 죄가 가장 크다고 지적하면서 비판하였다.[61] 이의방·정중부·이의민은 왕을 시해한 당사자라는 약점을 안고 있었으며, 그것이 빌미가 되어 도전을 받았다. 조위총의 난을 진압하는 와중에 이의방을 숙청하고 들어선 정중부정권은 집권 초기에 의종의 상喪을 발표하고 백관들에게 3일간 현관玄冠 소복素服하도록 하였으며, 내시 10명을 보내어 호장護葬하고 능호陵號와 시호諡號·묘호廟號 등을 정하였다.[62] 이는 의종 시해의 책임을 이의방에게 돌리고 자기들은 근왕한다고 내세워 사태를 무마해 보려는 시도였다. 그러나 그 이듬해에 왕을 시해한 자들이 권력을 잡은 상황을 바로잡는다고 하면서 일단의 동정직同正職자들이 명학소鳴鶴所 민의 반란과 연결하여 모반하였듯이,[63] 정중부정권은 시해의 책임에서 벗어나 정당성을 확보하기가 어려웠다. 그런 약점 때문에 문·무의 대립을 유지하고 무신을 결속하여 협조를 받아 권력을 유지하려고 하였다.

경대승은 그 굴레로부터 자유로웠을 뿐만 아니라, 이의민과 같은 정적에게 의종 시해의 책임을 물어 자기의 정치적 명분을 정당화하려고 하였다. 그

유에 대하여, 왕이 고려왕조를 상징하는 존재였으며 무신정변 이전의 정치적 지배세력과 이후의 지배세력이 다르지 않고 고려왕조의 지지자가 많았기 때문이라고 하였다(앞의 책, 142~146쪽).

60 『破閑集』권中 "毅王遷于南荒 有李琪者 善畵 寫眞 不題稱謂 安於東都草堂 朝夕禮事".
   『고려사절요』권12, 명종 3년 8월 "甫當欲討鄭李 復立前王 與錄事李敬直及張純錫謀 … 純錫寅俊等至巨濟 奉前王 出居慶州".
61 『고려사절요』권12, 명종 4년 정월.
62 『고려사절요』권12, 명종 5년 5월 丙申; 壬寅.
63 『고려사절요』권12, 명종 6년 9월.

는 복고적 태도를 취하였는데, 그것은 이전 정권과의 차별성을 강조하고 그때까지 소외되었던 세력들을 규합하여 우군으로 삼기 위한 방도였다고 보인다. 그러나 경대승은 무신정변의 주역인 정중부를 살해하였기 때문에 무신들에게 용납되기 어려웠고, 그로 말미암아 신병에 위협을 느꼈다. 그가 복고를 집권 명분으로 삼고 공포정치를 행하자 왕도 꺼렸으며, 경대승 사후에 왕이 적극 나서서 도방 무신들을 가혹하게 처벌하였다.[64] 또한 그가 흉당兇黨으로 표현된 무신정변 적극 가담자들을 살육하고 억누르기는 하였지만[65] 실제로 복고된 양상은 찾기 어렵고, 신변 보호를 위하여 도방에 의존함으로써 사私의 논리가 오히려 강화되었다.

명종이 이의민을 부른 이유는 경대승 사후의 정계 개편에서 그의 협조가 필요하였기 때문이다. 이의민은 무신정변에 적극 가담하고 의종을 시해한 당사자였으므로 무신정변 이후 형성된 정치질서를 유지해야 하는 입장이었고, 그 정치질서 유지는 명종 측에서도 바라는 바였다. 그렇지만 그가 왕을 시해한 당사자라는 사실은 정치적으로 큰 약점이었다. 명종 16년(1186) 수국사修國史 문극겸이 의종 시해 사실을 직서하여 왕을 시해한 죄가 세상에서 제일 큰 악이라고 기록하였다가 중방에 고소된 사건은 의종 시해 평가를 둘러싼 갈등을 보여 준다. 그 때문에 왕은 무신들의 뜻에 따라 상장군 최세보崔世輔를 동수국사同修國事로 임명하였고, 최세보는 자의로 사事를 사史로 고치고 의종실록 편찬에 참여하였다.

최충헌은 의종 시해자라는 약점에서 자유로웠다. 그는 이의민이 왕을 시해한 죄를 저지르고 민에게 해를 끼쳤으며 왕위를 엿보았다고 비판하고 사

---

64 명종이 경대승의 복고 주장을 받아들일 수 없었던 이유에 대해서는 김낙진, 2015, 「고려 무인정권기 명종의 현실인식과 정치운영」, 『韓國史硏究』 168, 42~43쪽 참고.

65 『고려사』 권100, 李英搢 "鄭仲夫之亂 附李義方李高 恣其兇暴 … 慶大升用事 誅戮兇黨殆盡 英搢畏縮".

회 안정과 왕조 보위를 내세워 정변의 정당성을 부각하였다. 그러나 무신정변의 주역인 이의민을 살해하고 집권한 만큼 무신들의 반발에 대비하여 문객과 사병조직을 강화하여 정권을 보위해야 하였다. 그런 점에서는 정중부를 숙청한 경대승과 비슷한 처지였다.

문·무신의 대립

선행 연구들에서는 대개 문신과 무신의 대립 구도를 무신집권기 정치사 이해의 기본틀로 받아들였다. 그러나 정치운영의 양상을 제대로 이해하려면 문·무신의 대립을 틀로 보는 데 그치지 않고 작용의 실상을 따져보아야 한다. 무신정권은 의종 측근세력의 분열 속에서 측근 무신들이 정변을 일으켜 성립되었다. 이후 정치적 정당화가 공적公的인 면에서 이루어져야 하였지만, 실제 정치는 개혁보다 문·무의 대립을 통하여 무신을 결집하고 문신을 희생양으로 삼아 정치적 위기를 해소하는 방향으로 운영되었다.

무신정변 과정에서 정변의 주역 특히 과격파는 모든 모순의 근원을 문신에게 돌려서 그것을 타도한 자신들의 위상을 정당화하려고 하였다. 의종대의 정치가 파행적이었기 때문에 그러한 기도가 어느 정도 통할 수 있었다. 다음과 같은 상황들에서 그런 점을 유추해 볼 수 있다. 김보당의 난에 많은 외관들이 호응하였지만, 민들은 오히려 외관을 공격하여 숙원宿寃을 풀려고 하였다.[66] 명종 6년(1176)에는 하급문신 산직자들이 의종을 시해한 자들이 대관이 된 것을 성토하면서 명학소 항쟁군과 연계하여 거사하려고 하였지만, 항쟁군은 오히려 그들이 보낸 사자를 붙잡아 관에 넘겼다.

---

66 金龍善 편, 앞의 책, 李勝章墓誌銘.
　　허인욱은 김보당의 난이 의종 복위를 내세웠지만 실제로는 무신정변에 소극적이나마 동참하였던 문신들이 김보당을 중심으로 이의방 등의 일방적인 정국 주도에 반발하여 일으킨 사건이라고 파악하였다(2015, 「高麗 明宗 3년의 金甫當 亂 연구」, 『한국중세사연구』 43, 246~154쪽).

무신 집권자들은 문·무신의 대립구도를 유지함으로써 무신들을 결속하여 권력의 안정을 꾀하고자 하였다. 정권이 불안정한 상황을 타개하려고 할 때 문·무의 대립을 이용하여 무신들의 공동의 이해관계를 강조하여 단합시키는 것은 근시안적인 방법이었지만 효과적이었다. 김보당의 난을 진압한 뒤 명종 3년(1173)에는 3경·4도호·8목부터 군·현·관·역의 직임에 이르기까지 모두 무신을 임명하였다. 그리고 문공윤文恭允을 시켜 신정배반도新定排班圖를 만들어 각 관청에 문관과 무관을 섞어서 배치하였다.[67] 하급무신이나 무반 산직자들의 관직에 대한 요구를 들어주기 위해서도 문반의 관직을 잠식해야 하였다. 명종 7년(1177)에 무산관인 검교장군 이하 산원동정이상이 회의하여 문반의 권무관직을 빼앗으려고 하자 중방과 대성臺省에서는 여러 사람들의 입을 두려워하여 어쩌지 못하고 홍중방洪仲方만이 반대하는 형편이었다.[68] 명종 13년(1183)에는 중방에서 문반의 관직을 줄이자고 건의하였으며, 그 이듬해에는 문반 시직試職의 녹祿을 삭감하였다.[69] 명종 16년(1186)에는 그때까지 문관의 몫으로 남아 있던 내시원內侍院과 다방茶房도 무관이 겸속할 수 있도록 조치하였다.[70]

다음에 제시하는 몇 가지 사례들은 문·무신의 대립 구도가 무신정변을 주도한 인물들이 권력을 유지하는 데 도움이 되었음을 보여 준다. 명종 4년(1174) 조위총의 난 진압군에 배속된 승려 종참 등을 이용하여 정균이 이의방을 숙청하였을 때 군중軍中에서는 문신들이 승도를 사주해 사건을 일으킨 것이 아닌가 하고 의심하였으며, 권력을 중방에 속하게 한 것이 이의방의 힘이었다고 여겨 뒤에 종참 등을 유배 보냈다.[71] 명종 9년(1179) 경대승

---

67 『고려사』 권19, 명종 3년 10월 壬戌; 『帝王韻紀』 권下, 本朝君王世系年代.
68 『고려사』 권19, 명종 7년 4월 丁丑; 같은 책 권100, 洪仲邦.
69 『고려사절요』 권12, 명종 13년 5월; 같은 책 권13, 명종 14년 정월.
70 『고려사절요』 권13, 명종 16년 10월.
71 『고려사절요』 권12, 명종 4년 12월; 10년 7월.

이 정중부를 제거하자, 어떤 무신은 정중부가 문신을 억압하여 자신들이 오랫동안 품어 온 울분을 풀어 주었으니 그를 위하여 경대승을 토벌해야 한다고 선언하였다.[72]

그런데 앞에서 살핀 것처럼 문신에 대한 무신들의 입장이 다 같은 것은 아니었고, 권력을 잡은 무신은 정권에 참여한 문신들의 불만도 무마해야 하였다. 하급무신들로서는 무신정권에서 사병·문객이라는 사적인 통로로 권력에 접근하기가 쉬워졌다고 볼 수도 있었지만, 그 통로는 당여가 된 일부 무신만 이용할 뿐이고 정상적인 군사조직과 운영체계에 장애가 되었기 때문에 오히려 불만 요소가 될 수도 있었다. 그런 상황에서 명종 6년(1176)에 한 산원동정이 집권세력에 속한 송유인이 반란을 모의하였다고 고발하였다. 몇 달 뒤에는 여러 영부領府의 군인들이 익명서를 써 붙여, 정중부와 정균, 송유인 등이 권력을 천단하여 남부지방에서 민란이 일어났으므로 만약 군대를 보내어 토벌하려면 먼저 그들을 제거해야 난을 진압할 수 있다고 하였다. 이 때문에 정균이 두려워하여 사직을 청하고 여러 날 동안 집무하지 못하였다. 명종 16년(1186) 집권자들이 재물을 탐하여 매관매직을 일삼자 교위 장언부張彦夫 등 하급무신들이 분개하여 모반하였다.

무신정권이 어느 정도 안정된 뒤에도 주로 풍수도참설에 의거하여 문·무의 대립 구도가 유지되었다.[73] 그렇지만 문·무신의 대립을 이용하여 정권의 지지세력을 결집할 수 있었다고 하더라도, 장기적으로 보면 그 대립구도를 해소하지 못하는 한 정권의 안정성을 강화하기 어려웠다. 지속적으로 문·무의 대립을 이용하여 무신들의 분열을 무마하고 단합하였지만, 그 분열의 계기가 없어지지 않는 한 불안한 동거일 뿐이었다. 문·무 대립을 이용한 정

---

72 『고려사절요』 권12, 명종 9년 9월.
73 『고려사』 권20, 명종 10년 11월 壬子; 16년 4월 丁卯; 27년 2월 壬子; 『고려사절요』 권12, 명종 11년 12월; 13년 2월; 14년 9월.

치적 무고誣告 사건이 이어지고, 별다른 조사를 거치지 않은 채 혐의를 받은 인물들을 처벌하는 행태도 정치 불안을 초래하는 요소였다.

농민항쟁에 대한 대응과 개혁시책

당시 집권세력의 권력 남용, 경제적 부패 등은 심각하였다. 권세가들은 재경지주로서 농장을 확대하고 고리대와 강제적 교역행위를 하면서 사적 경제기반을 팽창시켰다. 그들은 향촌사회의 안정을 도모하기보다 도시를 기반으로 한 호협豪俠의 면모를 보이면서 농촌에 대해서는 수탈자적 면모를 드러냈다. 지배층의 불법적이거나 공公을 빙자한 사적私的 이익의 추구로 인하여 농민들이 가난으로 내몰리자 농민항쟁이 일어났다. 또한 중소지주층이 권세가의 농장 확대에 피해를 입어 반발할 소지도 있었다.[74]

전국 각지에서 민의 항쟁이 폭발하고 규모가 커져서 다른 지역 항쟁군과 합세하기도 하였다. 그런 가운데 무신 집권자들의 항쟁 진압 자세는 강경과 온건 사이에서 갈피를 잡지 못하였다. 명학소민의 항쟁에 대하여 회유하였다가 다시 강경한 입장을 취하는 바람에 항쟁이 확대되고 격렬해졌다. 이의민정권기에는 집권자가 김사미의 항쟁군과 내통하였다는 혐의를 받았으며, 왕 자신이 항쟁군에 대하여 온건한 입장을 취하였다. 이러한 점은 지배층 다수에게 의구심을 불러일으켰다. 최충헌은 집권하자 그런 우려를 이용하여 민의 항쟁에 적극적으로 대응하면서 지배층을 통합하려고 하였다.

사실상 명종대는 집권세력이 강경진압을 택할 형편이 못 되었다. 정권이 불안정한 상태에서 대규모로 군을 동원하다가 그 과정에서 정변이 일어날 우려가 있었다. 이를테면 정중부파가 이의방을 제거할 기회로 삼은 것은 서경 반란을 진압할 출정군을 편성할 때였다. 왕이 군대를 사열하는 행사도

---

74 채웅석, 1990,「12, 13세기 향촌사회의 변동과 '민'의 대응」,『역사와 현실』3 참고.

변이 일어날까 두려워서 폐지하였다가, 명종 18년(1188)에 가서야 다시 실시하는 형편이었다.[75]

집권층은 당연히 공적 질서를 지키면서 국가재정을 유지하고 소농민을 보호하는 조치들을 시행해야 하였다. 그런데 명종대 중반까지 제시된 개혁 조치들은 별 효과를 보지 못하였을뿐더러, 집권세력이 자기 권력의 정당성을 주장하고 상대 세력을 약화하려는 목적이 더 컸다.

이의방이 집권한 명종 3년(1173)에 그가 주도하여 평두량도감平斗量都監을 설치하고 말과 되를 쓸 때 모두 평미레를 쓰게 하였으나 얼마 못 가 전처럼 되고 말았다.[76] 같은 해에 7도 안찰사와 5도의 감창사들이 모두 권농사勸農使를 겸대하도록 하였고, 그 전해에는 이준의가 주도하여 53개 속현에 감무監務를 설치하였다.[77] 이 조치는 변법變法개혁이라고 볼 수 있다. 그렇지만 감무를 대거 파견한 이듬해에는 김보당의 난에 문신 외관들이 대거 참여한 것을 구실로 그들을 숙청한 다음 외관에 무신들을 병용하게 하여, 지방제도 개혁에서 자기 세력의 부식이 큰 목적이었음을 드러냈다.[78]

정중부가 권력을 잡자 그 자신도 의종 축출과 시해 책임에서 벗어날 수 없으면서도 이의방을 시해의 책임자, 정치·사회적 혼란의 근원으로 지목하

---

75 『고려사』 권81, 병1 병제 명종 18년 10월.
76 『고려사』 권85, 형법2 금령 명종 3년 4월.
　　명종 때의 각 정권은 도량형과 교환수단의 불법적 변조 사용에 대한 시정 조치를 실시하였다. 정중부 집권기인 명종 6년 좌우창의 斗槩가 불법적으로 사용되어 쌀 1石에 耗米가 2斗나 되었으며 향리들이 이를 기화로 더 많이 받아 폐단이 되었음을 지적하고 시정하도록 하였으나 반대세력 때문에 실효를 거두지 못하였다(같은 책 권78, 식화1 조세 명종 6년 7월). 경대승 집권기인 명종 11년에도 재추·중방·대간이 모여 斗斛를 검사하여 奸僞를 적발하였는데, 그 일에 반감을 품은 자들의 소행인지 그날 밤 壽昌宮의 북쪽 담에 누군가가 부석하여 돌이 왕의 침실 창문에 맞기도 하였다(같은 책 권20, 명종 11년 7월 己卯). 이의민 집권기인 명종 23년에는 어사대에서 租와 米를 섞어 교환수단으로 사용하는 것을 금지하였다(같은 책 권85, 형법2 금령 명종 23년 3월).
77 『고려사』 권19, 명종 2년 6월 壬戌; 『고려사절요』 권12, 명종 3년 윤정월.
78 『고려사』 권19, 명종 3년 10월 壬戌.

고 정변을 합리화하려고 하였다. 그리고 정변 직후인 명종 5년(1175) 4월 왕의 교서를 통하여 유교이념과 예제禮制의 회복 차원에서 외관과 향리의 침탈 금지, 사치 금지, 충효사례 표창 등을 지시하고, 군신의 명분이 어그러진 것, 권신이 상벌의 권한을 잡은 것 등을 바로잡겠다고 하였다.[79]

명종 8년(1178)에는 정중부파의 송유인이 이광정李光挺과 주도하여 찰방사察訪使를 각 지방에 파견하여 민의 질고를 묻고 지난 10년 이전까지의 일을 따져 관리와 봉명사신奉命使臣들의 성적을 매겨 출척하게 하였다.[80] 사회문제가 관리들의 자질 여부에 달려 있다고 인식한 것이다. 출척 결과 990여 명을 처벌하였는데, 당시 찰방사에 송군수가 끼어 있었으며, 조사하여 밝힌 내용들이 정확하지 않았을 뿐만 아니라 빈 자리에는 무산관들을 충당하여 정치적 의도를 드러냈다. 경대승의 세력에 속한 손석의 부친은 수주水州에 외관으로 나갔다가 찰방사 오광척吳光陟에 의해서 탄핵, 파면당하였다. 그 일로 손석이 오광척과 틈이 벌어졌다가 경대승이 정권을 잡자 손석은 오광척을 죽였다. 그리고 찰방사에게 처벌받았던 자들은 정중부 집권기부터 뇌물을 쓰면서 범죄 기록을 없애려고 시도하다가 경대승이 집권하자 뇌물을 써서 모두 원면받았다. 이러한 그간의 사정으로 미루어 보면, 찰방사의 파견, 외관 출척, 탄핵당한 자들의 복권으로 이어지는 과정에서 정치적 이해관계가 치열하게 작용하였음을 알 수 있다.

경대승은 집권한 뒤에 부친 경진이 탈점하였던 토지의 전안田案을 모두 선군選軍에 바치고 자기가 하나도 갖지 않음으로써 자신이 탈점에 힘쓰는 권세가들과 달리 청렴하다는 점을 내보이려고 하였다. 그러나 사적으로 도방을 조직하여 거느리면서 그들의 도적질을 비롯한 각종 불법행위를 감싸

---

79 『고려사』 권19, 명종 5년 4월 丙寅.
80 『고려사절요』 권12, 명종 8년 정월; 6월.
  『고려사』 권20, 명종 11년 9월 丙子; 같은 책 권75, 선거3 선용감사 명종 11년 9월.

주었으며 그들은 비호를 등에 업고 거리낌 없이 공공연하게 약탈을 자행하였다.

이처럼 개혁정책을 정치적으로 이용하는 한편, 풍수도참설이나 종교에 의지하여 위기를 해결해 보려고 하였다. 명종 4년(1174) 좌소左蘇 백악산白岳山, 우소 백마산白馬山, 북소 기달산箕達山의 3소蘇에 국가 기업을 연장하기 위하여 궁궐을 조성하였다.[81] 4년 뒤에는 술승術僧 치순致純이 건의하고 재상들이 동의하여 별례기은도감別例祈恩都監을 두어 복을 빌었다.[82] 앞에서 살핀 것처럼 문·무신 간의 대립조차 풍수도참설에 입각하여 합리화하였다.

그래도 개혁정책을 포괄적으로 제시하고 상대적으로 지속적으로 추진하였던 것은 명종대 후반부의 일이다. 경대승 사후에 형성된 정치적 소강상태를 깨는 사건들이 명종 16년(1186) 무렵 꼬리를 무는 가운데,[83] 이듬해에 조원정에 대한 탄핵과 그 무리의 난이 일어났다. 조원정이 공해전의 전조를 탈취하는 등 탐오하고 인사와 상벌문제에서 지나치게 독단적 행위를 하자, 문극겸·최세보·문장필文章弼·두경승·이지명李知命·김순金純·문적文迪 등과 중방이 합동으로 탄핵하였다.[84] 그러자 조원정의 족당이 문극겸을 원망하여 그를 제거하려고 수창궁까지 들어가 사람들을 살상하다가 진압되었다.

그 사건 이후 개혁의 당위성에 대한 인식이 높아진 듯하고, 유교 정치이

---

81 『고려사절요』 권12, 명종 4년 5월.
　　李丙燾, 1980, 『高麗時代의 硏究 (改訂版)』, 亞細亞文化社, 253~272쪽 참고.
82 『고려사절요』 권12, 명종 8년 8월; 『고려사』 권77, 백관2 제사도감각색 別例祈恩都監.
83 명종 16년 정월 校尉 張彦夫 등이 집정들이 탐오하고 매관매직하며 불법을 자행함을 비난하면서 반란을 모의하였다. 7월에는 오보였음이 판명되었지만 제주도 민란에 대한 보고를 받고 조정에서 크게 우려하여 대책 마련에 부심하였다. 또 문·무 갈등도 재발하여 4월 麗景門 액호를 둘러싸고 대립이 조장되었고, 10월에는 內侍 茶房에도 무신을 임명하기 시작하였으며, 12월에는 의종실록을 편찬하면서 문극겸이 의종 시해 사실을 直書하였다고 무신들이 반발하여 상장군 최세보에게 修國史의 직을 주어야 하였다.
84 『고려사』 권128, 반역2 曹元正.

념에 입각하여 모색하는 개혁이 상대적으로 부각되었다. 지배층의 도덕적 각성을 촉구하고 소농민을 보호하는 시책들을 발표하였다.[85] 특히 명종 18년(1188) 재추의 건의에 따라 내린 왕명에서, 비록 근본적인 개혁을 제시하지는 못하였지만,[86] 광범한 사회문제들을 거론하면서 공적 질서를 위협하는 사적 부문의 팽창을 경계하였다. 그 무렵 어사대의 활동도 강화되었다. 두경승은 동렬同列들과 함께 식목도감에 소장된 판안判案이 국가의 귀감인데도 정리되지 않았으니 검토하여 등사해 두자고 건의하였으며, 역대공신들의 작호爵號를 더 높여 주자고 하였다.[87] 김사미 등의 농민항쟁에 대한 위기감에서 국가의식을 강화하거나[88] 명종 측근세력 등의 발호를 견제하려는 조치였다.

이렇게 개혁을 모색하는 동안, 한편에서는 왕의 측근세력과 이의민파가 세력을 강화하고 있었다. 명종 19년(1189)과 이듬해에 문극겸과 한문준이 사망하자 무신 출신 재상의 비중이 더 커졌다. 그리고 추밀원의 김영존金永存과 손석, 중서성의 이의민과 두경승 사이의 알력 사례에서 단적으로 나타

---

85 명종 16년 윤7월과 20년 9월의 외관 근무 자세에 대한 조서, 18년 3월에 발표한 종합적인 개혁조서, 22년 5월의 사치 금지령, 25년 3월 吏와 권세가의 침탈 금지, 25년 9월 公·私 부채의 상환을 연기해 주도록 지시한 조서 등이 이어졌다. 22년 9월에는 불균등하여 민원의 대상이었던 西京畿 내의 量田을 다시 실시하였다. 23년에는 어사대에서 '和租雜米'의 불법적 풍조를 금지하자고 청하였으며, 3월과 9월 두 차례에 걸쳐 창고를 열어 굶주린 사람들을 진휼하였다.

86 근본적인 해결책을 제시하지 못하였다고 해서 그러한 개혁방향을 일과적이고 허구적인 것이라고 지나치게 폄하할 수는 없다. 명종 18년의 제서에서 제시된 방향은 최충헌의 봉사10조와 함께 고려후기 개혁방향의 한 조류를 형성한 소위 私田改善論의 선구적 형태였다. 이에 대해서는 김인호, 1995,「무인집권기 문신관료의 정치이념과 정책─명종 18년 조서와 봉사 10조의 검토를 중심으로」,『역사와 현실』17 참고.

87 『고려사』권100, 杜景升.

88 李奎報가「東明王篇」을 써서 고려왕조의 神聖性을 강조하고 국가의식을 높이려 하였던 때도 명종 23년 무렵이었다. 이에 대해서는 朴菖熙, 1969,「李奎報의〈東明王篇〉詩」,『歷史敎育』11·12합 참고.

나듯이 무신들은 위세과시적 행태를 보였다.[89] 그런 상황에서 김사미·효심 등이 주도한 항쟁에 대한 우려와 거기에 이의민세력이 연루되었다는 혐의까지 겹치면서 지배층 내부의 불만과 위기감이 커졌다.

명종 24년(1194) 6월에 가뭄이 계속되자 간관들이 가뭄을 막기 위한 기도가 미치지 못하여 이러하니 태사太史의 죄를 다스리라고 상주하였다. 그러자 태사는 재해에 대응하여 왕이 수신한 인종대의 사례를 들면서 그렇게 하라고 촉구하는 상주를 올렸다. 9월과 12월에도 태사가 재이災異에 대한 대책을 상주하였다.[90] 간관의 지적에 따라 왕의 수성修省을 촉구하는 태사의 상주가 이어진 것은 당시 지배층의 위기의식을 반영한 것이 아닐까?

최충헌은 집권한 뒤 명종의 측근세력과 이의민의 세력을 숙청하고, "태조정법正法"의 준수를 표방하면서 봉사封事10조의 개혁안을 건의하였다. 신종 원년(1198)과 이듬해에는 산천비보도감山川裨補都監·오가도감五家都監·수양장도감輸養帳都監 등을 설치하여 개혁안을 일부 실천하려고 하였다. 신라부흥운동을 포함한 민의 항쟁을 적극 진압하였으며, 조위총의 난을 진압한 공로로 윤인첨尹鱗瞻과 기탁성奇卓誠을 공신으로 추대하였다.[91] 그런 일들은 명종대 후반부터 지향해 온 개혁방향을 따른 것이었다.

그러면 개혁시책을 추진한 인물들은 누구였을까? 선행 연구 중에는 이의민정권을 미천한 신분 출신들이 주도하면서 기존 법제와는 다른 변혁을 추진하였다고 지적하거나,[92] 명종 18년(1188)의 개혁책 반포에 즈음한 시기의 정치 동향에 주목하여 새로운 정치실권자로 등장한 이의민이 이반된 민심을 수습하려고 왕명 형식을 빌어 개혁책을 제시하였다고 파악한 연구들이

---

89 『고려사절요』 권13, 명종 21년 12월.
90 『고려사』 권20, 명종 24년 6월 庚寅; 丁酉; 9월 己未; 12월 己未.
91 최충헌 자신도 서경 반란 진압에 출정한 공로로 출세를 시작하였다.
92 金塘澤, 앞의 책, 49~50쪽.

있다.[93] 또는 이의민이 정권의 전면에 나서지 않고 왕과 문극겸 등의 문신관료를 내세워 정권을 조종하면서 자신의 권력을 정당화·은닉화하는 작업을 시도하였다고 파악한 연구도 있다.[94]

그런데 앞에서 살핀 정치 과정을 고려해 보면, 명종대 후반에 일어난 개혁은 문극겸 등 유교 정치이념에 바탕을 둔 문신들이 주도하고 두경승 등의 일부 무신들이 동조한 것이라고 파악할 수 있다. 개혁 주장을 왕이나 집권 무신이 이용하거나 최소한 반대하지 않아 왕명으로 발표되었겠지만, 개혁이 지향한 방향은 왕의 측근세력이나 이의민파의 정치행태와 대립적인 것이었다. 이의민은 두두을豆豆乙이라는 경주 지역의 기복적 토속신앙에 빠져 있었다.[95] 그가 추진한 새로운 변혁이라고 지적된 것도 내시직을 무신들이 겸직할 수 있다거나 무신을 동수국사同修國史에 임명하였다는 정도로서, 사회개혁과는 거리가 멀었다.

명종 때 왕이나 집권 무신들과 원만한 관계를 맺으면서 유교 정치이념을 가지고 나름대로 개혁책을 제시한 문신들은 문극겸·이지명李知命·임유任濡·조영인趙永仁·최선崔詵 등이다. 그들의 성향은 최씨집권기에 활동한 문생들에게 이어졌다.

문극겸과 이지명은 앞에서 살핀 것처럼 명종대 후반에 개혁 움직임이 상대적으로 가시화되는 계기가 된 조원정의 축출에서 중심적 역할을 하였다. 의종대에 대표적인 비판적 관료였던 문극겸은 무신집권 초기부터 왕 및 무신과 원만한 관계를 맺고 '현명한 재상'이라는 칭찬을 받으면서 활동하였다. 그의 문생으로는 금의琴儀·최홍윤崔洪胤 등이 최씨집권기에 활동하였

---

93 朴宗基, 1990,「12, 13세기 農民抗爭의 原因에 대한 考察」,『東方學志』69, 141쪽.

94 金晧東, 1994, 앞의 논문, 68쪽.

95 『고려사』 권128, 반역2 李義旼 "義旼不會文字 專信巫覡 慶州有木魅 土人呼爲豆豆乙 義旼起堂於家 邀置之 日祀祈福".

다. 이지명은 '옛 대신의 풍모를 지니면서' 활동하였으며, 임유는 문벌 출신이면서 교만하지 않고 관리로서 근무 자세가 뛰어나다는 평가를 받았다. 명종 20년(1190) 정당문학 이지명과 좌승선 임유가 과거 시험관을 맡았을 때 조충趙沖·한광연韓光衍[96]·이규보李奎報·유승단兪升旦·유충기劉沖基[97] 등을 문생으로 배출하였고, 그 문생들이 최씨집권기에 활약하였다. 또한 이지명의 외손자 이서림李瑞林은 최충헌에게 밀착된 인물이었다. 조영인은 명종이 즉위하자 태자의 보도를 맡고 승선이 되었는데, 잘못된 것들을 많이 바로잡았고 여론이 그를 중하게 여겼다. 최선은 최유청의 아들로서, 왕제인 승려 충희沖曦가 측근에서 활동하면서 물의를 빚자 간쟁하였다가 파직당한 적이 있다. 그는 『증속자치통감增續資治通鑑』을 교정하여 지방에 보급하고, 송 상인이 바친 『태평어람太平御覽』을 교정하는 일을 맡았다.[98] 조영인과 최선은 최씨정권에 협력하였으며, 조영인의 아들 조준趙準은 문극겸의 문생으로서 최충수의 사위였다.

이들의 성향과 동향이 명종대 후반의 개혁을 추동하였다고 여겨진다.[99] 그렇지만 여전히 문신이 견제되는 상황에서 그들이 독립적인 정치세력으로 존재하였는지는 의문이다.

---

96 한광연은 최충헌의 심복으로서 이의민을 제거한 후에 경주에 가서 이의민의 족당세력을 제거하는 임무를 맡았다.
97 「翰林別曲」에 따르면 유충기는 對策이 뛰어난 인물이었다.
98 『고려사』 권20, 명종 22년 4월 壬子; 8월 癸亥.
　　최선과 함께 『증속자치통감』을 교정한 鄭國儉은 명종대 말기에 어사대부를 지내면서 인사행정이 문란한 것을 싫어하여 南班에서 임시로 채용한 10여 명을 파면하였는데, 그로 인하여 대간의 기강이 조금 떨쳤다고 하였다(『고려사』 권100, 鄭國儉).
99 김인호, 앞의 논문, 107~115쪽 참고.

불안한 안정:
최씨 일가의 장기 집권

1. 보정輔政과 그 명분

보정의 준거

　1196년(명종 26) 최충헌이 이의민파를 숙청하고 집권한 이후 1258년(고종 45)까지 그의 자손들이 대를 이어 권력을 승계하였다. 최씨집권자들은 왕정이 유지되는 가운데에서도 왕권을 능가할 정도의 권력을 행사하였다. 그런데 그처럼 장기간 왕권이 위축되고 특정 신료가 국정 운영을 주도하는 정치 형태에 대하여 파행적·비정상적이라고 치부해 버릴 수만은 없다. 당시 정권에 참여한 유학자들은 최씨 정권의 정당성을 인정하였으며 특히 그들의 집권을 보정의 맥락에서 받아들였던 점에 주목할 필요가 있다.

　이미 고려중기부터 보정이 거론되고 시행되었다. 인종이 어린 나이에 즉위하자 외조 이자겸이 예종의 유조遺詔를 받은 친親으로서 왕을 보위하면서 권력을 장악하였다. 이에 대하여 인종은 그에게 일체의 정사를 '위임'하였다고 언급하여 이자겸의 정치행위를 보정으로 인정하였다.[1] 의종 때에는 왕의 측근인 김존중이 태자가 어려서 종친들이 딴마음을 품을 우려가 있으니 양부 재상 중에서 동궁 사부를 뽑아 주공周公과 곽광藿光의 고사 즉 그들이 보정한 일을 본받게 하자고 왕에게 건의하였다.[2]

고려시대 유학자들이 보정의 필요성을 인정하였다는 것은 헌종대 정치에 대한 이제현李齊賢의 평가에서도 볼 수 있다. 그는 이자의李資義의 난과 관련하여 다음과 같이 언급하였다. "나라 사람들이 보고 들은 바에 익숙하여 생각하기를, '선종에게 다섯 명의 아우들이 있었는데도 어린 아들을 세웠다.'라고 하면서 옳은 것을 잘못으로 여기니, 생각하지 못함이 어찌 이리 심할까? 단지 친척 중에서 주공과 같은 인물과, 신하 중에서 박륙(博陸侯, 藿光)과 같은 인물을 얻어서 위임하여 보정을 맡기지 못하면 위태롭고 어지러워지는 결과가 금방 다가올 것이다."[3] 헌종 때에 유약한 왕을 대신하여 사숙태후가 섭정하면서 정령政令을 행사하였는데[臨朝稱制], 당시 정치가 제대로 이루어질 수 없었다는 평가를 받았다.[4] 이에 대하여 이제현은 후사가 유약한 경우에 주공·곽광처럼 능력 있고 사심이 없는 왕친·신료에게 보정하도록 위임하는 것이 옳았다는 의견을 제시한 것이다. 비록 사숙태후 섭정기에 이자의파가 득세하여 헌종의 후계를 둘러싸고 계림공파와 갈등하다 정변이 일어났고, 이자겸의 보정도 뒤에 인종의 복정復政을 놓고 갈등을 빚었

---

1 『고려사절요』 권9, 인종 2년 5월 "公 先王之所付託 沖人之所尊親 任大而責深 功崇而德重"; 『고려사』 권15, 인종 4년 5월 丁亥 "宣旨 朕以幼沖 承襲祖業 意欲倚賴外家 事無大小 一切委任 而縱爲貪暴 殘民害國".
　　외척으로서 이자겸의 보정에 대해서는 채웅석, 2014, 「고려중기 외척의 위상과 정치적 역할」, 『한국중세사연구』 38 참고.
2 『고려사절요』 권11, 의종 10년 3월 "(金存中)嘗密白王曰 太子幼 宗親盛 恐致覬覦 宜選兩府宰相 以爲東宮師傅 以效周公霍光故事 王然之".
3 『益齋亂藁』 권9下, 史贊 獻王.
4 『고려사절요』 권6, 헌종 원년 7월 "王幼弱有疾 不能聽決萬機 母后專國事 左右依違其間"; 『고려사』 권11, 숙종 원년 4월 癸酉 "頃者 幼君寢疾 聽斷不明 母后攝政 洄惑失度 致使凶人乘間謀亂".

지만, 고려시대에는 섭정과 보정이 역사적으로나 유교 정치사상으로나 준거를 갖춘 정당한 정치형태라고 인식되었다.

최씨정권의 정치형태도 당시 보정이라고 인식되었다. 강종 원년(1212)에 만들어진 박인석朴仁碩의 묘지명에는 명종 때 최충헌이 이의민을 제거하고 집권한 것에 대하여 "명종이 재위한 지 오래되자 일에 고달파하여, 대신이 보정하면서 현명하고 능력 있는 사람을 발탁해서 태평 정치를 돕게 하려고 하였다."라고 하여, 그의 집권을 보정이라고 표현하였다.[5] 박인석은 무신집권 초에 은퇴하였다가 최충헌이 집권한 명종 26년(1196)에 최당崔讜의 추천을 받아 동래현령으로 비로소 부임하였다. 그의 묘지명에서 명종이 늙어 정사에 고달파하였다고 한 것은 그 이듬해 최충헌이 왕을 폐위하고 왕제 평량공을 옹립하면서 내건 이유와 동일하였다.[6] 그리고 최충헌의 묘지명에 따르면, 신종(1197~1204)은 임종 시에 직접 최충헌에게 후사를 부탁하고 보정하라는 유조를 내렸으며, 고종(1213~1259)은 즉위 후 최충헌을 더욱 우대하려고 하였지만 관직 품계에 한계가 있어서 더 올리지 못하고 단지 보상輔相의 뜻을 나타내는 글자를 만들어 해마다 칭호를 더해 주었다고 하였다. 그리고 한漢의 주발周勃이 황실을 안정시킨 것과 같은 공로, 상商의 이윤伊尹이 섭정하고 한의 곽광이 새 황제를 옹립한 것과 같은 위엄을 최충헌이 갖추었다고 평가하였다.[7]

---

5 金龍善 편, 앞의 책, 朴仁碩墓誌銘 "明宗在位歲久 倦于勤 大臣輔政 將擢用賢能以補大平之化".

6 『고려사절요』 권13, 명종 27년 9월 庚申 "崔忠粹與其甥朴晉材 往謀於忠獻曰 今上在位 二十八載 老而倦勤 諸小君竊弄恩威以亂國政 上又寵愛群小 多賜金帛 府庫虛竭 盍廢乎"; 金龍善 편, 위의 책, 崔忠獻墓誌銘 "丁巳秋 上耄倦于勤 遜位于皇太弟 是爲神宗 公有定策迎立之功 特授大中大夫上將軍□□ 餘官如故 命有司畫形於功臣閣 仍賜鐵契以旌帶礪之信 … 公旣遭時遇主 自任以喉舌之重 補贊綳縫 甄拔銓叙 知無不爲".

7 金龍善 편, 위의 책, 崔忠獻墓誌銘 "甲子孟春 上不豫 召公入內 面付托孤之寄而以同心佐命致理功臣號寵焉 大子受內禪 公受遺輔政 志在端正百度 儀刑四方 謨明弘濟爲任 … 公以□□勃安之功 伊攝霍立之威".

최충헌 묘지명에서 언급한 주발은 여씨呂氏 일족을 숙청하고 대왕代王을 황제(文帝)로 옹립하여 황실을 안정시킨 인물이며, 이윤은 태갑太甲이 국정을 돌보지 않자 동동桐으로 내쫓아 가두고 섭정하다가 태갑이 뉘우치는 모습을 보고 정권을 돌려준 인물이다. 곽광은 무제武帝로부터 어린 소제昭帝를 도와 주라는 부탁을 받아 보정하였고, 소제가 죽은 뒤에 그를 계승한 창읍왕 유하劉賀가 방종하자 제위를 박탈하고 유순劉詢(宣帝)을 옹립하였다. 소제 때 곽광의 보정은 주공의 고사에 비유되었다. 무제가 어린 소제를 염려하여 곽광에게 후사를 부탁하고자 주공이 성왕成王을 업고 제후들의 조회를 받는 그림을 곽광에게 주었으며, 임종 시에 후사를 묻는 곽광에게 그림의 뜻을 이해하여 어린 아들을 세우되 그가 주공이 한 일을 행하도록 하였다.[8] 또한 곽광이 창읍왕을 폐위시킨 것도 한 황실을 위한 행위로서 이윤의 경우와 다름없다고 하였다.[9]

이윤·주공·곽광 등의 보정은 권력욕에서 비롯된 것이 아니라 어린 왕의 정치를 보필한 것으로서 본받을 만한 정치형태라고 유교 정치사상에서도 인정하였다. 앞서 본 김존중의 건의나 이제현의 사찬 내용에서 확인할 수 있듯이, 고려 유학자들도 마찬가지로 인식하였다. 그런 맥락에서 최충헌이 왕의 유조와 위임 등을 받아 보정하였다고 집권의 명분을 세웠던 것이다.

고종 7년에 내린 교서에서도 그가 강종을 받들어 즉위시켰으니 定策國老이고 고종을 보필하여 왕통을 잇게 하였으니 佐命大臣이라고 하면서 나라를 再造하고 왕업을 중흥한 그의 공로는 伊尹과 周公도 감당하지 못할 바라고 칭송하였다(『東國李相國全集』권34, 中書令晉公圖形後功臣齋唱讀敎書).『東國李相國集』의 작품 연보는 김용선, 2013, 『이규보 연보』, 일조각 참고).

8 『漢書』권68, 霍光 "征和二年 … 上心欲以爲嗣 命大臣輔之 察羣臣 唯光任大重 可屬社稷 上乃使黃門畫者 畫周公負成王朝諸侯以賜光 後元二年春 上游五柞宮 病篤 光涕泣問日 如有不諱 誰當嗣者上日 君未諭前畫意耶 立少子 君行周公之事".

9 곽광이 창읍왕을 폐위할 때 대사농 田延年은 다음과 같이 언급하였다. "伊尹相殷 廢太甲 以安宗廟 後世稱其忠 將軍若能行此 亦漢之伊尹也 … 先帝屬將軍以幼孤 寄將軍以天下 以將軍忠賢能安劉氏也 今羣下鼎沸 社稷將傾 且漢之傳諡常爲孝者 以長有天下 令宗廟血食也 如令漢家絶祀 將軍雖死 何面目見先帝於地下乎"(위의 책).

물론 최충헌 관련 사료들에 기록된 보정에 대하여 신료가 왕을 보좌한다는 일반적인 의미로 해석할 수도 있을 것이다. 문자 그대로 보면, 보정은 왕의 정치를 보필하는 정치형태이다. 재상宰相을 보상이라고 하고, 재상으로서 군주를 보필하는 것을 보정이라고 언급한 사료들이 있다.[10] 최씨정권이 왕권을 능가하는 권력 장악과 행사를 보상輔相의 논리로 합리화하였다는 점을 지적한 선행 연구도 있다.[11] 이 연구는 최씨정권이 왕을 보필하면서 군신관계의 틀을 벗어나지 않았다는 점을 강조하였는데, 최씨정권의 정치형태가 비정상적인 것이 아니라 역사적 준거가 있는 것으로 합리화되었다고 논파한 것은 이 책의 논지와 궤를 같이한다.

그런데 이 책에서 주목하는 것은 일반적인 의미의 보상輔相(輔臣), 보정輔政이 아니라 특정 신료가 '왕으로부터 권력을 위임받아 정치에 임하는[委任而輔政]' 정치형태이다. 그런 의미를 담은 역사적 개념으로서 보정은 중국사에서 한대에 등장한 특정한 정치형태를 가리킨다. 예컨대 무제의 유조를 받아 곽광·상관걸上官傑·김일제金日磾 등이 소제를 보정한 사례처럼, 황제가 유약하여 정상적인 직무 수행이 어려울 경우에 전 황제의 유조나 현 황제의 위임을 받아 특정 신료가 영상서사領尙書事와 장군將軍이라는 제도적 장치를 통하여 황제의 통치권을 대행하거나 통치에 간여하는 정치형태였다.[12] 그런 보정은 앞에서 언급한 이윤과 주공의 고사에서 역사적·이념적 전거를 찾았다. 보정을 맡은 신료는 왕명의 출납, 인사행정과 감찰, 군권 등

---

10 『三峰集』 권13, 朝鮮經國典 治典摠序 "(冢宰) 上以承君父 下以統百官治萬民 厥職大矣 且人主之材有昏明強弱之不同 順其美而匡其惡 獻其可而替其否 以納於大中之域 故曰相也 輔相之義也";『補閑集』 권下, 崔宣肅公宗峻天性淸介 … "位侍中爲冢宰十五年 門庭水淨 年方乞退 上賜几杖不朝 輔政如故".

11 박재우, 2016,「고려 최씨정권의 권력행사와 왕권의 위상」,『한국중세사연구』 46, 171~178쪽.

12 중국사의 보정에 대해서는 金翰奎, 1993,「漢代 및 魏晉南北朝時代의 輔政」,『歷史學報』 137; 1993,「漢代 및 魏晉南北朝時代의 輔政體制」,『東洋史學研究』 44 참고.

을 장악하였으므로 왕정이 유지되면서도 권력의 중심은 보정을 맡은 신료에게 있었다.

최씨정권에서도 한대 보정의 특징이 나타났다. 최씨집권기의 보정을 '정권 장악[秉政]' 또는 '정권 전제[專政]'라고 부르거나 보정을 끝내고 왕이 친정하는 것을 '왕에게 정권 이양[歸政]' 또는 '정권 복구[復政]'라고 불렀듯이,[13] 일반적인 재상의 보필 형태와 달랐다. 한대의 보정과 비견되는 최씨집권기 보정의 제도적 장치에 대해서는 다음 장에서 살펴보기로 한다.

최씨집권기 보정의 명분

최충헌 이전의 무신 집권자들도 보정의 명분을 얻었는지는 확인할 수 없다. 그렇지만 최충헌은 당시 사회의 위기상황 극복과 왕조 보위를 집권의 명분으로 내걸었다.

그가 집권하기 전에 고려사회는 정치적 불안정성이 큰 상황이었다. 무신들이 집권하였지만 정당성을 확보하지 못하고 권력투쟁이 빈발하는 가운데 집권자들이 비정상적인 방식으로 교체되었다. 더구나 전국적으로 격화된 민의 항쟁 때문에 지배층 사이에 위기의식이 고조되었다. 당시 유교 지식인들은 자기들이 지향하는 정치이념과 사적인 문객 결합이 작동되는 정치 현실 사이에서 갈등하였으며, 민의 항쟁에 대한 불안과 민의 처지에 대한 동정 사이에서도 갈등하였다. 그리고 명종대 말기에는 국가의식을 강조하고 유교이념에 따른 개혁정책들을 구상하면서 사회 통합을 바랐다.[14]

---

13 예컨대 『고려사』 권75, 선거3 전주 限職 고종 45년 2월 "崔沆秉政 欲收人心 始除其家殿前公柱崔良伯金仁俊爲別將 畾長壽爲校尉 金承俊爲隊正"; 『益齋亂藁』 권9上 "初 本國權臣仍世專政 集文士有才望者 置之府中 號政房"; 『고려사』 권105, 柳璥 "是日誅瑨 歸政王室"; 金龍善 편, 앞의 책, 柳甫發墓誌銘 "(柳璥) … 與別將金仁俊 誅忠獻之曾孫瑨 用能輔政于王"; 같은 책, 許珙墓誌銘 "及戊午歲 權臣掃迹 復政王室 簡文士入政堂" 등의 사료에서 볼 수 있다.

14 김인호, 1995, 「무인집권기 문신관료의 정치이념과 정책─명종 18년 조서와 봉사 10조의

그에 따라 국가의식을 고양하고 개혁정책을 추진할 수 있는 강력한 리더십에 대한 기대가 커졌지만, 왕과 이의민은 그에 부응하지 못하였다. 명종 16년(1186)에 수령의 탐학을 경계하라는 왕명을 내렸는데, 권경중權敬中은 당시 상황에 대하여 "명종이 행실은 환제桓帝·영제靈帝와 같으면서 입으로는 문제文帝·경제景帝를 말하니, 조서가 비록 애통하더라도 그 5얼孽·7폐嬖가 권력을 휘두르고 관작을 팔아먹는 폐단에는 어찌하겠는가?"라고 지적하였다.[15] 특히 이의민은 왕을 시해하였다는 약점을 가진 터에 고려왕조를 부정하는 신라부흥운동에 연루되었다는 의심까지 받았다.

이의민파를 숙청하고 집권한 최충헌은 개혁 추진을 바라는 기대에 부응하여 집권의 정당성을 확보하려고 하였다. 그는 왕에게 "적신 이의민이 전에 시역의 죄를 범하고 생민을 침해하며 대보大寶를 엿보았기 때문에 … 나라를 위하여 토벌하였다."라고 보고하였다.[16] 이어서 '태조가 세운 바른 법〔太祖正法〕'의 준수를 표방하면서 봉사10조의 개혁안을 제시하고, 왕이 총애하던 소군과 측근 소인들을 국정을 어지럽힌다는 이유로 숙청하였다.[17] 그리고 왕이 늙어 정사에 고달파한다는 이유를 보정의 명분으로 삼았다가, 마침내 폐위하고 신종(1197~1204)을 세웠다.

신종 원년(1198)에는 산천비보도감을 설치하여 최충헌이 재추·중방 및 술사術士들과 산천비보연기山川裨補延基에 관한 일을 논의하였다.[18] 이는 농민항쟁이 터져 나오고 고려의 왕업이 거의 다하였다는 위기의식이 고조된 가운데 풍수지리설에 따라 왕조의 운명을 연기延基하는 사업을 최충헌

검토를 중심으로」,『역사와 현실』 17; 채웅석, 1995,「명종대 권력구조와 정치운영」,『역사와 현실』 17 참고.

15 『고려사절요』 권13, 명종 16년 윤7월.『명종실록』은 최이가 집권하던 고종 14년에 편찬되었다.

16 『고려사절요』 권13, 명종 26년 4월.

17 『고려사절요』 권13, 명종 26년 5월.

18 『고려사절요』 권14, 신종 원년 정월.

자신이 적극적으로 시행하려고 한다는 점을 보여 준 것이다. 그는 신종의 유조를 받아 희종(1204~1211) 때도 보정하였으며, 희종이 자신을 숙청하려고 하자 질병을 핑계 삼아서 폐위하고 강종(1211~1213)을 세워 보정을 유지하였다. 그의 묘지명에는 고종(1213~1259) 때에도 왕의 위임을 받아 보정하였다고 기록되었다.

최충헌은 명종과 희종을 폐위하고 신종과 강종을 세웠는데, 왕의 폐립 같은 비상한 조치조차도 보정을 맡은 신료로서 행할 수 있는 준거가 있었다. 한漢 대에 전 황제의 유언에 따른 보정은 통치권력을 위임받은 공식적 정치 형태로 인정되었고, 왕조의 운명이 보정에 달려 있다고 받아들여졌다. 황실을 보위하기 위하여 황제의 지위를 결정하는 일도 보정에 포함되어 있어서, 곽광이 창읍왕과 선제를 옹립하고 창읍왕을 폐위한 것처럼 황제를 폐립하는 권력도 행사할 수 있었다.[19] 최충헌의 권력이 막강하여 왕을 폐립할 수 있기도 하였지만, 그런 역사적 준거가 있었기 때문에 그가 왕을 폐립한 것이 무도한 권력 행사만은 아니었던 셈이다. 명종을 폐위할 때 내세운 명분은, 왕이 재위한 지 28년이 되어 늙고 게으르다는 점, 소군들이 곁에서 권세를 잡고 국정을 어지럽힌다는 점, 왕이 소인배들을 총애해서 재물을 많이 하사하여 국고가 텅 비었다는 점 등이었고, 그렇기 때문에 명종이 더이상 신민들을 다스릴 수 없는 지경에 이르렀다고 하였다.[20]

신종은 54세, 강종은 60세에 즉위하고 희종과 고종은 각각 24세, 22세에 즉위하여 어린 나이에 왕이 된 것이 아니었다. 그렇기 때문에 최충헌의 보정은 왕의 유약함을 명분으로 시행된 보정과는 차이가 있었다. 무신정변 이래 왕권이 미약해진 상황에서 최충헌은 왕조 보위와 위기상황 극복을 집권

---

19 註 9와 같음. 보정을 맡은 신료의 황제 폐립 권한에 대해서는 金翰奎, 1993 앞의 논문, 76 ~77쪽 참고.
20 『고려사』 권129, 반역3 崔忠獻 .

명분으로 내걸고 왕의 유조와 위임을 받아 보정하는 것이라고 정권을 합리화하였다. 고종 치세에 집권한 최이崔怡(崔瑀)를 비롯하여 그 뒤 고종 치하에서 승계한 그의 후계자들은 보정의 명분이 더 취약하였다. 사실 그들의 경우에는 보정이라고 명시한 기록이 없다. 그렇지만 고종의 선지에서 최이와 최항에 대하여 다음과 같이 언급한 것을 보면 그들의 집권도 보정이라고 하였을 가능성이 있다. "황고께서 나라를 다스릴 때부터 과인이 즉위한 이래로 진양공 최이가 좌우에서 보필하여 삼한이 부모를 우러러보는 것 같았다. 지금 갑자기 사망하였으니 의뢰할 사람이 없다. 아들인 추밀원부사 항沆이 대를 이어 진정鎭定하니 재상의 지위[相位]를 초수超授할 만하다."[21] 즉 왕으로부터 위임을 받아 보필하고 대를 이어 나라를 안정시킨다는 명분으로써 최씨집권자의 보정권력 승계가 정당화되었다.

최씨집권자들이 대를 이어 나라의 어려움을 극복하고 안정시켰다고 인식한 근거는 그들에 대한 포상 기록에서 확인할 수 있다. 고종 42년(1266) 최항을 포상한 조서에, 주공 단旦과 소공召公 석奭이 주周의 재상을 역임하고 소하蕭何와 조참曹參이 한漢을 보좌한 것처럼 군신이 서로 의뢰하는 것[君臣相資]은 예나 지금이나 같은 도리라고 하면서, 몽골의 침입에 대응하여 최이가 강화도로 천도하여 삼한三韓을 재조再造하였고 그 아들 최항은 강화도의 성과 궁궐·종묘를 완비하여 위기를 적절하게 관리함으로써 영원히 의지할 수 있게 하였다고 기록하였다.[22] 그리고 "임금을 높이 받들고 백성을 보호하며[尊主庶民]" "왕을 도와 국난을 제어하는[匡君制難]" 왕조 보위자로서의 위상을 최씨집권자들이 가업家業으로 계승하였다고 쓴 기록들도 있다.[23]

---

21 『고려사절요』 권16, 고종 36년 11월.
22 『고려사절요』 권17, 고종 42년 11월.
23 『고려사절요』 권17, 고종 40년 6월 "制曰 … 嗣子侍中崔沆 承襲家業 應時而起 尊主庶民 一新令條 佐致中興 功勤莫大"; 金龍善 편, 앞의 책, 崔沆墓誌銘 "己酉(고종 36년) 十一月 晉陽公卒 承襲考業 柄國幹家";『고려사』 권129, 叛逆3 崔忠獻 附 崔竩 "(고종 42년) 王詔

특히 최씨집권자들이 천명天命을 받아 보정한다고 인식한 점이 주목된다. 김창金敞과 최자崔滋 같은 관료들은 하늘[天]이 최이의 손을 빌려 정치가 이루어진다고 하거나 최항이 천명을 받아 대업大業을 승습承襲하였다고 칭송하였다.[24] 그들의 보정이 하늘을 대리하거나 천명을 받아 승계하는 것이라고 하여 마치 왕권에 비견되는 권위가 있는 것처럼 인식하였던 것이다.

최씨집권자들이 보정하던 시기에 왕정에 대해서는, 왕이 이른바 '옷자락만 드리우고 가만히 앉아 있어도 다스려진다[垂衣而治].'거나 '두 손을 마주 잡은 채 무위하여도 다스려지는[垂拱無爲]' 정치를 부각하였다. 예를 들면 희종 5년(1209) 왕이 최충헌의 별제에 행차하였을 때 이규보가 올린 글을 보면, 최충헌에 대해서 "덕망이 이윤·주공보다 높아서 세상을 압도하는[蓋世] 공을 높이 이루고, 업적은 제 환공과 진 문공보다 커서 존왕尊王의 의義를 더욱 돈독히 하십니다."라고 하고, 이어 "천하를 하나로 바로잡아[一匡天下] 왕가를 재조再造하였다."라고 칭송하였다. 그리고 그런 공적과 대비하여 왕에 대해서는 "기미를 아는 것이 신과 같으시고 지혜로워 성인이 되십니다. 옷자락만 드리운 채 천하를 교화하시매[垂衣裳而化天下] 앉아서 태평을 즐기십니다."라고 하였다.[25] 고종 8년(1221)에 최이를 포함하여 이연수·김의원·사홍기 등을 인사 발령한 교서에서는 "재상이 훌륭하면 왕이 편안하고 백관들이 바르게 되며, 그렇게 되면 천하는 다스릴 것도 없다. 옛날 왕이 누군들 훌륭하고 능력 있는 사람을 임용하여 두 손을 마주 잡은 채 무위하면서[垂拱無爲] 태평한 최고의 정치를 누리려고 하지 않았겠는가."라

曰 … 嗣子侍中沆 通追家業 匡君制難".

24 『補閑集』 권中, 侍中上柱國崔公功名富貴之極… "公之不與庸瑣爭 而順受天命 承襲大業"; 『고려사절요』 권17, 고종 43년 2월 "(金敞)附崔怡參政房 凡銓注 一聽於怡 無所可否 或問其故 對曰 天假手於晉陽公 吾何間焉".

25 『東國李相國全集』 권19, 晉康侯別第迎聖駕次 教坊呈瑞物致語.

고 기록하였다.[26] 그리고 이규보가 지은 「교방하팔관표敎坊賀八關表」에서는 "성상 폐하께서는 신묘한 도리〔神道〕로 교화를 베풀고 태평을 유지하며, 두 손을 마주 잡고 옷자락만 드리운 채〔拱手垂衣〕 자신은 무위의 정치를 펴시지만 사람들은 저절로 교화됩니다〔我無爲而人自化〕."라고 하였다.[27]

유교 정치사상에서 왕이 '옷자락만 드리우고 가만히 앉아 있어도 다스려지는 정치' 또는 '두 손을 마주 잡은 채 무위하여도 다스려지는 정치'는 현명한 인물을 등용하여 인민을 덕으로 교화하게 함으로써 나라를 다스리는 것을 말한다. 예컨대 『상서』에 "신信을 두텁게 하고 의義를 밝히며, 덕德을 높이고 공功을 보답한다면, 옷자락만 드리우고 손을 마주 잡은 채로도 천하가 다스려진다."라고 하였다.[28] 또 『논어』에 "무위하여 다스린 분은 순舜이구나! 무엇을 하였는가. 몸을 공손히 하고 바르게 남면南面하였을 뿐이다."라고 하였는데,[29] 여기서 말하는 무위하여 다스린다는 뜻은 왕이 통치를 현명한 신료에게 맡기고 자신은 엄숙하게 군림만 하여도 그 감화력으로 잘 다스려지는 정치를 말한다. 최씨정권기에 이규보와 같은 관료들이 유교 정치사상에 빗대어 왕이 군림하되 집권자의 보정에 맡겨 무위의 정치가 이루어진다고 인식하였던 것이다.

그처럼 왕이 '두 손을 마주 잡은 채 무위하여도 다스려진다.'는 명분에도 불구하고, 보정은 신료가 왕의 통치를 대행하거나 간여하는 형태였기 때문에 왕권을 위협할 수 있었다. 보정은 왕을 보위한다지만 한편으로는 왕권을 약화하는 이중적 성격을 갖고 있었다. 그렇기 때문에 유학 정치사상은 보정에 대하여 유약한 왕의 보좌 필요성을 인정하면서도 신료의 천권擅權을 우

---

26 『東國李相國全集』권34, 李延壽爲守大尉….
27 『東國李相國後集』권12, 敎坊賀八關表.
28 『尙書』周書 武成 "惇信明義 崇德報功 垂拱而天下治".
29 『論語』衛靈公 "子日 無爲而治者其舜也與 夫何爲哉 恭己正南面而已矣".

려하는 양면적 태도를 취하였다.

최씨집권자들이 왕조 보위 명분을 걸고 강력한 리더십을 발휘하여 정치를 안정시켰지만, 한편으로는 왕권을 무력화하는 원심력으로도 작용하였다. 예컨대 신종은 허수아비[木偶人]와 같을 뿐이라고 평가받았을 정도였다.[30] 왕의 유약함 여부와 상관없이 집권 신료 자신의 의지와 실력을 바탕으로 왕명에 가탁하여 보정의 실시와 유지가 연출되기도 하였다. 최씨집권자들은 신료로서 권력을 천단한다는 비판을 누르고 권력을 유지할 수 있도록 제도적·현실적 장치의 양면에서 기반을 마련하는 한편, 왕가와 삼한의 재조再造 즉 왕조 보위와 위기상황 극복이라는 보정 명분을 지속적으로 대를 이어 부각하였다.

2. 보정의 제도적 장치와 권력기반

관료제도와 보정

최충헌은 집권하면서 태조정법太祖正法과 고제古制의 준수를 강조하였다. 이후 최씨집권자들이 보정하면서 비록 사병과 문객조직 등 사적 권력 기반을 강화하였지만 기존 왕정의 관료제도와 구분되는 지배체제를 별도로 구성하지 않았다. 앞에서 본 것처럼 한대에는 영상서사와 장군이라는 제도적 장치를 통하여 보정이 이루어졌다. 그렇다면 최씨집권기 보정에서 그 직임들과 비교할 만한 제도적 장치는 무엇이었고 권력기반은 어떠하였을까? 이 문제와 관련하여, 선행 연구들을 바탕으로 먼저 검토할 사항들이 있다.

첫째, 태후가 섭정하면서 황제를 대신하여 조회朝會에 참석하고 자신의 명령을 황제의 명령인 제制라고 칭하는 이른바 '임조칭제臨朝稱制' 형태와

---

30 『고려사절요』 권14, 신종 7년 2월.

는 달리, 보정을 맡은 신료는 조칙을 내릴 권한을 갖지 못했다. 그 권한은 여전히 왕이 갖고 있었으며, 보정을 맡은 신료가 군무나 인사업무 등에 관여하려면 해당 관직을 갖고 있어야 하였다. 선행 연구에서 밝혔듯이, 최씨집권자와 그의 족당세력은 재추나 고위 무반직과 함께 왕명의 출납, 관료인사와 감찰 등 핵심권력을 장악할 수 있는 이부·병부·추밀원·어사대 등의 중요 관직을 차지하였다. 무신집권기에 그런 정치기구들이 여전히 중요한 기능을 하였고 최씨집권자들도 그 기구들의 관직을 이용하여 권력을 행사하였다.[31]

둘째, 고려전기의 관제에서는 정책 수립과 집행 기구의 분리, 재상권의 분산과 합좌제도, 대간제도, 문·무반의 분리 등이 이루어졌으므로 특정 신료에게 제도적으로 권력을 집중시키기가 용이하지 않았다. 무신들이 득세한 명종 때에도 집권한 무신이 중방 합좌제도의 제약을 벗어나지 못하였다. 최씨집권자가 합법적으로 관제상의 제약을 넘어서 비상한 권력을 행사하려면 주요 관직들을 장악하거나 이자겸이 노렸던 것처럼 지군국사知軍國事와 같은 특별한 직임이[32] 필요하였다.

더구나 최의崔竩는 재추의 직위에 오르지 못한 상태에서도 집권할 수 있었는데, 그것을 가능하게 한 제도적 장치가 무엇이었는가 하는 문제가 있다. 그는 집권하기 1년여 전에 6품의 전중내급사에 임명되었다가 최항이 사망하자 차장군借將軍에 임명되면서 집권하였다. 곧 추밀원부사 판이병부어사대사로 임명되었지만 사양하고 우부승선의 직임을 받았다. 그런 점을 위의 두 번째 사항과 연관지어 검토해 보면, 관계官階의 고하나 재추직의 여부와 관계없이 비상한 권력을 행사하고 승계할 수 있는 제도적 장치로서 교

31 張東翼, 2013, 「13世紀前半 崔氏政權期의 宰相」, 『歷史敎育論集』 51; 박재우, 2014, 「고려 최씨정권의 政房 운영과 성격」, 『한국중세사연구』 40.

32 채웅석, 2014, 앞의 논문, 361쪽.

정도감이 주목된다.[33] 『고려사』 백관지에 "최충헌이 권력을 휘두르면서 시행하는 모든 것이 반드시 교정도감에서 나왔으며, 최우도 그것을 이었다." 라고 기록하여, 교정도감이 권력의 중심에 있었고 승계되었음을 보여 준다.[34] 최의도 집권하자마자 교정별감에 임명되었다.

셋째, 최씨집권자들이 기존 관료제의 중요 관직들을 이용하였다는 점과 기존 관료제의 제약을 넘어서는 특별기구로서 교정도감을 만들어 권력을 장악하고 세습하였다는 점은 서로 부정합적으로 보일 수 있다. 3성 6부와 추밀원을 비롯한 기존의 관료기구가 무신집권기에 유명무실하였다면 부정합적이라고 여길 수는 없지만, 그렇지 않다면 교정도감은 관료기구의 상위에 위치하여 국정 전반을 장악한 것이 아니라 권력의 핵심사항과 관련된 특정한 업무를 수행하면서 권력기관화하였다고 보아야 할 것이다.[35] 더구나 교정도감은 명목상 임시기구였다.[36]

이런 점들을 고려하면서 최씨집권자들이 관료기구상의 관직들을 이용한 양상을 먼저 살펴보자. 그들은 중요 정무에 대하여 왕의 결재를 받아 시행하였다. 그들이 결정한 것에 대하여 비록 왕이라 하더라도 비판·거부하기가 어렵기는 하였지만, 정무의 처리 과정은 관료기구를 통하여 이루어졌다. 최충헌은 집권하자 곧 섭대장군이면서 추밀원 좌승선과 지어사대사로서

---

33 이와 관련한 선행 연구들은 다음과 같다. 민병하, 1973, 「최씨정권의 지배기구」, 『한국사』 7, 국사편찬위원회; 金潤坤, 1978, 「高麗 武臣政權時代의 敎定都監」, 『영남대 문리대학보』 11; 曺圭泰, 1995, 「崔氏武人政權과 敎定都監體制」, 『高麗人政權研究』, 서강대학교출판부; 이정신, 1995, 「고려 무신정권기의 敎定都監」, 『東西文化研究』 6; 서각수, 2001, 「고려 무인정권기 교정도감에 대한 고찰」, 『典農史論』 7; 박재우, 2015, 「고려 무신 정권기 敎定都監에 대한 새로운 해석」, 『한국사학보』 60.
34 『고려사』 권77, 백관2 諸司都監各色 敎定都監.
35 박재우, 2015, 앞의 논문, 181~187쪽
36 최충헌과 최항의 묘지명에서는 교정도감이나 교정별감에 대하여 일체 언급되지 않았다. 그 까닭은 그것이 명목상 임시기구이기도 하고 묘지명의 관행상 유학 정치이념과 정규 관료제의 범위 내에서 관력을 기록하였기 때문일 것이다. 도방이나 서방 등의 사적 조직도 묘지명 같은 개인의 생애기록에는 거의 등장하지 않는다.

왕명의 출납과 언론을 장악하였다. 그리고 신종 초기에 상장군이 되고 추밀
원지주사 지어사대사의 직임과 함께 병부상서 지이부사가 되어 문·무관에
대한 전주도 장악하였다. 그의 묘지명에는 이때 "스스로 왕명을 출납하는
중책〔喉舌之重〕을 맡아 왕을 보필하고 선발·임명하는 일을 맡지 않은 것이
없었다."라고 기록되어 있다. 당시 판이부사였던 기홍수는 전형하여 선발
하는 일〔銓選〕을 최충헌에게 양보하였다.[37] 최이는 고종 6년(1219)에 집권하
자 곧 상장군 및 참지정사 이병부상서 판어사대사로서 재상이 되어 전주와
언론을 장악하였다. 최충헌이 사제私第에서 문·무관 인사를 주의注擬하여
올리면 이·병부의 판사가 단지 검열만 하고 왕이 받아들였던 데에서 나아
가, 최이는 사제에 정방을 설치하여 전주를 시행하였다. 그런 행위가 공적
으로 인정되었던 것은 그들의 위세 때문이기도 하였지만 한편으로는 이·병
부의 장관으로서 전주를 행할 법적 권한을 갖고 있었기 때문이다.[38] 최항은
승려가 되었다가 고종 34년(1247)에 환속하여 바로 좌우위상장군 호부상서
가 되었는데, 부·조父祖의 좌명공업佐命功業이 특별하였다는 이유에서였
다.[39] 그는 이듬해에 추밀원지주사를 맡았다가, 그 다음해에 집권하여 추밀
원부사 이병부상서 어사대부의 직임을 맡았다. 고종 44년(1257)에 집권한
최의도 바로 추밀원부사 판이병부어사대사에 임명되었으나 사양하고 부승
선의 직임을 받았다.

그처럼 국정 의논에 참여하는 재추, 왕명의 출납과 전주, 언론 등을 장악
할 수 있는 직임을 최씨집권자가 스스로 맡기도 하였지만, 족당세력이나 좌
주-문생관계 등으로 포섭된 관료들에게 맡겨 권력을 운용할 수도 있었다.[40]

---

37 『고려사절요』 권14, 희종 원년 12월.
38 박재우, 2014, 앞의 논문, 286~292쪽.
39 金龍善 편, 앞의 책, 崔沆墓誌銘.
40 盧明鎬, 1991, 「高麗後期의 族黨勢力」, 『李載龒博士還曆紀念韓國史學論叢』, 205~214
   쪽; 오영선, 1995, 「최씨집권기 정권의 기반과 정치운영」, 『역사와 현실』 17, 56~59쪽;

그렇기 때문에 최의처럼 전주를 담당하는 직임을 사양한 경우에도 인사행정이 그의 영향권 안에 있었을 것이다. 비록 최씨 족당세력이 아닌 관료가 그런 직임을 맡더라도 최씨집권자의 눈치를 살펴서 권한을 자주적으로 행사할수 없는 상황인 것은 분명하였다.[41] 군권 문제의 경우에도 마찬가지였다. 최충헌과 최항의 묘지명 제액題額 기록과 최항묘지명에 기록된 최이의 관직 중에 상장군이 들어 있는 것에서 볼 수 있듯이 최씨집권자는 무반 고위직을 갖고 중방 합좌에 참여할 수 있었다. 그리고 영부군領府軍과 삼별초三別抄 지휘부 등에 족당세력이나 도방 구성원을 임명하여 군권을 장악하였다.[42]

최씨집권자와 그의 족당세력이 공적 관료기구를 통하여 전주와 언론을 장악한 것은 역설적으로 사적 기반을 강화하는 바탕이 되었다. 과거 시험관에 측근을 임명하여 좌주-문생관계를 이용해서 급제자들을 포섭하였으며,[43] 전주를 장악하고 인사에 개입하여 자기 세력을 키웠다. 그리고 한편으로는 권력 남용이나 비리로 비추어지는 부분에 대한 비판을 막기 위해서 언론을 장악하였다.

주지하다시피 무신집권기에는 권력을 잡고 유지하기 위하여 사병과 문객을 육성하였다. 이것은 보정을 한 최씨집권자들도 마찬가지였다. 희종 2년(1206) 기록에 따르면 최충헌이 궁궐에 출입할 때 시종하는 문객이 거의 3천 명에 달하였다고 하며, 그의 생질인 박진재의 경우에도 신종 2년(1199)에 문객이 수백 명이었고, 숙청된 해인 희종 3년(1207)에는 그의 문객 숫자

李益柱, 1996,「高麗 對蒙抗爭期 講和論의 研究」,『歷史學報』151, 18~31쪽.

41 張東翼, 앞의 논문, 350~352쪽; 박재우, 2014, 앞의 논문, 256~260쪽.

42 예를 들어『고려사』권129, 반역3 崔忠獻 "王賜忠獻子將軍(崔)珦及(申)宣胄(奇)允偉朴世通崔俊文等五領軍米人一石布一匹 忠獻集諸軍賜之"에서 언급된 당시 5領軍의 지휘자들은, 다음 사료에서 알 수 있듯이, 최충헌 세력에 속한 인물들이었다. 같은 책 권129, 叛逆3 崔忠獻 "忠獻黨指諭申宣胄奇允偉等 與僧徒相格鬪 … 忠獻卽召(崔)俊文 留於家奴使之 補隊正 至大將軍".

43 柳浩錫, 1991,「武人執權期 科擧制의 運營과 薦擧制」,『全北史學』14, 32~37쪽.

가 최충헌만큼이나 되었다고 하였다.[44] 12세기 전반기부터 이미 관직 정원에 비하여 과거 급제와 음서 등에 따른 임용 대기자 수가 과다한 문제가 나타났고, 기존 질서에서 일탈한 무뢰無賴와 호협豪俠 풍조가 성행하였다.[45] 그에 따라 정치와 사회의 유동성이 커져서 공적 관료조직만으로는 유동성을 다 흡수할 수가 없는 상태였다. 이 같은 배경에서 사병과 문객이 부각되었다.

문객과 사병은 자신이 의탁한 인물에게 충성을 바치고 대신 생계나 출세를 보장받았다. 예컨대 최충헌이 무사들의 마음을 얻으려고 낭장 대집성大集成을 차장군으로 임명한 사례와, 그의 생질 박진재朴晉材가 자기 문객들이 용맹하지만 관직을 얻은 자가 적다고 불평한 사례 등은 문객과 사병이 출세를 대가로 권세가와 결합된 관계였음을 말해 준다.[46] 자신의 문객·사병에게 관직을 주려면 전주를 장악하거나 간여할 수 있어야 하였다. 최씨집권자와 그 족당세력은 이·병부의 중요 직임을 차지하였다. 최충헌의 경우 항상 부중府中에 있으면서 그 요좌僚佐들과 함께 사적으로 정안政案을 취해다가 임용할 후보를 주의注擬하여 자기 당여인 승선에게 주어 왕에게 올리게 하면 왕은 부득이 따를 수밖에 없었으며, 그런 점은 그의 후계자들도 마찬가지였다.[47]

이렇게 공적인 관료제 운영과 사적인 사병·문객조직 운영이 공존하고 혼입된 상태에서는 정치적 갈등이 생길 가능성이 컸다. 당시 사적 기반을 확충하기 위해서 정치적으로 인사 문란, 경제적으로 농장 확대와 고리대 등이

---

44 『고려사절요』권14, 희종 2년 3월; 같은 책 권14, 신종 2년 8월; 같은 책 권14, 희종 3년 5월.
45 채웅석, 2009, 「고려시대 科擧를 통한 인간관계망 형성과 확장」, 『이태진교수정년기념논총 1: 사회적 네트워크와 공간』, 태학사; 1992, 「고려 중·후기 무뢰와 호협의 행태와 성격」, 『역사와 현실』 8 참고.
46 『고려사절요』권15, 고종 5년 5월; 같은 책 권14, 희종 3년 5월.
47 『櫟翁稗說』前集 1, 吏部掌銓注….

성행하였는데, 그런 권력 남용이나 탈법행위에 대하여 비판하고 탄핵하는 것이 대간이 해야 할 본연의 역할이었다. 한편으로는 문객이나 사병 중 상당수가 관료였기 때문에 사적으로 맺어진 관계에서 요구되는 충성과 왕에 대한 충성이 서로 부딪칠 수도 있었다. 예를 들어 사병 조직인 도방에 관직을 가진 사람들도 소속되었다. 그들은 최씨집권자에 대한 충성심을 잃지 않는 한도 내에서 왕조 관료로서 복무하였다. 바꾸어 말하면 도방은 사조직으로서 정규군 내에 파고들어 최씨집권자를 위하여 역할하였으며, 그 점은 정규군의 전력을 약화시키는 요인이 되었다.[48]

그처럼 사적 부분이 공적 부분을 약화시키는 문제들은 개혁을 통하여 해결해야 마땅하였지만 무신정권이 문객과 사병이라는 사적 부문을 제거하는 것은 구조적으로 불가능하였다. 무신정권은 대신 문제가 조정에서 공론화되는 것을 막기 위하여 대간 활동을 무력화하였다.[49] 이미 명종 때에 대간의 임명 조건으로 성격이 화평하고 말이 없어 강개하지 않을 것이 거론되는 형편이었다.[50] 최씨집권기에도 언로言路가 막혀서, 시어사 함수咸脩의 경우에 천하를 걱정하는 뜻을 가졌지만 펼칠 형세가 아니었기 때문에 항상 말이 없이 즐거운 기색을 보이지 않았다고 하였다.[51] 그런 상황에서 사천司天이 점占을 근거로 직주直奏하는 정도였다가, 고종 37년(1250)에 최항이 어사대를 시켜 사천을 탄핵한 후로는 일관日官의 주奏마저도 폐지되었다.[52] 최씨집권자 자신이나 족당세력이 어사대의 주요 직임을 차지하여 언론을 장악하고 자신에게 유리하게 이끌었던 것이다.

---

48 柳昌圭, 1985, 「崔氏武人政權下의 都房의 설치와 그 向方」, 『東亞研究』 6, 391쪽; 尹龍爀, 1977, 「崔氏武人政權의 對蒙抗戰姿勢」, 『史叢』 21·22, 304~308쪽.
49 朴龍雲은 무신집권기를 대간의 기능 마비기로 파악하였다(1981, 『高麗時代 臺諫制度 研究』, 一志社, 188~193쪽).
50 채웅석, 1995, 앞의 논문, 32쪽.
51 金龍善 편, 앞의 책, 咸脩墓誌銘.
52 『고려사절요』 권16, 고종 37년 12월 甲寅.

교정도감의 설치와 권력기구화

선행 연구들이 많이 밝혔듯이, 최충헌 이후 보정을 맡은 신료들이 권력을 확고하게 장악한 것을 상징적으로 보여 주는 조치가 왕으로부터 교정별감으로 임명받는 것이었다. 교정별감은 희종 5년(1209)에 청교역리靑郊驛吏들이 주동하여 최충헌을 제거하려고 한 사건을 진압하는 과정에서 만든 교정도감의 수장이었다.[53] 교정도감은 임시기관인 도감으로 설립되었지만 그 이후에도 권력기구가 되어 존속하였는데, 주된 업무는 반역을 적발하여 사직을 보위하고 국가적 비위를 규찰하는 것이었고, 순검군을 지휘할 수 있어서[54] 시위도 담당하였던 듯하다.[55] 교정도감은 역모 수사와 형옥, 규찰 등 권력의 핵심 사안을 담당하고 최충헌이 교정별감을 맡아 권력기구가 되었다.

그보다 앞서 왕이 최충헌을 중서령으로 삼으려 하자 그가 사양하였다.[56] 고위관직이지만 명예직인 중서령에 임명함으로써 최충헌의 권력을 약화시키려고 한 것 같으며, 이에 최충헌은 그런 관제에 구애받지 않고 권력을 장악할 수 있는 제도적 기반을 마련할 필요성을 느꼈을 것으로 보인다.[57] 그 결과 최충헌은 청교역리 사건의 수사와 형옥을 기화로 교정도감을 창설하여 유지하였으며, 이후 그를 거스르는 사람이 있으면 곧 죽였기 때문에 반대하는 목소리가 사라지고, 그의 권력이 왕을 능가하여 온 나라에 위세를 떨쳤다.[58] 교정도감은 금내禁內 6관官과 같은 다른 국가기관에 공문을 보내

---

53 『고려사절요』 권14, 희종 5년 4월.

54 『고려사절요』 권14, 고종 2년 11월.

55 『고려사』 권68, 예10 가례 監獄日臺省內侍坐起儀 예종 16년 8월 判에 "監獄 臺省內侍 皆一時教定 並以職次交坐"라고 하고, 『태종실록』 권17, 9년 정월 己酉條에 "有巡禁邏衛二司 古之教定衛門"이라 한 것 등을 고려하여 보면, 교정도감이 刑獄・推鞫・糾察과 왕에 대한 侍衛 등의 임무를 맡았던 듯하다.

56 『고려사절요』 권14, 희종 2년 12월; 3년 12월. 최충헌의 묘지명에는 희종 2년에 중서령이 되었다고 기록되어 있다.

57 이정신, 2004, 「고려 무신집권기의 국왕, 희종 연구」, 『韓國人物史研究』 2, 201쪽.

58 『고려사절요』 권14, 희종 7년 정월.

인재 천거를 요구하고 각처의 별공과 어량선세를 감면하는 등 '여러 가지 일[庶事]'을 관장하였는데,[59] 그것은 교정도감이 권력의 특정 핵심 업무를 담당하고 집권자가 교정별감을 맡은 것을 기화로 권력기관화하였기 때문이라고 보아야 할 것이다.

특히 최의가 집권하면서 관력에 관계없이 교정별감을 승계하였듯이, 교정별감은 보정을 맡은 신료의 상징적 직임이 되었다. 최충헌과 달리 고종의 재위 중에 집권한 그의 후계자들은 선왕의 유조나 신왕의 위임을 받아 보정하는 형식을 취하기 어려웠고, 제도적으로 부·조父祖의 관직·관작을 세습할 수 없었다. 그렇지만 교정별감은 막강한 권력을 행사하는 직임임에도 불구하고 관계官階와 상관없이 왕명에 의하여 임명될 수 있었다. 교정별감이 보정 신료의 직임으로 인정되어 무신 집권자가 맡는 것이 관행처럼 되었다.

그런데 고종 2년(1215)에 예부원외랑 윤세유尹世儒가 자신을 교정별감으로 임명하여 순검군을 붙여 주면 정진鄭稹과 그 아우 정숙첨鄭叔瞻 등의 반역 모의를 처리하겠다고 왕에게 건의한 사실을[60] 근거로 보정 신료만 교정별감을 맡은 것이 아니었을 가능성을 제기할 수 있다. 윤세유가 문신이고 6품 관직에 있었던 점도 주목된다. 그런데 그는 "최충헌을 만나고 나서부터 득의양양하여 날뛰면서 권력을 잡으리라 기대하였다."라고 하였듯이 최충헌의 세력에 속하였다. 그가 숙감을 품고 제거하려고 한 정숙첨은 최이의 장인으로서 세력을 믿고 교만하였으며, 윤세유 사건이 일어난 지 1년 남짓 뒤에 숙청당하였다.[61] 왕이 윤세유가 건의한 사실을 최충헌에게 알렸고, 결과적으로 윤세유는 무고죄로 유배당하였다. 당시까지만 해도 교정별감이

---

59 『고려사』 권129, 반역3 崔忠獻 附 崔怡 고종 14년; 『고려사절요』 권15, 고종 14년 2월; 같은 책 권16, 고종 37년 정월.
60 『고려사절요』 권14, 고종 2년 11월.
61 『고려사절요』 권15, 고종 4년 정월.

보정 신료의 지위를 나타내지 않았기 때문에 윤세유가 그런 건의를 하였을 가능성도 있지만, 광인狂人이라고 불린 그의 행적으로 보아 애초에 그가 교정별감이 된다는 것은 거의 불가능한 일이었을 가능성이 크다.

또한 김준金俊(金仁俊)이 고종 45년(1258)에 최씨정권을 무너뜨리고 권력을 장악한 지 6년이 지나서야 교정별감으로 임명되었고, 임연林衍은 원종 9년(1268)에 집권하여 약 6개월 뒤에 안경공 왕창王淐을 왕으로 앉힌 다음에 교정별감에 임명되었기 때문에, 교정별감이 보정을 맡은 집권자의 위상을 대변하지 못한다는 반론이 제기될 수 있다. 그렇지만 김준이 바로 교정별감이 되지 못한 것은 권력을 왕실로 돌린다는 명분을 내세워서[62] 최의를 제거하고 집권하였기 때문이 아닐까? 김준과 유경 등은 최의를 숙청하고 정방을 편전 옆으로 옮겼다. 그 뒤에 몽골이 왕에게 입조를 요구하고 독촉하자, 왕을 위하여 김준이 대관전에서 백고좌도량을 열어 인왕경을 강론하게 하였다. 그러자 왕은 그가 충성스럽다고 하여 종자들에게 작위를 주었다. 그리고 곧 그를 교정별감으로 임명하고, 몽골로 출발하면서 그에게 감국監國을 맡겼다. 이 세 가지 일들은 불과 보름도 채 되지 않는 사이에 벌어졌다.[63] 왕은 귀국한 뒤에 김준을 해양후로 책봉하고, 그가 왕의 입조 계책을 세워 성공한 것을 치하하였다.[64] 그렇다면 친조와 감국이라는 미증유의 사태를 맞아 김준을 교정별감으로 임명한 조치는 최씨집권자에게 보정 역할을 맡겼던 것과 같은 의미가 아니었을까? 그런 관계는 원종 9년(1268) 무렵에 몽골과의 관계를 둘러싸고 김준이 왕과 대립하면서 파탄 났다.

임연의 경우에도 김준을 주살하고 집권한 뒤 바로 보정을 주장할 수 없는

---

62 『고려사절요』 권17, 고종 45년 3월 "瞓仁俊與晶詣闕 百官俱會泰定門外 兩府及瞓仁俊入謁便殿 復政于王 王謂瞓仁俊曰 卿等爲寡人立非常之功".
63 『고려사』 권26, 원종 5년 5월 辛巳; 7월 癸酉; 8월 乙巳; 8월 癸丑; 같은 책 권130, 金俊.
64 『고려사』 권130, 金俊.

사정이 있었다. 원종의 측근세력이 김준의 숙청을 계획하여 주도하였으며, 임연의 세력과 힘을 합쳐 성공하였다. 그런데 두 세력은 추구하는 바가 서로 달랐다. 임연이 권력을 장악하려고 하였지만, 왕은 더 이상 무신의 세력 강화를 원하지 않고 왕정을 복고하려고 하였다.[65] 그런 사정 때문에 약 6개월 만에 그가 왕을 폐위하고 안경공 왕창을 즉위시킨 뒤에 곧 교정별감으로 임명받았다. 따라서 김준을 숙청한 뒤에 바로 임연이 교정별감의 직임을 요구할 만한 상황이 아니었고 왕을 폐립한 뒤에야 가능하였다고 파악할 수 있다.

최씨집권자 사조직의 공적 기관화

주지하다시피, 최충헌이 사병조직으로서 도방을 설치하고 그의 후계자들이 확대하였다. 도방은 사병을 조직화한 조직이기는 하지만 문·무 관료와 군졸 등도 여기에 참여하였다. 그리고 관료 인사를 장악한 최충헌은 사제에 사사로이 정안政案을 가져다 주의注擬하였고, 최이는 사제에 정방을 설치하여 전주를 행하였다. 정방에는 승선에서 선발한 정색승선政色承宣, 3품의 정색상서政色尙書, 4품 이하의 정색소경政色少卿, 그 아래에서 종사하는 정색서제政色書題가 있었다. 또한 최이는 문사들을 모아 숙위하여 자문에 응하도록 하였다.

도방이나 정방·서방이 최씨집권자의 사저에 사치私置된 것은 사실이지만, 당시에 이 기구들은 순전히 사적 조직으로만 인식되었을까? 관료들이 그런 사조직에도 소속되어 복무하더라도 장기간 용인될 수 있었던 다른 요인이 있었던 것은 아닐까?[66] 이 문제와 관련하여 최씨집권자들이 보정을 맡

---

65 申虎澈, 1997, 「林衍의 生涯와 政治活動」, 『林衍·林衍政權 硏究』, 충북대학교출판부, 64
    ~68쪽.
66 金翰奎는 최씨정권의 권력기반으로 정방·도방·서방 등이 거론되어 왔으나 그것들을 유
    기적으로 조직하는 제도적 형식에 대해서는 관심을 갖지 않았다는 점을 지적하였다. 그
    리고 '封公立府'라는 국가적 행사에 의해 설립된 공적 기구로서 晉陽府에 주목하여, 정방

아 가업家業으로 인식하였고, 최씨정권에 호의적인 사람들이 그 보정을 천명에 따른 것으로 받아들였던 사실을 상기할 필요가 있다. 보정은 왕이 통치권을 위임한 것으로 인정되어 왕조의 운명이 보정에 달려 있다고 받아들여졌기 때문에, 보정을 맡은 신료를 보위·보좌하는 역할로서 도방이나 정방·서방 등의 명분도 인정될 수 있었던 것은 아닐까?

최씨집권자들은 사조직을 공적 사업에 동원하여 국가의 공적 지배 시스템과 보정 신료의 사조직이 병존하는 문제점을 희석시키기도 하였다. 고종 8년(1221)에 최이를 참지정사 이병부상서 판어사대사로 임명한 마제麻制를 보면, 실화로 궁궐 옆의 성이 불타서 복구가 어려웠는데 그가 사재를 털고 문객들을 시켜 감당한 공적을 언급하였다.[67] 또 그 뒤에 최이가 가병을 역도로 부리고 은병 300여 개와 쌀 2천여 석을 비용으로 제공하여 나성羅城의 해자를 수리하였다.[68] 서경에서 필현보畢賢甫의 난이 일어났을 때는 가병 3천 명을 보내 북계병마사 민희閔曦와 함께 토벌하였고, 도방 야별초 도령 이유정李裕貞이 자청하여 몽골군을 치겠다고 하니 160명의 병사를 주어 보냈다.[69] 그리고 고종 42년(1255)의 포상 기록에는, 최이가 몽골에 맞서 천도하여 삼한을 재조再造하였을 뿐 아니라 진병대장경판鎭兵大藏經板이 적에 의해 불타 버리자 도감을 설치하여 사재를 들여 만든 공적을 잊을 수 없다고 하였다.

·도방·서방 등 비제도적, 사적 조직의 내용을 그 속에 포장하는 구조의 기구였다고 파악하였다(1989, 「高麗崔氏政權의 晋陽府」, 『東亞硏究』 17, 168~170쪽). 이처럼 도방이나 정방 등이 형식적으로 보정을 맡은 신료의 府中에 위치함으로써 공식화될 수 있었다고 본 견해를 수긍할 수 있다. 그 부의 실체가 '봉후입부'의 부였는지는 불확실하다(김당택, 1993, 「무신란과 최씨무신정권의 역사적 성격」, 『한국사』 18, 국사편찬위원회, 90~91쪽). 그렇지만 보정을 家業으로 여긴 한, 부에 연속성이 있었을 것으로 보인다.

67 『東國李相國全集』 권34, 李延壽爲守太尉…. 그 失火는 고종 8년 5월에 복원궁 북쪽 성곽에서 발생한 화재를 말하는 듯하다(『고려사』 권53, 오행1 火 고종 8년 5월 庚子).

68 『고려사절요』 권15, 고종 10년 7월.

69 『고려사절요』 권16, 고종 20년 12월; 22년 8월.

이어 최항도 가업을 이어서 국난을 제어하고 강화 중성中城을 쌓아서 방비를 더욱 견고하게 하였으며 문객 박성재를 독역사督役使로 임명하고 사재를 대어 태묘太廟를 만들었다고 칭송하였다.[70] 최항의 묘지명에도 그가 외궐外闕을 조성하여 몽골 사신을 접대하고 중성을 쌓은 일과 함께 사재를 털고 문졸門卒을 보내어 왕조의 근본인 종묘와 교화의 근원인 태학을 짓게 한 공로를 특기하였다. 그리고 문하초병門下鈔兵을 보내어 몽골군을 물리쳤으며 원주에서 일어난 반란도 관군을 빌리지 않고 소탕하였다고 칭송하였다.[71] 원주 반란은 고종 44년(1257) 안열安悅 등이 주도하였고 장군 윤군정과 낭장 권찬이 토벌하였다는 기록이 있는데,[72] 관군을 빌리지 않았다고 한 것을 보면 아마 그들이 도방의 구성원으로서 최항의 지시에 따랐을 가능성이 있다. 그 전해에는 몽골군이 착량窄梁에 이르자 최항이 도방을 파견하여 요해처를 지키게 하였다.[73] 이런 사례들처럼 보정을 맡은 신료의 사병이 공적인 일에 동원됨으로써 공적 의미도 갖게 되었다.

사실 보정 신료를 보위하는 역할 자체가 공적인 일로 인정받을 수 있었기 때문에, 국왕이 도방을 지휘하여 새로 보정을 맡은 신료를 호위하게 하기도 하였다.[74] 그렇게 공적 성격을 인정받았기 때문에, 최씨정권을 무너뜨리고 왕정복고를 내세웠을 때 도방은 좌우별초·신의군과 함께 왕을 따랐고, 왕이 왕륜사에 행차하자 도방·서방 등이 야별초·신의군 등과 함께 왕을 호위하였다. 또 몽골과 강화하여 개경으로 환도할 때는 도방이 강화 외성을 해체하는 임무를 수행하였다.[75] 특히 정방은 전주銓注 주의注擬라는 역할을 맡

70 『고려사』 권129, 반역3 崔忠獻 附 崔沆.
71 金龍善 편, 앞의 책, 崔沆墓誌銘.
72 『고려사절요』 권17, 고종 44년 4월.
73 『고려사절요』 권17, 고종 43년 3월.
74 『고려사절요』 권18, 원종 10년 7월 "林衍移入金俊舊第 洎遣都房六番 衛之".
75 『고려사』 권24, 고종 45년 4월 辛卯; 『고려사절요』 권17, 고종 45년 3월; 46년 6월.

아 도방·서방보다 더 공적 성격이 강하여 최씨집권기 이후에도 고려말까지 국가의 공적 기간으로 편입되어 운영되었다.[76]

3. 은사恩賜와 연회宴會의 정치성

은사의 정치적 활용

최씨집권기에 왕은 상대적으로 무력화되었으면서도 태조의 후예로서 왕조의 권위와 위엄을 상징하여 군림하는 위상을 유지하였다. 비록 고려왕조의 용손龍孫이 12대에서 끝난다든지 고려의 왕업이 거의 다하였다는 인식이 나타나고 또 삼국부흥운동이 일어나는 상황이기는 하였지만,[77] 왕은 왕조의 전통적 지배체제가 유지되면서 형식적·상징적 최고 권력으로 군림하였다. 그에 비하여 최씨집권자들은 보정을 맡은 신료로서 실권을 장악하여 행사하였다. 더구나 보정 신료로서 최씨집권자들의 권력은 왕조 보위를 위하여 무능한 왕을 교체할 수도 있는 이념적 명분과 역사적 준거로도 뒷받침되었다. 그런 실제적 권력을 안정적, 세습적으로 유지하기 위해서는 보정 명분과 세력기반은 물론 왕과 신민의 지지를 받아야 하였다.

정변을 통하여 집권한 최충헌은 나라 안팎이 불안한 상황에서 왕의 유조나 위임을 받아 위기를 관리하고 왕조를 보위한다는 명분을 부각하면서, 보

---

76 당시 사람들이 일반적으로 최씨정권을 보정으로 인정하였는지에 대해서는 아직 충분히 논증되지 않았다. 그리고 보정이 최씨정권을 합리화하는 명분에 지나지 않았을 가능성이 있다. 그런데 본고의 논지는 그 가능성을 부정하거나 당시의 정치가 보정의 이상을 실현하였다고 주장하는 것이 아니다. 필자는 비록 최씨정권의 합리화 명분에 지나지 않을지라도 비상한 권력을 유지하는 정당성의 근거로 유학 고전과 역사에서 긍정적으로 인정한 보정을 이용하였다는 점과 교정별감을 보정자의 상징처럼 운영하였다는 점 등에 주목하였다.

77 『고려사절요』 권13, 명종 23년 7월; 같은 책 권14, 신종 5년 11월; 같은 책 권19, 원종 12년 5월.

정권력으로서 왕권을 무력화할 수도 있는 지위를 인정받았다. 그렇지만 최충헌과 달리 유조나 위임을 받는 형식을 취할 수 없었던 그의 후계자들은 승계 과정에서 왕에게 권력을 되돌리는 복정復政 시도에 부딪히기 쉬웠다. 세력에만 의지해서는 보정권력을 안정적이고 세습적으로 유지하기가 어려웠다. 그에 따라 최이와 그 후계자들은 보정을 유지하기 위해서 위기 관리와 왕조 보위의 역할을 지속적으로 부각시켰다. 앞에서 본 것처럼 최이가 몽골군의 침략에 맞서 강화로 천도하고 또 최항이 강화의 성곽·종묘·태학 등을 완비해서 왕을 보필하고 국난을 극복하였다는 점 등을 들어서, 그들이 대를 이어 나라를 진정鎭定하였다고 강조하였다. 최씨정권을 전복한 다음에 그 죄상을 논한 글에서도 최이가 몽골의 침략에 맞서 천도하여 '나라를 도와 올바른 데로 이끈〔輔翊〕' 공로는 인정하였다.[78]

보정의 역할을 강조하는 한편, 최씨집권자들은 은사恩賜와 연회宴會를 빈번하게 시행하여 인심을 얻고 지지세력을 확보하고 단합시키려고 하였다.[79] 우선 그들은 집권 초기에 왕과 신민의 마음을 잡을 수 있는 조치들을 실시하였다. 최충헌은 집권하자 왕실의 권위 회복과 민생 대책을 강조한 봉사10조를 올렸다. 그리고 최이는 집권하자마자 최충헌이 축적해 놓은 금은보배를 왕에게 바치고, 최충헌이 점탈한 공·사 전민들을 주인에게 돌려주었으며, 한사寒士를 많이 발탁하여 인망을 얻으려고 하였다.[80] 또 사전 700여 결

---

78 노명호 외, 2000, 『韓國古代中世古文書硏究』(上), 尙書都官貼 "壬辰年分 蒙古大兵亦 京師乙 圍攻爲去乙 權和退兵令是遣 遷都令是白乎事是良尒 輔翊國家令是白乎所 無不冬爲去乙…".
79 김신해는 다른 시기에 비하여 예종대에 빈번하게 행해진 恩賜가 정치적 의도를 가진 정책의 일환이었다고 보고, 은사정책과 정치상황 사이의 연관성을 연구하였다. 예종의 은사정책이 왕의 권위를 보여 줄 수 있는 효과적인 수단이었다는 점을 밝혔으며, 연회도 은사의 한 유형으로 파악하여(2015, 「고려 예종대 恩賜 정책의 유형과 정치적 성격」, 『韓國史學報』58) 참고가 된다. 이 책에서는 12세기 전반에 왕이 주도하였던 것과 달리 최씨집권자들이 주도한 은사·연회가 빈번하게 행해진 점에 주목한다.
80 『고려사절요』권15, 고종 6년 10월; 7년 정월.

을 제위諸衛 산원방散員房과 교위방校尉房에 소속시켜 인심을 얻었다.[81] 최항은 집권 후 곧 교정별감의 공문으로 청주의 설면자雪綿子, 안동의 진사眞絲, 경산부의 황마포黃麻布, 해양의 백저포白紵布 등의 별공과 김주·홍주 등지의 어량선세를 감면하였으며, 여러 지방에 파견하였던 교정수획원敎定收獲員들을 돌아오게 하고 그 임무를 안찰사에게 맡겨 인심을 얻고자 하였다. 왕이 최이의 식읍이던 진주의 녹전·세포·요공을 최항의 집에 직납하라고 지시하였으나 최항은 사양하고 받지 않았다.[82] 그리고 최이가 파견하였던 선지사용별감宣旨使用別監을 혁파하여 인심을 얻었다.[83] 최항에 이어 집권한 최의는 즉시 창고를 열어 굶주린 사람들을 진휼하고 영부군領府軍에게도 곡식을 지급하였으며, 연안택延安宅과 정평궁靖平宮을 왕부로 돌리는 한편 자기 집의 쌀 2,570여 석을 내장택에 주고 포백과 유밀은 대부시에 주었다. 또 성안에 크게 기근이 돌자 자기 창고를 풀어 금위병사와 방리 사람들을 진휼하였다.[84] 최항의 묘지명을 보면, 최의가 사적으로 재물을 내어 왕실의 비용에 충당하였으며 해마다 기아로 사망한 사람들이 길에 가득할 정도였는데 최의가 자기 곡식으로 구휼하여 살아난 사람들 수가 아주 많았다고 기록하였다.[85]

　권력을 장악하기 위해서 그런 시혜 조치들이 필요하였던 이유를, 김준이 최의를 숙청할 때 내걸었던 명분에서 짐작해 볼 수 있다. 그는 고종에게 최의가 민을 구휼하지 않고 굶어 죽어도 방관하면서 진대賑貸하지 않았으므로 자기들이 의를 위하여 거사해서〔擧義〕죽였다고 말하면서, 곡식을 내어

---

81 『고려사절요』 권15, 고종 15년 8월.
82 『고려사절요』 권16, 고종 37년 정월.
83 『고려사절요』 권17, 고종 39년 8월.
84 『고려사절요』 권17, 고종 44년 윤4월.
85 金龍善 편, 앞의 책, 崔沆墓誌銘 "況有家嗣內侍將軍誼 或傾私帑 爲充備御 時方歲險 餓莩滿塗 大發家廩 周邦賑救 垂死而復活者幾千万戶".

굶주린 사람들을 진휼하여 사람들의 기대에 부응해 달라고 요청하였다.[86] 위에서 본 최항묘지명의 기록이 과장되었거나 그런 최의의 노력에도 불구하고 진휼에 역부족이었을 수도 있지만, 김준의 말에서 보정을 맡은 신료의 명분에 진휼과 같은 민생 정책이 중요한 의미를 가졌음을 알 수 있다.

그런가 하면 최씨집권자들은 축적한 재물을 왕부에 바쳐 국용을 돕거나 왕과 왕실의 권위를 높이는 행사 등을 주관하여 왕의 존엄을 높이는 데 기여하고, 그런 기여·시혜의 반대급부로 왕의 지지를 받으려고 하였다. 최충헌은 신종을 세운 뒤에 우선 종실들을 높여 주는 인사를 하여 회유하였고, 신료 신분으로서는 예외적으로 봉은사 태조 진전에 제향을 올리고 의복을 바쳤으며, 축적한 재물을 왕부에 바쳐 국용을 도우려고 하였다.[87] 희종은 자신을 옹립한 최충헌의 공을 인정하여 신하의 예禮로 대우하지 않고 은문상국恩門相國이라 불렀다고 한다.[88] 은문상국이라는 용어는 이규보가 동년 조충趙沖의 아버지 조영인趙永仁과 예부시 좌주 임유任濡에게 사용하고, 김구金坵가 예부시 좌주 김양경金良鏡에게 사용한 사례에서 알 수 있듯이, 도움을 받으면서 가깝게 지내거나 특별한 은혜를 베푼 재상을 높여 부르는 말이다.[89] 부왕 신종을 옹립하고 또 그의 유조를 받아서 자신을 도와 보정하는 최충헌에게 희종이 고마움과 친근함을 표현하여 그렇게 불렀던 것이다.

특히 최이는 집권한 뒤에 왕과 왕실의 권위를 돕는 조치들을 많이 하였다. 일종의 은혜를 보여서 왕을 우군으로 확보하려는 노력이었다. 고종 14년(1227)에 이규보·조문발 등 최이의 측근들이 편수관으로 참여해서 『명종

---

86 『고려사절요』 권17, 고종 45년 3월.
87 『고려사』 권21, 신종 즉위년 11월 癸巳; 신종 6년 9월 甲午; 『고려사절요』 권14, 희종 7년 정월.
88 『고려사절요』 권14, 희종 즉위년 7년 12월.
89 『東國李相國全集』 권7, 上趙令公永仁; 上任平章; 『止浦先生文集』 권3, 上座主金相國謝傳衣鉢啓.

실록』을 편찬하여 고종의 정통성을 강조하고 왕실의 권위를 높여 주려고 하였으며, 한편으로는 명종의 실정과 초기 무신정권의 문제점들을 드러내어 최씨정권의 수립을 정당화하였다.[90]

최이 자신이 왕을 존숭하고 돕는다는 것을 과시하려고 한 조치들은 다양하였다. 최이는 전유마前遊馬가 왕의 근위이기 때문에 자기가 직접 뽑겠다고 하고 자기 집에서 사열하였는데, 말 장식이 전보다 배나 많아져 구경꾼이 길을 메웠다. 그때 왕이 전유마 장교의 말 장식과 의복이 선명한 것을 보고 크게 기뻐하여 내탕內帑의 포물布物을 하사하였다.[91] 또 왕이 건성사에 행차할 때 공학군拱鶴軍이 흑모黑帽를 쓴 것을 최이가 보고서 근위가 흑모를 쓰는 것은 마땅하지 않다고 여겨, 개배공학군蓋陪拱鶴軍은 견룡군의 예에 따라 금화모金畵帽를 쓰게 하자고 왕에게 건의하여 시행하였다.[92] 금·은·비단으로 장식하고 오색전五色氈으로 덮어 매우 사치스럽게 꾸민 수레〔輦〕를 왕에게 바치기도 하였다. 왕이 감탄하면서 그의 당여로서 제작을 감독한 대집성大集成에게 안마·의복·홍정紅鞓 등을 하사하고, 그 수레를 물소가 끌게 하여 타고 행차하니 사람들이 다투어 구경하였다.[93] 고종 19년(1232) 장혜왕후의 장례에서 최이가 금·은으로 사치스럽게 장식한 관곽을 바치자 왕이 감탄하고 칭찬하였다.[94] 고종 33년(1246) 왕이 선원사에 행차하였을 때 최이가 음식을 대접하였는데, 어전에 6개의 상을 차리고 칠보그릇을 사용하였으며 음식이 매우 풍성하고 사치스러웠다. "앞으로 오늘만한 날이 다시 있겠는가?"라며 자신의 행동을 과시하였다.[95] 이처럼 최이는

---

90 김아네스, 2013, 「고려 최우 집정기의 史官」, 『韓國史學史學報』 28, 53~54쪽.
91 『고려사절요』 권15, 고종 12년 8월; 9월.
92 『고려사절요』 권15, 고종 12년 9월.
93 『고려사절요』 권15, 고종 18년 8월.
94 『고려사절요』 권16, 고종 19년 6월 辛酉.
95 『고려사절요』 권16, 고종 33년 5월.

다양한 방식으로 자신이 왕과 왕실을 존숭한다는 것을 보여 주려고 하였다.

한편 최씨집권자들은 사적 은혜를 베풀어 우호세력을 결집하고 확대하였다. 주지하다시피 사병이나 문객들의 충성을 유도하기 위해서는 관직이나 재물 수여가 필요하였다. 최충헌이 희종 5년(1209)에 빈객들을 모아 중양연을 열어 도방원들이 수박手搏을 하도록 하고 승자에게 교위·대정을 제수하여 포상하였으며, 고종 5년(1218)에는 무사들의 인심을 얻기 위하여 낭장 대집성 등 다섯 명을 차장군으로 임명하였다.[96]

최이는 고종 16년(1229)에 도방과 마별초 등의 격구와 무예를 구경하면서 뛰어난 자에게 바로 관작과 상을 주었으며, 그때 참가자들이 안마鞍馬와 의복을 다투어 마련하느라고 처가가 가난하다고 버리는 일까지 벌어졌다고 하였다.[97] 아마 화려한 마구와 복장으로 최이의 눈에 띌 수 있기를 기대하였기 때문일 것이다.

최항은 정권을 잡자 자기 집의 전전殿前 이공주李公柱·최양백崔良伯·김인준金仁俊 등을 별장으로 삼고 섭장수聶長壽를 교위로 삼았으며 김승준金承俊을 대정으로 삼았다. 이공주·최양백·김준 등은 전에 최이가 사망하였을 때 최항을 지지하여 주숙周肅이 정권을 왕에게 돌려주려는 시도를 저지한 바 있다.[98] 이공주는 최의가 집권한 뒤에 낭장으로 임명되었다. 그는 원래 참직參職에 임명될 수 없는 가노 출신이지만, 최씨 3대를 섬겨 나이가 많고 공이 있으니 참직으로 올려 달라고 가노들이 요청하자, 최의가 인심을 얻으려고 임명하였다.[99]

시혜를 베풀어 지지받으려고 한 것은 문사들을 대상으로 해서도 마찬가

---

96 『고려사절요』 권14, 희종 5년 9월; 같은 책 권15, 고종 5년 5월.
97 『고려사절요』 권15, 고종 16년 10월.
98 『고려사절요』 권16, 고종 37년 3월.
99 『고려사절요』 권17, 고종 45년 2월.

지였다. 예컨대 희종 원년(1205)에는 최충헌이 사저 근처에 모정茅亭을 짓고 쌍송雙松을 심은 다음 문사들을 불러 창화하게 하고 품평하였는데, 최우수 작품을 왕에게 보여 그 문사를 내시에 속하게 하였다.[100] 그리고 이규보李奎報가 「모정기茅亭記」를 지어 최충헌에게 바치고 그 공으로 권직한림이 되었다.[101] 최충헌의 심복 금의琴儀가 과거 시험관을 맡았을 때는 선발한 급제자들이 찾아가자 최충헌과 최이가 급제자들을 따라온 방상坊廂에게 은병을 주었으며, 왕은 급제자들 중에서 7명을 내시에 소속시켰는데, 그렇게 후대한 것은 금의가 최충헌과 친하였기 때문이다.[102] 최이는 집권하면서 한사寒士들을 많이 발탁하여 인망을 얻었으며, 심지어 사노의 아들인 안석정安碩貞을 사사로이 후대하여 비난을 무릅쓰고 4품의 어사중승에 임명하기도 하였다.[103]

이규보의 문집에는 최이로부터 물품을 시혜 받은 뒤에 감사를 표시한 글이 여러 편 수록되어 있어서 수혜자들이 시혜를 어떻게 받아들였는지를 짐작해 볼 수 있다. 고종 19년(1232)에 최이가 이규보에게 반서정대斑犀鞓帶 한 벌을 선사하고 또 별도로 월봉月俸을 주자 그는 분외의 영광이며 식량이 떨어져 거의 죽게 된 생명을 구해 주어 큰 은혜를 입었다고 감사하며 축수하는 글을 썼다.[104] 고종 27년(1240)에 최이가 그에게 쌀과 숯[炭]을 보내 주었을 때는 "하늘이 우로雨露와 같은 은혜를 내려서 뜻밖에 귀한 하사품[珍賜]을 가난한 집에 보내 주시니" 마을 사람들이 부러워하면서 구경하느라 길거리를 메울 정도의 큰 영광을 받았다고 감사하였다.[105] 그 이듬해에도 이

---

100 『고려사절요』권14, 희종 원년 5월.
101 『東國李相國集』年譜 丁卯.
102 『고려사절요』권14, 희종 4년 윤4월.
103 『고려사절요』권15, 고종 7년 정월; 8년 정월.
104 『東國李相國全集』권18, 上崔相國二首幷序.
105 『東國李相國後集』권8, 上晉陽公幷序.

규보는 최이에게 백미 10곡斛을 받고 온 집안사람들과 함께 만년의 수를 기원하였으며, 안질을 고쳐 주려고 약과 명의를 보내 주자 천지와 부모의 은혜와 같다고 감사하면서 평생 축수할 것을 맹세하였다.[106]

당시 지인들 사이에 식량이나 과일, 땔감 등을 선물로 보내는 것이 일상적이었지만, 특히 최이와 같은 집권자가 선물을 보내 주는 것을 큰 영광으로 여겼다. 집권자가 자신을 특별하게 대하여 준다고 느끼는 한편 주위에 자랑하고 과시하였으며, 그 시혜에 고마워하면서 지지세력이 되었다.

연회의 정치적 성격

최씨집권자들은 종실·관료들을 위한 연회를 자주 베풀었다. 고려시대에, 특히 12세기 예종·의종대에 왕이 베푸는 은사와 연회를 정치적으로 빈번하게 시행하였으며,[107] 그것을 통하여 왕의 권위를 고양하고 참석자들을 결속하는 효과를 기대할 수 있었다. 그런데 최씨집권기에는 보정을 맡은 신료도 은사와 연회를 빈번하게 베풀었다. 개최 시기가 분명하게 기록된『고려사절요』를 이용하여, 최씨집권자들이 주도한 연회 기사들을 뽑아 보면 다음 〈표 2-1〉와 같다.

이 〈표 2-1〉에서 최씨집권자들이 주도한 연회에 참석한 사람들의 지위를 보면 왕은 물론 종실 사공司호 이상의 제왕諸王, 제왕·재추, 기로耆老·재추, 재추, 양부兩府와 제장군諸將軍, 3품 이상, 문·무 4품 이상, 북정장수北征將帥 등 경우에 따라 다양하였다. 대체로 종실과 고위관료들이 주된 참석 대상이었지만, 경우에 따라 글을 잘 짓는 문사나 무예에 능한 무인들이 초

---

106 『東國李相國後集』권9, 又謝晉陽公送白粲幷序; 謝晉陽公送龍腦及醫官理目病幷序.
107 고려시대 연회의 정치적 의미, 역사성 등에 대해서는 김인호, 2005, 「고려 관인사회의 잔치와 축제」, 『東方學志』129; 韓政洙, 2011, 「고려시대 국왕 잔치의 양상과 그 성격」, 『歷史敎育』118; 정은정, 2013, 「원간섭기 開京의 賜宴 변화와 그 무대」, 『역사와 경계』89; 김신해, 앞의 논문 참고.

〈표 2-1〉 최씨집권자가 주도한 연회 관련 중요 기사(출전: 『고려사절요』)

번호	시기	내용	기타
1	희종 2년 (1206) 3월	忠獻迎命于男山第 諸王皆詣其門 禮畢 宴冊使 贈犀帶白金綾絹鞍馬甚厚 其餘 執事 亦贈白金綾絹有差 夜更宴諸王 因 奏留使副 其帳具花果絲竹聲伎之盛 自 三韓以來 人臣之家所未有也	冊崔忠獻爲晉康侯 立府日興 寧 置僚屬 以興德宮屬之
2	희종 4년 (1208) 2월	忠獻迎駕 獻壽于闊洞之私第 諸王宰樞 皆侍宴 翼日乃罷 錦繡綵棚胡漢雜戲窮 極侈異 不可言狀	移御梨坂崔瑀第
3	희종 5년 (1209) 9월	崔忠獻會賓客 設重陽宴	使都房有力者手搏 勝者 卽 授校尉隊正以賞之
4	고종 3년 (1216) 3월	崔忠獻祀松嶽 還 重房及將軍房結綵棚 于山腰以迎 大設宴會	〔열전〕忠獻時有出入重房 將軍房 必結綵棚以迎 大設 宴會 其還亦如之
5	고종 3년 (1216) 5월	崔忠獻以端午設鞦韆戲于柏子井洞宮 宴 文武四品以上三日	
6	고종 6년 (1219) 3월	忠獻私宴北征將帥于竹坂宮 斂銀百官以 供其費	
7	고종 9년 (1222) 3월	崔瑀宴三品以上于其第 又宴四品官	
8	고종 11년 (1224) 3월	崔瑀邀宴宰樞及諸將軍等四十六人 酒酣	御史中丞將軍林宰執盞 作倡 優舞 人皆鄙之
9	고종 12년 (1225) 3월	崔瑀宴宰樞及文武四品以上于其第三日	
10	고종 14년 (1227) 5월	崔瑀宴兩府及諸將軍於其第 酣飮極歡 使伶人奏樂 天忽雷電 瑀惶懼 却之	
11	고종 16년 (1229) 10월	崔瑀宴宰樞於其第 臨毬庭 觀都房馬別 抄擊毬弄槍騎射 鞍馬衣服弓矢 務相誇 耀 爭效驪粗風俗 (중략) 瑀又邀宴耆老 宰樞 觀擊毬弄槍騎射 能者立加爵賞	〔열전〕怡邀宴宰樞耆老 臨 毬庭觀之 或至五六日 能者 立加爵賞
12	고종 30년 (1243) 11월	崔怡宴宰樞於私第 夜分乃罷	

13	고종 32년 (1245) 5월	崔怡宴宗室司空已上及宰樞於其第 置 彩帛山 張羅幃 中結鞦韆 飾以文繡綵 花 以八面銀釦貝細四大盆各盛氷峯 又 四大樽滿插紅紫芍藥十餘品 氷花交 映 表裏燦爛 陳伎樂百戲 八坊廂工人 一千三百五十餘人皆盛飾 入庭奏樂 絃 歌鼓吹 轟震天地 八坊廂各給白銀三斤 伶官兩部伎女才人皆給金帛 其費鉅萬	史臣曰 八坊廂者國朝之大平 盛事也 今蒙兵侵擾 竄入海 島 社稷僅存 實君臣同憂 若 涉淵氷之日也 而怡乃盜竊國 柄 妄矜侈大 略無畏忌 罪固 不容誅矣
14	고종 33년 (1246) 1월	崔怡宴宰樞於其第	
15	고종 33년 (1246) 5월	崔怡饗王 設六案于前 陳列七寶器皿 膳 饌極豐奢 怡自誇曰 來者豈有如今日哉	〔열전〕怡好燕樂 聚飮無度 或宴三品以上于其第 或宴宰 樞及文武四品以上 歌吹連日 或至夜分而罷
16	고종 38년 (1251) 정월	崔沆獻酒饌于王 召諸王公侯同宴 蓋慶 蒙使和親而退也	
17	고종 39년 (1252) 2월	崔沆獻酒饌于王 召諸王宴于大內	
18	고종 39년 (1252) 3월	崔沆分日宴諸王宰樞文武四品以上于其第	〔열전〕沆嘗分日宴諸王宰 樞承宣文武四品以上 自是宴 會無常 열전에서 이 기록은 고종 41 년 3월 연회 기록 뒤에 수록 되었으나『고려사절요』기 록에 따라 연도 보정.
19	고종 39년 (1252) 6월	崔沆獻酒饌于王 宴諸王宰樞於其第	
20	고종 39년 (1252) 7월	崔沆獻酒饌于王 宴諸王宰樞於其第.	
21	고종 39년 (1252) 9월	崔沆宴宰樞于其第 擊毬觀射	
22	고종 41년 (1254) 3월	崔沆宴宰樞于其第 觀擊毬戲馬 別抄有 以黃金飾障泥 亦以金葉羅花插馬首尾者	
23	고종 41년 (1254) 6월	崔沆宴宰樞於其第 仍宴新及第	
24	고종 42년 (1255) 3월	崔沆宴諸王于其第 翌日又宴宰樞	

대받기도 하였다. 연회에 초대받은 사람들은 함께 즐기면서 서로 간에 갈등을 풀고 친밀감을 높일 수 있었으며, 주최자는 술과 음식을 제공하고 음악이나 기예 공연을 베풀어 자신의 힘과 위상을 과시하였다.

당시 연회에는 수박·격구나 창화唱和를 동반한 적이 많았다. 〈표 2-1〉의 3번과 11번 사료에서 볼 수 있듯이 무신·군인들에게 수박·격구의 재주를 겨루게 하여 포상하기도 하였다. 문신들의 창화를 품평하기도 하였는데, 희종 원년(1205)에 최충헌이 모정茅亭 쌍송雙松을 소재로 양제兩制와 문사들에게 창화하게 한 다음 기유耆儒 백광신白光臣 등을 불러 품평하게 하고 가장 우수한 정공분鄭公賁을 내시에 속하게 한 사례가 있다.[108] 그보다 앞서 신종 2년(1199)에는 최충헌이 사저에 천엽유화千葉榴花가 만발하자 이규보와 이인로·함순咸淳·이담지李湛之 등을 불러 시를 짓게 하였고, 거기서 이규보의 글 솜씨를 보고 등용할 생각을 가졌다고 하였다. 강종 2년(1213)에는 최이가 야연夜宴을 크게 열어 빈객들을 불렀을 때 이규보가 초대받아 시를 지었으며, 최이가 그 시를 보고 감탄하여 최충헌에게 보여 주고 재주를 시험하여 승진시키라고 부탁하였다.[109] 이처럼 연회를 베풀면서 무예와 문예 활동을 장려하는 리더십을 보여줄 수 있었고, 그것을 통하여 우수한 문·무신과 군인들을 포섭하는 효과를 기대할 수 있었다.

나아가 최씨집권자들처럼 보정을 맡은 입장에서는 연회를 풍성하게 베풀어 나라와 신민이 평화롭고 번영하고 있다는 점을 선전하는 효과도 거둘 수 있었다. 앞의 〈표 2-1〉에서 확인할 수 있듯이, 연회에서 금수채붕錦繡綵棚 같은 사치스러운 시설·장식과 칠보그릇 같은 고급 기물들을 사용하고 화려한 기예와 음악을 공연하였다.

고종 27년(1240) 이규보가 최이에게 올린 글에 따르면, 최이는 기무機務

---

108 『고려사절요』 권14, 희종 원년 5월.
109 『東國李相國集』 年譜 己未; 癸酉.

를 마친 여가에 많은 빈객을 모아 밤새워 즐겼는데 기악妓樂이나 관현악 외에도 따로 7~8살가량 되는 총명한 여동女童들을 두고 즐겼다. 최이가 여동들의 기예를 어람御覽으로 진상하자, 왕도 그것을 매우 즐겨서 밤마다 연회를 열었으며, 그 연회를 소재로 이수李需가 시를 지어 최이에게 바치자, 최이는 다시 왕에게 올려서 포상을 받게 하였다. 이규보는 여동 기예 진상과 그로 인한 궁중 연회에 대하여 최이가 삼한을 진정鎭定하여 태평을 이룩할 아름다운 행사라고 치켜세우면서, 인심이 융화되어 사방에 전쟁이 그쳤으며 하늘이 천년을 부여하였으니 즐거운 일이 많다고 하였다. 그리고 옛날부터 그런 행사는 드물었고 지금처럼 군신이 융화된 때도 없었다고 칭송하였다.[110] 얼마 뒤에 지은 시에서는 최이가 몽골군을 방어한 덕으로 왕의 권위가 높아지고 변방이 공고해졌으며 혜택이 백성에 미쳐 생업을 보존하게 되었다고 하면서, 세상을 덮을 만한 공명〔蓋世功名〕이 그처럼 우뚝하니 환락인들 때때로 취하지 않을 것인가라고 읊었다.[111] 이규보가 최이의 정권에 협력한 문신이기는 하지만, 그런 사료들을 통하여 당시 최씨집권자가 주도한 화려하고 풍성한 연회의 정치적 의미를 짐작할 수 있다.

이상과 같은 효과를 고려한다면 연회를 단순한 소비 향락으로 치부할 것이 아니라 그것이 정치적 의도가 담긴 행위라는 점을 충분히 인정할 수 있다. 최씨집권자들은 매우 빈번하게 왕실·관료들을 초청하여 연회를 베풀었다. 앞의 〈표 2-1〉 15번 사료에서 최이가 연회를 즐겨서 관료들을 모아 놓고 절도 없이 음주하였으며, 자기 집에서 연회를 베풀면서 연일 노래와 연주를 하거나 한밤중이 되어서야 자리를 파한 적도 있다고 하였다. 18번 사료를 보면, 최항도 1252년 3월에 날을 나누어 제왕과 재추·승선 및 문무 4품 이상의 관료들에게 연회를 베풀었고, 이때부터 시도 때도 없이 연회를

---

110 『東國李相國後集』권8, 次韻李侍郞上晉陽公女童詩呈令公幷序.
111 『東國李相國後集』권8, 復次韻李侍郞見和.

열었다고 하였다.

  그 사료들에는 최씨정권에 비판적인 입장이 반영되었다는 점을 감안하여, 그들이 그렇게 자주 연회를 베푼 정치적 의도를 살펴볼 필요가 있다. 최충헌의 행적을 기린 묘지명에 따르면, 그가 집권한 24년 동안 화락하고 여유로우며 우아하게 처신하면서 태연자약하였다고 하고, 또 연회를 베풀어 즐기는 것을 좋아하여 세시歲時·복랍伏臘·명절에는 꼭 술자리와 음악을 벌여 놓고 세력 있는 척신〔戚〕과 양부兩府의 공公·상相들을 초청하여 함께 즐겼으며, 밤까지 연회를 이어 가는 것을 상례로 삼았다고 하였다. 더구나 사망일 가까이까지도 보름날 저녁마다 연회를 베풀었는데, 몸이 좋지 않으니 삼가라는 충고를 들으면서도 계속하였다. 거문고를 타고 바둑을 두며 음악과 웃음을 그치지 않고 밤을 새워 새벽이 되어서야 헤어질 정도로 사람들에게 정을 베푸는 것이 극진하였다고 하였다.[112] 그 같은 기록을 통하여 집권자가 연회를 자주 열어 즐길 정도로 나라가 편안하다고 과시하고 신료들에게 극진히 정을 베푸는 것을 보여 주려고 하였다는 것을 알 수 있다.

  연회에서는 예악禮樂의 절제를 지키는 것이 바람직하였다. 김인존이 쓴 「청연각기清讌閣記」에 예종이 종실과 고위관료들을 청연각에 불러서 예악에 맞게 치른 연회의 모습과 의미가 기록되어 있다. 진귀한 장막·그릇·음식·과일들을 차리고, 중국에서 수입한 파리玻璃·마노·비취·서시犀兕 등 기묘한 완상품들을 배치하였으며, 평화롭고 즐거우며 고상하고 정대하게 각종 악기들을 연주하였다. 왕이 술을 권하며 "군신 간에 교제를 오직 지성으로 할 뿐이니, 각자 양껏 마셔라."라고 하였다. 술잔을 주고받아 아홉 차

---

112 金龍善 편, 앞의 책, 崔忠獻墓誌銘 "始自丙辰□□今二十四年之間 雍容閑雅 處之自若 … 公雅好燕喜 故於歲時伏臘有名之日 必置酒設樂 邀致巨戚□□□府公相 相與敖樂 窮 □□力 繼之以夜 率以爲常 至今秋 疾作 猶當望夕 □設宴豆 或謂公體□不佳 不宜如此 公則□□□□意固邀賓 履琴棊絲竹 謳嚛終宵 詰朝客去 隨人叙情諄諄如也".

레 돌고 난 뒤에는 휴식하고 선물을 하사하였다. 이어서 좌석을 맞대고 앉아 편하게 먹고 마시도록 하면서 흉금을 열고 이야기하며 즐기다가 밤늦게 헤어졌다. 김인존의 평가에 따르면, 연회에서 군신 간에 기쁨이 서로 통하고 법도에 맞게 예절을 지킴으로써 인간과 신령의 화기和氣, 하늘과 땅의 아름다운 감응, 상하 간의 베풂과 보답, 풍속의 교화 근원이 모두 즐겁게 먹고 마시며 환하게 웃는 사이에서 나오게 된다고 하였다.[113] 최씨집권자들이 베푼 연회가 예악을 지켜서 치러졌다면, 보정을 맡은 그들의 위상을 확인하고 강화하는 효과를 거둘 수 있었을 것이다.

그렇지만 무질서하게 향락으로 흐르고 방종과 안일에 빠질 가능성도 있었다. 앞의 〈표 2-1〉 15, 18번 사료처럼 연회가 밤늦게까지 이어졌다든지, 시도 때도 없이 열렸다든지 등의 비판을 받은 것이 그 예이다. 또 8번 사료의 내용처럼 최이가 재추와 장군들을 초대한 연회에서 어사중승 장군 임재林宰가 술잔을 잡고 광대춤을 추어 사람들이 비루하게 여긴 사례도 있었다. 더구나 초대받은 사람들 사이에 친밀감과 유대에 따라 정계에서 사적 당파만 강화될 우려가 있고, 그들끼리 유락과 안일에 빠져 상황을 제대로 판단하지 못할 수도 있었다. 최충헌은 나라가 부유하고 병사가 강하다고 자만하여, 변방에서 보고가 올라오면 작은 일들로 역마를 번거롭게 하고 나라를 놀라게 한다며 보고를 한 관리를 책망하고 처벌하였다. 그러자 보고체계가 제대로 작동되지 못하게 되어 '거란유종契丹遺種'이 침입해 왔을 때 방비가 부족한 결과를 초래하였다.[114]

---

113 『東文選』 권64, 清讌閣記.
114 『고려사절요』 권14, 고종 3년 8월.

무신정권 보위 중심의
외교와 국방

1. 국왕 폐립을 인정받기 위한 책봉외교

의종의 폐위와 명종의 즉위

인종 20년(1142)에 금으로부터 책봉을 받고 금의 연호를 사용하기 시작한 뒤부터 고려는 다변적 외교 자세를 버리고 금과의 외교에 치중하였다. 남송도 고려를 통하여 금을 견제하기 어렵다는 것을 알고 고려에 대한 외교에 관심을 기울이지 않았다. 그에 따라 송과 맺은 공식적인 외교는 의종 18년(1164)에 고려에서 사절을 파견한 것이 유일한 사례이다. 물론 송상宋商은 여전히 많이 왕래하였고 무신집권기에도 왕래가 지속되었기 때문에,[1] 송상을 통하여 드물게나마 고려와 송 사이에 외교문서를 전달하다가, 명종 3

---

1 『고려사』와 『고려사절요』의 기록을 보면 무신집권기에 송상 왕래가 급격히 감소하였다. 그렇지만 李鎭漢은 당대의 문집 기록들을 통하여 송상의 왕래가 계속되었으며 1270년대 이후에는 고려와 송의 교역을 막으려는 몽골의 압력에 따라 극히 간헐적으로 왕래하게 되었다고 파악하였다(2011, 「武臣政權期 宋商往來」, 『高麗時代 宋商往來 硏究』, 景仁文化社).

년(1173)에 송이 상인 서덕영徐德榮에게 외교 역할을 맡겨 파견한 것을 마지막으로 그 방식도 더 이상 사료에 나타나지 않는다.

그런 가운데 의종대를 거치는 동안 금과는 큰 마찰이 없었다. 물론 갈등이 전혀 없지는 않아서, 1160년을 전후하여 금과 송이 전쟁을 벌이고 금에서 내분이 일어난 와중에 금과 대결 의지를 드러낸 고려 관료들이 있었고,[2] 그 틈에 금과 국경 분쟁이 일어났다. 그렇지만 양국은 상황이 악화되지 않도록 관리하여 해결하였다.

당시 북계 인주麟州와 정주靜州 경내의 섬들은 여진과 가까워서 양국 사람들이 왕래하고 거주도 하였다. 의종 18년(1164)에 병마부사 김광중金光中이 그 땅을 수복하려고 금나라 사람들을 몰아내고 방수防戍와 둔전屯田을 설치하였다. 이듬해 금의 세종은 고려의 사신에게 '변경에서 뜻밖에 벌어진' 그 사건이 고려 왕이 시킨 일인지, 변방 관리[邊吏] 차원에서 벌인 일인지 묻고, 후자라면 그를 징계하라고 요구하였다. 이에 의종이 그 섬을 돌려주고 방수를 철거하라고 명하였지만, 서북면 병마부사 윤인첨 등이 영토를 빼앗기는 것을 수치로 여겨서 따르지 않았다. 그러자 금군이 그곳을 공격하여 정주별장靜州別將 원상元尙 등을 포로로 잡아 돌아갔다가, 윤인첨 등이 공문을 보내 포로 송환을 요청하자 곧 돌려보내 주었다.[3] 이처럼 변방 군사 지휘관들이 국경 분쟁을 벌였음에도 불구하고 양국 군주들은 문제가 확대되는 것을 피하려고 하였고 우호적 관계를 안정적으로 유지하였다.[4]

그런데 1170년 무신정변으로 인하여 왕이 폐립되자 금과의 외교적 갈등

---

2 金龍善 편, 2012, 『高麗墓誌銘集成 (제5판)』, 李文鐸墓誌銘, 한림대학교출판부; 『고려사』 권18, 의종 12년 8월 甲寅; 9월 庚申.

3 『고려사』 권96, 尹瓘 附 尹鱗瞻; 『고려사절요』 권11, 의종 19년 3월; 『金史』 권135, 外國 下 高麗 大定 4년: 5년.

4 김순자, 2012, 「12세기 고려와 여진·금(金)의 영토 분쟁과 대응」, 『역사와 현실』 83, 164 ~169쪽.

이 우려되었다. 금 측에서 자기가 책봉하고 우호적으로 대한 왕이 폐위되고 새 왕이 즉위한 것을 인정하지 않고 더 나아가 폐립을 빌미 삼아, 강조의 정변으로 목종이 폐위되고 현종이 즉위하였을 때 거란이 그랬던 것처럼, 무력을 동원하여 압박하여 올 수도 있었다. 정변 직후 무신정권이 불안한 상태에서 그런 일이 벌어지면 정권의 정통성이 취약함을 드러낼 뿐만 아니라 군사적 대응을 해야 하는 큰 부담을 안게 될 것이었다. 더구나 무신정권에 반기를 든 세력이 금과 결탁하고 외세를 끌어들여 도전할 가능성도 배제할 수 없었다. 실제로 조위총의 난 때 반군 측에서 의종의 폐위와 피살 사실을 금에 알리고 귀부하겠다며 원병을 요청하였다.[5] 그렇기 때문에 무신정권의 입장에서는 금으로부터 의종 폐위에 대한 양해와 명종의 책봉을 받는 것이 정권 안정에 긴요하였다.

금의 입장에서는 고려의 집권세력 교체가 양국 관계에 미칠 파장을 관리하여 책봉국으로서 위상을 확고하게 할 필요가 있었다. 고려의 정치 변화 속에서 송과 동맹하여 금과 적대하는 세력이 나타나면, 1165년 융흥화의隆興和議 이후 금, 송 양국이 유지하여 온 소강상태가 깨지고 금 우위의 국제질서가 흔들릴 수 있었다. 금은 기왕의 조공·책봉관계를 유지하고 강화하는 차원에서 고려의 정치 변화에 대응하였다.

무신정변 직후 명종 즉위년(1170) 10월에 집권세력은 공부낭중 유응규庾應圭를 금에 파견하여 명종의 즉위를 알리고 인정해 달라고 요청하였다.[6] 그 사행 편에 전왕 의종과 신왕 명종의 표문을 보내서, 정변 사실을 감추고 전왕이 오랫동안 질병을 앓아 몸이 점점 허약해져 정신이 혼미하고 기력이 쇠진하였으며 원자元子도 지혜가 없고 허물이 많기 때문에, '만일 왕위를

---

5 『고려사』 권100, 趙位寵; 『金史』 권135, 外國下 高麗 大定 15년.
6 의종 폐위와 명종 즉위를 둘러싼 금과의 외교 전말에 대해서는 朴漢男, 1993, 「高麗의 對金外交政策 硏究」, 성균관대 박사학위논문, 140~144쪽 참고.

교체하게 된다면 반드시 아우에게 먼저 전하라.'라고 한 부왕 인종의 말에 따라 아우 왕호가 임시로 군국軍國의 사무를 맡게 되었다고 하면서 선처해 달라고 하였다.[7] 그 무렵 의종의 생일을 축하하기 위하여 금의 사신 야율규 耶律紏가 국경에 도착하였는데, 변방의 관리가 전왕이 양위하였다고 하며 돌려보냈다.

신병 때문에 양위한 것이라고 책봉국에 거짓 평계를 대는 방식은 이미 헌 종을 폐위하고 숙종이 즉위할 때 거란에 사용한 전례가 있었다. 헌종 원년 (1095)에 이른바 이자의의 난 결과 헌종이 후궁으로 물러나고 선양하는 형 식으로 숙종이 즉위하였다. 그리고 그달에 좌사낭중 윤관尹瓘과 형부시랑 임의任懿를 거란에 파견하여 전왕과 신왕의 표문을 함께 보냈다. 그 표문들 의 내용은 헌종이 어린 나이에 즉위하였지만 소갈痟渴 증상이 심해져서 감 당하기가 어려워져 부왕의 아우에게 임시로 본국의 임무를 맡겼음을 알린 다는 것이었다.[8] 거란은 임의가 귀국하는 편에 숙종이 임시로 왕위를 맡는 것을 인정한다는 내용의 조서를 보냈다.[9]

헌종이 물러난 뒤에 그의 생일을 축하하는 거란 사신 유직劉直이 오자 숙 종이 그를 맞이하였다. 그리고 유직이 돌아가는 편에 고려는 전왕과 신왕 의 표문을 보내서 전왕이 질병 때문에 숙부에게 왕위를 맡겼다고 재차 언급 하고 선물을 보내준 데 감사하였으며, 이듬해에 사은사謝恩使 겸 고주사告 奏使 우원령禹元齡을 거란에 보내 전왕과 신왕이 생일을 축하해 준 것에 사 례하는 표문을 올렸다.[10] 숙종 원년(1096)에도 거란에서 전왕의 생일을 축하 하는 사신을 보냈고, 그 이듬해에는 횡선사橫宣使를 파견하여 전왕의 투병

---

7 『고려사』 권19, 명종 즉위년 10월 庚戌.
8 『고려사』 권11, 숙종 즉위년 10월 辛未.
9 『고려사』 권11, 숙종 즉위년 12월 庚寅.
10 『고려사』 권11, 숙종 즉위년 11월 己未; 12월 己巳; 원년 2월 甲子.

을 위로하는 칙서를 보내왔다.[11] 고려는 그 사행에 대해서도 사례하는 사신들을 거란에 파견하였다.[12] 이처럼 폐위된 왕의 생일을 축하하는 사신을 맞아 신왕 숙종이 선물을 접수하고 전왕과 함께 사례한 것은 명종 때와는 다른 대응 방식이다. 헌종은 숙종 2년(1097)에 사망하였으며, 그 사실을 거란에 통보하자 그해 말에 거란이 숙종을 권지고려국왕權知高麗國王에서 비로소 고려국왕으로 책봉하였다.[13]

헌종에서 숙종으로 왕위가 넘어갈 때의 전례에 따라 무신정권도 정변을 일으켜 왕을 폐립한 행위에 대하여 금의 양해를 받으려 하였다. 그런데 숙종이 즉위할 때는 거란이 경내와 속부에서 일어나는 반란들에 시달리던 상황이었다. 그중에서도 1092년에 일어난 조복阻卜 추장 마고사磨古斯의 반란은 유목부족들의 봉기를 초래하여 전란 상황이 1100년까지 이어졌다. 그런 상황에서 거란은 고려와 마찰을 피할 필요가 있었다. 그에 비하여 명종이 즉위할 때는 금의 전성기로 꼽히는 세종 치세였다. 세종은 유교이념에 따라 질서를 안정시키고 통치를 확고히 하는 데 주력하면서 대외적으로는 고려와 서하에 대한 조공·책봉관계를 유지, 강화하려고 하였다. 그에 따라 고려는, 숙종 때의 전례와 달리, 왕의 폐립 문제를 둘러싸고 금과의 외교적 교섭이 난제가 될 수 있다고 예상할 수 있었다.

명종의 책봉을 받아내기 위하여 유응규가 금에 가자, 금 황제는 파사로婆娑路에 조서를 내려 입국을 허가하지 말고 공문을 보내 폐립 이유를 묻게 하였다. 유응규가 표문 내용대로 전왕이 고질병 때문에 아우에게 왕위를 임시 대행하게 하였다고 대답하였지만, 황제는 그런 일을 먼저 알려서 요청하지

---

11 『고려사』 권11, 숙종 원년 12월 丁巳; 2년 정월 壬寅.
12 『고려사』 권11, 숙종 2년 10월 丁未; 11월 己未.
13 『고려사』 권11, 숙종 2년 3월 庚申; 12월 癸巳.
　　숙종의 책봉 문제를 두고 벌어진 거란과의 외교 과정에 대해서는 李美智, 2017, 「고려 숙종 책봉문제와 여요 관계」, 『한국중세사연구』 51 참고.

않은 까닭을 책망하면서 상황을 다시 상세히 물어보도록 하였다. 유응규가 금의 수도에 도착하자 표문을 본 황제가 '형을 폐위하여 찬탈하고 또 거짓말로 상국上國을 속이려 한다.'고 하면서 친정親征하여 그 죄를 징계하겠다고 위협하였다. 이에 유응규는 전왕의 질병과 태자의 역량 부족 때문에 부왕의 유언에 따라 아우에게 왕위를 물려준 것일 뿐이라는 답변을 고수하였다.

그래도 금의 조정은 인정하지 않고 대응책을 논의하였다. 승상 양필良弼은 명종이 전에 혼란을 일으켜 의종이 그를 구금한 적이 있다는 점과, 금이 의종의 생일에 사신을 보냈는데 명종이 그에게 축하 조서를 전달하지 않고 거부하였다는 점 등을 들어 거짓말로 책봉을 요청한 것이니 허락할 수 없는 일이라고 하였다. 우승右丞 맹호孟浩는 고려의 사민士民에게 물어보아서 모두가 신왕을 따르고 복종한다면 사신을 보내서 책봉해야 한다고 주장하였다. 그러자 황제는 한 나라의 왕을 책봉하면서 민중民衆에게 물어본다면 한갓 관리를 임명하는 것과 다를 바 없게 된다고 하면서 사신을 파견하여 경위를 자세히 묻도록 하였다. 그리고 의종의 양위를 허락하지 않는다는 회답 조서를 유응규에게 주었다. 그러자 유응규는 신왕의 표문에 대한 회답을 받지 못하였기 때문에 굶어죽을지언정 그냥 돌아가지는 않겠다면서 7일간 단식투쟁을 벌였고, 그것을 본 황제가 고려에 문죄하려는 논의를 중지하고 회답 조서를 주었다.[14]

유응규의 외교 성과로 금이 군사행동은 하지 않겠다고 약속하였지만 폐립을 양해한 것은 아니었다.[15] 금은 곧 순문사詢問使 완안정完顔靖 등을 파견하여 전왕에게 양위의 진실에 대한 답변을 요구하는 조서를 보냈다.[16] 고려 조정에서 '전왕이 이미 양위하고 사신이 가기 어려운 아주 먼 곳에 머물

---

14 『고려사』 권99, 庾應圭.
15 『고려사』 권19, 명종 원년 5월 己丑.
16 『고려사』 권19, 명종 원년 7월 癸未; 己丑.

고 있다.'고 구실을 댔기 때문에 완안정 등은 의종을 만나지 못하였으며, 그가 귀국할 때 명종이 의종의 표문을 만들어 보냈다.[17]

그해에 고려는 다시 고주사를 파견하여 사정을 설명하였고, 금은 폐립을 양해하여 책봉 의사를 밝힌 칙서를 보내 주었다.[18] 마침내 명종 2년(1172) 5월에 금이 명종을 고려국왕으로 책봉하고,[19] 그해 8월에 고려가 사신을 파견하여 책봉에 사례함으로써[20] 폐립 문제를 둘러싸고 약 1년 반 동안 끌어온 양국 간의 외교 교섭이 마무리되었다.

명종의 책봉은 무신정권의 안정에 큰 도움이 되었다. 정변을 일으켜 옹립한 왕을 국제적으로 인정받아 정권의 취약성을 보완할 수 있었다. 명종 4년(1174) 반란을 일으킨 조위총이 이의방이 왕을 시해하고 장사지내지 않은 죄를 성토하면서,[21] 금에 사신을 세 차례 보내 지원을 요청하였다. 그 가운데 앞의 두 차례는 금에 도착하지 못하였지만, 세 번째로 파견된 서언徐彦 등은 전왕이 양위한 것이 아니라 시해당하였다고 알리면서 자기들이 자비령 서쪽에서 압록강에 이르기까지 40여 성을 가지고 금에 내속할 테니 원병을 보내 달라고 요청하였다. 그렇지만 금 세종은 반역한 신하를 도울 수 없다며 서언 등을 잡아 고려에 압송하였다.[22] 만약 금이 명종을 책봉하지 않았다면 상황이 달라졌을 수도 있다.

금은 이처럼 외교로 고려를 대하였지만, 한편으로는 군사적으로도 견제

---

17 『고려사』 권19, 명종 원년 8월 甲辰.
18 『고려사』 권19, 명종 원년 10월; 명종 2년 2월 己酉.
19 『고려사』 권19, 명종 2년 5월 壬申.
20 『고려사』 권19, 명종 2년 8월 癸丑.
21 의종은 명종 3년 10월에 시해당하였다. 의종을 시해하고 장례지내지 않은 죄를 조위총이 성토하자 명종 5년 5월에 의종을 禧陵에 장사지내고 왕의 초상을 海安寺에 봉안하여 원당으로 삼았다.
22 이정신은 금 측에서 조위총 진영을 지원하면 고려가 남송과 연합할 가능성을 우려하였기 때문이라고 파악하였다(1991, 『高麗 武臣政權期 農民·賤民抗爭 硏究』, 고려대학교 민족문화연구원, 57쪽).

하였다. 조위총의 난 와중이던 명종 5년(1175) 금이 군대를 보내 연주 경계에 진을 치게 하자 성안에서 모두 두려워하였다. 금 측은 반란군에 고립된 연주성을 돕기 위한 조치라고 해명하였지만, 고려로서는 침범 위험성을 간과할 수 없어서 물러가 달라고 요청하였다.[23] 명종 8년(1178)에는 금이 장군 8명을 보내 의주 관외關外에 주둔시켰는데, 그 까닭은 조위총이 송에 군사를 청하여 금을 토벌하려 한다는 정보를 들었다는 것이었다. 이에 서북면병마사 염신약廉信若은 조위총이 이미 복주伏誅되었고 송과 고려는 바다로 막혀 있기 때문에 군대를 요청할 수도 없다고 하면서 허위 정보라고 해명하였다.[24] 조위총 진영에 가담하였던 정주定州·장주長州와 선덕진이 여진에 투항하려 하자 동로가발병마부사東路加發兵馬副使 두경승이 위무하여 안정시켰는데, 여진인 1천여 명이 정주 성 밖에 와서 그 틈에 노략질하려고 하다가 두경승이 해산하라고 설득하여 물러가기도 하였다.[25] 고려가 내전으로 북방 경계가 취약한 틈을 여진이 노렸던 것으로 보인다.

조위총의 난은 명종 6년(1176) 6월에 일단 진압되었지만, 그 뒤에도 잔당들의 반란이 이어져서 무신정권의 외교를 어렵게 만들었다. 금에 생일회사生日回謝, 횡선회사橫賜回謝, 하정단賀正旦, 진봉進奉, 만춘절萬春節 등의 사행을 보내는 데 차질을 빚었으며,[26] 금 사신이 올 때는 반란군이 길을 막을까 염려하여 군대를 보내 대비해야 하였다. 또 사신이 오더라도 고려의 허실을 엿볼까 염려하여 대책을 세워야 하였다.[27]

---

23 『고려사』 권99, 玄德秀.

24 『고려사절요』 권12, 명종 8년 11월; 『고려사』 권99, 廉信若.

25 『고려사』 권100, 杜景升.

26 『金史』 권135, 外國下 高麗 大定 15년 "頃之 王晧定趙位寵之亂 遣使奏謝 自位寵之亂 晧所遣生日回謝橫賜回謝賀正旦進奉萬春節等使 皆阻不通 至是 晧幷奏之 詔答其意 其合遣人使令節次入朝".

27 『고려사』 권19, 명종 6년 정월 "金遣大監阿典溥等來 賀生辰 時 軍旅西征 慮客使覘我虛實 發神騎抄猛班 迎于道路"; 명종 7년 6월 辛巳 "金橫宣使大府監徒單良臣來 金使之來也 國

이상과 같은 일들을 겪으면서 무신정권은 국왕 폐립이 국내 정치에서 정당성 논란을 야기할 뿐만 아니라 조공·책봉 질서 속에서 외세의 개입도 초래할 수 있는 중대 사안이라는 점을 인식하였다. 그리고 외교문서를 잘 작성하고 외교 현장에서 발생하는 문제들에 적절하게 응변하면서 풀어 나갈 역량을 갖춘 관료들의 중요성도 인식하였다. 무신정권은 금의 군사행동을 단념시킨 유응규를 포상하여 승진시키고 자손들에게 벼슬을 주었다. 김보당의 난 때 그가 체포되자 무신들은 "경인년(1170)의 사건을 공이 금에 고주告奏하지 않았더라면 우리들은 살육당하여 김치나 젓갈 같은 처지가 되었을 것이다."라고 하면서 풀어 주고 예우하였다. 금에서도 유응규의 외교를 인정하여 그 뒤 고려에 오는 사신들이 항상 그의 안부를 물었다고 전한다.[28] 또 폐립 경위를 묻기 위하여 금에서 파견한 선문사宣問使(詢問使)가 서경까지 왔다가 의심하여 지체하고 개경으로 가지 않으려 하였을 때, 선배사先排使 박인석朴仁碩이 급하게 왕의 밀지를 받아 와 설득하여 개경으로 오게 하였고, 그 공으로 포상 승진하였다.[29]

무신집권기에 무신들이 사신으로 가기도 하였지만 외교문서를 작성하거나 또는 임기응변과 문학적 역량이 필요한 외교 현장에서는 능력을 갖춘 문신들이 지속적으로 필요하였다. 변경을 지키는 장수들에게 모두 병마兵馬의 직임을 주어 분도分道로 삼고 창주와 삭주도 장군이 맡게 하면서도, 의주는 곧 문첩文牒을 주고받는 곳이라고 하여 문관과 무관 2인을 겸치하였다.[30] 명종 12년(1182)에는 금에 사행하는 서장관書狀官으로 국학國學과 문한관

家疑西京餘孽梗道路 託言軍旅之後沿路大疫 從他路迎候 仍遣戶部郎中朴紹中郎將牙應時 率官軍及神騎軍八十人往 備不虞 行至通德驛 賊果猝出掩擊 死者十八九 紹亦遇害".

28 『고려사』 권99, 庾應圭;『고려사절요』 권12, 명종 3년 9월.

29 金龍善 편, 앞의 책, 朴仁碩墓誌銘.

30 『고려사절요』 권12, 명종 11년 윤3월.

중에서 재주가 뛰어나 명성이 있는 사람을 뽑아 파견하도록 하였다.[31]

명종, 희종의 폐위와 신종, 강종의 즉위

명종 26년(1196) 4월 최충헌 등이 이의민을 숙청하고 정권을 잡고 나서, 이듬해 9월에 왕을 폐위하고 신종을 즉위시켰다. 명종이 28년간 재위하면서 늙고 정사를 게을리하며 소군들이 국정을 어지럽히는데도 그들을 총애하여 국고를 탕진한다는 구실을 내세웠다. 폐립 과정에서 신왕 후보로서 종실 사공司空 왕진王縝과 왕제 평량공 왕민王旼을 놓고 저울질하다가 '금에서 왕진을 모르는데 만약 그를 세운다면 분명 찬탈하였다고 할 것이기 때문에, 왕민을 세워서 의종 때처럼 아우에게 잇게 하였다고 알린다면 후환이 없을 것'이라는 박진재의 말에 따라 왕민을 택하였다.[32] 명종의 책봉을 둘러싸고 벌어졌던 외교 진통을 의식하였던 것이다.

신종이 즉위한 그 다음 달에 고공원외랑 조통趙通을 금에 파견하여 전왕과 신왕의 표문을 보냈다. 명종이 병환으로 정무를 보기 어렵기 때문에, 아우에게 왕위를 전하라고 한 부왕 인종의 유언에 따라 자기가 형 의종으로부터 물려받았던 것처럼 아우 왕탁王晫에게 임시로 왕위를 대행하도록 맡겼으며 원자도 동의하였으니 양위를 승인해 달라는 내용이었다.[33]

이번에도 금은 전왕의 표문에 답하는 조서를 보내어, 믿기 어려운 부분이 있으니 사신을 파견하여 사정을 살펴보겠다고 하였다.[34] 그에 따라 신종 원년(1198) 6월에 선문사宣問使 손우孫俁가 와서 연유를 따져 물었다. 표문의 내용대로 답변하자, 그는 황제의 명에 따라 반드시 조서를 전왕에게 직접

---

31 『고려사』 권20, 명종 12년 6월 甲子.
32 『고려사절요』 권13, 명종 27년 9월 庚申.
33 『고려사』 권21, 신종 즉위년 10월 丙子.
34 『고려사』 권21, 신종 원년 5월 丙午.

전달하겠다고 하였다. 전왕에게 양위의 진실을 묻는 조서라서 조정에서는 난처하게 여겼다. 이에 문하시랑 조영인趙永仁이 응대하여, 전왕이 30일 걸리는 남쪽 지방에서 병을 치료하고 있기 때문에 조서를 직접 전달하려면 2, 3개월을 기다려야 가능하다고 하였다. 그러자 손우는 꼭 직접 전달할 필요는 없다고 하면서 조서를 신종에게 전하였다.[35] 이어 고려는 예부낭중 백여주白汝舟를 금에 파견하여 책봉을 요청하였다. 금도 더 이상 문제 삼지 않고 백여주가 귀국할 때 책봉하겠다는 조서를 보내 주었으며, 신종 2년(1199) 4월에 봉책사封冊使를 파견하여 정식으로 책봉하였다.[36]

최충헌을 비롯한 집권세력은 금으로부터 왕의 폐립을 인정받는 것이 중요하고 또 쉬운 일이 아니었기 때문에 그 외교 담당자의 공로를 인정하였다. 금의 선문사가 전왕을 직접 만난 다음에 신왕에게 명을 보내겠다고 하여 조정에서 어려워할 때 외교 능력을 인정받던 김봉모金鳳毛가 선문사를 응대하여 설득하였고, 그 공로를 높이 평가받았다. 그는 여진어〔胡語〕와 한어漢語에 통달하여 금의 사신이 올 때마다 접대를 맡았다.[37] 희종 2년(1206)에는 역어譯語인 내전숭반內殿崇班 우광유于光儒를 권지각문지후權知閣門祗候로 삼으려고 하자 성랑省郎들이 남반南班의 참직參職 제수는 잘못이라며 반대하였지만, 최충헌은 우광유가 전에 북조北朝의 책봉사신을 전담하여 상대한 재능이 있기 때문에 특별히 참직을 제수한 것이라고 설명하면서 성랑들을 압박하였다.[38]

최충헌이 집권한 지 15년째 되던 희종 7년(1211) 말에 왕 측에서 최충헌의 숙청을 시도하였다. 내시낭중 왕준명王濬明 등의 내시와 환관, 승려 등으

---

35 『고려사』 권21, 신종 원년 6월 癸酉; 같은 책 권99, 趙永仁.
36 『고려사』 권21, 신종 원년 7월 乙卯; 2년 2월 甲子; 2년 4월 乙酉; 2년 5월 辛丑.
37 金龍善 편, 앞의 책, 金鳳毛墓誌銘;『고려사』 권101, 金台瑞.
38 『고려사절요』 권14, 희종 2년 7월.

로 구성된 왕의 측근들은 최충헌이 업무차 궁 안으로 들어온 기회를 이용하여 제거하려고 하였지만 실패하였다. 최충헌은 왕을 폐위하여 섬으로 추방하고, 명종의 태자 한남공漢南公 왕정王貞을 옹립한 다음, 이듬해 초에 중서사인 이의李儀를 고주사로 금에 파견하였다. 그때 보낸 표문에서 전왕이 갑작스러운 병으로 업무 수행이 어려워져서 중부仲父인 신종의 유언에 따라 강종이 임시로 왕위를 대행하게 되었다고 설명하였다.[39] 기왕의 폐립 사례들과 유사한 이유를 댄 것이다.

그러자 이번에는 금이 별다른 문제를 제기하지 않고 책봉하겠다는 조서를 바로 보내 주고, 곧이어 강종을 정식으로 책봉하였다.[40] 다만 봉책사를 맞는 과정에서 다소 소란이 있었다. 금에서 보낸 상로象輅의 높이가 광화문廣化門의 높이보다 훨씬 높자 고려에서는 상로를 손보아 들어올 수 있게 하자고 요청하였지만, 금 사신은 상로의 제도에 정해진 법식이 있기 때문에 가감할 수 없다고 주장하여, 결국 문지방 아래의 땅을 파고 상로 꼭대기의 삼륜三輪을 떼어낸 다음에 끌어들일 수 있었다. 또 사신이 의봉문儀鳳門의 정문으로 들어오려고 하여 마찰을 빚었다. 그때 지주사 금의琴儀가 사신에게 천자天子가 소국에 행차하면 어떤 문으로 들어오겠느냐고 물어, 천자는 당연히 중문으로 출입한다는 대답을 유도하였다. 이에 금의가 그렇다면 신하가 정문으로 들어와도 괜찮은지 묻자, 사신이 수긍하고 서문으로 들어왔다.[41]

명종을 책봉할 때와 달리 신종과 강종의 책봉 문제에 대하여 금이 점점 더 유화적인 태도를 보였던 것은 고려를 압박하기 어려운 국제적 상황에 처하였기 때문이다. 1180년대 말에 테무진이 칸으로 추대되고, 그의 통솔 아

---

39 『고려사』 권21, 강종 원년 2월 2월 庚辰.
40 『고려사』 권21, 강종 원년 4월 乙巳; 7월 辛酉; 7월 壬申.
41 『고려사』 권21, 강종 원년 7월 壬申; 『고려사절요』 권14, 강종 원년 7월.

래 몽골부의 세력이 빠르게 증강되어 갔다. 1206년 테무진이 부족을 통일하고 카칸에 추대되어 대몽골제국을 건설하였으며, 1211년에 군대를 이끌고 남하하여 대대적으로 금을 공격하기 시작하였다. 그 영향으로 요동, 요서 지역에서 거란의 야율유가耶律留哥, 여진의 포선만노蒲鮮萬奴 등 여러 세력들이 흥기하여 할거하였으며, 이런 북방민족의 흥기와 각축은 13세기 동아시아의 국제 정세에 큰 변화를 야기하였다.[42] 북방에 대한 금의 지배력이 약화된 가운데, 희종이 폐위되던 해에 금에 생신회사사로 파견된 김양기金良器 일행이 통주通州에서 몽골군을 만나 살해당하였고, 금 세종의 생일 만춘절을 축하하는 사신을 파견하였다가 길이 막혀 귀환하기도 하였다.[43]

게다가 송도 1194년 영종이 즉위한 뒤 금의 힘이 약화된다고 판단하고 실지를 회복하려고 1205년에 북벌을 단행해서 금과 회수 이북 지역을 놓고 다투었다. 결국 송이 패배하여 1208년에 가정화의嘉定和議를 맺게 되지만, 금은 남·북 양면에서 압박을 받는 형세였다. 국제정세가 그러하였기 때문에 폐립을 문제 삼아 고려를 압박하기가 곤란하였던 것이다.

금은 1213년에 내분까지 일어나 황제(衛紹王)가 폐위, 피살되는 혼란을 겪고 이듬해 남쪽의 변경汴京으로 천도하였다. 고려는 길이 막히자 1213년에 강종의 부음을 전한 뒤로는 금에 사신을 더 이상 파견하지 못하였다. 그리고 강종을 계승한 고종은 금의 책봉을 받는 절차를 거치지 않았다.

만주에서 여러 세력들이 각축을 벌이는 가운데 이들을 통제하기가 어려워지자 금은 고려에 몇 차례 첩牒을 보내 공동대응을 요청하였다. 고종 3년(1216) 윤7월에 금의 동경총관부가 보낸 협조를 요구하는 첩을 북계병마사가 받아 조정에 보고하였다. 그 첩의 내용은 포선만노를 토벌하려고 하는데

---

42 최윤정, 2011, 「몽골의 요동·고려 경략 재검토(1211~1259)」, 『歷史學報』 209, 107~108쪽.
43 『고려사』 권21, 희종 7년 5월; 9월 乙亥.

그가 두 나라 사이를 이간질할 우려가 있으니 방비해 달라는 것과 파속婆速의 경계로 들어간 거란세력('契丹遺種')의 토벌에 군량과 마필 등을 지원해 달라는 것이었다. 그전에도 다급해진 금이 식량을 팔라고 첩문을 거듭 보내온 적이 있지만, 고려는 변경 관리에게 요구를 거절하도록 하였다. 그러자 금군이 관문에 와서 우호관계를 저버리고 곡식을 팔지 않는다고 따지고 10여 명을 포로로 잡아갔다.[44] 그해 9월에는 금의 내원성來遠城에서 영덕성寧德城에 첩을 보내어서 거란을 협공할 것을 약속하고 병마와 식량 등을 요청하였고, 이어 대부영大夫營을 공격한 달단韃靼군을 물리쳤지만 잔당이 고려로 도망해 들어갈 우려가 있으니 방비하라는 첩을 보내왔다. 이듬해 정월에도 내원성에서 영덕성에 첩을 보내어 금을 배반한 포선만노의 군대가 거란세력과 연합하여 고려에 침입할 가능성이 있다고 하면서 그럴 경우에 정보를 알려 달라고 요청하였다.[45]

『금사金史』에는 1218년 요동편의遼東便宜 완안아리불손完顏阿里不孫이 고려에 식량을 빌려 달라고 요청하였다가 응하지 않자 변경을 약탈하였다는 보고를 받은 금 선종이 고려에 사신을 보내 그 군사행동은 금의 뜻이 아니었다고 알리게 하였다는 기록이 있다. 그리고 호시互市를 다시 열도록 고려를 설득하자고 결정하고 사신을 파견하였다고 하였다.[46] 고려 측 기록에는 그런 사실이 보이지 않는데, 당시 고려는 '거란유종'의 침략으로 고통받으면서 방어전을 치르고 있었다.

이렇듯이 북방의 형세가 크게 변하여 고려의 안위에 직접 영향을 미치고 있었다. 그렇지만 고려가 조공·책봉관계에 있던 금과 손잡거나 또는 단독으로라도 적극적으로 대응하는 모습은 거의 보이지 않았다. 그리고 금이 요

---

44 『고려사』 권22, 고종 3년 윤7월 丙戌.
45 『고려사』 권22, 고종 3년 9월 戊子; 11월 庚寅; 4년 정월 甲申.
46 『金史』 권15, 본기15 宣宗中 興定 2년 4월 壬寅; 癸丑; 같은 책 권109, 열전47 完顏素蘭.

동을 통제할 능력을 상실하자, 고종 11년(1224)에 마침내 금의 연호 사용을 중지하였다.

2. 외침에 대한 무신정권의 대응

'거란유종契丹遺種'의 침입과 격퇴

13세기 초에 몽골이 세력을 키워 금을 공격하면서 요서와 요동 지역은 신흥세력들이 대두하여 할거하는 상황이 되었다. 1211년에 거란인 야율유가가 금의 장수로서 국경을 방어하다가 융안隆安(길림성 農安縣)·한주漢州(길림성 梨樹縣) 일대를 근거로 자립하여 반기를 들었다. 그는 몽골군과 협력하여 금의 토벌군과 싸웠으며, 1213년에 국호를 요遼(東遼)라 하고 함평咸平(요녕성 開原市)에 도읍하였다. 1215년에는 동경東京(요녕성 遼陽)을 점령한 뒤 몽골로부터 요왕遼王으로 책봉 받았다. 그 뒤 내란이 일어나서 아우 야율시불耶律廝不이 1216년에 후요後遼(大遼收國)를 세웠다. 후요는 몽골에 복속되기를 거부하다가 몽골 및 그와 동맹한 야율유가, 포선만노 등에게 공격을 받고 1216년에 압록강을 건너 고려를 침입하였는데, 그 세력이 이른바 '거란유종'이다. 동요는 1269년까지 존속하였다.

한편 1214년 금의 장수 포선만노가 동요 정벌에 나섰다가 패배하고 동경으로 도망쳤다가, 이듬해에 자립하여 대진大眞을 세우고 만주 동부를 장악하였다. 그는 1216년에 몽골에 항복하였지만 이듬해에 다시 일어나 국호를 동하東夏(東眞)라고 바꾸었다. 동진은 두만강 유역에서 여진족을 통합하였고, 1218년에는 고려의 강동성江東城에서 고려·몽골과 연합하여 거란유종 소탕작전을 벌였다. 그 뒤 1227년부터 몽골과 적대하다가 공격을 받아 1233년 무렵에 몽골에 복속되었다.

포선만노와 마찬가지로 우가하亐哥下, 황기자黃旗子 가유賈裕, 가불애哥

不愛 등도 만주에서 군벌을 이루어 할거하면서 고려에 영향을 미쳤다. 고종 4년(1217) 가유의 황기자군과 싸우다가 패배한 우가하군의 일부가 압록강을 건너 의주에 들어와서 투항하였고, 이어 황기자군이 압록강을 건너와서 고려군과 전투를 벌였다.[47] 이듬해에 고려의 분도장군 정공수丁公壽는 가유가 대부영大夫營에 진지를 두고 만나 보기를 요청하자 압록강의 빈관賓館으로 맞아들여 위로하다가 틈을 타서 사로잡았으며, 그 소식을 들은 우가하가 사례하고 화친을 맺자고 청하였다.[48] 고종 6년(1219)에 우가하는 고려에서 봉기한 한순·다지 등이 자신을 끌어들이려고 하자 그들을 살해하여 고려에 보냈으며, 고려는 그에게 많은 공물을 주어 사례하였다. 그때까지 우가하는 고려와 우호적인 관계를 맺었지만, 이후 고려를 침범하여 약탈을 자행하며 충돌하였다.[49] 가불애군도 몽골군으로 위장하고 여러 번 고려의 변경 지역을 약탈하였다.[50]

무신정권은 북방의 상황 변화에 적극적이고 능동적으로 대응하지 못하였다. 정치적 통합을 이루지 못하였을 뿐 아니라 민의 항쟁이 전국적으로 일어나고 규모가 커진 상황이었기 때문에, 무신정권은 외부 상황에 대응하여 적극적인 경략에 나서기는커녕 외교로써 적절하게 대응하기도 어려웠다.

거란유종이 몽골과 동요에 밀려나다가 고종 3년(1216) 8월에 압록강을 건너 침입하였다.[51] 그 직전에 금의 동경총관부에서 보낸 첩과, 금군이 거란과 개주관開州館에서 싸우다가 대부영으로 패주하여 지키고 있다는 북계병마사의 정보 보고를 통하여, 거란유종이 고려 쪽으로 밀려오는 상황이 조정

---

47 『고려사절요』 권15, 고종 4년 4월; 9월; 10월.
48 『고려사절요』 권15, 고종 5년 6월.
49 『고려사절요』 권15, 고종 7년 2월; 3월; 10년 5월; 12년 8월; 13년 정월.
50 『東國李相國集』 권28, 蒙古行李齎去上皇帝表.
51 『고려사』 권22, 고종 3년 8월 乙丑.

에도 알려졌다.[52] 그런데 권력을 잡은 최충헌은 나라가 부유하고 병사가 강하다고 여겨서, 변방에서 보고할 때마다 '어찌하여 이런 작은 일들로 역기驛騎를 번거롭게 하고 국가를 놀라게 하는가?'라고 꾸짖고 보고한 관리를 유배 보냈다. 그 때문에 변장邊將들이 풀어져서 '적병이 와서 두세 성을 함락한 뒤에야 보고할 수 있다.'고 하였으며, 이때 와서 개경에 방비가 없자 사람들이 두려워하며 최충헌을 원망하였다.[53] 그런 사실은 최충헌이 왕조 보위를 집권 명분으로 삼았으면서도 정작 북방의 정세에 안이하게 대처하였음을 보여 준다.

거란유종이 침입하자 최충헌정권은 전통적인 전술에 따라 북방의 각 주진州鎭 성에서 방어하는 한편, 중앙에서 삼군三軍을 편성하여 출정시켰다.[54] 그런데 고종 3년(1216) 12월 삼군이 출정하면서 큰길로 가지 못하고 보정문保定門에서 성의 남쪽으로 돌아 산예역狻猊驛에서 묵는 일이 벌어졌다. 일관日官이 최충헌에게 아첨하여 금기〔拘忌〕를 피해야 한다고 고하여 벌어진 일이었다.

집권세력은 군대를 출정시키면서도 그 틈에 변란이 일어날까 우려하였다. 앞서 조위총의 난 때 토벌군이 출정을 준비하는 중에 종군한 승려들이 정중부파와 결탁하여 이의방을 살해하였던 전례가 있었다. 거란유종과의 전쟁 때에도 고종 4년(1217) 초에 종군한 흥왕사·홍원사·경복사·왕륜사·안양사·수리사 등의 승려들이 최충헌을 제거하려고 시도하였다. 그들이 관문을 뚫고 들어와 시가전을 벌였지만, 순검군과 최충헌의 가병家兵들에게 패하였다.[55] 당시 출정군 지휘를 맡은 정숙첨이 진중에서 '최충헌이 왕실을

---

52 『고려사절요』 권14, 고종 3년 윤7월.
53 『고려사절요』 권14, 고종 3년 8월.
54 거란유종의 침입과 격퇴에 대해서는 신안식, 2011, 「고려 고종초기 거란유종의 침입과 김취려의 활약」, 『한국중세연구』 30 참고.
55 『고려사절요』 권15, 고종 4년 정월.

쇠약하게 하여 자기가 적의 침입을 불러들이고서 도리어 나에게 적군을 막으라고 시켰다.'라고 불평하였다고 하며, 그는 위 종군승려들의 봉기 사건에 연루되어 처벌 받았다.[56]

주지하다시피, 이전부터 집권 무신들은 사병을 강화하였고, 특히 최충헌은 용력이 있는 문·무관 및 한량·군졸들을 초치하여 도방을 만들어 자기를 호위하게 하였다. 그 결과 고종 3년(1216) 11월에 출정군을 지휘하는 정숙첨과 조충趙沖이 군사를 점검하여 보니, 날래고 용맹한 사람은 모두 최충헌 부자의 문객이 되었고 점고 받은 관군은 모두 늙고 약한 군졸들이었다고 하였다. 최충헌 부자는 문객 가운데 종군하여 북방에 출정하겠다고 청하는 자를 먼 섬으로 유배하기까지 하였다.[57] 이런 사실들은 무신집권기에 사병을 강화함으로써 공병이 약화된 것을 보여 준다.[58]

그해 말 최충헌이 사병을 열병할 때 군사들이 몇 겹으로 이룬 대열이 2~3리에 달하였다고 한다. 그는 사병들에게 전투를 훈련시키는 한편, 창자루에 은병銀甁을 걸어 놓고 과시하며 사병을 확충하였다. 최우도 마찬가지로 큰 규모로 사병을 거느렸고 전투 훈련을 시켰다. 그리고 거란군이 개경을 침범하려고 한다는 첩보를 들은 최충헌은 군인들을 시가에 배치하는 한편 수만 명의 군인을 동원하여 자기 신변을 지켰다. 이듬해 정월에도 최충헌 부자가 자기 집에 사병을 많이 배치하고 계엄하였으며, 거란 군사가 가까이 닥쳐오자 백관들을 모두 성으로 나가 지키게 하고 성 밑의 인가를 헐어 황참隍塹을 파게 하였다.[59]

고려군은 조양진·연주·묘향산 등지에서 거란유종과 싸워 승리를 거두었

---

56 위와 같음.
57 『고려사절요』 권14, 고종 3년 11월; 12월.
58 尹龍爀, 1977, 「崔氏武人政權의 對蒙抗戰姿勢」, 『史叢』 21·22합, 304~308쪽.
59 『고려사절요』 권14, 고종 3년 12월; 같은 책 권15, 고종 4년 정월.

다. 그럼에도 불구하고 거란은 방어선을 뚫고 남하하여, 고종 4년(1217) 3월 경에는 개경 근처를 위협하였다. 이어 철원·춘천·원주 등지를 침략하였는 데, 7월경에 고려군이 제천의 박달현에서 대파하고 동북면 바깥으로 격퇴하 였다. 그러나 그해 11월에 동북면 방면에서 거란유종이 다시 대규모로 침입 하여 내륙 깊숙이까지 들어왔다. 고려는 삼군을 재편성하여 반격하여 고종 5년(1218) 9월경에 거란군을 강동성으로 퇴각시키고, 이듬해 정월에 마침내 섬멸하였다. 그때까지 고려는 2년 반가량 거란유종과의 전쟁에 시달렸다.

강동성 전투에서 승리한 뒤 원수 조충이 개선하였다. 그는 서경에 머물면 서 군공의 등급을 정하려고 하였지만, 최충헌은 예측하지 못한 변란이 생길 까 두려워서 급히 연락하여 귀환을 독촉하고, 공적을 시기하여 영아례迎迓 禮를 정지시켰다. 또 최충헌이 논공을 주관하면서 전공이 있는 자에게 상을 주어 원망이 많았으며, 죽판궁竹坂宮에서 북정 장수들에게 사적으로 연회 를 베풀면서 백관들에게 은을 거두어 경비를 충당하였다.[60] 조충이 최씨집 권자들과 가까운 사이였음에도 불구하고[61] 최충헌은 그의 공이 부각되는 것 을 견제하였고, 정치행위로서 은사와 연회를 주관하였던 것이다.

한편 거란유종과 전쟁을 치르는 동안에도 각지에서 민의 항쟁이 거세게 일어났다. 사회 모순이 격화된 데다가 전쟁 지원으로 고통이 가중되었기 때 문이다.

이의민 집권기부터 본래 부역이 없던 양수척楊水尺을 특정 기생에게 소 속시키고 공물을 징수하였다. 그러자 양수척들이 거란군의 향도 노릇을 하 면서, '일부러 반역한 것이 아니라 기생집의 침탈을 견딜 수 없어서 거란적 에게 투항하여 향도가 되었다.'라고 변명하고 자기들을 침탈한 자들을 죽이

---

60 『고려사절요』 권15, 고종 6년 3월.
61 註 70과 같음.

면 나라를 돕겠다고 하였다.[62] 고종 3년(1216) 말에 전주의 군인들이 향리들의 억압과 수탈에 반발하여 출정 도중에 되돌아와서 그들을 살해하고 축출하였다.[63] 또 이듬해 정월에는 진위에서 영동정 이장대와 직장동정 이당필, 별장동정 김례 등이 전시상황을 틈타 봉기를 일으켰다. 그들이 관창을 열어 진휼하자 굶주린 촌민들이 많이 따랐으며, 그들은 정국병마사靖國兵馬使라 자칭하고 스스로를 의병義兵이라고 불렀다.[64] 5월에는 서경병마사 최유공 등에게 군사를 거느리고 출정군을 돕게 하였더니, 평소에 최유공에게 침탈당하던 최광수를 비롯한 사졸들이 그를 거부하고 서경에서 봉기를 일으켰다. 최광수는 고구려홍복병마사句高麗興復兵馬使 금오위 섭상장군을 자칭하며 북계의 여러 성에 격문을 돌렸다.[65]

민의 항쟁 중에 진위의 봉기군이 정국병마사와 의병이라고 자칭하고, 최광수가 고구려홍복병마사를 자칭한 것이 주목된다. 그런 명칭은 사회 모순을 바로잡겠다는 의지의 표현으로서, 신종 5년(1202) 경주민의 항쟁에서 신라 부흥의 구호가 등장한 데 이어 고구려 부흥을 내걸고 고려왕조를 대체하는 새로운 정치권력을 표방한 것이었다.[66]

거란유종을 강동성에서 섬멸한 지 몇 달 뒤에도 의주에서 별장 한순과 낭장 다지 등이 봉기하여 원수元帥라고 자칭하며 감창사·대관臺官 등의 관부를 설치하였다. 그들은 관리들이 탐오하고 잔학하여 가혹하게 수탈하기 때문에 고통을 견디지 못하고 봉기하였다고 이유를 댔다. 그 봉기군은 외세를 이용하기 위하여 청천강을 경계로 하여 동진에게 투항하고 우가하군을 끌어들여 의주에 주둔시켰다. 정부 토벌군의 설득으로 우가하가 한순·다지

62 『고려사절요』 권14, 고종 3년 9월; 같은 책 권15, 고종 4년 3월.
63 『고려사』 권22, 고종 4년 정월.
64 『고려사절요』 권15, 고종 4년 정월.
65 『고려사절요』 권15, 고종 4년 5월; 6월.
66 채웅석, 1990, 「12, 13세기 향촌사회의 변동과 '민'의 대응」, 『역사와 현실』 3, 59~61쪽.

등을 유인, 살해함으로써 봉기군은 진압되었지만, 그 잔여세력이 고종 9년 (1222)에 다시 동진의 군사들과 연합하여 정주·의주 등지를 공격하였다.[67]

최씨정권은 수탈의 원흉으로 지목된 관련자들을 처벌하여 항쟁에 나선 민들을 회유하는 한편 토벌군을 보내 진압하였다. 그렇지만 권력의 정당성에 하자가 있고 사회 모순이 격화되어 사회 통합을 저해하였기 때문에 민의 항쟁이 계속 이어졌고, 그에 따라 외침에 대한 대응도 힘에 부칠 수밖에 없었다.

몽골의 침략과 항전

고종 5년(1218) 9월 조충·김취려金就礪 등이 이끄는 고려군이 거란유종을 강동성에 몰아넣었다. 그해 12월에 몽골 원수 카친〔哈眞, 合臣〕과 차라〔札剌, 箚剌〕의 군대가 동진이 파견한 완안자연完顔子淵의 군대와 함께 거란 유종을 토벌한다는 구실로 화주·맹주·순주·덕주 등의 성을 공격하고 강동 성으로 향하였다.[68] 이어 삼국의 군대가 합동작전을 펼쳐 이듬해 정월에 강동성을 함락하였다.

그때 카친은 조충에게 군량과 군사를 요구하면서 거란을 소탕한 뒤에 고려·몽골 양국이 형제관계를 맺으라는 몽골 황제의 명령을 전달하였다. 그에 앞서 몽골 사신들이 배를 타고 정주定州에 와서 양국의 강화講和를 요청하였지만, 고려 조정이 거란유종의 속임수가 아닌가 의심하여 주저하면서 회답하지 않은 적이 있었다.[69] 이때 와서 카친이 다시 강화를 제의해 오자, 조정에서는 몽골이 오랑캐 가운데 가장 억세고 사나우며 우리와 우호 외교를 한 적도 없다고 전의 의논을 고집하여 결론을 내지 못하였다. 그러다가

---

67 『고려사』 권130, 반역4 韓恂 多智.
68 『고려사절요』 권15, 고종 5년 9월; 12월.
69 金龍善 편, 앞의 책, 趙冲墓誌銘.

조충이 적극적으로 노력하고 최이가 받아들여 강화하기로 결정하고,[70] 마침내 고종 6년(1219) 정월에 강화 첩문을 보냈다. 이어 카친이 포리대완蒲里俗完 등을 파견하여 황제의 조서를 갖고 개경에 와서 맹약을 확인하고 협상하였으며, 2월에 몽골군이 철수하였다.[71]

북방의 정세 변화에 대응할 의지가 부족하였던 조정에서 상황을 제대로 파악하지 못하고 결정을 주저한 것과 대조적으로 현장 지휘관들은 기민하게 대응하였다. 몽골의 형제맹약 요구에도 조충이 현장에서 상황을 파악하여 적절하게 대응하면서 조정을 설득하였다.

그런 점은 그 뒤에도 마찬가지였다. 고종 10년(1223) 우가하가 마산馬山에 군사를 주둔시키고 몰래 의주·정주靜州·인주麟州 등지를 약탈하자, 의주 분도장군分道將軍 김희제金希磾가 정벌을 건의하였으나 명령을 받지 못하였다. 이에 그는 독단적으로 우가하 진영을 급습하여 물리치고 군수물자 수송 선박들을 나포하였다.[72] 고종 13년(1223)에 우가하가 몽골군을 가장하고 의주·정주에 침입하려고 하여 고려군이 토벌하였으나 우가하를 보지 못하고 귀환하였다. 그러자 서북면 병마부사 김희제가 병마판관 손습경孫襲卿, 감찰어사 송국첨宋國瞻 등과 의논하여 '우가하가 은혜를 배반하고 변방을 노략질하는데도 아무도 막는 자가 없으니 나라의 수치'라고 하면서 토벌하였다. 크게 승리하였지만, 조정에서는 김희제가 자의로 군사를 일으켜 정

---

70 조충은 부친 조영인과 함께 최씨 정권과 밀착된 관계였다. 그는 최충헌의 추천으로 거란 유종에 대한 토벌군의 지휘를 맡았고 최이의 부탁을 받아 최충헌의 묘지명을 썼다. 인척 관계상으로도 그는 최이의 처이모부이자 최항의 처조부이다. 최이가 몽골의 요구를 받아들여 강화를 결정한 데에는 긴밀한 관계인 조충에 대한 신임도 작용하였을 것이다.

71 고려와 몽골 간의 형제맹약 체결 과정에 대해서는 高柄翊, 1970,「蒙古·高麗의 兄弟盟約의 性格」,『東亞交涉史의 硏究』, 서울대학교출판부; 이개석, 2010,「麗蒙兄弟盟約과 초기 麗蒙關係의 성격」,『大丘史學』101; 고명수, 2015,「몽골-고려 명제맹약 재검토」,『歷史學報』225; 이익주, 2016,「1219년(高宗 6) 고려-몽골 '兄弟盟約' 再論」,『東方學志』175 참고.

72 고려사절요 권15, 고종 10년 5월.

벌하였다고 탄핵하려고 하였다. 김희제가 사전에 최이에게 비밀리에 알린 적이 있다는 사실이 알려져서 탄핵은 중지되었으나 공로에 대한 포상은 하지 않았다.[73] 그 사건을 통해서도 최이가 정보를 독점하고 공유하지 않아 조정의 논의가 현장 상황과 거리가 있었음을 알 수 있다.

몽골의 형제맹약 요구에 대하여 최이·조충 등은 금과의 외교 전례를 감안하여 찬성하였을 가능성이 크다. 금이 처음에 형제관계를 맺자고 하였으며, 나중에 상표칭신과 조공을 요구하고 왕의 폐립에 대한 해명을 요구하기는 하였지만 지나치게 내정을 간섭하거나 조공을 압박하지는 않았다.

그렇지만 몽골은 금과 달리 실질적인 복속을 목표로 고려를 압박하였다. 더구나 포리대완 등이 개경에 와서 보인 무례하고 고압적인 행동은 고려 조정에 큰 충격을 주었다. 문·무 관료들이 관복을 갖추고 나성 선의문부터 십자가까지 좌우로 도열하여 맞이함에도 불구하고 포리대완 등은 객관 밖에 도착하여 지체하면서 왕이 나와 영접하라고 요구하였다. 또 대관전에서 접견할 때는 모두 털옷과 털모자 차림에 활과 화살을 차고 곧바로 전에 올라 품에서 편지를 꺼내어 왕의 손을 잡고 주려 하였다. 왕의 안색이 변하였으나 좌우의 신하들은 당황할 뿐 가까이 가지 못하였다. 시신侍臣 최선단崔先旦이 울면서 '어찌 추한 오랑캐가 지존께 가까이 가게 할 수 있는가? 설령 자객 형가荊軻의 변과 같은 일이 일어나더라도 어찌할 수 없을 것이 분명하다.'라고 하였다. 사신들은 대관전에서 나가 고려의 의관으로 바꾸어 입고 들어와서 사례私禮를 행할 때도 읍揖만 하고 절을 하지 않았다.[74]

그 뒤에도 몽골 측의 무례한 태도와 과도한 공물 요구가 계속되었다. 그해 8월에 몽골과 동진국이 군사를 보내어 진명성鎭溟城 밖에 진을 치고 세공을 바치라고 독촉하였고, 다음 달에 몽골 사신이 황태제국왕 옷치긴, 원

---

73 『고려사절요』 권15, 고종 13년 정월.
74 『고려사』 권22, 고종 6년 정월 庚寅.

수 카친, 부원수 차라 등이 각각 보낸 문서를 갖고 동진국 사신들과 함께 와서 입공을 독촉하였다.[75] 이것이 사료상 확인되는 첫 공물 요구이고, 이후 해마다 과도한 요구가 계속되었다.[76]

고종 8년(1221)에 온 몽골 사신 제구유〔著古與〕와 동진 사신들은 왕이 대관전에서 조서를 맞을 때 21명이나 되는 인원이 모두 전에 올라와 명을 전달하겠다고 고집하여 우두머리 한 명만 오르게 하려는 고려 측과 마찰을 빚었다. 결국 8명이 오르도록 허락하자, 몽골 황태제의 균지鈞旨를 전하면서 수달피〔獺皮〕 1만 장, 세명주〔細紬〕 3천 필, 세모시〔細苧〕 2천 필, 면자綿子(絲綿) 1만 근, 용단먹龍團墨 1천 정, 붓 200자루, 종이 1만 장, 자초紫草 5근, 홍화紅花·남순藍筍·주홍朱紅 각 50근, 자황雌黃·광칠光漆·동유桐油 각 10근을 요구하였다. 제구유 등은 균지를 전달하고 전 아래로 내려가면서 각자 품속에 있던 물건을 꺼내어 왕 앞에 던져 버렸는데, 모두 지난해에 준 거친 명주〔麤紬布〕였다. 또 원수 차라와 푸타우〔蒲黑帶〕(蒲里帒完)가 수달피·세명주·면자 등을 요구하는 서한을 내놓았다. 그러고는 객관에서 대접이 만족스럽지 않다고 하며 활을 쏘고 몽둥이로 치는 바람에 관반을 맡은 관리가 견디다 못하여 도망쳐 문을 잠가 버리는 지경이었다.[77]

더구나 그때 몽골의 알치다이〔安只歹〕(安只女大王)가 보내는 사신이 또 온다고 동북면병마사가 보고하였다. 왕과 최이는 먼저 온 사신도 접대할 겨를이 없는 지경이라고 여겨 사신을 돌려보내려고 하였다. 그렇지만 군신회의를 한 결과, 사신을 영접하지 않으면 저들에게 침략 명분을 주게 되고 침략을 막을 역량도 없다고 하여 결국 받아들였다.[78] 왕과, 보정을 맡은 최이의

---

75 『고려사』 권22, 고종 6년 8월 壬辰; 여원관계사연구팀, 2008, 『譯註 元高麗紀事』, 선인, 42쪽.
76 이익주, 2016, 앞의 논문, 92~97쪽.
77 『고려사』 권22, 고종 8년 8월 己未; 『고려사절요』 권15, 고종 8년 9월.
78 『고려사』 권22, 고종 8년 9월 壬午; 丁亥; 『고려사절요』 권15, 고종 8년 9월.

입장에서는 몽골 사신의 무례한 행위 및 과도한 공물 압박이 나라에 큰 부담이 될 뿐만 아니라 국가 운영을 책임진 자신들의 위상에 악영향을 끼친다고 여겼을 것이다.

그런 일들을 겪으면서 최이는 몽골과 우호관계를 지속하기가 어렵다고 판단한 듯하다.[79] 더욱이 맹약을 맺은 뒤에도 재침이 우려되었다. 맹약 직후 몽골군이 철수할 때 동진의 관인과 겸종傔從 41명을 의주에 남겨 두면서 자기들이 다시 올 때까지 고려말을 배우며 기다리라고 하였다. 몇 달 뒤인 7월에 몽골이 가을을 틈타 쳐들어올 것이라는 첩보를 입수하자 고려는 호부시랑 최정분崔正芬 등을 북계 흥화도興化道의 여러 성에 보내서 무기와 군수품을 검열하게 하고, 작은 성들을 합쳐서 큰 성으로 입보入保시켜 대비하였다.[80] 고종 8년(1221) 말에는 재추들이 최이의 집에 모여서 남쪽 지방의 주현군을 징발하여 의주·화주·철관鐵關 등 요해지에 성을 쌓아 침략에 대비하는 문제를 논의하였다. 그때 거란유종의 침략으로 민들이 유망한 상태이기 때문에 시급하지 않은 일로 그들을 사역시키기 어렵다는 반대론도 제기되었지만, 최이가 듣지 않고 축성에 착수하여 40일 만에 마쳤다.[81]

그러던 차에 사신 제구유 등이 고종 12년(1225) 정월에 압록강을 건너 귀환하다가 피살되었다. 몽골에서 고려를 의심하고 국교를 끊었는데, 당시 고려 측에서 혐의를 벗고 관계를 유지하기 위하여 적극적으로 노력하였던 것을 보여 주는 사료를 찾을 수 없다. 그에 앞서 동진이 몽골과 우호관계를 단절하였음을 고려에 알리고 서로 각장榷場을 설치하여 교역하자고 제의한

---

79 맹약 이후 고려는 몽골의 무례한 행동과 과도한 공물 요구에 반발하고 몽골은 고려의 비협조에 불만을 가졌다. 양국의 불만은 고려가 몽골에 대한 조공을 전통적인 조공 차원으로 여긴 데 비하여 몽골은 막대한 공물과 인질을 동반한 '투배·복속'으로 간주한 인식 차이에서 야기되었다고 파악되고 있다(이개석, 앞의 논문, 71쪽; 이익주, 2016, 앞의 논문, 96쪽).

80 『고려사』 권22, 고종 6년 2월 己未; 7월.

81 『고려사절요』 권15, 고종 8년 윤12월; 고종 9년 정월.

바 있었다.[82] 고려는 몽골의 압박에 거부감을 가진 데다가 그런 정세 변화를 감안하여 관계 유지에 노력하지 않은 듯하다. 그에 따라 고려와 몽골 간에 맺었던 맹약이 깨졌다.

약 7년 뒤 고종 18년(1231) 8월에 사르타이〔撒禮塔〕가 이끈 몽골군이 침략하였다. 그들은 빠른 기동성과 뛰어난 공성력을 이용하여 고려의 북방 방어망을 무력화하고 굴복을 받으려 하였다. 전쟁이 시작되자 최이는 자기 집에서 재추들과 논의하여 삼군 출정 등의 방어책을 세웠다. 고려는 구주성·자주성 등을 지키고, 삼군이 황주 부근 동선역에서 승리를 거두었다. 그렇지만 안북성 전투에서 삼군이 패배한 뒤에, 몽골군이 11월경에 개경을 압박하고 12월에는 광주廣州·충주까지 침략하였다.

고려는 전황이 불리해지자 11월 초부터 강화 협상을 시도하였다.[83] 12월에 사르타이가 강화 조건을 담은 첩문을 보내서 금·은·의복·수달피·말 등 막대한 공물과 함께 왕과 대신들의 자녀 각 1천 명을 인질로 요구하였다.[84] 강화가 이루어져서 이듬해 정월 몽골군이 철수하였지만, 몽골의 요구는 고려가 감당하기 곤란한 수준이었다. 더욱이 몽골은 철군 후 왕경과 지방에 다루가치〔達魯花赤〕 72명을 배치하여 감시, 간섭하려고 하였다. 고종 19년(1232) 2월 개경에 다루가치 도단都旦이 와서 고려의 국사를 도통都統하려 하면서, 왕이 별궁으로 거처를 옮기려 하자 자기가 고려의 국사를 모두 통솔하기 위해 왔으니 앞으로 궁궐에 들어가 거처하겠다고 하였다. 또 연회에 불렀더니 왕과 나란히 앉으려고 하고 그대로 궁궐 안에 머무르고자 하여,

82 『고려사』 권22, 고종 11년 정월 戊申.
83 몽골과의 전쟁기간 동안 항전과 외교교섭에 대해서는 尹龍爀, 1991, 『高麗對蒙抗爭史研究』, 一志社와 姜在光, 2011, 『蒙古侵入에 대한 崔氏政權의 外交的 對應』, 景仁文化社 참고.
84 『고려사』 권23, 고종 18년 12월 甲戌.

고려 측과 마찰을 빚었다.[85] 그처럼 몽골 측이 왕과 조정을 대하는 태도가 고압적일 뿐 아니라 전례 없는 요구를 하였으며, 더구나 다루가치를 파견하여 정치 간섭을 시도함으로써 결과적으로 왕조 보위를 내세운 최씨집권자의 권력을 약화시킬 수 있었다.[86]

이에 최씨정권은 강화 천도와 항전을 계획하였다. 몽골군이 북방의 성곽들을 공략하다가 장애가 되면 우회하여 빠른 기동력으로써 개경으로 향하는 작전을 씀에 따라 고려군이 효과적으로 방어하기 어려웠기 때문에, 해도로 도성을 옮기고 전쟁에 대비하려고 한 것이다. 아직 강화 협상 중이던 고종 18년(1231) 12월에 승천부 부사 윤인尹繗과 녹사 박문의朴文檥가 최이에게 강화가 난을 피할 만한 곳이라고 권유하였고, 최이는 그들을 시켜 먼저 가서 살펴보게 하였다.[87] 몽골군이 철수하자 최이는 천도를 본격적으로 추진하였다.

고종 19년(1232) 2월 재추가 전목사典牧司에 모여 천도를 논의하고, 5월에 재추와 4품 이상 관료들이 모여서 방어책을 의논하였다. 대체로 도성을 수비하면서 적을 막자고 하였으나 정무鄭畝와 대집성大集成 등은 천도하여 난을 피해야 한다고 주장하였다.[88] 그 다음 달에 최이가 재추들을 자기 집에 불러 모아 천도를 의논하였는데, 이미 그는 천도를 결심한 상태였다. 참석자 대부분이 천도를 어렵게 여기면서도 최이를 두려워하여 감히 반대하지

---

85 『고려사』 권23, 고종 19년 2월 丁丑.
86 이익주, 몽골이 1차 침략 시 칭신상표, 공물 납부, 인질 제공을 요구하였고 철군한 뒤에 다루가치 설치와 助軍 요구를 추가하였으며 1232년 황제의 조지를 통하여 국왕 친조와 호구조사를 요구하여, 몽골이 정복 지역에 요구하던 '6事'의 대부분이 이때 이미 나타났음을 고찰하였다. 그리고 이런 요구는 칭신상표와 공물 제공 선에서 講和하려는 고려의 의도와 충돌하였다고 파악하였다(2019, 「고려−몽골 전쟁 초기(1231~1232)의 강화 협상 연구」, 『韓國史研究』 180).
87 『고려사절요』 권16, 고종 18년 12월.
88 『고려사절요』 권16, 고종 19년 2월; 5월.
   대집성은 최이 後室의 부친이었다.

못하던 차에, 유승단兪升旦이 '소국이 대국을 섬기는 것은 이치이다. 예로 써 섬기고 믿음으로써 사귀면, 저들이 무슨 명분으로 매번 우리를 괴롭히겠는가. 섬에 숨어서 구차하게 세월을 끌면서 백성들이 전란의 피해를 당하게 만드는 것은 장구한 계책이 아니다.'라고 천도를 반대하고 사대외교의 관점에서 화친을 주장하였다. 별초지유 김세충金世沖은 성이 견고하고 병력과 양식이 족하니 200년 이상 번성해 온 도성을 지키면서 적을 막자고 주장하였다. 그렇지만 최이와 그의 장인 대집성은 김세충을 처형하여 반대론을 막고 천도를 단행하였다.[89]

몽골군에 대한 방어책으로서 해도 입보入保 전술은 이미 개전 초기부터 북계의 여러 지역에서 구사되고 있었다. 방어거점으로 기능하는 성들이 서역과 금을 정벌하면서 공성술을 익힌 몽골군 앞에서 제 역할을 하지 못하자, 수공水攻에 약한 그들의 약점을 이용하려는 방어책이었다. 강화 천도는 그 전술을 왕경에도 적용한 것이다.[90] 강화도는 조석간만의 차이가 크고 갯벌이 발달하였으며 한강·임진강·예성강이 합류하면서 거센 물살을 만들기 때문에 방어에 유리하였다. 그리고 개경과 가까우면서 해로로 지방과 통하는 길목에 위치해 있고 기왕의 조운로를 그대로 이용할 수 있었다.

강화 천도는 위급할 때 일시적으로 피난하는 수준이 아니라 장기적인 피난수도로 유지하여 항전을 이끌기 위한 대책이었다. 최씨정권은 강화도에 개경을 본떠 궁궐과 관청, 사원 등을 건설하였고 팔관회·연등회 등의 국가적 종교행사도 그대로 거행하였다. 도방과 삼별초 등 최씨정권의 정예 전투

---

89 『고려사절요』 권16, 고종 19년 6월.
90 최종석, 2008, 「대몽항쟁·원간섭기 山城·海島入保策의 시행과 治所城 위상의 변화」, 『震檀學報』 105, 44~47쪽.
　　1256년 압해도 전투는 몽골군이 해도 입보민들을 공격하기 어려웠던 사실을 잘 보여준다. "車羅大 嘗將舟師七十艘 盛陳旗幟 欲攻押海 使吾與一官人乘別船督戰 押海人置二砲於大艦 待之 兩軍相持未戰 車羅大臨岸望之 召吾等曰 我船受砲 必糜碎 不可當也 更令移船攻之 押海人隨處備砲故 蒙古人遂罷水攻之具"(『고려사』 권130, 반역 韓洪甫).

력을 배치하고 강도江都를 둘러 3중으로 성곽을 쌓아 '금성탕지金城湯池'라고 자부하는 방어태세를 갖추었다. 그리고 각 지방민들을 해도나 요해처 산성에 입보시켜 몽골군을 막는 방식을 기본 방어전술로 채택하여 입보를 독려하고, 그 전술을 효율적으로 운용할 수 있도록 입보처에 방호별감을 파견하였다. 약 40년에 걸쳐 몽골에 대항하는 과정에서 무신정권이 비록 소극적이긴 하였지만 산성·해도 입보책과 같은 전술을 쓰면서 항전의 구심점 역할을 유지해 왔다는 공은 인정할 만하다.

그렇다고 하더라도, 안북성 전투 패배 이후에는 대규모 출정군을 내어 적을 적극적으로 격퇴하는 전술을 시행하지 못하였다. 또 몽골의 압도적인 전력을 확인한 뒤에 최이는 몽골과의 관계에서 전면에 나서기를 피하였다. 천도하기 전에 몽골 하서원수河西元帥가 수신자를 '영공令公'으로 하여 서신을 보내왔을 때, 최이는 자기가 수신자가 아니라며 서신을 종실 왕정王侹에게 보냈다. 하지만 그도 서신을 받지 않아 오랫동안 서신이 왔다 갔다 하다가, 최이가 끝내 이규보를 시켜 왕정의 이름으로 답서答書를 작성하여 보냈다.[91] 그 사건은 최이가 몽골과의 외교에서 남을 내세우고 자신은 뒤로 빠지려 하였다는 점을 잘 보여 주는 사례이다. 이후에도 무신 집권자들은 강화 협상을 하면서도 직접 출륙 영접하거나 입조하라는 몽골의 요구에 응하지 않았다. 굴욕적인 외교의 당사자가 되기를 피하려는 의도도 있었겠지만, 그런 태도를 보면 천도를 강행한 이유에 최씨정권의 안전을 도모하려는 의도가 크게 작용하였다는 비판을 면하기 어렵다.

최이가 과연 적극적인 항전 의지를 갖고 있었는지를 의심할 만한 일도 벌어졌다. 몽골의 첫 침략 때 자주부사 최춘명崔椿命은 지역민들을 지휘하여 성을 고수하고 항복하지 않았다. 조정에서 몽골과 화의를 맺으려고 하면서

---

91 『고려사절요』 권16, 고종 19년 5월.

사신을 보내어 항복하도록 권유하였지만, 그는 조정으로부터 공식적인 연락을 받지 못하였다며 항복을 거부하였다. 그러자 최이와 그의 측근들은 최춘명이 항복을 거부하여 몽골의 분노를 산다는 이유로 그를 죽이려고 하였는데, 마침 몽골 관인이 그것을 보고 최춘명이 비록 자기들을 거슬렀지만 고려의 입장에서는 충신이니 죽이지 말라고 만류하였다.[92]

천도 이전부터 최씨정권은 내부적으로 도전받고 있었다. 고종 11년(1224) 최이 제거 모의가 적발되어 대장군 이극인李克仁, 상장군 최유공崔愈恭, 장군 김계봉金季鳳, 산원 박희도朴希道·이공윤李公允 등이 처형되었고, 추밀원부사 김중귀金仲龜, 상장군 함연수咸延壽·이무공李茂功, 대장군 박문비朴文備 등이 연루되어 유배당하였다.[93] 또 앞에서 살핀 것처럼 거란유종과의 전쟁 중에도 민의 항쟁이 지속되고 있었다. 그런 점을 본다면, 최씨정권이 항전을 내세워 천도하여 불안을 회피하고 지배력을 유지하려는 속셈도 있었다는 해석이 가능하다.[94]

강화도에 들어간 뒤 최이는 몽골에 맞서 천도를 결단하고 왕조를 보위하는 위상을 내세워서 권력을 굳혔으며, 그의 후계자들도 항전을 정권 안보 차원에서 지속하였다. 최씨집권자들은 항전론을 주도하면서 왕조 수호자로서의 정치적 입지를 강화하였다.[95] 강도 시기에 이규보 등의 관료들은 천도를 어진 재상이 몽골 오랑캐의 침략으로부터 왕조와 백성들을 보호한 조치라고 칭송하였다.[96]

강화 천도와 함께 다루가치들을 살해하는 등 반몽 의지가 뚜렷해지자

---

92 『고려사절요』 권16, 고종 19년 4월.
93 『고려사절요』 권15, 고종 11년 7월.
94 김윤곤, 1978, 「江華遷都의 背景에 關해서」, 『大丘史學』 15·16합, 92~102쪽.
95 채웅석, 2017, 「고려 최씨집권기의 輔政과 정치운영」, 『한국문화』 79, 137쪽.
96 『東國李相國集』 권18, 望海因追慶遷都; 같은 책 권11, 問答 甲午年禮部試策問; 『補閑集』 권中, 元正冬至諸牧都護府例修狀賀相府….

1232년 8월 몽골군이 재침하였다. 이번에는 내륙 깊숙이까지 침략하여 부인사에 소장된 대장경판을 불태우는 등 막대한 피해를 입혔다. 몽골은 1231년 첫 침략부터 1270년에 고려가 몽골과 최종적으로 화약을 맺고 개경으로 환도하기까지, 6차에 걸쳐 도합 11회 침공하였다.[97] 그때마다 약탈로 심각한 피해를 주면서 고려 정부를 압박하였다.

최씨정권은 항전의 정신적 구심점을 마련하여 사회를 통합할 필요가 있던 차에, 몽골군에 의하여 초조대장경 판목이 소실되자 1236년부터 재조대장경의 조판사업을 시행하였다. 이는 불력의 가피로 전쟁에서 승리하기를 기원한 초조대장경 조판사업의 역사적 기억을 재생하여 사회 통합을 도모하기 위한 사업이었다. 최씨정권은 대장도감을 설치하고 측근세력을 주축으로 정책적으로 판각사업을 벌여서 16년 만에 재조대장경을 완성하였다. 그 사업에는 최씨정권의 안보라는 정치적 의도가 개입되어 있었지만 승·속의 광범한 참여가 성공의 밑바탕이 되었다. 다양한 계층에서 이해관계를 떠나 국가적 위기의 극복을 염원하고 외침으로 파괴된 불교문화의 계승 발전을 위하여 재물과 노력 보시로 참여하였다.[98]

최씨정권이 천도 이후 중앙군을 대규모로 동원하는 전투를 시도하지 못하고 거듭된 침략을 막을 뚜렷한 방도를 찾지 못한 것과 달리, 요해처 산성이나 해도에 입보한 지방민들의 항전이 돋보였다. 입보민들은 외관이나 방호별감, 별초 지휘관 등의 지휘를 받거나 자신들만의 힘으로 싸웠다. 산성에 입보한 민들은 중앙군의 대규모 지원을 기대할 수 없는 상황에서 자위를

---

97 고려와 몽골 간에 전쟁이 이어진 기간은 1231년(고종 18)부터 1259년(고종 46)까지의 약 30년이다. 그 뒤 소강기와 외교교섭 과정을 거쳐 1270년에 강화를 맺었으며, 강화에 반대한 삼별초의 항쟁이 진압되어 대몽항전이 최종적으로 끝난 때는 1273년(원종 14)이다.
98 재조대장경 조판사업에 대해서는 김윤곤, 2002, 『고려대장경의 새로운 이해』, 불교시대사; 崔然柱, 2006, 『高麗大藏經 硏究』, 景仁文化社; 최영호, 2008, 『江華京板 高麗大藏經의 판각사업 연구』, 景仁文化社 참고.

위하여 싸우고 유격전을 벌여 적을 타격하기도 하였다.[99] 예를 들면, 사르타이를 사살한 처인부곡의 전투(1232년), 방호별감 송문주宋文冑가 지휘한 죽주성 전투(1236년), 승려 홍지가 지휘한 상주산성 전투(1254년) 등이 그러하였다. 해도 입보민들이 승리를 거둔 대표적 사례로는 1256년에 대부도 입보민들로 구성된 지방별초가 인주의 소래산 아래에 나가서 몽골군 100여 명을 격파한 일 등이다. 관리들이 폭력적으로 입보를 밀어붙여서 불만을 사기도 하였지만,[100] 입보민들의 항전 의지와 활약은 장기간 대몽항전을 가능하게 한 동력이었다.

항쟁하던 민들이 전쟁 초기에 조정과 협력하여 방어전에 참여한 사례도 있었다. 고종 18년(1231) 마산馬山의 초적 우두머리들이 최이에게 정예 5천 명으로 몽골군의 침략을 막는 작전을 돕겠다고 제의하였다. 실제로 그들은 동선역 전투에서 아군이 기습을 받아 위기에 몰렸을 때 크게 활약하여 적을 물리쳤다.[101] 그 일을 계기로 하여 최씨정권은 광주廣州 관악산에서 활동하던 초적 등을 대몽항전에 참여시키려고 하였다.

그러나 최씨정권이 강화도로 천도하여 안주하고 사회 모순을 개혁하는 노력을 보이지 않았기 때문에, 봉기군이 그처럼 최씨정권과 협력하는 일은 지속되기 어려웠다. 오히려 대몽항전에 참여하였던 민들이 항쟁을 일으키기도 하였다. 예컨대 고종 19년(1232) 충주에 몽골군이 침입하자 외관과 양반들은 성을 버리고 달아났지만 노군奴軍·잡류들이 힘을 합쳐 격퇴하였다.

---

99 윤용혁, 앞의 책, 346쪽.
100 『고려사』 권122, 酷吏 宋吉儒 "爲慶尙道水路防護別監 率夜別抄巡州縣 督民入保海島 有不從令者 必撲殺之 或以長繩連編人頸 令別抄等曳投水中 幾死乃出 稍蘇復如之 又慮民愛財重遷 火其廬舍錢穀 死者十八九";『고려사절요』 권17, 고종 40년 8월 "蒙兵陷東州山城 先是 防護別監白敦明驅民入保 禁出入 州吏告曰 禾未收穫 迨敵兵未至 請輪番迭出刈穫 敦明不聽 遂斬其吏 人心憤怨 皆欲殺之 及蒙兵至城下 敦明出精銳六百拒戰 士卒不戰而走".
101 『고려사절요』 권16, 고종 18년 9월.

몽골군이 물러간 후 관청과 개인의 은기銀器를 조사하자 노군들은 몽고군이 약탈하여 갔다고 말하였지만, 향리 등은 노군의 우두머리들을 죽이려고 하였다. 그러자 노군들은 '몽골군이 쳐들어오자 모두 달아나 지키지 않더니 그들에게 약탈당하고서는 도리어 우리에게 죄를 돌려 죽이려고 하느냐?'라면서 봉기하여, 평소 원망하던 호강豪强들을 살해하였다.[102] 고종 24년(1237)에 원율原栗·담양潭陽 등지에서 봉기한 항쟁군을 이끈 이연년李延年은 백제도원수[百賊都元帥]를 자칭하며 백제 부흥을 내걸었다. 그는 토벌군을 지휘하는 김경손이 구주에서 외적을 물리친 공을 세운 대장으로서 자신들이 도통都統으로 삼을 사람이라고 하면서 그가 죽지 않게 조심하라고 항쟁군에게 지시하고 싸우다 패하였다.[103] 여기서 외침을 물리치려는 민들의 의지를 짐작할 수 있으며, 최씨정권이 사회 통합에 실패하여 민의 항쟁, 나아가서 삼국부흥운동으로 이어진 것도 알 수 있다.

전쟁이 장기간 계속되고 내적 사회 모순이 가중되면서 민들의 항전 의지가 꺾이기도 하였다. 전쟁 피해가 가장 컸던 고종 41년(1254) 한 해 동안에만 포로가 20만 6천여 명, 살육당한 사람은 셀 수 없고 몽골군이 지나는 곳마다 잿더미가 되었다는 기록이 있듯이,[104] 피해가 막심하였다. 더구나 관리들이 민을 침탈해서 권력자에게 아부하려고 하였기 때문에 민들이 고통을 견디다 못해 몽골군이 들어오는 것을 반겼다는 기록도 있다.[105] 입보가 거듭되면서 궁핍한 생활을 감내하기도 어려워졌다. 전쟁 말기에 입보민들이 몽골에 투속하는 사례가 많아진 것은 그런 이유에서였다.

102 『고려사절요』 권16, 고종19년 정월.
103 『고려사』 권99, 崔惟淸 附 崔璘; 같은 책 권103, 金慶孫.
104 『고려사』 권24, 고종 41년 12월.
105 『고려사』 권24, 고종 43년 2월.

대몽강화講和와 왕정복고

전쟁이 장기화하고 피해가 심각해지자, 강화론이 고종 36년(1249)에 최이가 사망한 뒤부터 제기되기 시작하였다. 집권세력이 뚜렷한 항전대책을 내놓지 못하는 상태였기 때문에 강화론의 입지가 점차 넓어졌다. 고종 40년(1253) 최린崔璘의 언급은 강화론자의 현실 인식을 잘 보여 준다. 강화를 교섭하기 위해서 왕자 안경공 왕창을 몽골에 보내는 것을 왕이 꺼리자, 그는 "지금 살아남은 백성이 열에 두셋밖에 되지 않는다. 몽골군이 돌아가지 않으면 백성들이 농사를 짓지 못하게 되어 모두 그들에게 투항할 것이니, 비록 강화도 하나를 지킨다 하더라도 어떻게 나라 구실을 하겠는가?"라면서 설득하였다.[106] 상황이 그런데다가 무신 집권자의 권력기반에 균열이 생겨 정치력이 약해지면서 강화론이 힘을 얻게 되었다.

강화론이 대두한 배경에는 몽골이 벌이는 전쟁양상의 변화에 대한 고려도 있었다. 몽골은 초기에 응징과 약탈 위주로 전쟁을 벌이다가 점차 안정적으로 지배하는 방식으로 바꾸었다. 고종 39년(1252)경 몽골에 가 있던 이현李峴은 "2년 동안 머물러서 그들의 행동을 보니 전에 듣던 것과 판이하게 달라서 실상은 사람 죽이기를 좋아하지 않는다."라고 하면서 정부에 강화를 권유하였다.[107]

강화론과 항전론이 엇갈리는 가운데 주로 왕과 문신관료들이 강화론을 주장하였다.[108] 반면 무신 집권자들은 몽골과 강화하여 출륙하는 것을 꺼렸다. 그런 사실은 고종 45년(1258) 사신이 몽골 측에 "우리나라는 단지 권신權臣의 제압으로 황제의 명을 어긴 지 여러 해 되었다. 그러나 이제 최의를

---

106 『고려사절요』 권17, 고종 40년 12월.
107 『고려사절요』 권17, 고종 40년 7월.
108 이익주는 최씨정권하에서 任濡와 琴儀의 門生들로 구성된 문신집단의 존재가 확인되고 그 문신집단이 대몽강화론을 주도하였다고 파악하였다(1996, 앞의 논문, 18~31쪽).

주살하였으니 곧 옛 서울로 돌아가 태자를 보내어 조현朝見하려고 한다."라고 말한 데에서 잘 드러난다.[109] 무신정권은 몽골군이 침략할 때마다 왕의 친조와 출륙 환도 등을 놓고 협상을 시도하다가 철군하면 다시 협상안 시행을 지연하기를 반복하였다.[110]

앞에서 살펴본 것처럼 고종 41년(1254)에 몽골군의 대규모 공세로 심각한 피해를 입으면서 항전을 주도하는 최씨정권의 리더십이 약화되었다. 고종 44년(1257) 최씨정권의 마지막 집권자 최의가 권력을 승계하였지만 세력기반은 전대와 비교하여 훨씬 축소되었다. 최씨정권을 지지하는 핵심세력 내에서 분열, 갈등이 심해진 가운데, 김준처럼 최씨정권의 심복이다가 소원해진 인물들이 대몽강화를 바라는 측과 협력하여 그 이듬해에 최의를 제거하였다.[111]

그 뒤로도 약 10년간 집권자가 김준金俊(金仁俊)-임연林衍-임유무林惟茂로 이어진 무신정권이 존속하여 강화 교섭의 진척을 지연하면서 항전을 포기하지 않았다. 그렇지만 강화의 대세를 되돌리지 못하였다. 고종 46년(1259) 태자(원종)가 입조하여 강화를 성사시켰다. 태자의 입조는 왕을 대신하여 전쟁을 통한 해결방식을 끝내고 몽골이 추구하는 세계질서에 편입되는 것을 뜻하였다.

몽골로서도 남송을 정복하지 못한 상태에서 고려의 장기 항전은 큰 부담이 되었다. 따라서 고려에 군사적 압박을 가하는 동시에 왕의 친조와 무신 집권자의 출륙을 강화 조건으로 요구하다가 태자의 입조로 조건을 완화

---

109 『고려사』 권24, 고종 45년 12월 甲辰; 46년 3월 壬子.

110 申安湜은 최씨정권기의 강화 교섭 목적이 정권 보위에 유리한 상황을 만들려는 데 있었고, 상황 변화에 따라 몽고에 대한 순종, 거부, 지연과 재침략에 의하여 환원됨으로써 국가의 운명보다는 정권의 운명에 더 좌지우지된 감이 있었다고 파악하였다(1993, 「高麗崔氏武人政權의 對蒙講和交涉에 대한 一考察」, 『國史館論叢』 45, 194쪽).

111 오영선, 1995, 「최씨집권기 정권의 기반과 정치운영」, 『역사와 현실』 17, 74~77쪽; 鄭修芽, 1985, 「金俊勢力의 形成과 그 向背」, 『東亞研究』 6, 412~430쪽.

하였다.[112] 특히 태자가 입조하던 무렵 몽골에서는 대칸 뭉케〔蒙哥〕가 사망하고 쿠빌라이〔忽必烈〕와 아릭부케〔阿里不哥〕가 대칸 자리를 둘러싸고 내전을 벌이고 있었다. 그런 상황에서 태자가 쿠빌라이를 찾아가자, 쿠빌라이는 "고려는 만 리나 되는 큰 나라이다. 당 태종이 친정하였지만 굴복시키지 못하였는데, 지금 태자가 스스로 내게 왔으니 이는 하늘의 뜻이다."라고 말하였다.[113] 이처럼 태자의 입조가 쿠빌라이를 지원하는 효과를 주어 협상이 우호적으로 진행되었다. 그리하여 교섭 과정에서 "토풍을 바꾸지 않는다〔不改土風〕."라는 원칙을 인정받았으며, 이것은 이후 원간섭기에 고려의 자주성을 지키는 토대가 되었다. 이 결과는 외교의 성과일 뿐만 아니라 끈질기게 항전하였던 점이 반영된 것이다.[114]

고려와 몽골 사이에 일단 강화가 성립되어 전투상황은 끝났다. 그러자 무신정권이 추구해 온 대몽전략이 유지되기 어려워졌다. 1259년 태자가 입조한 사이에 고종이 사망하자 김준은 태자 대신에 안경공 왕창을 옹립하려고 하였다. 그렇게 함으로써 김준은 태자가 입조한 의미를 삭감하고 왕이 중심이 된 강화파의 세력을 약화하려고 하였으나, 양부兩府에서 반대하였다.[115] 원종 9년(1268)에는 몽골이 6사 이행의 지연을 비판하고 김준의 입조를 요

---

112 정동훈은 고려와 몽골이 접촉하기 시작한 1218년부터 최종 강화를 맺은 1259년까지의 시기를 즉흥적 약탈(칭기스칸 시대), 체계적 수취 시도(우구테이 시대), 침묵 속의 교착(뭉케 시대)으로 나누어 양국이 각각 물자 제공을 어떻게 인식하였고, 어떻게 줄다리기를 벌였는지 등을 고찰하였다(2020, 「고종대 고려-몽골 관계에서 '조공'의 의미」, 『한국중세사연구』 61).

113 『고려사』 권25, 원종 원년 3월 "皇弟驚喜曰 高麗萬里之國 自唐太宗親征而不能服 今其世子自來歸我 此天意也 大加褒獎".

114 이익주, 1996, 「高麗·元關係의 構造에 대한 研究—소위 '世祖舊制'의 분석을 중심으로—」, 『韓國史論』 36, 37~55쪽. 허인욱도 고종대 고려와 몽골의 관계는 일방적으로 상대방에게 요구를 강요하기가 어려움을 알고 타협점을 찾아가는 과정에 있었고, 절충안을 도출할 수 있었던 것은 대몽항전의 긍정적 효과라고 평가하였다(2019, 「高宗代 몽골의 親朝 요구와 고려의 대응」, 『전북사학』 56, 81~86쪽).

115 『고려사절요』 권17, 고종 46년 6월 壬寅.

구하였다. 그러자 김준정권은 재항전을 주장하며 몽골 사신을 살해하고 해도로 들어갈 것을 계획하였다. 김준은 왕이 그 계획을 거부하자 폐위하고 왕창을 옹립하려다가 실패하였고, 몽골에서 입조하지 않는 것을 책망할까 걱정하여 자기 집에 승려들을 모아 불공佛供을 드리며 복을 빌었다.[116] 몽골의 김준 입조 요구는 철회되었지만, 원종이 그해 말에 환관들과 함께 임연을 끌어들여 김준을 숙청하고 정국을 주도하려고 하였다.

그렇지만 임연이 집권 후 무신정권을 강화하려고 하여, 원종 10년(1269)에 강화파의 중심에 있던 왕을 폐위하고 왕창을 옹립하였다. 그러나 원종 복위 움직임이 일어나고, 서북면에서 최탄崔坦·한신韓慎 등이 폐위를 명분삼아 반란을 일으켜 몽골에 귀부하였다. 특히 입조해 있던 태자(충렬왕)의 말을 들은 몽골이 사신을 파견하여 폐위 전말을 밝히도록 요구하고 왕과 왕창 및 임연의 입조를 요구하는 한편 군대를 국경까지 진군시켰다. 그러자 임연은 원종을 5개월 만에 복위시키지 않을 수 없었고,[117] 복위한 왕은 이듬해에 친조하여 권신 제거와 출륙 환도의 이행을 약속하였다. 그 사이 임연이 병사하여 그의 아들 임유무가 권력을 잡고 원종의 출륙 명령을 거부하였으나 곧 제거되었고, 마침내 무신정권이 종식되었다.

원종 11년(1170) 출륙 환도가 이루어지자, 무신정권의 무력기반이면서 대몽항전에 참여하였던 삼별초가 항거하였다.[118] 그들은 승화후承化侯 왕온王溫을 왕으로 추대하고 새로운 정부를 수립하였으며, 진도로 거점을 옮겨서 몽골과 그에 협력하는 조정에 대항하였다. 항전이든 강화든 조정이 인민을 설득하는 데 한계를 보인 가운데, 삼별초는 가중된 수탈에 저항하는 지

---

116 『고려사』 권130, 반역4 金俊; 『고려사절요』 권18, 원종 9년 3월.
117 『고려사절요』 권18, 원종 10년 6월~11월.
118 윤용혁, 2000, 「삼별초의 봉기와 南遷에 관하여」, 『고려 삼별초의 대몽항전』, 일지사, 129~161쪽 참고.

방민들의 호응을 받으면서 남부 연안 지역을 중심으로 세력을 떨쳤다. 1년여 뒤에 조정과 몽골 연합군의 공격을 받자 제주도로 거점을 옮겨 항전을 계속하면서 전함들을 충청도와 경기 지역까지 보내 활동하였다. 그러나 원종 14년(1273)에 연합군이 제주도를 점령하여 삼별초를 진압하였고, 근 40년에 걸쳐 치열하게 진행된 대몽항전도 막을 내렸다.

이상에서 살펴본 것처럼, 무신정권이 장기간 끌어온 항전은 몽골의 과도한 요구에 맞서 싸우고 고려의 자주성을 지켰다는 의미가 있다. 그렇지만 무신정권이 제대로 군사적·외교적 역량을 발휘하여 방어하였는지, 민생 지원 특히 산성·해도 입보민에 대한 지원을 잘하였는지 등에 대해서는 박한 평가를 내릴 수밖에 없다. 강화도에 머물며 항전을 고집한 것은 무신정권 보위를 앞세웠기 때문이라는 비판도 면하기 어렵다.

무신정권의 종식과 왕정복고는 왕과 강화파 관료들이 몽골의 후원을 받아 성공하였다. 그리고 그것은 항몽의 포기를 뜻하였다. 이후 고려는 몽골과의 관계에서 비록 국체, 국속의 유지를 보장받았지만, 전통적인 조공·책봉관계를 설정하려던 시도에 실패하여 몽골이 추구하는 세계질서에 편입되어 외교의 틀이 크게 변형될 수밖에 없었다.[119]

---

119 이익주, 2018, 「몽골(원)과의 외교」, 『한국의 대외관계와 외교사, 고려편』, 동북아역사재단, 274~278쪽.

고려중기 정치사의
특징과 연구 전망

이 책에서는 고려사회가 역동적으로 변화하였던 12세기 초부터 13세기 중반까지를 고려중기로 구분하는 시각에서 정치사를 재조명하였다. 본론에서 왕대별로 정치 현안과 대책, 정치세력의 분화와 양태, 정치운영론 등을 고찰하였고, 그에 따라 변화의 추이도 살펴볼 수 있도록 하였다. 이제 다음 세 가지 논점을 중심으로 고려중기 정치사의 전체적 특징을 부각시켜서 결론으로 삼으려 한다.

첫째, 당시 국가적 위기의식이 대두하고 정치 변란이 거듭되었다는 점에 주목한다. 지배층도 국운이 기울고 있다고 느끼는 가운데 개혁을 추진하고 종교나 풍수도참설 등에 따른 부흥책을 시도하였으며, 한편으로는 지배층이 분열되고 독점적 권력 추구 경향이 나타나서 동요를 초래하였다.

둘째, 정치세력의 구성과 성격, 정치운영 상의 특징을 살핀다. 사회 변화에 대응하여 부의 분배, 권력 장악 방식, 정치운영론 내지 개혁론, 대외정책 등을 둘러싸고 정치세력이 분기하였다. 유력자를 중심으로 족당, 좌주-문생관계 등으로 결속하는 한편 특히 현실인식과 개혁방안의 분화, 그 사상적 배경의 차이 등에 따라 정치세력이 분기한 점에 주목한다.

셋째, 국제관계의 변화가 정치에 미친 영향에 주목한다. 고려·거란·송·서하 등이 세력 균형을 이루어 다원적이던 국제관계가 여진과 몽골이 강성해지면서 요동치고 고려의 해동천하 의식에 타격을 주었다. 그리고 국제정세 인식과 대응 방안의 차이가 국내문제와 연계되어 정치 갈등을 빚기도 하였다.

책의 말미에서는 정치사 연구의 사학사적 맥락에서 이 책의 위치를 점검하고 앞으로 연구를 보완해야 할 점들을 살펴본다.

1. 국가적 위기의식의 대두와 거듭된 정치 변란

11세기 진입을 전후하여 고려는 집권체제를 정비하고 거란의 침략을 막아낸 다음 국내외 정세가 비교적 안정된 가운데 사회가 발전하여, 문종대에 전성기의 번영을 구가하였다. 뒷날 임완·이제현 등의 정치가들은 문종 때를 평가하여 정치를 잘하고 국가 재정과 가계가 풍족한 태평성세를 이루어 본받아야 할 시기라고 기렸다.

그런데 한편으로는 사회 변화가 감지되기 시작하면서 국운이 쇠퇴하고 있다는 위기의식이 나타났다. 그에 따라 문종대에 관료제도, 전시과와 녹봉제도, 형률 등을 포함하여 지배체제 전반에 걸쳐 제도를 대폭 정비하였다. 그리고 종교나 풍수도참설을 이용하여 국가 기업基業의 연장·부흥을 위한 비상한 조치를 취해야 한다는 주장들이 제기되기 시작하였다.[1] 그에 따라 길지에 천도하거나 신궐을 짓고 왕이 이어하여 새 법령을 선포한다든지, 종교적 수단에 의지하여 복을 빌고 재앙을 물리치거나 하는 등의 대책을 조정에서 공식적으로 논의하고 실행하였다.

문종 10년(1056)에 도선의 『송악명당기松嶽明堂記』를 근거로, 삼한 통일후 120년이 지나 서강 병악 남쪽에 장원정長源亭을 지으면 국가 기업을 연장할 수 있다는 주장이 제기되어 그것을 건립하였다. 문종 21년(1067)에는 남경을 건설하였다. 뒤에 김위제 등의 건의에 따라 숙종 6년(1101) 남경개창도감을 설치하고 남경을 다시 건도하였는데, 그 취지가 '개경의 운세가

---

1 이하 풍수도참설의 전개에 대해서는 李丙燾, 1980, 『高麗時代의 硏究』(改訂版), 亞細亞文化社와 장지연, 2015, 『고려·조선 국도풍수론과 정치이념』, 신구문화사 참고.

쇠락해졌기 때문에 목멱양木覓壤에 도읍을 정하고 왕이 순행하면 나라의 기업이 연장되고 인접국들이 조공을 바치는 등 번영하게 될 것'이라고 하였다. 문종 35년(1081)에 서경에 좌·우 궁궐을 짓고 순행하는 장소로 삼은 것도 국가의 복리를 구하기 위한 조치였다.

이후 고려중기에 풍수도참설에 따른 연기론延基論들이 지속적으로 제기되고 시행되었다. 예종 즉위 초에는 '개경에 도읍한 지 200여 년이 지나 기업을 연장하려면 서경에 용언궁을 창건하고 왕이 이어하여 새 법령을 반포해야 한다.'라는 건의에 따라 공사를 벌였다. 문종 때의 서경 좌·우 궁궐 건설이나 숙종 때 남경 개창이 아무런 길보가 없었고 민들을 동요시킬 뿐이었다는 반대도 있었지만, 다수의 관료들이 창건에 동의하였다.

인종 초에는 서경천도론까지 제기되었다. 인종 6년(1128) 개경의 기업이 이미 쇠퇴하였지만 서경에는 왕기王氣가 서려 있기 때문에 궁궐을 지어 천도하자고 묘청·백수한 등이 주장하였다. 그러면 중흥하여 천하를 아우를 수 있게 되어 금이 항복하고 주변 36개국이 모두 신속할 것이라고 하였다. 그에 따라 대화궁을 창건하고 새롭게 쇄신하는 정치〔維新之政〕를 선포하였다.

의종 11년(1157)에는 대궐 동쪽에 새로 익궐翼闕을 만들면 국운을 연장할 수 있다는 술사의 말에 따라 왕제 익양후 왕호의 집을 빼앗아 이궁을 창건하였다. 또 이듬해에는 '백주 토산의 반월강이 나라가 중흥할 땅이기 때문에 그곳에 궁궐을 지으면 7년 내에 북쪽 오랑캐들을 복속시킬 수 있을 것'이라고 하여 중흥궐을 창건하였다.

무신집권기에도 풍수도참에 의지하여 국가 기업을 연장하려는 시도가 이어졌다. 명종 4년(1174)에 좌소左蘇 백악산白岳山, 우소 백마산白馬山, 북소 기달산箕達山에 연기궁궐조성관延基宮闕造成官을 두도록 하였다. 최충헌 집권 초인 신종 원년(1198)에는 산천비보도감을 설치하고 재추와 중방의 무신 및 술사들이 참여하여 산천을 비보하여 연기하는 정책을 의논하도록 하였다. 고종 4년(1217)에는 송악의 왕기가 쇠퇴하는 것을 막으려면 별궁으로 이어하여 기양祈禳해야 한다는 술사의 말에 따라 최충헌이 지은 죽판궁으로 이어하였다. 그리고 그해에 백악에 신궐을 짓고, 고종 15년(1228)에 왕의 의대衣帶를 그곳에 두도록 하였다.

몽골의 침략에 맞서 강화도로 천도한 뒤에도 고종 21년(1234)에 좌소를 남경에 비정하여 그곳에 궁궐을 짓고 왕이 거처하면 국운을 800년 연장할 수 있다는 도참설에 따라 남경 가궐에 어의를 봉안하도록 하였다. 또 고종 46년(1259)에 마리산에 궁궐을 지으면 왕업이 연장될 것이라고 하여 산 남쪽에 이궁을 지었다. 이어서 풍수가 백승현의 말에 따라 삼랑성과 신니동에 가궐을 만들도록 하였으나 고종이 사망함에 따라 공사가 중단된 듯하다. 그 뒤 원종 5년(1264)에 몽골이 왕의 친조를 요구하자, '마리산 참성塹城에서 왕이 몸소 초제를 지내고 또한 삼랑성과 신니동에 가궐을 만들어 몸소 대불정오성도량大佛頂五星道場을 열면 곧 응보를 받아 친조를 중지시킬 수 있고, 삼한三韓이 변하여 진단震旦이 되어 대국들이 와서 조공할 것'이라는 백승현의 말에 따라 그곳에 가궐을 만들게 하였다. 비판론도 제기되었지만, 집권자 김준이 백승현을 신임하고 있었기 때문에 그대로 시행하였다.

이러한 일들을 오로지 풍수도참설이 크게 유행한 탓으로만 볼 수 있을까? 국가의 기업이 쇠퇴하였다는 건의를 조정에서 공식적으로 받아 논의할 수 있으려면, '국운이 기우는 때'라고 인식할 만한 징후들이 발생하여 위기라고 느끼는 공감대가 형성되어 있어야 할 것이다.

민간에서도 위기의식을 느끼고 음양설陰陽說이 유행하였다. 숙종 6년(1101)에 평주에서 승려가 음양설을 퍼뜨리면서 사람들을 현혹하다가 처벌되었고, 승려 광기光器와 주부主簿 손필 등이 음양설에 관한 책을 거짓으로 만들다가 발각되었다. 인종 9년(1131)에도 무격 풍조와 음사淫祀가 크게 유행하여 단속령을 내렸다. 그보다 한 해 전에는 태사太史가 음양가들이 번갈아 소식消息을 올려 초제醮祭를 옳지 못하게 지내고 있으니 그런 행위를 금지해야 한다고 요청하였다. 그런 상황에서 정부는 관료들을 시켜 음양지리에 관한 여러 저술들을 가려서 『해동비록海東秘錄』을 만들어 관계기관들에 나누어 주었다.[2] 그 조치는 음양설이 잡다하게 분화되고 유포되는 가운데 사회 혼란을 막고 이데올로기적으로 국가 통제를 유지하기 위한 목적이었을 것이다.

정치권에서는 위기를 야기한 원인을 다음과 같이 몇 가지로 파악하였다. 우선 기상이변으로 인한 재해가 장기간 이어지는 것을 심각하게 받아들였다. 당시 기록을 보면 12세기 전반기에 자연재해 빈도가 뚜렷이 증가하였는데, 특히 11세기 말부터 12세기 전반기까지 기후가 한랭해졌다.[3] 농업에 타격을 가하고 민의 위기의식을 불러일으키기에 충분한 상황이었다. 유교의 천인감응설에 따르면, 자연재해는 인사人事에 문제가 발생할 경우 하늘〔天〕이 내리는 경고이므로 정치에서 시급하고 적절하게 해결해야 하였다. 당시 유교적 대응은 물론 풍수도참설이나 종교에 의지하여 연기와 기양을 위하여 노력한 것은 자연재해라는 초인간적인 문제에 대한 정치적 대응이었다.[4]

지나친 사치가 유행하여 사회 기강이 무너지고 있다는 점도 정치적으로

---

2 『고려사』 권12, 예종 원년 3월 丁酉; 『고려사』 권55, 오행3 土 大風 인종 8년 6월 癸未; 같은 책 권16, 인종 9년 8월.

3 須長泰一, 1986, 「高麗後期の異常氣象に關する一試考」, 『朝鮮學報』 119·120합, 307~320쪽; 이정호, 2009, 「자연재해의 발생과 권농정책」, 『고려시대의 농업생산과 권농정책』, 景仁文化社, 8~10쪽.

4 이태진은 『고려사』에 수록된 자연 이상 현상 기록들을 분석하여 1101~1200년의 100년간에 이른바 외계 충격과 연관된 현상이 집중적으로 나타났다고 파악하였다. 그리고 재난 극복을 위하여 불교·도교적 제의를 많이 행하였고, 유교 신봉자들도 유교적 재난관에 근거하여 시대적 난제를 해결하려고 노력하였다고 파악하였다(2012, 『새 韓國史 ― 선사시대에서 조선 후기까지』, 까치, 23~27쪽; 208~212쪽).

많이 거론되었다. 천인감응설에서는 예법에 어긋나게 사치하고 교만한 행동이 홍수·가뭄 등의 재해나 흉년을 야기한다고 해석하였다. 그런 인식 때문이 아니더라도, 관료나 승려들이 절약하고 검소한 생활을 하지 않고 민의 이익을 빼앗으며 모범이 되지 못함으로써 민이 복종하지 않게 되었다고 지적하였다. 과도한 사치풍조는 지배층이 부를 집중 향유하면서 벌어진 현상으로서, 지배질서의 이완을 초래하였을 뿐만 아니라 수탈과 연결되어 계급 갈등을 부추겼다.

민의 생활이 피폐해지고 인심이 날로 거칠어졌다. 민이 유망하거나 도적화하여 지배층과 지배체제를 위협하였다. 12세기 초에 유망이 이미 전국적 양상으로 확대되었다. 몰락한 사람들 중에서 일부는 소위 유수무뢰遊手無賴로서 영세상인 또는 도둑이나 부랑인이 되어 지배질서의 외곽에서 떠돌았으며, 그 수가 늘어나자 정부에서 대책에 부심하였다. 이를테면 숙종 7년(1102)에 특별령을 내려서 강·절도의 방범에 대한 포상과 처벌 규정을 밝혔다. 예종 원년(1106)에는 유망이 심해지자 속현에 처음으로 감무를 파견하였다. 사회 변화로 말미암아 고려 지방제도의 근간인 주현-속현체제에 대한 보완책을 마련하지 않을 수 없었던 것이다. 무신집권기에는 각지에서 민의 봉기가 폭발적으로 일어나 전국적으로 번졌다. 더 나아가 고려왕조를 부정하고 옛 삼국의 부흥을 주장하는 형태로까지 민의 항쟁이 발전하여 중앙 지배층에게 큰 충격을 주었다.

관료제 운영상의 문제도 지배층에게 심각하게 다가왔다. 쓸모없고 기강이 해이해진 관리들이 많다는 비판이 제기되었다. 천인감응설에서는 관리들이 탐욕스럽고 민을 침탈하면 오행五行의 순조로운 운행을 해쳐서 재해를 발생시킨다고 해석하였다. 관직과 임용 대기자의 수급이 크게 불균형한 것도 큰 문제였다. 『선화봉사고려도경』의 기록에 따르면, 인종 초기에 현임관이 3천여 명인 데 비하여 산관으로서 동정직同正職을 가진 사람은 1만 4

천여 명에 달하였다.[5] 예비관료층이 크게 확대되자 인사가 적체되어 관직을 얻기까지 오랫동안 대기해야 하였고, 이러한 상황은 승진할 때에도 마찬가지였다. 무신집권기에는 상황이 더 열악해졌다. 등과한 사람은 외관 보임이 원칙이었지만 30년이 지나도록 못 받는 사람들도 많았기 때문에 등과하고 5년 이상 직책을 받지 못한 사람, 서리에서 관원으로 승진한 뒤 8년 이상한거한 사람에 한하여 보임하는 정책을 실시하기도 하였다.[6] 그처럼 인사가 적체된 상황에서 권세가에게 청탁하는 짓이 일반화되고 인사행정이 문란해졌다.

이상과 같이, 당시 정치권에서 인식한 위기의 원인들은 재난적 요인과 함께 사회 변화에 기인한 문제들이었다. 비록 대응책을 마련하면서도 농장의 발달이나 수취체제상의 모순 등 근본적 원인에 대한 파악은 미흡하였지만, 자연조건이 나빠졌음에도 불구하고 사회적 생산의 과실을 권세가가 집중 향유하고 관리들의 기강이 해이해지는 등의 문제점들을 정치권에서도 인식하였다. 사회적 갈등이 심해져서 통합이 어려워진 현실도 감지하였다.

지배층의 분열·대립도 심해져서, 극단적 형태로서 왕위를 노린 모반 사건들이 계속해서 일어났다. 왕을 보좌해야 할 종실과 외척이 발호하거나 권신이 전횡하는 것 자체도 큰 문제였지만, 천인감응설에 따르면 그런 일들은 재해 즉 하늘의 경고를 야기하므로 그런 일들이 연이어 발생하자 국가적 위기의식이 한층 고조되었다.

문종 26년(1072)에 교위 거신巨身과 그 당여 1천여 명이 왕을 폐하고 왕제 평양공 왕기를 세우려고 모반하였다. 거기에 평장사 왕무숭을 비롯한 대신들과 장경궁주 이씨, 수안택주 이씨 등 왕실 일부도 가담하였다. 헌종 때는 왕제 한산후 왕윤을 후사로 잇게 하려는 이자의파와 왕의 숙부 계림공〔숙

---

5 『宣和奉使高麗圖經』권16, 官府 倉廩.
6 『고려사』권75, 선거3 전주 선법 명종 11년 정월; 『東國李相國集』권26, 上趙太尉書.

종)파가 대립하여 정변이 일어났다. 이른바 이자의의 난이라고 불리는 정변에서 계림공이 이자의파를 숙청하고 즉위하였다. 숙종은 문하시랑평장사 소태보와 왕국모·고의화 등 무장들의 지지를 받았고, 즉위한 뒤에는 헌종을 역대 왕의 한 명으로 인정하지 않았다.

12세기에 들어서서 예종 7년(1112)에는 왕의 숙부 승통 왕탱의 모반 사건이 일어나, 상서좌승 김인석을 비롯하여 많은 문·무관들이 연루되었다. 또 왕의 사촌이자 사위인 회안백淮安伯 왕기王沂가 음양술을 배운 급제 최도원, 무뢰배인 승지 권사도 등과 교유하면서 절에 가서 초제醮祭를 지내다가 발각되어 예종 12년(1117)에 처벌받았다.

예종이 사망하자 어린 태자(인종)를 보위하려는 이자겸파와 예종의 아우 대방공 왕보를 지지하는 세력이 대립하였다. 이자겸은 어린 외손자 인종을 즉위시키고, 왕보가 문하시랑평장사 한안인, 합문지후 이중약 등과 더불어 왕위를 넘보았다는 구실로 50여 명을 숙청하였다. 그 뒤 이자겸파가 독주하자 인종 4년(1126) 왕의 측근 내시 안보린, 동지추밀원사 지록연, 상장군 최탁 등이 이자겸을 숙청하려다가 실패하였으며, 이자겸은 '십팔자十八者가 왕이 된다.'라는 참설을 믿고 왕을 시해하려고까지 하였다. 이자겸을 숙청한 뒤에는 정국이 다시 서경 천도를 둘러싸고 소용돌이에 휘말렸다. 묘청·백수한 등이 주장한 서경천도론은 왕권의 강화, 금에 대한 강경정책 등과 연계되었고, 왕과 측근관료들이 동조하였다. 그러나 천도론의 문제점이 드러나면서 김부식을 비롯한 반대 측의 비판을 받았고 결국 인종 13년(1135) 서경 반란이 터졌다.

의종 때에도 왕과 대령후 왕경, 익양후 왕호, 평량후 왕민 등 왕제들 간에 갈등이 심각하였다. 왕경은 사람들의 마음을 얻고 있었는데, 왕의 측근세력에게 외척 정서 등의 역모에 관련되었다는 모함을 받아 유배당하였다. 왕호의 추종자들은 태조가 그에게 홀笏을 주었고 또 그가 용상에 앉아 백관들의 조하를 받는 꿈을 꾸었다고 자부하였다. 의종 22년(1168)에 왕은 서경 반란 뒤에 처음으로 서경에 행차하였는데, 그 이유는 왕호와 왕민이 사람들의 마음을 얻고 있었기 때문에 변이 생길까 두려워서 피한 것이었다. 왕의 당숙 사공 왕장도 왕제인 승려 충희, 직장동정 이구수 등과 교유하면서 왕위를 노리는 조짐이 있다는 이유로 의종 9년(1155)에 처벌당하였다. 왕의 측근세력 내부에서 권력투쟁이 벌어져서 의종 24년(1170)에 무신정변이 폭발하였을 때, 정변을 주도한 세력은 왕호를 왕으로 추대하였다.

위에 살핀 일련의 모반 사건들을 연루된 종실의 개인적 욕망 때문에 일어난 것으로만 이해할 수는 없다. 그것은 지배층의 분열·대립이 심화된 가운데 일부가 태조유훈을 정당화의 근거로 삼아 종실을 내세워 권력을 장악하려고 한 시도였다고 판단된다.

무신정변 이후에는 반무신정권적 성격을 띤 김보당의 난과 조위총의 난이 이어졌다. 그리고 정변을 통하여 무신 집권자가 교체되는 일이 빈번하였다. 권력 쟁탈 모의가 이어지는 가운데, 정중부·경대승·최충헌·김준·임연 등이 그렇게 집권하였다. 정변을 일으켜 권력을 장악한 무신들은 지배층의 분열된 이해관계를 조정하여 단합시키기 어려웠고, 문·무의 대립을 이용하여 무신을 결속시켜 권력의 안정을 꾀하는 양태가 이어졌다.

집권한 무신들에게 왕실이 눌린 형세라서, 전처럼 종실이 왕위를 노린 모반은 일어나지 않았다. 무신 집권자들도 관료제도를 이용하여 권력을 행사하고 형식적으로는 왕을 존중하였다. 그렇지만 명종과 희종을 폐위하고 신종과 강종을 옹립한 사례처럼 무신 집권자의 입맛대로 왕을 폐립하는 일까지 벌어졌다.

더구나 고려중기에 국제정세가 크게 변화하고 그로 인한 여파가 고려에 밀려와서 위기의식을 고조시켰다. 예를 들어 숙종은 자신이 왕위에 오른 뒤에 '항상 조심하여 북쪽으로는 거란과 사귀고 남쪽으로는 송을 섬기는데,

동쪽에서 여진이 강성하고 있기 때문에 군국軍國의 일 가운데 백성을 안정시키는 것이 급선무이다.'라고 토로하였다.[7] 이어서 인종대에 금이 상표칭신을 요구해 오자 이전에 신복하던 여진에게 고려가 거꾸로 신하가 되는 것은 국치라고 여기는 분위기였다.

무신집권기에 거란유종契丹遺種·몽골 등이 침입하여 전란에 휩싸이자 국가적 위기의식이 한층 고조되었다. 몽골이 침략하였을 때, '경기京畿까지 침범해서 사교四郊를 유린하여 마치 호랑이가 고기를 고르듯이 하니, 겁박당하여 죽은 민들이 길에 낭자하지만 군신들이 어찌할 바를 모르고 탄식할 뿐'이라고 하였다.[8] 그런 상황에서 최씨집권자들은 그 대몽항전의 구심점으로서 왕조 보위의 명분을 확보하고 60여 년간 권력을 세습하면서 왕에 버금가는 권세를 누렸다.

2. 정치세력 형성의 특징과 개혁의 모색

11세기에 지배질서가 안정된 가운데 중앙 지배층 사이에서 기득권을 보호하려는 움직임이 생겨서 문벌화가 진행되고 사회이동social mobility이 상대적으로 어려워졌다. 12세기 무렵에는 그 경향이 두드러져서, 비록 신진관료의 진출이 개방되었지만, 문벌 출신들이 요직을 차지하고 정책 결정과 가치 배분을 독점하려고 하였다. 문벌이 족망族望을 숭상하고 각종 네트워크로 연결되어 기득권을 누리자 사회통합력이 약화되었다. 또한 국가적 위기의식이 대두하고 변란과 민란 등으로 지배체제가 동요하는 징후가 감지되자 그에 대한 대응을 둘러싸고 정파 사이에 갈등과 대립이 야기되었다.

정파 분화의 계기와 결집의 양태는 개략적으로 다음과 같았다.

---

7 『고려사』 권11, 숙종 6년 8월 己巳.
8 『東國李相國集』 권25, 辛卯十二月日君臣盟告文.

첫째, 문벌화가 진행되자 지배층 사이에서 이해관계의 차이가 벌어지고 권력의 배분을 둘러싸고 분열이 두드러졌다. 자신의 주도하에 공적 관리 능력을 키우려는 왕과 자기들의 사회적 영향력을 강화하려는 지배층의 입장, 기득권을 유지·확대하려는 유력 대문벌과 제 몫을 요구하는 중소문벌 또는 신진관료의 입장이 서로 부딪혔다. 예컨대 숙종 즉위를 즈음하여, 자영농이나 중소지주층 중심의 농업구조를 튼튼하게 하고 관영상업을 육성하여 재정 기반을 강화하려는 왕 및 측근세력과, 농장 확대와 사영 대상업 및 고리대 등의 이익을 향유하면서 그런 체제를 비호하는 권세가 사이에 갈등이 커졌다.[9]

무신집권기의 문·무반 대립도 기득권 쟁탈 양상을 보였다. 1170년 무신정변으로 문벌 중심의 사회가 타격을 입었다. 그러자 기득권을 상실한 문신 측의 일부가 의종 복위와 정중부·이의방 숙청을 기치로 거병한 김보당의 난에 참여하였다. 그들 중 상당수가 친인척 사이였고 좌주와 문생 또는 동년 관계로 얽혀 있었다.[10] 김보당은 거사에 실패하여 처형당할 때, 문신으로서 모의에 참여하지 않은 사람이 없다고 말하여 또다시 문신에 대한 대규모 숙청이 벌어졌다. 무신정권은 정치 불안이 계속되자 문·무의 대립을 이용하였다. 과거 문반이 맡던 많은 관직들을 무신들에게 주는 등 무신들의 공동 이해관계를 강조하여 결속하려고 하였다.

둘째, 사회 변화에 대응하여 숙종~예종 초의 신법, 인종대의 유신지교維新之敎, 의종대의 신령新令, 명종 18년(1188)의 개혁 제서制書, 최충헌의 봉사 10조 등의 대책이 계속 모색되었다. 개혁의 필요성을 인정하더라도 개혁 방

---

9 蔡雄錫, 1988, 「高麗前期 貨幣流通의 기반」, 『韓國文化』9; 2001, 「12세기초 고려의 개혁 추진과 정치적 갈등」, 『韓國史硏究』112 참고.
10 김용선, 2001, 「金甫當과 韓彦國의 亂−고려 귀족사회 속 인맥의 한 단면」, 『韓國中世社會의 諸問題』, 韓國中世史學會, 209~214쪽.

안의 내용에 대해서 견해차가 있었다. 유교정치론에 바탕을 두면서도 왕 중심으로 집권력을 강화하면서 변화된 상황에 맞추어 금속화폐 유통정책, 남경 건도, 감무제도 등의 신법을 시행해야 한다고 주장하는 관료들이 있는가하면, 기존 제도가 제대로 운영되도록 하거나 도덕과 예禮의 확립을 통하여 인성을 회복·함양하는 것이 더 중요하다고 주장하는 관료들도 있었다.

12세기에 접어들던 무렵에 송과 활발하게 교류하면서 송의 변법變法 개혁과 그것을 둘러싼 논쟁이 고려에 알려졌다.[11] 의천·윤언이·권적 등이 변법파의 개혁사상에 공감하였다. 당시 고려에는 도학道學과 구분된 소위 신학新學으로서 왕안석의 유학사상이 이미 알려져 있었다. 숙종~예종 초에 추진된 공리주의적 개혁정책은 물론이고 여진 정벌 이후 추진된 예종의 교육·문화 부문 혁신과 민생 구제 정책에서도 변법개혁의 영향을 확인할 수 있다.

반면 최사추·고령신 등은 '역대 왕들이 만든 법[祖宗之法]을 가벼이 고치려 하지 않고 새로운 법을 만들어 풍속을 어지럽히지 않았으며', '역대 왕들이 만든 법이 있는데도 하필 고칠 것이 아니라 다만 지켜서 잃지 않으면 된다.'는 자세를 취하였다. 그들은 공리주의적 개혁보다 도덕적 지도력을 중시하는 교화론적 개혁을 주장하였다. 특히 김부식은 변법개혁을 비판한 송의 사마광을 옹호하고 그가 지은 「유표遺表」와 「훈검문訓儉文」을 높이 평가하였다. 그리고 『삼국사기』의 사론을 통하여 대의명분과 예禮, 도덕주의의 중요성을 강조하였다.

한편 김부식과 대립한 묘청·백수한 등은 쇠퇴하는 왕조의 운명을 풍수도참설과 종교적 법술로 연기할 수 있다고 하고, 칭제건원과 금국 정벌 등 혁신적 목표를 제시하였다. 그들은 종교적·신비주의적이고 비상한 수단을 동

---

11 鄭修芽, 1992, 「高麗中期 개혁정책과 그 사상적 배경—北宋 新法의 수용에 관한 일시론」, 『水邨朴英錫教授華甲紀念論叢』(上); 1995, 「高麗中期 對宋外交의 재개와 그 의의—北宋 改革政治의 受用을 중심으로」, 『國史館論叢』61.

원하여, 이자겸의 난으로 추락한 왕권을 강화하고 왕조를 중흥할 비전을 제시하여 인종과 측근세력의 지지를 받아 정치 주도권을 잡으려고 하였다. 서경 반란이 진압되어 그 시도가 좌절되었지만, 그 뒤에도 종교나 법술 등을 정치 영역에 이용하려는 인물들이 지속적으로 나타나 화복설禍福說에서 벗어나 유교의 합리적 정치이념에 따라야 한다고 주장하는 인물들과 대립하였다.

무신정변으로 집권한 무신들은 문객 또는 사병이나 농장이라는 사적 기반에 크게 의존하였기 때문에 공적 질서를 회복·강화하는 개혁을 단행하지 못하였다. 그런 가운데 민의 항쟁이 격화되고 삼국부흥운동으로까지 발전하자 지배층의 위기의식이 고조되었다. 명종대 후반에 유교지식인들이 중심이 되어 농민 지배의 문제점들을 종합적으로 진단하며 개혁안을 내놓았지만 실효성 있게 개혁을 추진하지 못하였다. 그런 상황에서 정변을 일으킨 최충헌은 이전의 정권들과 달리 태조의 정법正法에 의거한 개혁을 내세워 집권의 명분으로 삼았다. 유교이념에 입각하여 왕의 권위 회복과 관료제 정비, 부세 수탈과 토지 겸병 금지, 사치와 원당 남설 금지 등을 포함하여 지배질서를 확립하려는 개혁 목표를 제시하였다. 그렇지만 그도 역시 사적 기반에 의존도가 높은 무신정권의 한계를 벗어나지 못하고 오히려 강화하면서 개혁이 실종되었다.

셋째, 학문 경향의 차이에 따른 갈등이 생겼다. 12세기 무렵에 종래 사장詞章 중심의 풍조에서 벗어나 경학經學을 강조하고, 시·부詩賦에서도 변려문騈儷文보다 고문古文을 중시하는 움직임이 나타났다. 그렇지만 그런 시도는 견제당하였다.

최약의 사례에서 경학 강조론자와 사장 존중론자들 간의 갈등을 살펴볼 수 있다. 예종이 사부詞賦를 숭상하고 연회와 놀이를 즐기자, 최약은 왕에게 시문에 치우쳐 경박한 사신詞臣들과 음풍농월을 일삼지 말고 대신에 경학을 좋아하고 유학자들과 경·사經史를 토론하며 다스리는 이치를 자문하라고 간언하였다. 그러자 어떤 사신이 최약이 말한 유학자란 바로 자신들이며 최약은 시를 잘 짓지 못하기 때문에 그런 간언을 올린 것이라고 왕에게 말하여 그를 좌천시켰다.[12]

고문 부흥과 관련된 대립 사례로는 다음 사건들이 있다. 고문에 정통하여 당시 해동에서 으뜸이라고 알려진 김황원에 대하여 이자의파에 속한 이자위 등은 그 문풍이 당시에 숭상하는 것이 아니라며 미워하고 후생을 그르칠 염려가 있다고 하여 한원翰院에서 배척하였다. 반면에 이자의파를 숙청하고 즉위한 숙종은 김황원을 우대하여 글을 보다가 의심이 나면 곧 질문하여 선배로 대우하고 이름을 부르지 않았다. 예종 때 김황원이 사망하자, 마찬가지로 고문에 조예가 깊었던 김부식이 그에게 시호를 주자고 건의하였으나 반대파가 저지하여 뜻을 이루지 못하였다.

또 의종 때 박경산朴景山이 국자감시를 관장하면서, 당시 문장이 용렬 졸망하고 옛사람의 글귀나 본떠 짓는 것을 싫어하여 율을 숭상하는 근체近體를 배격하고 소방疎放하면서 큰 기세가 있는 문장들을 뽑았다. 그런데 그것이 당시 일반적인 관행과는 달랐던 듯, 몇 년 뒤에 합격자 중에서 문장으로 예부시에 급제하는 사람들이 끊이지 않자 그제야 사람을 볼 줄 안다는 평가를 받았다.[13]

넷째, 왕의 정치적 의도와 신임에 따라 외척이 세력을 강화하거나 왕의 측근세력이 형성되었다. 관료들 사이에서 이해관계나 정치적 견해에 차이가 생기고 갈등이 커진 상황에서 왕은 외척이나 측근세력을 키워서 왕권을 보위하거나 정국을 주도하려고 하였다.

태자가 유약할 경우에는 왕의 아우가 태조유훈을 내세워 왕위 계승 경쟁

---

12 『고려사』 권95, 崔瀹.
13 金龍善 편, 2012, 『高麗墓誌銘集成 (제5판)』, 朴景山墓誌銘, 한림대학교출판부.

에 뛰어들 수 있었다. 그런 사태가 예상되면 왕은 태자를 보위하여 즉위시키고 정치를 도울 보정輔政 신료가 필요하였는데, 그 역할을 외척에게 맡기는 방식이 유력하였다. 통설에서는 대표적인 문벌귀족인 인주 이씨가 지속적으로 외척이 되어 왕과 대립하였다고 보았으나, 이자겸이 처음부터 왕과 대립하지는 않았다. 이미 알려진 대로, 이자연 가문에서 여러 대의 후비를 배출하였지만 부계 친속이 다 같은 정치세력에 속한 것은 아니었다. 문벌 간의 네트워크는 양측적 친속관계와 계급내혼으로 얽혀 있었으며, 이자겸은 이자연 가문에 속하기도 하였지만 최사추 가문에도 속하는 등 당시 문벌 네트워크의 중심에 있었다. 그 점을 감안하여 예종은 자신의 아우들과 경쟁할 것으로 우려되는 어린 태자의 보위를 외조인 이자겸에게 맡기고 파격적으로 대우하면서 지원하였다.

왕은 자신을 도와 정치적 의지를 관철할 수 있도록 측근세력을 키우기도 하였다. 측근세력은 대개 근시직近侍職이나 친위군, 환관, 술사術士 등으로 구성되었다. 출신성분 때문에 정치적 제약을 받는 인물이나 문벌이 약한 관료의 입장에서 보면, 왕이나 권세가의 신임을 받아 가까이에서 활동하는 것이 정치적 영향력을 키울 수 있는 방법이었다.

예컨대 예종은 동북9성을 반환한 뒤 전쟁 후유증의 수습과 정국 주도력 강화에 부심하면서 한안인·이영·이중약 등 태자 시절부터 가깝게 지냈던 인물들을 측근에 두고 정치를 이끌려고 하였다. 그들은 대개 신진관료 출신으로서, 문예군주·구세군주로서 위상을 세우려는 왕의 의도에 맞추어 대송 외교와 문물 수용에 앞장서고 개혁세력으로서 활동하였다.

이자겸의 난 이후에는 추락한 왕의 권위를 강화하고 나라를 중흥하려는 인종에게 승려 묘청과 일자日者 백수한 등이 접근하였다. 묘청파는 종교와 풍수도참설, 음양비술 등을 기반으로 한 혁신책을 내세워 왕의 신임을 받았다. 그리고 아우들과 경쟁관계여서 왕위 계승이 순조롭지 못하였던 의종은 즉위 초부터 환관과 술사, 일부 문신과 금위군 출신의 무신 등을 측근세력으로 키웠다.

왕권이 눌려 있던 무신집권기에도 명종은 경대승이 사망하자 이의민을 불러올린 뒤에 소군小君과 환관들을 중심으로 측근세력을 키워서 입지를 확보하려고 하였다. 그 결과 5얼孽 7폐嬖라는 측근이 발호하여, 최충헌이 왕을 폐립하는 명분을 제공하였다. 희종도 환관과 내시, 승려 등으로 구성된 측근을 시켜서 최충헌을 숙청하려고 시도하였다.

그렇지만 왕의 외척이나 측근세력이 지나치게 부각되고 권세를 부리면 반발이 초래되었다. 특히 그들이 비유교적 행태를 벌이고 관료제에서 벗어난 권력을 추구할 경우에는 유교 정치이념에 충실하려는 관료들이 격렬하게 비판하였다. 비판은 종종 정쟁으로 번졌다. 또한 측근세력이 전횡하다가 자기들끼리 다툰 나머지 정치를 파국으로 몰고 가기도 하였다. 전자의 예를 들면, 외척 이자겸이 독점적 권력을 추구하자 김부식·김인존·이공수 등이 그를 제어하려고 하였다. 김부식은 이자겸을 신하의 예법에서 예외적 존재로 만들려는 시도에 대하여 비판하고, 왕정과 가정에서의 공례公禮와 사례私禮를 구분하여 왕을 중심으로 한 공적 질서를 지키려고 하였다. 또 후자의 예로, 의종의 측근세력 강화에 대하여 초반기에 대간들이 격렬하게 간쟁하였으나 왕이 뜻을 굽히지 않았고, 그 뒤 측근세력에 속한 문신·환관과 무신들이 갈등·대립하다가 무신정변으로 이어졌다. 정변을 주동한 정중부·이의민 등은 금위군 출신으로서 의종에게 총애를 받던 인물들이었다.

다섯째, 유약한 태자의 보위를 위하여 이자겸의 경우처럼 외척에게 보정을 맡기는 형태도 있었지만, 대신 중에서 적임자를 골라서 보정을 위임할 수도 있었다. 의종 때 태자가 어려서 종친들의 도전이 우려되자 왕의 측근 김존중이 재상을 동궁사부로 선발하여 주공周公과 곽광霍光이 보정하였던 사례를 본받게 하자고 건의하였다. 보정은 역사적으로 이윤伊尹·주공·곽광 등의 사례처럼 유약한 왕을 보필하여 본받을 만한 정치형태라고 유교 정치사상에서 인정하였다.

그런데 유약한 왕을 보위한다지만 보정이 행해지는 기간에는 왕권이 위축될 수밖에 없었으며, 최씨집권자나 뒤의 임씨집권자들은 보정의 비상한 권력을 대를 이어서까지 행사하였다. 그런 정치형태에 대하여 권신의 발호라는 설명을 넘어선 정치적 의미를 찾으려면, 정당화 명분과 그것을 반영한 정치 운영 양태를 고찰해 보아야 한다. 이자겸은 예종의 부탁을 받고 어린 인종을 보위하여 즉위시킨 뒤 자신의 특별한 위상을 지군국사로서 공식화하기를 원하였으나 실패하였다. 무신집권기에 최씨집권자들은 국가적 위기상황 극복과 왕조 보위를 명분삼아 자기들의 집권을 보정이라고 내세웠다. 그리고 정규 관직 외에 특별히 교정별감의 지위로서 권력을 행사하고 대를 이어 보정 권력을 승계하였다.

특히 이윤이나 곽광이 그랬듯이 보정을 위임받은 신료는 왕조의 운명을 책임지는 존재로서 인식되어 왕을 폐립할 수도 있었다. 그렇기 때문에 이자겸이 지군국사라는 특별한 직임을 요구하고 스스로 송과 외교까지 한 행위나, 최충헌이 왕을 폐립한 행위가 전적으로 무도한 짓만은 아니었다. 또한 보정은 왕의 통치권을 위임받는 형태였기 때문에 도방이나 정방·서방 등 보정 신료가 운영한 사적 조직들의 존재와 활동은 공적인 것으로 인정되었다. 즉 사적 기구의 공적 전화轉化라고 이해할 수 있다.

여섯째, 당시 지배층이 양측적 친속관계와 계급내혼으로 서로 연결된 가운데, 정치세력의 결집 양태는 이른바 족당族黨세력 형태를 띤 경우가 많았다. 유력 대문벌인 이자겸의 세력은 물론 그보다 기반이 약한 한안인과 최충헌의 세력 등도 그러하였다.[14] 족당세력의 핵심은 중심인물과 친속관계

---

14 족당세력에 대해서는 盧明鎬, 1987,「李資謙一派와 韓安仁一派의 族黨勢力—高麗中期 親屬들의 政治勢力化 樣態」,『韓國史論』17; 1991,「高麗後期의 族黨勢力」,『李載龒博

에 있으면서 입장을 같이 하는 사람들로 구성되었고, 여기에 개인적 이해관계가 같아 동조하는 당여들이 결합하였다.

그런데 족당은 부계 친족의 유대를 바탕으로 한 것이 아니라 양측적 친속관계에 있는 개별 인물들로 구성되었기 때문에, 가까운 부계 친척이라도 같은 세력이 아니거나 오히려 대립할 수도 있었다. 이자의의 난 때 그의 당숙 이예와 종형제 이자훈이 연루되었지만, 이예의 형제인 이오나 이자훈의 형제인 이자겸은 연루되지 않았다. 이자겸의 난 때에도 부계 친족의 일부만이 연루되었으며, 6촌인 이공수와 그의 아들 이지저 등은 반대편에 섰다.

일곱째, 12세기 무렵부터 입사入仕와 승진 등에서 경쟁이 치열해지자, 과거를 통하여 역량을 인정받아 급제한 인물들은 엘리트 의식과 동류의식을 갖고 자신들을 다른 부류들과 구별하였다. 그리고 좌주-문생관계, 동년 관계 등을 이용하여 지속적으로 교유하고 서로 도움을 받으려는 경향이 강해졌다. '문생은 좌주에게 문장으로써 감식을 받아 청운의 벼슬길에 오르게 된 것이기 때문에 자식의 항렬에 있는 것과 같다.'라고 인식하였다. 동년 사이는 '의리가 형제간과 같아서 어느 한 사람이 불우하면 급급하게 구원하여 같이 영화를 누리려고 하는 것이 인지상정이다.'라고 여겼다.[15]

인종 초에 급제한 오인정은 10여 년간 관직에 오르지 못하다가 좌주 김부식이 정권을 잡았을 때 찾아가 벼슬을 구하였다. 그때 김부식은 그가 문생이면서 일찍 찾아오지 않았다고 책망하고 외직을 받게 해 주었다.[16] 과거 급제자들은 좌주-문생, 동년으로 연결되어 반복적·지속적으로 교유하면서 정체성을 강화하고 호혜관계를 유지하였다. 그 네트워크는 전문생과 후문생, 좌주의 가족·인척 등과도 이어져서 범위가 확장되고 연줄로서 영향력

士還曆紀念韓國史學論叢』참고.
15 『破閑集』권上, 門生之於宗伯也…;『東國李相國集』권27, 爲同年薦人崔相國書.
16 金龍善 편, 앞의 책, 吳仁正墓誌銘.

이 커졌다.

특히 최씨집권자들은 자기 족당세력에게 과거 시험관을 맡겨서 그 네트워크를 통하여 문신을 장악하려고 하였다. 그 대표적인 사례가 임유와 금의의 문생들로 구성된 집단이다. 임유와 금의는 최충헌의 족당세력이었고, 그 문생들은 좌주의 영향력에 힘입어 최씨정권에 발탁되어 정권에 봉사하면서 출세하였다.

이상에서 살펴본 여러 분화 양상들은 복합적으로 나타나는 경우가 많았다. 예를 들면 한안인파는 신진관료 출신들이 많았으며, 부를 누리면서 수탈을 일삼는 권세가와 추종세력의 행태를 비판하는 한편, 교육·문화 부문 개혁에 앞장섰다. 그 세력은 예종의 측근세력이면서, 한안인이 중심이 된 족당세력의 면모를 보였다. 그리고 사상적으로는 유학과 함께 도가사상에 익숙한 인물들이 많았다.

또한 족당세력이나 좌주-문생관계 등의 네트워크적 속성을 보면, 한때 유대가 강하였더라도 정치적 입장이나 이해관계가 달라지면 갈라지는 경향이 있었다. 그리고 중심인물이 실각하거나 사망하면 급속하게 세력이 약해지고 해체되었다. 그에 따라 장기지속적인 정치활동으로 이어지기에는 한계가 있었다. 한안인파에 속하였던 인물들의 행적을 추적하여 그 정파의 활동이 최충헌 집권기까지 이어졌다고 파악한 견해도 있지만, 한안인파는 이자겸파와 맞서다가 인종 초기에 숙청되고 족당세력의 중심인 한안인이 살해된 뒤로는 독자적인 정파로 남지 못하였다. 이자겸이 숙청된 뒤에 일부가 정계에 복귀하였으나, 문공인이 인종의 측근세력이 되어 묘청에게 동조한 반면 그의 아우 문공유는 그 반대편에 서는 등 분열하였다.

3. 다원적 국제관계의 변화와 대응 양태

국제정세가 다원적이던 11세기 후반에 고려는 문종이 주도하여 외교관계를 다변화하는 방향으로 정책을 전환하였다. 거란에 대하여 사대외교를 유지하면서도 송과 그동안 중단하였던 외교를 재개하였다. 여진의 귀부를 적극적으로 유도하고, 일본에도 외교를 타진하였다.

고려와 송의 외교 재개에 대하여 송의 일부 관료들은 거란을 자극할 우려가 있고 고려가 송의 정보를 탐지하여 거란에 누설할 우려가 있다고 반대하였다. 고려 조정에서도 거란을 자극할 수 있고 또 문화가 이미 융성할 뿐만 아니라 송과 상인 왕래가 잦기 때문에 무리하게 외교를 재개할 필요가 없다는 반대론이 제기되었다. 그렇지만 문종은 자신의 외교정책을 적극적으로 이끌어 리더십을 강화하는 한편 문화 교류를 촉진하고 거란을 견제하려고 하였다. 당시 송의 신법당정권도 고려와 손을 잡고 거란을 제어하기 위하여 적극적으로 대하였다.

12세기에 접어들 무렵 완안부 여진이 강성해져서 남쪽으로 세력을 확대해 오자 동아시아 국제정세가 크게 변화하였다. 그동안 고려는 해동천하의 중심으로서 여진의 신속을 받고 있었다. 그렇지만 이제 여진과 충돌이 불가피해짐에 따라, 숙종과 측근세력은 부국강병책을 추진하면서 별무반을 조직하였고, 예종 초기에 대대적인 정벌에 나서서 동북9성을 설치하는 성과를 거두었다. 그처럼 정벌을 위해서 국가적 동원체제를 구축하고 전공을 세움으로써 주도세력의 국정 장악력과 추진력을 높일 수 있었다. 그렇지만 전쟁 때문에 민의 부담이 늘어나고 또 거란과 마찰을 초래할 위험성이 크다는 이유로 반대론이 컸으며, 9성 반환 이후에는 정벌 주도세력의 힘이 급격하게 위축되었다.

그러자 예종은 송과의 교류를 주도적으로 이끌어 리더십을 강화하려고 하였다. 측근인 한안인파를 중심으로 송의 제도와 문물을 수용하여 교육과 문화 부문의 개혁을 추진하였고, 고려와 관계를 강화하려던 송의 조정도 적극적으로 협조하였다. 그 무렵에는 거란이 여진의 공격을 받아 세력이 약화되고 있었기 때문에 거란의 견제를 우려할 필요도 없었다. 오히려 예종 10년(1115)에 거란이 병력 지원을 요청해 오자 찬성론과 반대론이 나뉘어 토론한 끝에 결정을 유예하였고, 그 이듬해에는 거란의 쇠망이 분명해지자 거란 연호를 쓰지 않기로 하였다.

여진이 1115년에 금을 세우고 정복국가로 발전하였다. 금은 송과 동맹을 맺고 거란을 무너뜨렸으며, 곧 송을 공격하여 위기에 빠뜨렸다. 금은 고려에도 칭신사대를 요구하였다. 그에 따라 1126년 고려는 조정에서 격론을 벌인 결과 금이 강성한 형세를 고려하여 상표칭신上表稱臣 즉 사대외교를 하기로 결정하였는데, 반대가 심하였기 때문에 태묘에 고하고 점을 쳐서 결정하였다.

이 결정은 단지 사대외교의 대상이 거란에서 금으로 바뀐다는 것만을 의미하지 않았다. 고려왕이 해동천자海東天子로서 아우르는 주 대상이던 여진이 떨어져 나감으로써 해동천하海東天下가 대외적 실체를 잃게 되고, 종래 신속하던 여진에게 거꾸로 상표칭신함으로써 자존의식에 타격을 받게 되었다.

금에 대한 사대 반대론을 보면, 고려왕이 해동천하의 천자로서 사방의 오랑캐들(四夷)에게 왕도王道를 행사해야 함에도 불구하고 도리어 여진에게 신하의 예를 표시하는 것은 수치라고 여겼다. 또한 주변 강국이 등장하면 대개 한반도를 침략하였기 때문에 금의 침략에 대비해야 한다고 주장하였다. 그에 비하여 내실을 지키는 것이 우선이라고 여긴 관료들은 형세를 고려하여 사대를 해서라도 평화와 민생 안정을 지키는 것이 좋다고 주장하였다. 그 근거로서 중국도 역사적으로 오랑캐에게 공주를 시집보내기도 하고 칭신하거나 형제관계를 맺는 등 형세에 따라 양보하기도 하였다는 점을 지적하였다. 그처럼 종래 번藩으로 대하던 여진의 금에 사대외교를 하는 문제를 둘러싸고 조정에서 격론이 벌어졌고, 그런 견해차와 갈등이 묘청파의 정치활동으로 증폭되어 1135년의 서경 반란처럼 내전으로까지 번졌다.

요컨대 12세기 전반기에 여진(금)의 홍기에 대응하여 국가적 자존과 대외경략을 지향하는 방안과, 내치와 민생 안정을 중시하는 방안이 공존하면서 시기에 따라 정국 주도권의 향방이 바뀌었다. 비록 그런 방안의 차이가 서경 반란으로 이어지기도 하였지만 대외적으로 취약점을 드러내지는 않았다. 전자가 주장하는 힘의 논리와 국가적 자존 확보 노력에 따라 국방력이 강화되었으며, 후자가 주장하는 형세론적 사대론과 도덕적 지도력 확보 노력에 따라 대외 긴장 완화와 평화 공존을 이룰 수 있었다.

13세기 초에 몽골이 강성해지면서 동아시아의 국제정세가 다시 크게 요동쳤다. 당시 최씨집권자들은 농민항쟁이 거센 상황에서 국제정세의 변화에 적극적으로 대응하기가 어려웠고, 또 군대 출정을 틈탄 변란의 가능성을 우려하여 대외적 갈등이 부각되는 것을 꺼리고 적절하게 대응하지 않았다. 그 결과 '거란유종'과 몽골의 침략에 적절하게 대응하지 못하였지만, 전쟁 상황에서 왕조 보위와 위기상황 관리를 내세워 장기 집권의 명분으로 삼았다. 특히 최이는 반대론을 누르고 강화도로 천도하여 대몽항전을 이끌면서 권력을 강화하였다.

그러나 대몽항전이 장기간 지속되어 고통이 심해지자 강화론이 힘을 얻었다. 문신들이 중심이 된 강화론자들이 김준 등의 무신들과 손잡고 최씨정권을 무너뜨리고 강화를 추진하였다. 그렇지만 그 뒤에도 김준·임연 등이 무신정권을 연장하면서 강화 조건의 이행을 지연시켰다. 김준이나 임연은 몽골의 후원을 받아 왕권을 강화하려는 원종을 폐위하려고 하였으나 실패하였고, 마침내 원종 11년(1270)에 개경으로 환도하고 왕정을 복구하였다.

그러나 몽골의 후원을 받아 왕권을 회복한 만큼, 이후 자구적 힘이 뒷받침되지 못하면 몽골에 대한 정치적 의존도가 심해질 수밖에 없었다.

나라를 대표하는 왕의 위상과 역할은 조공·책봉질서의 국제관계에서 핵심적이었다. 헌종 원년(1095)에 소위 이자의의 난으로 왕이 폐위되고 계림공(숙종)이 즉위하였을 때, 책봉국인 거란에게 폐립을 인정받기 위하여 상당한 기간과 절차가 필요하였다. 고려는 헌종이 신병으로 양위하였다는 핑계를 댔고 거란은 숙종이 임시로 왕위를 맡는 것을 인정하였다. 그 뒤에도 거란은 전왕의 생일을 축하하는 사신을 매해 보내고 투병을 위로하는 사신도 보냈으며, 숙종 2년(1097)에 전왕이 사망하자 비로소 숙종을 고려국왕으로 책봉하였다.

무신집권기처럼 왕권이 위축된 시기에도 조공·책봉관계에서 왕의 위상과 역할은 여전하였다. 의종 폐위와 명종 즉위, 명종 폐위와 신종 즉위, 희종 폐위와 강종 즉위가 정변이나 신료의 강압으로 이루어졌기 때문에, 폐립을 책봉국인 금으로부터 인정받는 것이 당면 현안이 되었다. 금이 폐립에 시비를 걸고 군사적으로 압박해 올 가능성이 우려되었다. 실제로 금의 황제가 의종 폐위에 대한 해명을 요구하고 정벌로써 죄를 묻겠다고 위협하였다. 더구나 조위총의 경우처럼 정권에 반기를 든 세력이 폐립의 실상을 금에 알리고 지원을 요청할 수 있었기 때문에 금으로부터 신왕으로 책봉 받는 것이 집권세력에게 중요하였다.

대몽항쟁기에 임연은 강화講和를 지지하던 원종을 폐위시키고 안경공 왕창을 세웠다. 그러자 서북면에서 최탄과 한신 등이 그것을 빌미로 반란을 일으켜 몽골에 귀부하였다. 그리고 입조하였던 태자(충렬왕)의 말에 따라 몽골이 군대를 보내 해명을 요구하고 원종·왕창·임연 등의 입조를 요구하였다. 이에 임연은 원종을 복위시키지 않을 수 없었고, 복위한 왕을 중심으로 하여 무신정권의 종식과 출륙 환도론이 힘을 얻었다.

이상에서 살펴본 것처럼, 고려중기에 여진과 몽골의 홍기에 따라 국제정세가 요동쳤다. 그리고 정세 인식과 대응방안을 둘러싸고 정파가 나뉘어 논란을 벌였다. 즉 국제관계와 국내정치가 서로 연동되어 정치세력의 분화, 정책방안 논의, 정국 주도권의 향방 등에 영향을 주었다.

대외정책이 어느 정도 효과가 있을 때는 그것을 주장한 세력이 정국의 주도권을 잡았다. 역으로 정책이 실패하면 그 세력이 주도력을 상실하기 마련이었다. 예를 들어 숙종~예종 초기 여진 정벌은 왕과 측근세력의 힘을 강화하였지만 9성 반환 이후 책임론이 제기되어 정국이 바뀌었다. 이자겸의 난 직후에는 왕권 강화를 바라는 인종에게 묘청파가 칭제건원과 금국 정벌을 주장하며 접근하여 권력을 잡았다가, 풍수도참과 화복설에 바탕을 둔 주장들의 허구가 드러나면서 서경 반란으로 승부를 걸었지만 실패하였다. 또 몽골의 침략에 맞서 최씨집권자가 강화로 천도하여 항전을 이끌면서 왕조를 보위하는 보정 신료로서 위상을 굳혔지만, 장기간 전쟁이 이어지면서 피해가 커지자 강화론이 제기되고 최씨가의 심복들도 분열하여 숙청되고 말았다.

4. 연구의 진전을 위하여

역사학은 선행 연구들이 축적해 온 성과의 토대 위에서 참신한 문제의식과 방법을 고안, 적용함으로써 발전하여 왔다.[17] 그동안 고려 정치사 연구에서도 앞선 연구들을 자양분으로 삼는 한편 자기 시대에 당면한 과제에 대한 고민을 담아서 역사적 특징과 의미 등을 밝히려고 노력하였다. 이 절에서는 선행 연구들에 담긴 문제의식과 연구 방법의 궤적을 검토하여 이

---

17 해방 이후 고려시대사 연구의 동향과 성과에 대해서는 蔡雄錫, 1995, 「高麗時代史 연구 半世紀(1945~1995)의 동향과 과제」, 『韓國學報』 79 참고.

책의 연구사적 위치를 확인하고, 앞으로 연구가 진전될 방향을 탐색해 보기로 한다.

1960~1970년대에 학계에서 식민사학에 대한 비판이 본격화하면서 내재적內在的 발전론이 부각되었다. 고려시대사 연구도 그 역사인식에 입각하여 대체로 세 가지 방향으로 진행되었다. 첫째, 과거의 모순과 한계성을 극복하는 역량과 개성에 주목하여 지식층의 적극적 역할과 사상을 부각하였다. 둘째, 인간을 계층·집단으로 파악하여 그 위치와 성격을 사회구조 속에서 분석하고 그 추이와 활동을 전진적 방향에서 부각하였다. 셋째, 정치제도를 연구하면서 왕과 지배층, 중앙권력과 지방세력 사이의 권력관계와 사회발전에 따른 변천 등을 파악하였다.

그런 연구 경향 속에서 정치사 분야에서 주로 다룬 주제는 지배세력의 성격과 변천, 중앙집권적 정치체제와 그 한계, 중세적 정치사상에 대한 이해 등이었다. 그 결과 호족-문벌귀족-무인-권문세족과 신흥사대부로 이어지는 지배세력의 추이를 중심 지표로 삼아서 발전 과정을 파악하게 되었다. 또한 유교를 사대주의 사상으로 간주한 민족주의사학의 부정적 인식에서 벗어나 중세 지배질서를 유지하고 이끌어 나간 정치·사회이념으로서 이해하였다. 고려중기의 정치에 대해서는, 출신 기반에 따라 문벌귀족과 신진관료, 문신과 무신 등으로 정치세력을 구분하고 그들 사이의 관계를 통하여 정치 과정을 설명하는 방식이 주류가 되었다. 그리고 정치제도에 나타난 왕과 재추·문벌귀족, 문신과 무신 사이의 권력관계 등을 밝히는 데 역점을 두었다. 그렇지만 문벌귀족의 성격 규정이나 실증에 문제가 제기되어 귀족제·관료제 논쟁이 벌어졌다.

1980~1990년대에는 대체적으로 이전의 연구 경향을 심화하는 방향으로 나아갔다. 그렇지만 한편으로는 이전의 연구에서 사용해 온 개념과 연구시각의 문제점을 지적하고 새롭게 모색하는 연구들이 나타났다. 귀족제·관

료제 논쟁에서 소위 호족과 호족연합정권이라는 고려초기 정치의 개념과 성격 문제로 쟁점이 확대되었으며, 고려 후기의 권문세족·신흥사대부라는 정치세력의 개념과 범주, 원간섭기 개혁정치의 성격 등에 대한 비판적 검토도 이루어졌다. 앞선 연구들이 역사 용어를 개념적으로 엄밀하게 검증하여 사용하지는 않았기 때문에 그 적합성에 대하여 재검토하는 것은 자연스러운 수순이었다.

특히 정치를 계급 지배 관계 위에서 정치권력이 형성, 유지, 변화하는 과정으로 파악하는 연구 시각이 부각되었다. 그에 따라 역사 속에서 민의 역할과 국가 권력의 실체 등에 주목하게 되었다. 먼저 조선시대사 연구자들이 그런 연구 시각을 갖고 정치의 층위를 ① 권력 행사 내지 정치활동에 참여하는 권력집단·정치집단·정치세력, ② 정치가 이루어지는 관료기구의 구성과 관료제의 원리 등을 포함하여, 권력이 행사되는 장치로서 정치기구·정치구조, ③ 정책의 입안·결정·시행 및 권력의 배분과 행사, 달리 말하여 정치세력 간의 이해관계를 조정하면서 정치 현안을 처리하는 정치 운영, ④ 정치 운영에 작용하는 논리와 사상으로서 정치운영론 등으로 구분하고 상호 유기적 관련을 유지하면서 고찰하는 방식을 제시하였다.[18]

그처럼 민의 동향에 주목하면서 분석적이고 체계적으로 정치사를 이해하는 방식은 고려시대 연구에 큰 영향을 끼쳤다. 그에 따라 고려시대 정치사를 연구하면서 계급적 관점에서 사회 모순과 변혁세력에 주목하거나 정치세력·정치구조·정치 운영·정치운영론 등의 층위와 범주를 적용하는 경향이 현저해졌다. 즉 정치를 국가권력과 지배층의 문제로만 보거나 지배층 내부의 권력관계로만 파악하는 시각에서 벗어나서, 개혁정치 즉 사회 변화와 민의 동향에 대한 정치적 대응에도 관심을 기울였다. 그리고 왕·왕권의 위

---

18 近代史研究會 편, 1987, 「조선후기 정치사연구의 방향」, 『韓國中世社會 解體期의 諸問題』 (上), 한울; 한국역사연구회 19세기정치사연구반, 1990, 『조선정치사』 (상·하), 청년사.

상을 재평가하고, 권력 접근 계기와 정책 방향 및 정치운영론·정치사상 등을 유기적으로 고찰하여 정치세력을 파악하게 되었다.

2000년대에 들어설 즈음부터는 이전의 정치사 연구방법론이 안고 있던 구조(계층)결정론적 한계에 대한 인식이 커졌다. 구조결정론은 사회적 실재를 설명하는 핵심이 구조(계층)라고 보는 견해로서, 역사 현상을 사회적 계층이나 계급을 통해서 설명할 수 있다고 본다. 신분·계층·계급, 집단적 정체성 등을 중심 개념으로 사용한 기왕의 연구, 즉 지배층의 성격론이나 사회구성체론에 입각한 연구들이 구조결정론에 입각한 연구라고 할 수 있다. 그런데 금세기에 들어와서 거시적 담론이나 단선적 발전사관에 바탕을 둔 근·현대사회의 혼돈에 대한 회의가 커지면서, 그런 역사인식에 바탕을 둔 구조결정론을 비판적으로 검토하기 시작하였다. 그리고 강剛구조적 조직에서 개인의 능동적 행위로, 사회에서 문화로, 전체에서 미시로 연구의 초점이 변화하는 경향이 확대되었다.

그와 함께, 역사 연구에서 다원주의적 관점의 의의와 필요성을 인식하고 고려시대의 다원성과 역동성에 주목하는 관점이 제기되었다. 사회구성체론에서 제기되었듯이 고대적 요소와 봉건적 요소의 공존, 지배층 성격론에서 제기되었듯이 귀족제와 관료제의 공존 등 고려사회에는 다양한 요소들이 공존하였고 심지어 상반되기까지 하였다는 사실이 드러났음에도 불구하고 어느 한 요소를 중심으로 통일적·일원적으로 파악하려고 한 기존의 연구 경향을 반성하고, 다원성 자체를 특징으로 주목하기 시작하였다. 그에 따라 지역사회의 다양한 양태와 자율성에 바탕을 둔 본관제 시행, 지방제도의 편성 원리와 지배방식의 다양성, 중앙문화와 지방문화의 차이, 지배층의 문·무·리吏 분화와 귀족적·관료적 성격의 공존, 농·공·상 등 사회적 분업의 법제화, 토지 지배에서 소유권과 수조권의 공존, 군백성郡百姓의식과 삼국유민의식 및 삼한일통의식 등의 공존, 유학·불교·도교·풍수지리사상의

공존 등에 주목하였다.[19]

다원성을 구성한 요소들이 소통하고 통합하여 집권체제를 유지하는 한편, 서로 경쟁하고 갈등하였기 때문에 고려사회는 역동성이 컸다. 다른 왕조와 비교하여 상대적으로 부각되는 특징인, 정치 주도층이 이른바 호족-문벌귀족-무신-권문세족·신흥사대부 등의 순서로 변화하면서 각각 장기 지속하지 못하였던 점이나, 왕조 중반에 민의 항쟁이 장기간 격렬하게 일어났던 점 등의 원인을 정치가 불안정하였기 때문이라기보다 사회적 역동성이 컸기 때문이라고 이해하는 것이 옳을 것이다. 사회 변화와 민의 동향 및 정치적 대응 등의 상관관계에 주목하여 12세기~13세기 중반을 중기로 설정하여 연구하는 관점은 고려사회의 역동성을 시기 구분의 차원으로 부각시켰다는 의미가 있다.

또한 지난 세기의 연구들이 대체적으로 내재적 발전론을 견지하면서 국제적 연관을 경시하고 민족체 내향적으로 역사를 파악한 문제점을 갖고 있다는 반성도 생겼다. 그 결과 국제환경과 국제관계 등에 대한 연구자들의 관심이 높아지고 국내정치와의 연관성에 주목하게 되었다. 고려 전·중기의 다원적 국제질서를 새롭게 조명하는 한편, 몽골 세계제국에 편입된 고려와 고려왕의 위상, 몽골과의 교류·교역 등을 객관적으로 파악하는 연구들이 나오기 시작하였다. 고려 전·중기에 국제관계가 다원적이고 개방적이었다는 점이 부각되면서, 그런 국제관계가 문화의 다원성 형성에 끼친 영향도 고려할 수 있게 되었다. 다원적인 국제관계·천하관 아래에서는 문화를 획일적 보편성이 아니라 복수의 보편성으로 인식할 가능성이 컸다. 그리고 소위 내제외왕內帝外王 체제 및 다원적 국제질서와 연관된 외교 의례에 주목

---

19 고려시대의 다원성에 주목한 연구로는 박종기, 1998, 「민족사에서 차지하는 고려의 위치」, 『역사비평』 45; 채웅석 편, 2019, 『고려의 다양한 삶의 양식과 통합조절』; 『고려의 중앙과 지방의 네트워크』; 『고려의 국제적 개방성과 자기인식의 토대』, 혜안 참고.

한 연구가 본격화되었는데, 이것은 국가·왕실의례에 담긴 다원적 사상·종교의 영향, 의례의 정치적 활용 등에 주목한 연구들과 함께, 정치를 문화적 맥락 속에서 고찰하는 새로운 연구 시각으로서 의미하는 바가 크다.

이상에서 연구 시각과 방법론 중심으로 연구사를 검토하면서 비판하고 계승할 점들을 점검하고 연구 방향을 전망해 보았다. 이 책을 그와 같은 연구사적 맥락에 대한 인식에 바탕을 두고 집필하였지만, 아직 미진한 점들이 많다. 이에 필자가 보기에 고려중기 정치사 연구에서 앞으로 좀 더 중요하게 그리고 지속적으로 유의할 필요가 있다고 생각하는 사항 몇 가지를 첨언해 둔다.

우선, 정치세력을 파악할 때 이분법적 접근 방식의 장점과 한계에 유의해야 한다. 고려중기의 정치세력을 보수파와 개혁파, 문벌귀족과 신진관료로 대비한다든지, 왕과 신료, 문신과 무신 등을 대비하는 방식이 아직도 유력하다. 전자는 내재적 발전론의 관점에서 많이 사용한 방식이고, 후자는 장기지속사적 관점에서 정치사를 연구하는 방식과 연관된다. 후자를 그렇게 파악하는 까닭은 전근대의 왕정 내지 양반관료정치에서 그런 대비적 양태가 동일하게 유지되기 때문이다.

앞에서 지적하였듯이, 그런 정치세력 분류는 강강(剛)구조적인 출신 신분·계층을 기준으로 삼은 방식으로서, 갈등구조를 전제할 뿐 아니라 그와 관련이 없는 사건·상황 등을 배척하는 경향이 있다. 그에 따라 역사 현상을 단순화·도식화하거나, 정치세력 간의 대립을 강조한 나머지 공통성과 상호 영향 등에 대하여 관심을 기울이지 못할 가능성이 커진다. 따라서 이분법적 방식을 사용하더라도 그런 한계를 인식하고 연구해야 한다.

둘째, 총체적·구조적 시야를 갖추고 아울러 개인·집단의 능동성, 변화 가능성 등을 고려한 연구가 필요하다. 장기적으로 유지되는 정치 구조와 단기적으로 변화하는 국면·사건들을 함께 고려하여, 정치사의 총체적·구조적 특징을 고찰하는 동시에 개별 국면과 사건의 역동성을 파악할 수 있어야 한다는 것이다. 선행 연구들이 정치의 구조적 특징을 밝히는 데 치중해 왔다면, 앞으로는 개인·집단의 능동성, 변화 가능성 등을 인정하고 유의할 필요가 있다. 고려중기처럼 사회와 국제정세가 동요하는 가운데 굵직한 정치 현안들이 많이 제기되는 시기에는 현실인식과 이해관계 등에 따라 정치참여자들의 행위와 상호관계에 가변성이 크고, 그들의 정치 행위에 공적 부문뿐만 아니라 사적 부문도 큰 영향을 미쳤다.

개인이나 집단의 행위는 특정 요소에 의해서만 규정되는 것이 아니라 여러 요소들이 작용하여 현실화된다는 점은 분명하다. 이를테면 개혁이 신분·계층·계급 간 갈등의 산물일 뿐인가? 역사상으로 개혁파에 문벌 출신과 신진관료가 함께하고 보수나 수구파에도 문벌 출신과 신진관료가 있었다. 어떤 인물이 개혁을 지지 또는 반대한 이유를 알려면 출신 기반만이 아니라 정치이념, 네트워크 관계 등 다양한 변수들을 검토해야 한다.

셋째, 정치가 권력을 핵심개념으로 삼는 영역이기는 하다. 그렇지만 지배와 복종을 끌어내는 것이 단순한 힘의 논리만은 아니다. 권력의 명분과 정당성 및 그것을 받아들이는 사람들의 가치관과 기대 등이 정치에 작용한다는 점을 유의해야 한다. 정치를 문화로 인식하는 견해도 있다. 그 견해에 따르면 역사를 변화시키는 힘은 구조 자체에서 기인한다기보다 그 구조에 대해서 사람들이 집단적으로 의미를 부여하는 방식과의 관련 속에서 형성된다.

고려중기에 사상·종교적 다원성이 상대적으로 부각되는 가운데 유교, 불교, 도교, 풍수도참설 등을 기반으로 정치운영론이 다양하게 제기되었다. 각각은 고전(경전)과 역사적 경험, 종교적 공덕과 신비적 법술 등을 근거로 제시하고 서로 공존과 배제, 중심과 부수附隨 등의 관계로 엮여 정책 결정 과정에 영향력을 발휘하려고 하였다. 그런 점을 고려하여 사상·종교적 다원성과 연결된 정치운영론의 다양성에 주목하여 정파의 분화를 파악하고, 또 상호 갈등과 영향으로 인한 정치의 역동성을 고찰하는 것이 중요하다. 그리고 정치운영론을 잘 파악하려면 각 정파가 근거로 삼은 텍스트·이론 등에 대한 심도 있는 이해도 필요하다.

넷째, 선행 정치사 연구에서 간과하였던 왕이나 유력 지도자의 리더십을 좀 더 고려할 필요가 있다. 리더십은 목표 달성을 위한 역할의 분배와 감독, 동기 부여와 조정, 의사소통과 선동 등으로 구성된 정치 역량이라고 볼 수 있다.

개인의 리더십을 중시하는 시각이 영웅사관으로 빠지는 것을 경계해야 한다. 그렇지만 고려중기처럼 사회가 변화·동요하는 시기에는 문제점들을 파악하여 해결 방안을 제시하고 사람들에게 동기를 부여하여 변화에 대응하게 하는 리더십이 정치에서 매우 중요하였다. 사회 변화를 해석하고 대응하는 근거가 된 이론·사상을 고찰하는 한편, 지배층의 분열과 정파 대립을 어떻게 다독여서 개혁정국에 안착시켰는지, 국면의 변화를 감안하여 전에 수립한 방안을 재검토하는 정치적 유연성이 있었는지 등의 문제를 리더십의 관점에서 다루어 볼 수 있을 것이다.

1. 저서

許興植 편, 1984,『韓國金石全文』(中世 上)·(中世 下), 亞細亞文化社.
李智冠, 1994~1997,『校勘 譯註 歷代高僧碑文』(高麗篇 1~4), 伽山佛教文化硏究院.
노명호 외, 2000,『韓國古代中世古文書硏究』(上), 서울대학교출판부.
張東翼, 2000,『宋代麗史資料集錄』, 서울대학교출판부.
──────, 2004,『日本古中世 高麗資料硏究』, 서울대학교출판부.
──────, 2009,『高麗時代 對外關係史 綜合年表』, 동북아역사재단.
조동원 외 역, 2003,『고려도경』, 황소자리.
김기섭 외, 2005,『일본 고중세 문헌 속의 한일관계사료집성』, 혜안.
여원관계사연구팀 편, 2008,『譯註 元高麗紀事』, 선인.
이근명 외, 2010,『송원시대의 고려사 자료』1·2, 신서원.
金龍善 편, 2012,『高麗墓誌銘集成 (제5판)』, 한림대학교출판부.
────── 편, 2016,『(속) 고려묘지명집성』, 한림대학교출판부.

白南雲, 1937,『朝鮮封建社會經濟史』(上), 改造社.
金庠基, 1961,『高麗時代史』, 東國文化社.
李丙燾, 1961,『韓國史-中世篇』, 乙酉文化社.
──────, 1980,『高麗時代의 硏究 (改訂版)』, 亞細亞文化社.
李基白, 1967,『韓國史新論』, 一潮閣.
韓㳓劤, 1971,『韓國通史』, 乙酉文化社.
邊太燮, 1977,『高麗政治制度史硏究』, 一潮閣.

───, 1986, 『韓國史通論』, 三英社.

姜晋哲, 1980, 『高麗土地制度史研究』, 고려대학교출판부.

───, 1989, 『韓國中世土地所有研究』, 一潮閣.

朴龍雲, 1980, 『高麗時代 臺諫制度 研究』, 一志社.

───, 1981, 『高麗時代 臺諫制度 研究』, 一志社.

───, 1990, 『高麗時代 蔭敍制와 科擧制研究』, 一志社.

───, 1997, 『高麗時代 官階·官職 研究』, 고려대학교출판부.

───, 2003, 『高麗社會와 門閥貴族家門』, 景仁文化社.

───, 2008, 『高麗時代史 (수정·증보판)』, 일지사.

朴菖熙, 1984, 『韓國史의 視覺』, 永言文化社.

李樹健, 1984, 『韓國中世社會史研究』, 一潮閣.

金塘澤, 1987, 『高麗武人政權研究』, 새문社; 1999, 『高麗의 武人政權』, 國學資料院.

───, 2002, 『우리 한국사』, 푸른역사.

───, 2010, 『고려 양반국가의 성립과 전개』, 전남대학교출판부.

金毅圭 편, 1988, 『高麗社會의 貴族制說과 官僚制論』, 知識産業社.

河炫綱, 1988, 『韓國中世史研究』, 一潮閣.

한국역사연구회 19세기정치사연구반, 1990, 『조선정치사』 (상·하), 청년사.

김용선, 1991, 『高麗蔭敍制度研究』, 一潮閣.

───, 2013, 『이규보 연보』, 일조각.

尹龍爀, 1991, 『高麗對蒙抗爭史研究』, 一志社.

───, 2000, 『고려 삼별초의 대몽항전』, 일지사.

───, 2011, 『여몽전쟁과 강화도성 연구』, 혜안.

李貞信, 1991, 『高麗 武臣政權期 農民·賤民抗爭 研究』, 高麗大學校 民族文化研究院.

───, 2004, 『고려시대의 정치변동과 대외정책』, 景仁文化社.

정용숙, 1992, 『고려시대의 后妃』, 民音社.

李熙德, 1994, 『高麗儒教政治思想의 研究』, 一潮閣.

한국역사연구회 14세기고려사회성격연구반, 1994, 『14세기 고려의 정치와 사회』, 민음사.

金光植, 1995, 『高麗 武人政權과 佛教界』, 民族社.

申千湜, 1995, 『高麗教育史研究』, 景仁文化社.

洪承基 편, 1995, 『高麗武人政權研究』, 서강대학교출판부.

羅鐘宇, 1996, 『韓國中世對日交涉史 研究』, 圓光大學校出版局.

申虎澈, 1997, 「林衍의 生涯와 政治活動」, 『林衍·林衍政權 研究』, 충북대학교출판부.

한영우, 1997, 『다시 찾는 우리 역사』, 경세원.

金昌賢, 1998, 『高麗後期 政房 研究』, 고려대학교 민족문화연구원.

───, 2006, 『고려의 남경, 한양』, 신서원.

황병성, 1998, 『고려 무인정권기 연구』, 신서원.

───, 2008, 『고려 무인정권기 문사 연구』, 景仁文化社.

金基德, 1999, 『高麗時代 封爵制 研究』, 청년사.

金仁昊, 1999, 『高麗後期 士大夫의 經世論 研究』, 혜안.

金在滿, 1999, 『契丹·高麗關係史研究』, 國學資料院.

김한규, 1999, 『한중관계사』 Ⅰ, 아르케.

남인국, 1999, 『고려중기 정치세력 연구』, 신서원.

鄭求福, 1999, 『한국중세사학사』 (1), 集文堂.

노명호, 2000, 『고려국가와 집단의식』, 서울대학교출판문화원.

蔡雄錫, 2000, 『高麗時代의 國家와 地方社會』, 서울대학교출판부.

朴贊洙, 2001, 『高麗時代 敎育制度史 硏究』, 景仁文化社.

김윤곤, 2001, 『한국 중세의 역사상』 영남대학교출판부.

───, 2002, 『고려대장경의 새로운 이해』, 불교시대사.

박종기, 2002, 『지배와 자율의 공간, 고려의 지방사회』, 푸른역사.

───, 2020, 『새로 쓴 오백년 고려사 (전면개정판)』, 휴머니스트.

申安湜, 2002, 『高麗 武人政權과 地方社會』, 景仁文化社.

이태진, 2002, 『의술과 인구 그리고 농업기술』, 태학사.

───, 2012, 『새 韓國史―선사시대에서 조선 후기까지』, 까치.

허흥식, 1981, 『高麗科擧制度史硏究』, 一潮閣; 2002, 『고려의 과거제도』, 일조각.

金秉仁, 2003, 『高麗 睿宗代 政治勢力 硏究』, 景仁文化社.

金晧東, 2003, 『고려 무신정권시대 文人知識層의 현실대응』, 景仁文化社.

金渭顯, 2004, 『高麗時代 對外關係史 硏究』, 景仁文化社.

閔賢九, 2004, 『高麗政治史論―統一國家의 확립과 獨立王國의 시련』, 고려대학교출판부.

문철영, 2005, 『고려 유학사상의 새로운 모색』, 경세원.

박재우, 2005, 『고려 국정운영의 체계와 왕권』, 신구문화사.

───, 2014, 『고려전기 대간제도 연구』, 새문사.

崔然柱, 2006, 『高麗大藏經 硏究』, 景仁文化社.

김정권, 2007, 『묘청란, 묘청란 연구』, 충남대학교출판부.

김호동, 2007, 『몽골제국과 고려』, 서울대학교출판부.

한정수, 2007, 『한국 중세 유교정치사상과 농업』, 혜안.

최영호, 2008, 『江華京板 高麗大藏經의 판각사업 연구』, 景仁文化社.

이정호, 2009, 『고려시대의 농업생산과 권농정책』, 景仁文化社.

이경록, 2010, 『고려시대 의료의 형성과 발전』, 혜안.

姜在光, 2011, 『蒙古侵入에 대한 崔氏政權의 外交的 對應』, 景仁文化社.

김일권, 2011, 『《고려사》의 자연과학과 오행지 역주』, 한국학중앙연구원출판부.

李鎭漢, 2011, 『高麗時代 宋商往來 硏究』, 景仁文化社.

최종석, 2014, 『한국 중세의 읍치와 성』, 신구문화사.

장지연, 2015, 『고려·조선 국도풍수론과 정치이념』, 신구문화사.

이명미, 2016, 『13~14세기 고려·몽골 관계 연구』, 혜안.

이희인, 2016, 『고려 강화도성』, 혜안.

이미지, 2018, 『태평한 변방―고려의 對거란 외교와 그 소산』, 景仁文化社.

정은정, 2018, 『고려 開京·京畿 연구』, 혜안.

권영국, 2019, 『고려시대 군사제도 연구』, 경인문화사.

外山軍治, 1964, 『金朝史硏究』, 同朋舍.

陶晋生, 1984,『宋遼關係史硏究』, 聯經出版社業公司.

구보 노리타다(窪德忠), 최준식 역, 1990,『道教史』, 분도출판사.

제임스 류, 이범학 역, 1991,『왕안석과 개혁정책』, 지식산업사.

蕭公權, 崔明·孫文鎬 역, 1998,『中國政治思想史』, 서울대학교출판문화원.

요시노 마코토(吉野誠), 한철호 역, 2005,『동아시아 속의 한일 2천년사』, 책과함께.

구스모토 마사쓰구(楠本正繼), 김병화·이혜경 역, 2005,『송명유학사상사』, 예문서원.

矢木 毅, 2008,『高麗官僚制度硏究』, 京都大學學術出版會.

에드워드 슐츠, 김범 역, 2014,『무신과 문신―한국 중세의 무신정권』, 글항아리.

2. 논문

申采浩, 1929,「朝鮮歷史上 一千年來 第一大事件」,『朝鮮史硏究草』(1982,『丹齋申采浩全集
　　(改訂版) 中』, 螢雪出版社).

邊太燮, 1962,「武臣亂에 依한 身分制度의 變質」,『史學硏究』13.

――, 1978,「高麗 貴族社會의 歷史性」,『韓國史의 省察』, 三英社.

――, 1978,「武臣政權期의 反武臣亂의 性格―金甫當의 난과 趙位寵의 난을 중심으로」,
　　『韓國史硏究』19.

朴蒼熙, 1969,「李奎報의〈東明王篇〉詩」,『歷史敎育』11·12합.

高柄翊, 1970,「蒙古·高麗의 兄弟盟約의 性格」,『東亞交涉史의 硏究』, 서울대학교출판부.

申採湜, 1970,「宋 范仲淹의 文敎改革策」,『역사교육』13.

――, 1985,「宋代 官人의 高麗觀」,『邊太燮博士華甲紀念論叢』, 三英社.

李基白, 1971,「高麗時代 身分의 世襲과 變動」,『民族과 歷史』, 一潮閣.

――, 1976,「三國史記論」,『文學과 知性』26.

――, 1993,「崔承老와 그의 政治思想」,『崔承老上書文硏究』, 一潮閣.

金哲埈, 1973,「高麗中期 文化意識와 史學의 性格」,『韓國史硏究』9.

――, 1974,「高麗時代 文化의 變遷」,『文學과 知性』5-2.

민병하, 1973,「최씨정권의 지배기구」,『한국사』7, 국사편찬위원회.

金光洙, 1975,「中間階層」,『한국사』5, 국사편찬위원회.

尹南漢, 1975,「儒學의 性格」,『한국사』6, 국사편찬위원회.

崔柄憲, 1975,「天台宗의 成立」,『한국사』6, 국사편찬위원회.

――, 1978,「高麗時代의 五行的 歷史觀」,『韓國學報』13.

――, 1983,「高麗中期 李資玄의 禪과 居士佛敎의 性格」,『金哲埈博士華甲紀念史學論叢』.

金九鎭, 1976,「公嶮鎭과 先春嶺碑」,『白山學報』21.

金光洙, 1977,「高麗前期 對女眞交涉과 北方開拓問題」,『東洋學』7.

尹龍爀, 1977,「崔氏武人政權의 對蒙抗爭姿勢」,『史叢』21·22합.

金塘澤, 1983,「武臣政權時代의 軍制」,『高麗軍制史』, 陸軍本部.

金毅圭, 1981,「高麗 武臣執權期 文士의 政治的 活動」,『韓㳓劤博士停年紀念論叢』.

張淑卿, 1981,「高麗武人政權下의 文士의 動態와 性格」,『韓國史硏究』34.

河炫綱, 1991,「무신정변은 왜 일어났는가」,『한국사시민강좌』8.

─────, 1993,「高麗 毅宗代의 정치적 상황과 武臣亂」,『震檀學報』75.

洪承基, 1981,「高麗前期 奴婢政策에 관한 一考祭―國王과 貴族의 政治的 利害와 이에 따른 노비에 대한 입장의 차이」,『震檀學報』51.

─────, 1982,「高麗 崔氏武臣政權과 崔氏家의 家奴」,『震檀學報』53·54합.

─────, 1994,「高麗時代의 良人―士庶制·良賤制의 시행과 관련하여」,『제2회 학술연구논문집』, 養英會.

金晧東, 1982,「高麗 武臣政權下에서의 慶州民의 動態와 新羅復興運動」,『民族文化論叢』2·3합.

─────, 1994,「李義旼政權의 재조명」,『慶大史論』7.

─────, 1995,「군현제의 시각에서 바라본 12·13세기 농민항쟁의 역사적 배경」,『역사연구』4.

盧明鎬, 1983,「高麗時의 承蔭血族과 貴族層의 蔭敍機會」,『金哲埈博士華甲紀念史學論叢』.

─────, 1987,「李資謙一派와 韓安仁一派의 族黨勢力―高麗中期 親屬들의 政治勢力化 樣態」,『韓國史論』17.

─────, 1987,「高麗時代 親族組織의 연구상황」,『中央史論』5.

─────, 1991,「高麗後期의 族黨勢力」,『李載龒博士還曆紀念韓國史學論叢』.

─────, 1999,「高麗時代의 多元的 天下觀과 海東天子」,『韓國史研究』105.

─────, 2017, The Makeup of Koryo Aristocratic Familes: Bilateral Kindred, *Korean Studies, Vol. 41*, The Center for Korean Studies at the University of Hawaii.

蔡雄錫, 1983,「高麗時代의 歸鄕刑과 充常戶刑」,『韓國史論』9.

─────, 1988,「高麗前期 貨幣流通의 기반」,『韓國文化』9.

─────, 1992,「고려 중·후기 '무뢰(無賴)'와 '호협(豪俠)'의 행태와 그 성격」,『역사와 현실』8.

─────, 1994,「고려시대 향촌지배질서와 신분제」,『한국사』6, 한길사.

─────, 1995,「高麗時代 연구 半世紀(1945~1995)의 동향과 과제」,『韓國學報』79.

─────, 2006,「목은시고(牧隱詩藁)를 통해서 본 이색의 인간관계망―우왕 3년(1377)~우왕 9년(1383)을 중심으로」,『역사와 현실』62.

─────, 2009,「고려시대 과거(科擧)를 통한 인간관계망 형성과 확장」,『이태진교수정년기념논총1: 사회적 네트워크와 공간』, 태학사.

─────, 2016,「고려전기 사회적 분업 편성의 다원성과 신분·계층질서」,『한국중세사연구』45.

─────, 2017,「고려전기의 다원적 국제관계와 문화의식」,『한국중세사연구』50.

─────, 2017, Interstate Relations in East Asia and Medical Exchanges in the Late Eleventh Century and Early Twelfth Century, *Korean Studies Vol. 41*, The Center for Korean Studies at the University of Hawaii.

E. J. Shultz, 1983,「韓安仁派의 登場과 그 役割―12世紀 高麗 政治史의 展開에 나타나는 몇 가지 特徵」,『歷史學報』99·100합.

金駿錫, 1984,「金富軾의 儒敎思想」,『漢南大學論文集』14.

安秉佑, 1984,「高麗의 屯田에 관한 一考察」,『韓國史論』10.

─────, 2002,「고려와 송의 상호인식과 교섭―11세기 후반~12세기 전반」,『역사와 현실』43.

김남규, 1985,「고려 인종대의 서경천도운동과 서경반란에 대한 일고찰」,『慶大史論』1.

朴魯埻, 1985,「維鳩曲과 睿宗의 思想的 煩悶」,『韓國學論集』8, 한양대학교 한국학연구소.

劉明鍾, 1985,「高麗 儒學研究의 序說」,『石堂論叢』10.

柳昌圭, 1985,「崔氏武人政權下의 都房의 설치와 그 向方」,『東亞研究』6.

李範鶴, 1985,「王安石(1021-1086)의 對外經略策과 新法」,『高柄翊先生華甲紀念論叢: 歷史와 人間의 對應』, 한울.

———, 1992,「蘇軾의 高麗排斥論과 그 背景」,『韓國學論叢』15.

鄭修芽, 1985,「金俊勢力의 形成과 그 向背」,『東亞研究』6.

———, 1988,「尹瓘勢力의 形成」,『震檀學報』66.

———, 1999,『高麗中期 改革政治와 北宋新法의 受容』서강대 박사학위논문.

趙仁成 1985,「崔瑀政權下의 文翰官―‘能文’・‘能吏’의 人事基準을 중심으로」,『東亞研究』6.

金鎔坤, 1986,「高麗 忠肅王 6年 安珦의 文廟從祀」,『李元淳教授華甲記念史學論叢』.

朴性鳳, 1986,「高麗 仁宗期의 兩亂과 貴族社會의 推移」,『高麗史의 諸問題』, 三英社.

金浩東, 1987,「北아시아의 歷史像 구성을 위한 試論」,『아시아문화』3.

近代史研究會 편, 1987,「조선후기 정치사연구의 방향」,『韓國中世社會 解體期의 諸問題』.

成鳳鉉, 1988,「林衍政權에 관한 研究」,『湖西史學』16.

김광식, 1989,「고려 숙종대의 왕권과 사원세력―鑄錢정책의 배경을 중심으로」,『백산학보』36.

金南奎, 1989,「仁宗代의 西京遷都運動과 西京叛亂」,『高麗兩界地方史研究』.

金翰奎, 1989,「高麗崔氏政權의 晋陽府」,『東亞研究』17.

———, 1993,「漢代 및 魏晉南北朝時代의 輔政」,『歷史學報』137.

———, 1993,「漢代 및 魏晉南北朝時代의 輔政體制」,『東洋史學研究』44.

李鍾殷・梁銀容・金洛必, 1989,「高麗中期 道教의 綜合的 研究」,『韓國學論集』15, 한양대학교 한국학연구소.

姜聲媛, 1990,「妙淸의 再檢討」,『國史館論叢』13.

———, 1995,「원종대의 권력구조와 정국의 변화」,『역사와 현실』17.

朴鍾進, 1990,「高麗前期 中央官廳의 財政構造와 그 運營」,『韓國史論』23.

李仁在, 1990,「고려 중후기 지방제 개혁과 감무」,『外大史學』3.

———, 1996,「高麗 中後期 農場의 田民確保와 經營」,『國史館論叢』71.

———, 1996,「高麗 中後期 收租地奪占의 類型과 性格」,『東方學志』93.

———, 2006,「高麗前期 弘慶寺 創建과 三教共存論」,『韓國史學報』23.

鄭求福, 1991,「高麗時代의 歷史意識」,『韓國思想史大系』3, 한국정신문화연구원.

羅滿洙, 1992,「高麗 明宗의 重房政治와 國王」,『國史館論叢』31.

文喆永, 1992,「高麗中期 사상계의 동향과 新儒學」,『國史館論叢』37.

朴宗基, 1992,「12세기 高麗 政治史 研究論」,『擇窩許善道先生停年紀念韓國史學論叢』.

———, 1993,「高麗中期 對外政策의 變化에 대하여―宣宗代를 중심으로」,『韓國學論叢』16.

———, 1993,「예종대 정치개혁과 정치세력의 변동」,『역사와 현실』9.

———, 1994,「고려사회의 역사적 성격」,『한국사』5, 한길사.

———, 1998,「민족사에서 차지하는 고려의 위치」,『역사비평』45.

———, 1998,「11세기 고려의 대외관계와 정국운영론의 추이」,『역사와 현실』30.

———, 2013,「고려 다원사회의 형성과 기원」,『한국중세사연구』36.

朴漢男, 1993,「高麗의 對金外交政策研究」성균관대 박사학위논문.

김인호, 1993,「이규보의 현실 이해와 정치경제 개선론」,『學林』15.

———, 1995,「무인집권기 문신관료의 정치이념과 정책―명종 18년 조서와 봉사 10조의 검

토를 중심으로」, 『역사와 현실』 17.

———, 2005, 「고려 관인사회의 잔치와 축제」, 『東方學志』 129.

———, 2007, 「고려시대 정치사의 시각과 방법론 연구」, 『역사와 현실』 66.

서성호, 1993, 「총론: 무인집권기 정치사의 재조명」, 『역사와 현실』 17.

———, 1993, 「숙종대 정국의 추이와 정치세력」, 『역사와 현실』 9.

申安湜, 1993, 「高麗 崔氏武人政權의 對蒙講和交涉에 대한 一考察」, 『國史館論叢』 45.

———, 2011, 「고려 고종초기 거란유종의 침입과 김취려의 활약」, 『한국중세사연구』 30.

오영선, 1993, 「인종대 정치세력의 변동과 정책의 성격」, 『역사와 현실』 9.

———, 1995, 「최씨집권기 정권의 기반과 정치운영」, 『역사와 현실』 17.

———, 1997, 「현종대 정치과정과 11세기 정치사에서의 위치」, 『11세기 권력구조와 정치운영』 한국역사연구회 제51회 연구발표회발표문.

朱雄英, 1994, 「高麗朝의 限職體系와 社會構造」, 『國史館論叢』 55.

金秉仁, 1995, 「金富軾과 尹彦頤」, 『全南史學』 9.

———, 2003, 「高麗 睿宗代 道敎 振興의 배경과 추진세력」, 『全南史學』 20.

金澈雄, 1995, 「高麗中期 道敎의 盛行과 그 性格」, 『史學志』 28.

朴龍雲, 1995·1996, 「高麗·宋 交聘의 목적과 使節에 대한 考察」, 『韓國學報』 81·82.

李樹健, 1995, 「高麗·朝鮮時代 支配勢力 변천의 諸時期」, 『韓國史時代區分論』.

이정신, 1995, 「고려 무신정권기의 敎定都監」, 『東西文化研究』 6.

———, 2004, 「고려 무신집권기의 국왕, 희종 연구」, 『韓國人物史研究』 2.

———, 2006, 「고려시대 명종 연구」, 『韓國人物史研究』 6.

李益柱, 1996, 「高麗·元關係의 構造에 대한 研究—소위 '世祖舊制'의 분석을 중심으로」, 『韓國史論』 36.

———, 1996, 『高麗·元關係의 構造와 高麗後期 政治體制』, 서울대 박사학위논문.

———, 1996, 「高麗 對蒙抗爭期 講和論의 研究」, 『歷史學報』 151.

———, 2010, 「세계질서와 고려-몽골관계」, 『동아시아 국제질서 속의 한·중관계사』, 동북아역사재단.

———, 2016, 「1219년(高宗6) 고려-몽골 '兄弟盟約'再論」, 『東方學志』 175.

———, 2018, 「몽골(원)과의 외교」, 『한국의 대외관계와 외교사, 고려편』, 동북아역사재단.

———, 2019, 「고려-몽골 전쟁 초기(1231~1232)의 강화 협상 연구」, 『韓國史研究』 180.

馬宗樂, 1997, 「高麗中期 政治權力과 儒學思想」, 『釜山史學』 32.

———, 2006, 「고려시대 風水圖讖과 儒敎의 교섭」 『한국중세사연구』 21.

朴宰佑, 1997, 「高麗前期의 國政運營體系와 宰樞」, 『歷史學報』 154.

———, 2014, 「고려 최씨정권의 政房 운영과 성격」, 『한국중세사연구』 40.

———, 2015, 「고려 무신정권기 敎定都監에 대한 새로운 해석」, 『한국사학보』 60.

———, 2016, 「고려 최씨정권의 권력행사와 왕권의 위상」, 『한국중세사연구』 46.

———, 2018, 「1960~70년대 고려 귀족제설의 정립과 그 전망」, 『韓國史研究』 183.

안지원, 1997, 「고려시대 帝釋信仰의 양상과 그 변화」, 『國史館論叢』 78.

劉承源, 1997, 「고려사회를 귀족사회로 보아야 할 것인가?」, 『역사비평』 36.

강옥엽, 1998, 「인종대 서경천도론의 대두와 서경세력의 역할」, 『사학연구』 55·56.

金成煥, 2000, 「고려시대 '中古'의 인식과 도참」, 『史學研究』 61.

南東信, 2000, 「북한산 승가대사상(僧伽大師像)과 승가신앙(僧伽信仰)」, 『서울학연구』 14.

都賢喆, 2000, 「12세기 公·私禮와 金富軾」, 『河炫綱教授定年紀念論叢: 韓國史의 構造와 展開』.

―――, 2001, 「元天錫의 顏回的 君子觀과 儒佛道 三教一理論」, 『東方學志』 111

김기덕, 2001, 「고려시대의 왕」, 『역사비평』 54.

―――, 2006, 「韓國 中世社會에 있어 風水·圖讖思想의 전개과정」, 『한국중세사연구』 21.

김용선, 2001, 「金甫當과 韓彥國의 亂―고려 귀족사회 속 인맥의 한 단면」, 『韓國中世社會의 諸問題』, 韓國中世史學會.

秋明燁, 2001, 「11世紀後半~12世紀初 女眞征伐問題와 政局動向」, 『韓國史論』 45.

―――, 2002, 「고려전기 '번(蕃)'인식과 '동·서번'의 형성」, 『역사와 현실』 43.

―――, 2005, 「高麗時期의 海東 인식과 海東天子」, 『韓國史研究』 129.

서각수, 2001, 「고려 무인정권기 교정도감에 대한 고찰」, 『典農史論』 7.

이강래, 2001, 「《삼국사기》의 성격」, 『정신문화연구』 82.

김영미, 2002, 「11세기 후반~12세기 초 고려·요 외교관계와 불경교류」, 『역사와 현실』 43

李啓命, 2002, 「范祖禹의 生涯와 歷史觀」, 『全南史學』 19.

李重孝, 2002, 「高麗中期의 국자감 운영과 그 정치적 배경」, 전남대 박사학위논문.

金乾坤, 2003, 「高麗時代의 古文 意識」, 『漢文學研究』 17.

金槙權, 2004, 「高麗 仁宗 5년 詔書에 보이는 '維新之教'」, 『湖西史學』 38.

―――, 2006, 「고려중기 정치사 연구의 새로운 모색―소위 계층론적 방법론을 가로질러서」, 『한국중세사연구』 21.

김창현, 2004, 「고려 의종의 이어(移御)와 그에 담긴 관념」, 『역사와 현실』 53.

―――, 2006, 「고려시대 國王巡御와 도읍경영」, 『한국중세사연구』 21.

윤영인, 2005, 「몽골 이전 동아시아의 다원적 국제관계」, 『만주연구』 3.

金載名, 2008, 「고려시대 내시의 정치적 성격―문종~인종 연간을 중심으로」, 『전북사학』 33

―――, 2009, 「高麗 毅宗代 王權과 內侍」, 『사학연구』 95.

―――, 2010, 「高麗 明宗代의 정치와 內侍」, 『사학연구』 99.

李鎭漢, 2008, 「高麗 文宗代 對宋通交와 貿易」, 『歷史學報』 200.

金成奎, 2009, 「10~12세기 동아시아의 국제환경」, 『中國學報』 59.

―――, 2010, 「3개의 트라이앵글―북송시대 동아시아 국제관계의 大勢와 그 특징에 관한 試論」, 『歷史學報』 205.

―――, 2014, 「고려 외교에서 의례(儀禮)와 국왕의 자세」, 『역사와 현실』 94.

정병섭, 2009, 「한대 상서학의 성립과 정치적 의의」, 『동양사학연구』 57.

이강한, 2010, 「'친원'과 '반원'을 넘어서―13~14세기사에 대한 새로운 이해」, 『역사와 현실』 78.

이개석, 2010, 「麗蒙兄弟盟約과 초기 麗蒙關係의 성격」, 『大丘史學』 101.

최윤정, 2011, 「몽골의 요동·고려경략 재검토(1211~1259)」, 『역사학보』 209.

韓政洙, 2011, 「고려시대 국왕 잔치의 양상과 그 성격」, 『歷史教育』 118.

김순자, 2012, 「고려중기 국제질서의 변화와 고려-여진전쟁」, 『한국중세사연구』 32.

―――, 2012, 「12세기 고려와 여진·금(金)의 영토 분쟁과 대응」, 『역사와 현실』 83.

宋容德, 2012, 「고려의 一字名 羈縻州 편제와 尹瓘 축성」, 『한국중세사연구』 32.

김아네스, 2013, 「고려 최우 집정기의 史官」, 『韓國史學史學報』 28.

이정란, 2013, 「고려 전기 太后의 이념적 지위와 太后權의 근거」, 『사학연구』 111

張東翼, 2013, 「13世紀前半 崔氏政權期의 宰相」, 『歷史敎育論集』 51.

장상주, 2013, 「고려 명종의 측근 세력의 동향」, 『大丘史學』 112.

———, 2019, 「12세기 前半 王弟의 정치 동향」, 『한국중세사연구』 59.

———, 2019, 「曹元正의 반란을 통해본 명종대의 재조명」, 『大丘史學』 135.

정은정, 2013, 「원간섭기 開京의 賜宴 변화와 그 무대」, 『역사와 경계』 89.

김지선, 2014, 「고려 문종의 즉위와 동궁관 확충」, 『한국중세사연구』 40.

고명수, 2015, 「몽골-고려 명제맹약 재검토」, 『歷史學報』 225.

김낙진, 2015, 「고려 무인정권기 명종의 현실인식과 정치운영」, 『韓國史硏究』 168.

김신해, 2015, 「고려 예종대 恩賜 정책의 유형과 정치적 성격」, 『韓國史學報』 58.

구산우, 2015, 「고려시기 제도와 정책의 수용과 배제—成宗代 華風과 土風의 공존과 갈등을
        중심으로」, 『한국중세사연구』 42.

박윤미, 2015, 「고려전기 외교 의례에서 국왕 '서면'의 의미」, 『역사와 현실』 98.

이바른, 2015, 「거란의 고려사신의례(高麗使臣儀禮)」, 『역사와 현실』 98.

鄭東勳, 2015, 「고려시대 사신 영접 의례의 변동과 국가 위상」, 『역사와 현실』 98.

———, 2016, 「高麗時代 外交文書 硏究」, 서울대 박사학위논문.

———, 2018, 「고려-거란·금 관계에서 '朝貢'의 의미」, 『震檀學報』 131.

———, 2020, 「고종대 고려-몽골 관계에서 '조공'의 의미」, 『한국중세사연구』 61.

허인욱, 2015, 「高麗 明宗 3년의 金甫當 亂 연구」, 『한국중세사연구』 43.

———, 2019, 「高宗代 몽골의 親朝 요구와 고려의 대응」, 『전북사학』 56.

강재광, 2016, 「武人政權 後期 對蒙關係 변천과 高麗王朝 正體性 변화의 성격—國王·武人執
        政의 力學關係 변화를 中心으로」, 『한국중세사연구』 46.

김보광, 2016, 「12세기 초 송의 책봉 제의와 고려의 대응」, 『동국사학』 60.

이승민, 2018, 「고려시대 國喪儀禮와 弔問使行 연구」 가톨릭대 박사학위논문.

奧村周司, 1979, 「高麗における八關會の秩序と國際環境」, 『朝鮮史硏究會論文集』 16.

三浦圭一, 1980, 「10世紀~13世紀の東アジアと日本」, 『講座日本史』 2, 東京大學出版會.

奧村周司, 1985, 「醫師要請事件に見る高麗文宗朝の對日姿勢」, 『朝鮮學報』 117.

須長泰一, 1986, 「高麗後期の異常氣象に關する一考察」, 『朝鮮學報』 119·120合.

龜井明德, 1995, 「日宋貿易關係の展開」, 『岩波講座日本通史』 6, 岩波書店.

妹尾達彦, 1999, 「中華の分裂と再生」, 『岩波講座 世界歷史』 9, 岩波書店.

梁思樂, 2011, 「范祖禹對唐太宗形象的重塑」, 『中國史硏究』 70.

본서 집필의 토대가 된 필자의 논문들은 다음과 같다.
각 논문들은 수정·보완하여 해당 장·절에 배치하였다.

논문명	게재지	연도
12세기 전반기 정치사의 새로운 이해	『역사와 현실』 9	1993
의종대 정국의 추이와 정치운영	『역사와 현실』 9	1993
고려 중기 사회변화와 정치동향	『한국사』 5(한길사)	1994
명종대 권력구조와 정치운영	『역사와 현실』 17	1995
고려 문종대 관료의 사회적 위상과 정치운영	『역사와 현실』 27	1998
고려사회의 변화와 고려중기론	『역사와 현실』 32	1999
12세기초 고려의 개혁 추진과 정치적 갈등	『韓國史硏究』 112	2001
11세기 후반~12세기 전반 동북아시아 국제정세와 고려	『전쟁과 동북아의 국제질서』(역사학회 편)	2006
고려 예종대 道家思想·道敎 흥기의 정치적 성격	『韓國史硏究』 142	2008
고려 인종대 '惟新'정국과 정치갈등	『韓國史硏究』 161	2013
고려중기 외척의 위상과 정치적 역할	『한국중세사연구』 38	2014
고려 최씨집권기의 輔政과 정치운영	『한국문화』 79	2017

고려중기 정치사의 재조명

1판 1쇄 펴낸날 2021년 11월 25일

지은이 | 채웅석
펴낸이 | 김시연

펴낸곳 | (주)일조각
등록 | 1953년 9월 3일 제300-1953-1호(구 : 제1-298호)
주소 | 03176 서울시 종로구 경희궁길 39
전화 | 02-734-3545 / 02-733-8811(편집부)
       02-733-5430 / 02-733-5431(영업부)
팩스 | 02-735-9994(편집부) / 02-738-5857(영업부)
이메일 | ilchokak@hanmail.net
홈페이지 | www.ilchokak.co.kr

ISBN 978-89-337-0797-5   93910
값 40,000원

• 지은이와 협의하여 인지를 생략합니다.